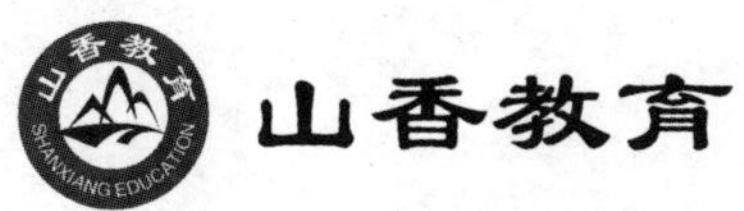

国家教师资格考试

历年真题详解及预测试卷

综合素质·幼儿园(真题题本)

重要提示:

为维护您的个人权益,确保考试的公平公正,请您帮助我们监督考试实施工作。

本场考试规定:监考人员要向本考场全体考生展示题本密封情况,并邀请2名考生代表验封签字后,方能开启试卷袋。

目 录

机密★启封前　　　　　　　　　　姓名＿＿＿＿＿＿　准考证号＿＿＿＿＿＿

2023年下半年中小学教师资格考试
真题试卷(一)

综合素质(幼儿园)

注意事项:

1. 考试时间为120分钟,满分150分。

2. 请按规定在答题卡上填涂、作答,在试卷上作答无效,不予评分。

一、单项选择题(本大题共29小题,每小题2分,共58分)

在每小题列出的四个备选项中只有一个是符合题目要求的,请用2B铅笔把答题卡上对应题目的答案字母按要求涂黑。错选、多选或未选均无分。

1. 黄老师组织幼儿开展主题活动"秋天的落叶"。下列行为**未体现**黄老师是幼儿学习活动支持者角色的是(　　)

A. 创设"五彩秋天"主题墙　　B. 提供放大镜给幼儿观察落叶

C. 组织幼儿讨论落叶的特征　　D. 准备树叶给幼儿做粘贴墙

2. 幼儿园组织春游,李老师让幼儿自己商量去哪里玩,再统计每个地方有多少人想去,最后根据统计结果做出决定。该做法体现的幼儿发展特点是(　　)

A. 独特性　　B. 整体性　　C. 参与性　　D. 主体性

3. 在学习活动中,教师随时用目光注视、空间接近、身体接触等方式,让幼儿感受到教师对他们的关注,并不失时机地向幼儿提供积极正面的反馈。教师的行为满足了幼儿(　　)

A. 对探究的需要　　B. 对秩序的需要

C. 对接纳的需要　　D. 对参与的需要

4. 户外活动时,大(1)班的小朋友想玩大型多功能组合玩具,李老师恰当的做法

是(　　)

A. 建议玩沙,避免发生危险　　B. 要求只玩一个项目

C. 允许分组玩耍,定时交换　　D. 允许幼儿自主选择

5. 依据《中华人民共和国宪法》,国家加强社会主义精神文明建设的举措**不包括**(　　)

A. 普及理想教育　　B. 普及法治教育

C. 普及文化教育　　D. 普及道德教育

6. 依据联合国《儿童权利公约》,涉及儿童的一切行为,有关机构执行均应(　　)

A. 以国家的最大利益为一种首要考虑

B. 以社会的最大利益为一种首要考虑

C. 以家庭的最大利益为一种首要考虑

D. 以儿童的最大利益为一种首要考虑

7. 依据《幼儿园工作规程》,下列**不属于**家长委员会的主要任务的是(　　)(常考)

A. 支持幼儿园保育教育工作

B. 参与幼儿园与社区的联系

C. 协助幼儿园开展家庭教育指导与交流

D. 对幼儿园重要决策事项提出意见和建议

8. 洋洋爸爸到幼儿园开家长会,期间烟瘾难耐,就走出教室到操场上吸烟。洋洋爸爸的做法(　　)

A. 正确,操场没有禁烟标识　　B. 正确,在开放空间可以吸烟

C. 不正确,幼儿园所有场所禁烟　　D. 不正确,应先征得园长的同意

9. 依据《中华人民共和国教师法》,县级以上人民政府对长期从事教育教学工作的中小学退休教师的退休金比例(　　)

A. 可以适当提高　　B. 应当随物价水平指数提高

C. 可以延年提高　　D. 应当随教育经费投入提高

10. 张老师发现本班幼儿晴晴疑似遭受家庭暴力。依据《幼儿园工作规程》,张老师应当依法及时(　　)(易错)

A. 向当地妇联举报　　B. 向当地公安机关报案

C. 向当地人民法院提起诉讼　　D. 向当地教育行政部门申诉

11. 幼儿园教师冯某因患传染病被园长暂停在该幼儿园的工作，该园长的做法(　　)

A. 合法，有利于保障幼儿的身心健康

B. 合法，园长有依法处理教师的权利

C. 不合法，侵犯了冯某的工资报酬权

D. 不合法，侵犯了冯某的教育教学权

12. 幼儿园园长刘某在进行安全检查时，发现幼儿园的滑梯存在安全隐患。由于工作太忙，他没有及时加以处理。一天，在进行游戏活动时，滑梯突然倒塌，导致多名幼儿重伤。对于此次事故的处理，下列说法正确的是(　　)

A. 应依法追究刘某的刑事责任

B. 应依法追究刘某的民事责任

C. 应依法追究幼儿园的刑事责任

D. 应依法追究幼儿园的行政责任

13. 孩子们在保温桶旁排队接水喝，李老师拿了一个杯子径直走到最前面接水，排在第一的阳阳大喊："老师！你怎么插队了？"其他小朋友都望着李老师。这时李老师恰当的回答是(　　)(常考)

A. "你批评得对，老师错了，马上排队。"

B. "对不起，我太渴了，让我先接水吧。"

C. "就你多嘴！其他小朋友都没有意见。"

D. "老师马上要上课，来不及排队了呀。"

14. 盼盼妈妈问："在班上的作品展示栏里，我从来没有看到过盼盼的作品，为什么？"田老师说："盼盼妈妈，我们只展示优秀作品。"对于田老师的做法，下列说法正确的是(　　)

A. 做到了因材施教　　　　B. 保护了幼儿的发展权

C. 没有做到一视同仁　　　　D. 没有做到循循善诱

15. 亮亮的父亲是一家汽车修理店的老板，他希望亮亮能够上××幼儿园，该园园长说没有问题，请求亮亮父亲无偿提供一些废旧的汽车轮胎并制作成攀爬设施。园长的做法(　　)

A. 不恰当，不应该用废旧汽车轮胎布置活动场地

B. 不恰当,这是利用职务之便为幼儿园获取资源

C. 恰当,有效利用废旧物品作为教育资源

D. 恰当,善于利用家长资源为幼儿园服务

16. 某幼儿园实行“导师制”,新老师可以自主选择导师。王老师想要选择工作多年且年年都有教研成果的李老师为导师。李老师说:“我年龄大了,对新生事物不敏感,你还是找其他老师吧!”这表明李老师(　　)

A. 缺乏同伴协作能力　　B. 鼓励同事自我发展

C. 能够做到谦虚谨慎　　D. 缺乏同济互助精神

17. 虹是一种天气现象,因为色彩艳明和形态优美而被人们喜爱。下列有关虹的表述**不正确**的是(　　)

A. 虹是水滴对光线的折射和反射产生的

B. 虹出现的位置一般是在光源的相对面

C. 虹的色彩越鲜艳明亮,表明水滴越小

D. 虹分主虹和副虹,其色序的排列相反

18. 天气图形符号是公共气象服务中传递阴、晴、雨、雪、风、雷等气象信息的基本方式之一,在各类新闻媒体上广泛使用。下列天气图形符号中,表示“沙尘暴”的是(　　)(易混)

A. 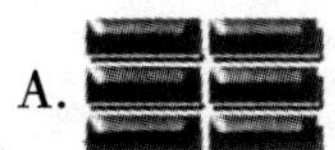　B. 　C. 　D. 

19. 拉丁美洲是美国以南的美洲地区的统称,曾长期沦为西班牙、葡萄牙等国的殖民地,因多数国家通用西班牙语、葡萄牙语等拉丁语言而得名。拉丁美洲第一个宣布独立的国家是(　　)

A. 海地　　B. 巴西

C. 哥伦比亚　　D. 委内瑞拉

20. 国歌是代表国家的歌曲,以鼓舞爱国主义精神为主题,往往能反映一个国家的历史。下列选项中,与中华人民共和国国歌《义勇军进行曲》诞生相关的是(　　)

A. 义和团运动　　B. 辛亥革命

C. 抗日战争　　D. 解放战争

21. 要向孩子讲述我国古代神话故事中有关“神兽”的故事，下列选项中，最适合查询的古籍是(　　)

A.《山海经》　　B.《水经注》

C.《梦溪笔谈》　　D.《聊斋志异》

22. 弥尔顿是 17 世纪英国伟大的诗人，其后期作品寄意崇高，哲理深刻，气势恢宏，形式精美。下列选项中，属于其作品的是(　　)

A.《神曲》　B.《唐璜》　C.《西风颂》　D.《失乐园》

23. 中秋节是我国重要的传统节日，为增强节日氛围，幼儿园要在红灯笼上点缀诗句。下列诗句中，**不适合**的是(　　)

A. 海上生明月，天涯共此时

B. 残腊即又尽，东风应渐闻

C. 一轮秋影转金波，飞镜又重磨

D. 皓魄当空宝镜升，云间仙籁寂无声

24. 中国首部获得国际荣誉的电影由蔡楚生编导，王人美、韩兰根等主演，1935 年在莫斯科国际电影节上获奖。这部电影的名字是(　　)

A.《渔光曲》　　B.《定军山》

C.《姊妹花》　　D.《桃李劫》

25. 丰子恺的画作常以儿童生活作题材，借助儿童视角看世界。下列漫画中，**不属于**丰子恺作品的是(　　)

A.　B.　C.　D.

26. 使用 Word 编辑多页班级杂志时，为实现快速在每页加入班级徽标，最适当的操作是(　　)

A. 将班级徽标图片添加到“图形库”中

B. 将班级徽标图片添加到“媒体库”中

C. 将班级徽标图片插入“文本框”中

D. 将班级徽标图片插入“页眉/页脚”中

27. 在 Excel 中,下列选项中,不属于算术运算符的是(　　)

A. /　　　B. < >　　　C. +　　　D. *

28. 下列选项中,与"昆虫—动物"的逻辑关系一致的是(　　)

A. "大鱼"和"小鱼"　　　B. "汽车发动机"和"汽车"

C. "荷花"和"荷叶"　　　D. "彩色电视机"和"电视机"

29. 找规律填数字是一项很有趣的活动,特别锻炼观察和思考能力。按照 1 = 2、2 = 7、3 = 12、4 = (　)、5 = 22 的规律,下列选项中,应填入"(　)"的是(　　)

A. 15　　　B. 17　　　C. 19　　　D. 21

二、材料分析题(本大题共 3 小题,每小题 14 分,共 42 分)阅读材料,并回答问题。

30. 材料:

在体育教学活动中,李老师与孩子们面对面,自由地坐在草地上。李老师说:"请你们想一个办法到老师面前来。"孩子们想到最直接的就是走、跑、跳。李老师请一个孩子做示范。示范后,李老师问:"还有谁有不一样的方法?"乐乐想到小屁股着地,手撑着向前,敏敏用手、膝着地爬行,李老师在肯定他们之后,又问:"谁还有不一样的方法?"这时军军做出匍匐爬行的动作,浩浩双手交叉抱肩,不断翻滚。乐乐又想到前滚翻。李老师说,小朋友真爱动脑筋,想出了很多办法。这时,阳阳翻起了筋斗,外套缠住了手,歪到了一边,碰到了别的小朋友。李老师赶紧对阳阳说:"小心一点,会摔跤的。"说着,让阳阳脱下了外套,检查了她的鞋带,束好她的头发。李老师看了看表,引入下一个活动环节,这时浩浩补充道:"我可以和佳良合作,背他过去,他就能不着地的到老师那里了。"对此,李老师没有表态,按照设计好的环节,把活动进行了下去。

问题:

请结合材料,从教育观的角度,评析李老师的教育行为。(14 分)

31. 材料：

午睡起床时，小(1)班有三个孩子尿床了，他们胆怯地望着刘老师，刘老师笑了，悄悄对他们说：“没关系，我知道是因为你们睡得太深了。”他把这三个孩子的裤子换了，并清洗干净。离园时间要到了，君君上厕所时不小心把大便弄到了大腿上和裤子上，刘老师急忙把他抱到盥洗室，这时君君妈妈来教室接孩子。没看到孩子就找到了盥洗室，看到君君正好站在水池里，刘老师给他清洗。君君妈妈冲上去生气地问：“你是用热水给孩子洗的吗?”刘老师一听也生气了，没好气地回了一句：“是热水。”君君妈妈用手一试，就没再说什么了。接着，刘老师给君君穿裤子，脸色一直不好看，君君妈妈再问什么也不回答了。于是君君妈妈向园长投诉了刘老师，刘老师觉得委屈，边哭边说：“我今天洗了四个孩子的裤子，家长还这么不理解，工作没法干了。”园长说：“我知道老师们不容易，大家辛苦了，家长有抱怨时也应该理解。”经过园长的开导，刘老师心情平复了。

问题：

请结合材料，从教师职业道德的角度，评析刘老师的教育行为。(14 分)

32. 材料：

“双11”是个典型的人造节日，但这个人造节日的火热程度，除了比春节逊色外，已经逼近圣诞节、情人节等洋节，更是超过了端午节、中秋节等传统节日。较之传统节日动辄一两千年甚至三四千年的历史，“双11”这个人造节日，不过才“六周岁”。

在“双11”到来的前一晚，两台大型文艺晚会在两个重要的电视平台上播出，参与明星数量堪比春晚，无数观众像除夕守夜那样，看着晚会、刷着微信，等待着零点的到来，社交媒体上以“单身狗”“剁手”“败家”等为关键词的段子再次潮涌而来，在线上线下形成了一股无可阻挡的欢乐气氛。

“双11”为什么这么火？从它初创的那年开始，可以发现它是迎合网络流行文化而诞生的。在2009年之前，“11月11日”只是单身人士互相调侃的一个日子，商家凭借敏锐的嗅觉从中发现了商机，把流行文化当中涌动的情绪，成功转化为购物的动力。现在，更是借助当红明星的力量，来强化流行文化与商业文化的结合，从而巩固“双11”的地位。

对人性的迎合，是“双11”快速扩张的另一内在力量。首先，“双11”对消费者贪便宜的心理揣摩到位，诸多物品的的确确在这天也货真价实地优惠了不少，充分释放了消费者的购买欲望；其次，在商业力量的强势引导下，消费者的从众心理被成功激发，不在这天购买点东西，就仿佛会被潮流所抛弃一样；再者，“双11”已经成为重要的社交话题，所有的新老媒体，都在这天津津乐道地谈论“双11”，无形中形成巨大的舆论氛围，使得“购买”成为加入这场狂欢的唯一方式。

整体来看，这个人造节日符合一些潮流节日的特征：到处广告密布，促销音乐欢天喜地，明星卖力助阵吆喝，商家高喊甩卖，网上人流如织……竭力地让这个人造节日时尚化、大众化，拼命地调动人们的参与感，使得“双11”硬生生地挤进了原本就名目繁多的节日群当中，成为其中颇令人瞩目的一个节日。

反观传统节日的冷清，不难发现其中存在诸多弊端。节日的内涵可以不变，但形式必须与时俱进。千百年来的传统节日，内涵虽没变化，但形式却保守老旧，已经难以被一代代观念新潮的年轻人所接受。当年长的人哀叹于传统节日日渐凋零时，年轻人却无暇顾及，因为他们要忙着寻找与自己更为贴近的时代气息，投入到自己这个群体能够共同享受的节日中去。

传统节日在形式上难以突破创新，又和缺乏某种力量的强势引导有关。在政府层面上，曾多次倡导公众重视传统节日，也推行过各种促进传统节日热闹起来的举措，但整体收效甚微。政府做不了的事情，可以交给市场，然而受长期的思维惯性影响，传统的商场在传统节日营销方面办法不多，除了让这些传统节日也变成“购物节”之外，没能赋予传统节日新的元素。

电商网站作为崛起的强势商业力量，在更改传统节日的过节习惯和消费习惯方面，也无能为力，因为传统节日裹挟的文化含义与情感意义，难以撼动，一股无形的保守力量，在捍卫着传统节日的传统过法。所以，电商网站干脆针对新兴消费群体另起炉灶，活生生造了一个新的节日，反而投入的成本会小很多。

人口流动的加快，使得人们聚少离多。生活节奏的加快，让传统节日的一些保留项目难以得到实施。传统节日终归还是不能转移到移动互联网上度过：放电子鞭炮？玩电子赛龙舟游戏？这肯定会遭到传统文化守护者的批评。所以，面对传统节日的冷清，人们虽然惋惜却无能为力。

但有一点可以肯定的是，无论“人造节日”多么红火，无论这一天人们在网上消费了几百亿，“人造节日”终归还是充斥着钱币和物欲的味道，它带来的满足感是短暂的，也是取代不了任何一个传统节日的。无法预测“人造节日”在未来十年二十年内会发展成什么规模，但就算有一天它的热闹程度超过了春节，也会因为缺乏文化与情感的内在，而只能被定义为一个简单的“购物节”。

（摘编自韩浩月《传统节日为何敌不过人造节日“双11”?》）

问题：

(1)“双11”能“火”起来的主要原因是什么？请结合文本，简要概括。(4分)

(2)人造节日的红火能够给传统节日的振兴带来哪些启示？请结合文本，简要分析。(10分)

三、写作题(本大题共50分)

33. 阅读材料,根据要求完成作文。

“打卡”已悄然走入我们的生活,朋友圈更是成为各种花式“打卡”的聚集地。亮健身“打卡”、秀美食“打卡”、晒旅游景点“打卡”,人们越来越倾向于以打卡来作为生活的标记。对此你怎么看?

综合材料所引发的联想和感悟,写一篇论说文。

要求:

用规范的现代汉语写作,角度自选,立意自定,标题自拟,不少于800字。

机密★启封前　　　　　　　　　　　　　姓名＿＿＿＿＿＿　准考证号＿＿＿＿＿＿

2023 年上半年中小学教师资格考试
真题试卷(二)

综合素质(幼儿园)

注意事项：

1. 考试时间为 120 分钟,满分 150 分。

2. 请按规定在答题卡上填涂、作答,在试卷上作答无效,不予评分。

一、单项选择题(本大题共 29 小题,每小题 2 分,共 58 分)

在每小题列出的四个备选项中只有一个是符合题目要求的,请用 2B 铅笔把答题卡上对应题目的答案字母按要求涂黑。错选、多选或未选均无分。

1. 在组织幼儿认识图形时,李老师说:"请小朋友找出活动室里有圆形和正方形的物品。"李老师的做法体现的幼儿教育特点是(　　)

A. 基础性　　B. 整体性　　C. 浅显性　　D. 生活性

2. 磨课时,方老师语重心长地对姜老师说:"现阶段你要开始琢磨如何将自己的教学经验进行提升,形成自己善于驾驭且易于幼儿理解的教学表现方式。"这表明姜老师目前所处的专业发展阶段是(　　)(常考)

A. 自我更新关注阶段　　B. 关注生存阶段

C. 关注教学情境阶段　　D. 关注学生阶段

3. 语言活动时,侯老师摇着铃鼓提醒幼儿安静,可仍有部分幼儿吵吵闹闹的。这时,侯老师双手握空心拳,做出望远的动作,说:"老师用望远镜望一望,看看哪个小朋友坐得最神气?"孩子们立刻停止吵闹。下列对侯老师的行为表述**不正确**的是(　　)

A. 注重教学示范　　B. 注重幼儿情绪调控

C. 注重班级管理　　D. 注重直观形象引导

4. 在建构区,中班幼儿东东一直搭不好拱形桥,不停地把积木推倒重来。对此,

李老师恰当的说法是(　　)

A.“宝贝,我来帮助你!”　　B.“试试不同的积木,你一定行!”

C.“注意拱形桥的对称与平衡!”　　D.“不搭拱形桥了,搭其他的吧!”

5. 明明的父母怠于履行监护职责,让明明长期处于无人照顾的状态。根据《中华人民共和国未成年人保护法》,当地民政部门应当采取的措施是(　　)(易错)

A. 对明明进行临时监护　　B. 对明明进行长期监护

C. 撤销明明父母的监护资格　　D. 追究明明父母的刑事责任

6. 依据《中华人民共和国教育法》,幼儿园中的管理人员实行(　　)

A. 专业技术制度　　B. 管理职员制度

C. 教师资格制度　　D. 教育职员制度

7. 某地政府为提升教育质量,促进教育高质量发展,拟将一所公立学校改为与企业合建。该政府的做法(　　)

A. 错误,政府不得以任何名义改变或者变相改变公办学校的性质

B. 错误,政府不能通过与企业合作的方式提升学校教育教学质量

C. 正确,政府可以结合实际采取多种形式提升学校教育教学质量

D. 正确,政府应因地制宜地为义务教育阶段学校的发展提供帮助

8. 幼儿园教师崔某认为所在幼儿园侵犯了自己参加进修培训的权利而提出申诉,依法受理其申诉的是(　　)

A. 当地人民政府　　B. 教育行政部门

C. 上级人民政府　　D. 当地纪检部门

9. 幼儿玲玲在放学前偷偷溜出幼儿园玩耍,不小心摔伤。对于玲玲所受伤害,应承担赔偿责任的是(　　)

A. 玲玲的老师　　B. 玲玲的监护人

C. 幼儿园　　D. 幼儿园和玲玲的监护人

10. 依据《中华人民共和国宪法》,中央和地方的国家机构职权遵循的原则是(　　)(易混)

A. 中央统一领导,充分发挥地方的主动性和积极性

B. 中央统一领导,充分发挥地方的自主性和积极性

C. 中央统一领导,充分发挥地方的主体性和主动性

D. 中央统一领导,充分发挥地方的主体性和自主性

11. 下列选项中，**不属于**联合国《儿童权利公约》规定的确认和保护的儿童权利是（　　）

A. 信仰自由权　　B. 结社自由权

C. 言论自由权　　D. 契约自由权

12. 某幼儿园为给幼儿今后的学习发展打下坚实的基础，在大班教授小学语文和小学数学的内容。该幼儿园的做法（　　）

A. 符合幼儿关键期的教育要求　　B. 彰显了关爱幼儿的教育理念

C. 不符合全面发展的教育理念　　D. 违背了幼儿的身心发展规律

13. 李老师一直要求班上的小朋友不要手拉手上下楼梯，可是小丽和小熙经常手拉着手一起走，在上下楼梯时也不松手。对此，李老师恰当的做法是（　　）

A. 尽量不让她俩一起上下楼梯，消除安全隐患

B. 要求她俩松手后再上下楼梯，避免发生意外

C. 允许她俩拉着手上下楼梯，提醒注意安全

D. 减少她俩当天的户外活动，强化教育效果

14. 李老师暑假参加同学聚会时，发现一些同学收入高于自己，因此很沮丧，一度想跳槽。可一开学，当活泼可爱的小朋友围着她分享暑假趣闻时，她顿时心情舒畅，跳槽念头全无。这表明了教师职业幸福具有（　　）

A. 自在性　　B. 主观性　　C. 精神性　　D. 无限性

15. 在一次续编故事活动中，小朋友们积极举手发言。一向胆小的圆圆也举起了小手，戴老师有意请圆圆回答，可圆圆的声音非常小，小朋友们嚷嚷："她的声音太小了，我们什么也听不见！""老师让我替她说吧！"对此，戴老师恰当的回应是（　　）

A. "欣欣，你替圆圆讲！圆圆请先坐下休息一会儿。"

B. "圆圆，你真勇敢！请你大声地再说一遍，好吗？"

C. "你们管好自己的小嘴巴，我们要尊重圆圆。"

D. "圆圆，你应该大声讲故事。"

16. 幼儿自行收拾餐具时，赵老师发现晓晓把饭粒掉在桌上，便让晓晓把饭粒捡回餐碗里。回家后，晓晓告诉爸爸，赵老师要她把掉在桌子上的饭粒吃掉，晓晓爸爸当即打电话询问此事，赵老师详细说明了情况。对此，下列选项正确的是（　　）

A. 赵老师没有把握教育对象的针对性

B. 赵老师没有把握教育内容的适宜性

C. 赵老师没有做好教育要求的明确性

D. 赵老师没有把握教育主体的协同性

17. 人们常常遵循科学原理进行发明创造。热气球作为人类发明的最早载人升空的航空器,其应用的主要科学原理是(　　)

A. 重力的原理　　B. 浮力的原理

C. 弹力的原理　　D. 磁力的原理

18. 青蛙属于脊索动物门两栖纲的动物,成体青蛙已有肺,但在冬眠时,其呼吸主要依靠的是(　　)

A. 舌头　　B. 眼睛　　C. 皮肤　　D. 心脏

19. 科学发现可以通过观察实验得到,也可以通过理论推算得到。1846 年,法国天文学家勒威耶和英国天文学家亚当斯根据天体力学理论,几乎同时计算出一颗新行星的位置,这颗新行星是(　　)

A. 火星　　B. 木星　　C. 海王星　　D. 天王星

20. 在 1934 年 10 月,中央红军和中共中央机关实施战略性转移,开始长征,历经艰难险阻,红一、四方面军在甘肃会宁胜利会师。这次会师的时间是(　　)

A. 1935 年 8 月　　B. 1935 年 10 月

C. 1936 年 8 月　　D. 1936 年 10 月

21. 杂交是不同种、属或品种的动物或植物交配或结合,可分为天然杂交和人工杂交。中国人在两千年前就注意到了杂交的优势,此后不断利用杂交优势进行育种,明代有典籍记录了运用人工杂交育种培育优良蚕种,该典籍是(　　)

A.《齐民要术》　　B.《农桑辑要》　　C.《天工开物》　　D.《授时通考》

22. 我国的农谚说:“到了惊蛰节,耕地不能歇”,让孩子据此作画,需提示该画背景所对应的季节是(　　)(常考)

A. 春　　B. 夏　　C. 秋　　D. 冬

23. 现代作家张天翼在其写作生涯后期,以儿童文学创作为主,著有多部童话作品。下列选项中,**不属于**其作品的是(　　)

A.《稻草人》　　B.《金鸭帝国》

C.《大林和小林》　　D.《宝葫芦的秘密》

24. 陀思妥耶夫斯基是19世纪俄罗斯的伟大作家,被视为比肩列夫·托尔斯泰的俄罗斯文学的代表人物和“人类灵魂的伟大审问者”。下列选项中,**不属于**其作品的是(　　)

A.《白痴》　　B.《死魂灵》

C.《罪与罚》　　D.《卡拉马佐夫兄弟》

25. 迪士尼是美国动画片艺术先驱,一生共获得20余项奥斯卡金像奖,创造了米老鼠等一系列家喻户晓的动画形象。下列选项中,以米老鼠为主角的动画片是(　　)

A.《木偶奇遇记》　　B.《威利号汽船》

C.《灰姑娘》　　D.《睡美人》

26. 在Word的编辑状态下,选择了文档全文,若要在“段落”对话框中设置行距为20磅的格式,应选择“行距”列表框中的(　　)

A. 单倍行距　　B. 1.5倍行距

C. 2倍行距　　D. 固定值

27. PowerPoint中**不可以**在空白幻灯片中直接插入的是(　　)

A. 剪贴画　　B. 背景样式

C. 艺术字　　D. 屏幕截图

28. 下列选项中,与“正方形—四边形”的逻辑关系相同的是(　　)

A.“太湖”和“淡水湖”　　B.“六边形”和“菱形”

C.“北京”和“上海”　　D.“春城”和“昆明”

29. 按照给出图形的逻辑特点,下列选项中,填入空白处最恰当的是(　　)

A　　B　　C　　D

二、材料分析题(本大题共 3 小题,每小题 14 分,共 42 分)阅读材料,并回答问题。

30. 材料:

周老师组织“太阳当空照”游戏活动时,阳阳举起手,大声地问:“老师,哪里有太阳?根本看不见啊!”周老师说:“看不见太阳?那太阳到哪里去了呢?”阳阳眨着眼睛,想了一会儿说:“我妈妈说了,太阳让云彩遮住了,如果把云彩拨走,太阳就出来了。”周老师故意问道:“怎么拨呢?云彩那么高,够不着。”小涵认真地说:“老师,登上梯子呀。有高高的梯子,再拿一根长长的竹竿,一使劲儿就把云彩拨拉走了。”周老师趁机问:“可这几天我们是不是连云彩都很少见呢?”“是呀,最近几天总是灰蒙蒙的。”……孩子们七嘴八舌地讨论起来。原来,这几天的雾让小朋友们很纳闷。周老师说:“感兴趣的宝贝可以查查资料寻找答案。”为了解决孩子们的疑惑,第二天,周老师运用图片和视频,介绍了有关雾的知识。小朋友们听得特别认真,有的还说:“回家要告诉爸爸妈妈,雾天开车一定要注意安全。”

问题:

请结合材料,从教育观的角度,评析周老师的教育行为。(14 分)

31. 材料：

晨间活动时，琳琳跑到我面前，把一本绘本递给我，难过地说："黄老师，你看，谁把我这本书的封面撕掉了！"我接过绘本，对着平时比较淘气的涛涛说："这肯定是你撕掉的！"涛涛抬起头看着我，摇了摇头，于是我生气地说："你们把东西放下，都不要玩了，坐好！"孩子们都坐到了自己的小椅子上。接着，我又说："到底是谁把书皮弄坏了，承认了，老师会原谅你；如果不承认，被老师发现了，就惨了！"教室里顿时鸦雀无声，没有人敢承认。看到孩子们露出了紧张不安的神情，我意识到自己的言行有些不妥。这时，我突然想到了"悄悄话"的办法。我问孩子们："大家想不想把自己想说的话悄悄告诉老师啊？"孩子们都点点头，然后就一个接一个凑到我耳边说。小军凑到我耳边小声道："书皮是我弄坏的，刚才我看到这本书丢在地上，想捡起来，可是一使劲儿，书皮就掉下来了。"我也悄悄地对他说："谢谢你告诉老师，你主动把书捡起来，老师要表扬你，但把书皮弄坏了，一会儿你能向琳琳道歉吗？"小军笑着点点头，便过去向琳琳道了歉。我对全班幼儿说："刚刚老师错怪了涛涛。涛涛，对不起！"

问题：

请结合材料，从教师职业道德的角度，评析黄老师的教育行为。(14 分)

32. 材料：

网络流行语是伴随着热点事件的发生，或新事物、新现象的产生，在网络上流行一时的“时髦”用语，它往往随着热点的降温，新事物、新现象的更替而逐渐走向衰亡。比如“蓝瘦香菇”“友谊的小船说翻就翻”“皮皮虾，我们走”“尬聊”“戏精”等，这些曾经耳熟能详的流行语可谓“红”极一时，然而其生命力却极为有限，终究无法摆脱消亡的命运。但是，也有一些网络流行语的“命运”与之截然相反，它们不但没有消亡，反而保持了较旺盛的生命力。究竟是什么原因促使这些流行语存留下来并不断繁衍的呢？

从语言学的角度看，首先，这部分流行语的结构内部具有可扩展的空间，可以在其基本结构的基础上不断扩充出新的用例。以“X门”为例，最早的用例是“水门”，专指在尼克松执政时期，由监听事件而引发的政治丑闻。后来，陆续有大量的名词或名词性短语进入到空槽(slot)“X”的位置上，产生大量的“X门”，诸如“伊朗门”“情报门”“婚礼门”“虎照门”“棱镜门”“通俄门”“毛巾门”等等，这些“X门”的语义大致可以归纳为“关于……的丑闻/与……相关的丑闻”。我们观察到，随着社会的迅速发展，“X门”在语法上也正在发生着一些微妙的变化，比如进入到“X”位置上的成分不再仅仅局限于名词性成分，一些动词性成分也可以进入到X的位置，如“虐囚门”“资助门”“失控门”“停牌门”等，这些变化反映出“X门”这一框式结构的容纳性在逐渐增强。

相反，那些已经消亡的流行语本身并不具备扩展的基础，也就是说，在流行语自身结构的框架内，组成“成员”明确而具体，无法提炼出可扩展的基本结构。例如“蓝瘦香菇”是“难受想哭”的谐音形式，它由“蓝瘦”“香菇”两部分构成，二者组合在一起形成一个相对固定的并列结构短语，很难在该结构基础上进一步抽象出一种可扩展的基本结构，自然更无法进一步产生新的用例。同样，“友谊的小船说翻就翻”“戏精”“尬聊”等亦是如此。基于语言经济原则考虑，人们在进行交际的时候通常遵循“省力”的原则，总是试图以尽可能少的语汇来表达尽量多的内容，类似“X门”词语群的出现无疑迎合了这一社交的基本准则。在语义上，这类词语具有较强的概括性；就语法而言，它们又具有较强的容纳性，相对于“尬聊”“戏精”等零散的、无法扩展的“词典”般的列举式表达，显然更为经济、便捷。

其次，结构本身已具备存继的“基因”。“微×”“×门”“×哥(姐)”等网络流行语没有走向消亡，还在于它们在不同程度上都具有强大的“基因”。一方面，这类流行语在一定程度上契合了社会发展的主流。21世纪是网络的时代，网络技术的出现和发展同时衍生出大量与之密切相关的新事物。在此背景下诞生的“微×”词语群与网络关系密切。根据相关统计，“微×”类格式词发端于2007年的“微博、微媒体”。后来随着微博、微信等网络交际媒介的流行，“微商”“微店”“微付”“微粉”“微视”“微整容”“微阅读”“微研讨”“微研究”“微媒体”“微表情”“微电影”等一系列与网络密切相关的“微×”类词语，如雨后春笋般迅速扩展传播。这些新产生的“微×”类流行语基于网络，“微×”与网络之间的天然联系，注定了这类流行语形成的词语群的发展必然具备较强的可持续性。到目前为止，“微×”类流行语仍然在持续而稳定地扩展着。我们有理由相信，未来这类流行语将会伴随着互联网技术的升级换代而继续得以扩充。

另一方面，从社会学角度来看，这类网络流行语亦符合人类社会发展的常规。“丑闻”是人类社会中较常见的负面事件，它伴随着人类社会发展的全过程。“×门”的出现与传播恰恰在某种程度上印证了丑闻是人类社会的惯常现象。同时，“×门”的传播也从一个侧面反映出人们在交往中遵循的礼貌交际原则。试想，假如直接表达“×门”承载的语义，也许会使交际的一方在心理上产生一定的不适感，而“×门”则以一种经济简洁而不乏活泼幽默的表达方式，从形式上对丑闻承载的负面意义进行了“漂白”，它充分地关照到交际人的内心可能产生的感受，使其在知晓“丑闻”之后，可以在最大程度上降低对交际一方的心理影响。

尽管网络流行语的出现、传播、扩散乃至消亡的过程比较短暂，它们大多经不起时间的考验，但对于它们的走向也不可一概而论。事实表明，一部分网络流行语不但没有走向衰亡，反而在不断地持续发展中，有的甚至在一定程度上已经进入了正规话语系统。因此，对于网络流行语的发展走向要做具体分析，不仅要研究它们所表达的语义，还要探究这部分“存活”下来的网络流行语所具有的特点，更要深入挖掘其得以存续的重要动因。

（摘编自陈光、陈海艳《简析网络流行语的生命力》）

问题：

(1)网络流行语的产生与什么有关？请简要概括。(4 分)

(2)为什么一些网络流行语能保持生命力？请结合文章，简要分析。(10 分)

三、写作题(本大题1小题,共50分)

33.阅读下面的材料,按要求作文。

有人问一位老人:“您总是在学习,通过学习,最终得到了什么?”

老人答:“什么都没有得到。”

再问:“那您还学习什么呢?”

老人笑答:“告诉你学习让我失去的东西:我失去了愤怒、纠结、狭隘、挑剔、指责、悲观和沮丧,失去了肤浅、短视和计较,失去了一切无知、干扰和障碍。”

原来,学习的真谛不是加法,而是减法。

综合上述材料所引发的思考和感悟,写一篇论说文。

要求:

用国家通用语言文字写作;角度自选,立意自定,标题自拟,不少于800字。

机密★启封前　　　　　　　　　　　　　　　姓名＿＿＿＿＿　准考证号＿＿＿＿＿

2022年下半年中小学教师资格考试
真题试卷(三)

综合素质(幼儿园)

注意事项:

1. 考试时间为120分钟,满分150分。

2. 请按规定在答题卡上填涂、作答,在试卷上作答无效,不予评分。

一、单项选择题(本大题共29小题,每小题2分,共58分)

在每小题列出的四个备选项中只有一个是符合题目要求的,请用2B铅笔把答题卡上对应题目的答案字母按要求涂黑。错选、多选或未选均无分。

1. 因为小三轮车数量有限,中班幼儿常为“谁骑车”而争论不休。一天,小雯跑到李老师面前说:“小莉不让我骑三轮车。”对此李老师恰当的说法是(　　)

A. 小雯,我们玩别的玩具吧

B. 小莉,让小雯骑,等会儿我让你发点心

C. 小雯,你可以怎样对小莉表达你的想法

D. 小莉,我知道你是懂得谦让的好孩子

2. 刘老师根据《小蚂蚁搬豆》的故事把小蚂蚁画下来,一个挨着一个贴在厕所的墙面上,幼儿看到排着队的小蚂蚁就会按顺序等待如厕。刘老师的做法体现的教师角色是(　　)(常考)

A. 支持者　　B. 合作者　　C. 示范者　　D. 引导者

3. 班级里有的幼儿活泼,有的幼儿内向;有的幼儿喜欢画画,有的幼儿喜欢唱歌;有的幼儿来自农村,有的幼儿来自城市。这给刘老师的工作带来较大的挑战。这表明老师的劳动具有(　　)

A. 多样性　　B. 示范性　　C. 个体性　　D. 复杂性

4. 幼儿园陈老师经常在心里琢磨“小朋友们喜欢我吗”“同事们如何看我”“园长是否觉得我干得还不错”。陈老师所处的教师发展阶段是(　　)

A. 关注生存阶段　　B. 关注情境阶段

C. 关注学生阶段　　D. 关注自我阶段

5. 联合国《儿童权利公约》要求缔约国采取有效措施保障儿童享有受教育的权利。关于这些措施,下列说法正确的是(　　)

A. 实施全面免费的九年义务教育

B. 鼓励发展不同形式的课外教育

C. 根据条约使所有人享有平等的接受高等教育的机会

D. 使所有儿童都能得到教育和职业方面的资料和指导

6. 根据《中华人民共和国宪法》,下列**不属于**全国人民代表大会常务委员会的职权的是(　　)

A. 解释法律　　B. 监督宪法的实施

C. 决定人民法院诉讼处理　　D. 决定驻外全权代表的任免

7. 在幼儿园事故处理中,受伤害的幼儿的监护人无理取闹,扰乱教育教学秩序。幼儿园应当(　　)(常考)

A. 报告公安机关依法处理　　B. 报告纪检部门依法处理

C. 报告人民法院依法处理　　D. 报告人民检察院依法处理

8. 高先生把自己收藏的书画捐给某幼儿园,园长在整理书画时发现其中一张山水画意境很美,仔细观赏后便拿回家挂在书房里。关于园长的做法,下列说法正确的是(　　)

A. 园长有权处理教育捐赠　　B. 园长不得挪用教育捐赠

C. 园长侵犯了高先生的财产权　　D. 园长拿回家前应征得高先生的同意

9. 3 岁的明明因不听话被母亲置于闹市不管,好心人发现后,报告公安机关,公安机关应对明明的母亲(　　)

A. 予以行政处罚　　B. 予以行政处分

C. 予以刑事处罚　　D. 予以民事处罚

10. 某报社为抢独家新闻,报道了一名未成年犯罪嫌疑人的姓名、住址和犯罪过程,并且配了照片。该报社的做法(　　)

A. 合法,有利于实施法治教育

B. 合法，体现了新闻报道自由

C. 不合法，侵犯了未成年人的隐私权

D. 不合法，侵犯了未成年人的荣誉权

11. 区角活动时，军军故意撞坏玩具，黄老师批评他，他还做鬼脸并顶撞黄老师，黄老师怎么做都无济于事，只好把他带出教室，并交给园长处理。黄老师的做法（　　）（易错）

A. 不正确，推卸了教师的责任

B. 正确，教师有公平评价幼儿的义务

C. 不正确，侵犯了幼儿的受教育权

D. 正确，教师有批评教育幼儿的权利

12. 某幼儿园组织幼儿在一家公司的庆典上进行商业表演，该幼儿园的做法（　　）

A. 正确，有助于扩大幼儿园的社会影响

B. 正确，有助于改善幼儿园的办学条件

C. 不正确，幼儿园不得以幼儿表演为手段牟利

D. 不正确，幼儿园进行幼儿演出活动须征求家长同意

13. 李老师打扫完班级卫生后，顺便坐在教室的玩具柜上，这时他看到小杰也从椅子上爬到柜子上坐着，便说："小杰，不能坐到柜子上，这样太危险，老师说过很多次了，你忘了吗？"旁边程程说："老师，你也坐在上面呢。"此时李老师恰当的回应是（　　）

A. 老师和柜子说过了，它同意哦

B. 谢谢你，以后我们都不要坐了

C. 老师打扫卫生太累了，只坐了一小会儿

D. 谢谢你，老师不会摔，小朋友会有危险的

14. 小班的保育员徐老师正在照顾两个不肯吃饭的孩子，这时京京端着空碗还想吃饭，徐老师转头对正在使用电脑的陈老师说："帮京京盛一点饭。"陈老师回应："这是你的工作，我有我的事情要做。"陈老师的做法违背的教师职业道德要求是（　　）

A. 关系性　　B. 长期性　　C. 协作性　　D. 制度性

15. 小馨的奶奶去幼儿园给小馨送被子，走到寝室时，老师刚好带孩子们去做操了，奶奶发现小馨的床位在一个角落里，便将小馨的床位换到了寝室中间。老师回来后，下列哪项的做法是正确的（　　）

A. 认同奶奶调整床位的行为

B. 让小馨告诉奶奶不能调

C. 立即把小馨的床位调回原位

D. 打电话与奶奶沟通，不应该这样做

16. 徐老师正在分组活动中指导幼儿,起身的时候,衣服上的胸针钩住了晶晶的头发,晶晶害怕地哭了,徐老师小心地把晶晶的头发与胸针分开,接下来徐老师应该(　　)

A. 加倍小心,尽量避免胸针伤到幼儿

B. 加强防范,不带胸针以免误伤幼儿

C. 安抚幼儿情绪,处理好后调整胸针位置

D. 注意安全,只佩戴不伤到幼儿的胸针

17. 星星眨巴眼睛,让人产生无限联想。繁星闪烁这一现象出现的原因是(　　)

A. 星星距离遥远　　B. 人看星星时不停眨眼

C. 星星不断运动　　D. 大气密度不断变化

18. 安全标志是表达特定安全信息的标志,由图形符号、安全色以及形状或文字构成,用于公共场所、工业企业、建筑工地和其他有必要提醒人们注意安全的场所,指导人们采取合理行为。下列安全标志中,表示“当心夹手”标志的是(　　)(易错)

A　　B　　C　　D

19. 国歌是代表国家的歌曲,以鼓舞爱国主义精神行为为主题,往往能反映一个国家的历史。下列历史事件中,与法国国歌《马赛曲》的诞生相关的是(　　)

A. 普法战争　　B. 法国大革命

C. 英法百年战争　　D. 拿破仑远征俄国

20. 要教育儿童从小热爱英雄、尊敬英雄、学习英雄,如果给孩子们讲述民族英雄抗击倭寇的故事,下列人物事迹可作为讲述内容的是(　　)

A. 霍去病　　B. 文天祥

C. 戚继光　　D. 林则徐

21. 果戈理是19世纪俄国著名作家,其作品对俄国现实主义文学的发展影响很大。下列选项中,**不属于**果戈理作品的是(　　)

A.《变色龙》　　B.《死魂灵》

C.《外套》　　D.《钦差大臣》

22. “小刺猬，去理发，嚓嚓嚓，嚓嚓嚓，理完头发瞧瞧他，不是小刺猬，是个小娃娃。”这首儿歌的作者是(　　)

A. 鲁兵　　B. 乔羽　　C. 柯岩　　D. 任溶溶

23. 中国古代神话中有这样一个人物，被砍了头仍不甘屈服，他以两乳为目，肚脐当口，依然操着盾，握着斧。这个神话人物是(　　)

A. 蚩尤　　B. 后羿　　C. 刑天　　D. 共工

24. 万里长城是由关隘、城台、烽火台和城墙组成的中国古代军事防御工程，长城的修筑历时十余个朝代，持续两千余年，是人类历史上修筑时间最久的建筑工程，是世界建筑史上的奇迹。下列朝代中，修筑规模最大、历时最久的是(　　)

A. 秦朝　　B. 西汉　　C. 北魏　　D. 明朝

25. 毕加索是著名艺术家，其著名作品有《格尔尼卡》《和平鸽》等，毕加索的国籍是(　　)

A. 德国　　B. 荷兰　　C. 葡萄牙　　D. 西班牙

26. 图文混排是 Word 的特色功能之一，关于图文混排，下列表述错误的是(　　)

A. 可以在文档中插入图形　　B. 可以插入剪贴画

C. 可以使用文本框　　D. 可以使用配色方案

27. 使用 PowerPoint 编辑某张幻灯片时，**不能**实现的操作是(　　)

A. “插入”→“图片”按钮　　B. “插入”→“版式”按钮

C. “插入”→“表格”按钮　　D. “插入”→“图表”按钮

28. 下列选项中，与“水杯—瓷器”的逻辑关系相同的是(　　)

A. “木制品—家具”　　B. “鲸鱼—海鱼”

C. “豆制品—大豆”　　D. “河虾—河蟹”

29. 按规律填数字是一项很有趣的活动，特别锻炼观察和思考能力。按照 1 = 3，2 = 9，3 = 15，4 = (　　)，5 = 27 的规律，下列选项中，应填入空缺处的数字是(　　)

A. 17　　B. 19　　C. 21　　D. 23

二、材料分析题(本大题共 3 小题，每小题 14 分，共 42 分)阅读材料，并回答问题。

30. 材料：

在自由区域活动的时间，凡凡和瑶瑶选择去做手工项链。金老师为他们提供了材料，并且给了他们制作的步骤。凡凡是按照制作步骤开始制作的，但是瑶瑶却不是按照步骤制作的，凡凡跟老师说："老师，你看她跟我做的不一样，做的是不对的。"老师听见之后过来找瑶瑶说："哦，你做的不一样吗？那一会儿等你做完，我们看看你做的是什么样的。"然后瑶瑶自信地说："你们等着看吧。"

在区域活动的讲评环节，金老师举起凡凡做的项链，说："凡凡学会了自己看图做项链，观察非常仔细，真棒！"接着金老师出示了瑶瑶的桃心项链，问道："大家看看这个桃心项链漂亮吗？"孩子们争先恐后地说："真漂亮，这是谁做的？怎么做出来的啊？"这时，金老师把瑶瑶请上场讲解自己的作品，之后又对其他幼儿的作品也一一做了点评。

课后，金老师及时把这次区域活动记录下来，总结了成功之处，也反思了不足之处，并写下了改进思路，为以后撰写教研论文和开展课题研究积累素材。

问题：

请结合材料，从教师观的角度，评析金老师的行为。（14 分）

31. 材料：

周老师让小朋友们续编大灰狼的故事。强强的想象力特别好，他讲的故事绘声绘色，但是他在讲到最后的时候，说小动物们都打败了大灰狼，把大灰狼的头砍了下来。这让其他的小朋友都觉得非常的害怕，琪琪还害怕地哭了起来。周老师便把琪琪抱在怀里说："老师在这儿呢，不害怕。"随后周老师便引导小朋友一起玩了一个愉快的游戏。

后来，周老师带领大家一起学习绘本故事《你看起来很好吃》，讲完之后让小朋友们分享自己喜欢故事中的哪个人物，并说出为什么。小朋友们都说喜欢霸王龙，因为他很有爱心，很善良。分享结束的时候，周老师说："我们要做一个善良的、有爱心的人，要爱护和保护小动物，不能伤害他们。"

问题：

请结合材料，从教师职业道德的角度，评析周老师的教育行为。(14 分)

32. 材料：

冠礼，是冠礼和笄礼的合称，是我国古代的成年礼，标志着男女由少年迈入成年。因而冠礼在古代社会家礼文化和人生成长诸阶段中占有极为重要的地位。

根据礼书记载，先秦冠礼在宗庙进行，主持者一般为受冠者的父亲，即孟子说的："丈夫之冠也，父命之。"(《孟子·滕文公下》)如果父亲已经去世，则由兄长主持。加冠前，主人要通过占卜的方式确定冠日，随后邀请参加冠礼的宾客，尤其是为子弟加冠的正宾。加冠当日，主人要准备好冠礼所用的冠服器物等。加冠前，受冠者由赞冠者为其梳头、挽髻、加笄，再把头发系好以便加冠。冠礼的主体仪式为"三加"，即由正宾依次给受冠者加缁布冠、皮弁、爵弁，每次加冠都要配以相应的服饰。加冠时，主宾要向受冠者宣读祝辞，内容是勉励其树立高尚的道德品质和远大的人生志向。加冠后，正宾为冠者取字。同时，子弟加冠后要拜见母亲和尊长，并接受他们的教诲。

传统冠礼饱含着深刻的伦理意蕴、道德追求与责任担当。

首先，借助冠服使受冠者明确自身的权利和责任。"三加"仪式无疑是整个冠礼程序的中心环节。初加缁布冠，该冠为太古之制，蕴含尊古尚朴之意。再加皮弁，皮弁为臣子上朝时所戴之冠，意味着受冠者可以参与政治事务。三加爵弁，爵弁为先秦宗庙祭祀时所戴之冠，象征着加冠者开始拥有祭祀权。加冠过程中，受冠者通过穿戴具有不同意义和功能的冠服，明确其作为成人开始享有治人、参政、祭祀等权利和义务，使其对自身社会角色获得更为明晰的认知。

其次，借助冠辞教导受冠者不断砥砺自己。例如，初加时祝辞有"弃尔幼志，顺尔成德"的内容，就是要求受冠者放弃幼年孩子气的行为，以成年人的道德准则来砥砺自己的德行。再加的祝辞说："敬尔威仪，淑慎尔德。"告诫其成年人的气质是端庄威仪，内在善良温和，凡事以礼行之，希望受冠者能始终以此为准绳来要求自己。三加的祝辞说："以成厥德。"嘱告受冠者已经成人，要以成人的礼仪标准来约束自己。

再次，古人对冠礼的重视不仅仅在于冠服本身，更在于他们希望借助冠服仪式，构建一种儒家倡导的理想社会秩序和生活方式。宋代以来世风浇薄，民间胡服盛行，车服多僭越而禁之不绝，道学家们对此无不感到痛心疾首。譬如，司马光认为不行冠礼，则不知"为人子、为人弟、为人臣、为人少"四者之行，不知"成人之道"(《书仪》)。朱熹则批评"今衣服无章，上下混淆"(《家礼》)，以致华夷不辨，尤需加以整顿。

冠礼是中华优秀传统家礼文化的重要内容，是中华家文化与礼文化融合的结晶。

中共中央、国务院印发的《新时代公民道德建设实施纲要》强调“充分发挥礼仪礼节的教化作用。礼仪礼节是道德素养的体现，也是道德实践的载体”。虽然时代发生了变迁，但无论是冠礼的礼义内容还是其礼仪教化方式，都有诸多值得我们深入挖掘、吸纳借鉴的地方。

一方面，借鉴传统冠礼仪式和教化方式，为广大青少年提供角色认知，培育礼仪文明素养。《礼记·冠义》云：“凡人之所以为人者，礼义也。礼义之始，在于正容体、齐颜色、顺辞令。容体正，颜色齐，辞令顺，而后礼义备。”在儒家看来，人之所以为人，在于人有礼义。虽然传统家礼存在一定的历史局限性，但这种借助极富象征意义与教育性质的礼仪形式，为个体提供社会角色认知，并在潜移默化中涵养文明素质的教化方式，在今天看来仍具有非常积极的意义。建议有关部门在吸纳传统冠礼仪节的基础上，设计一套简明易行的成人礼加以实验推广，助推亿万青少年通过仪式更好理解和践行“成人之责”。

另一方面，承故拓新，充分挖掘传统冠礼文化中的积极内容，使之成为涵养青少年道德人格的丰厚滋养。在漫长历史长河中，冠礼礼义中浸润和倡导的修身之德、成人之责、立世之道和感恩之心，仍然是新时代青少年成人成才所需要的必备素质，对于促进家德家风建设乃至整个社会的精神文明建设，仍然大有裨益。

（摘编自陈延斌、王伟《传统冠礼及其时代价值》，有删改）

问题：

(1)什么是冠礼？请结合文章，简要概括。(4分)

(2)冠礼在我国传统家礼文化中为什么占有重要地位？对今天有何借鉴意义？请结合文章，简要分析。(10分)

三、写作题(本大题1小题,50分)

33.阅读下面的材料,按要求作文。

在一个著名的博物馆里,小学生和中学生席地而坐,听取详细而系统的讲解。幼儿园的孩子们也来参观,讲解员是一位富有经验的老奶奶,她并没有向孩子们讲解博物知识,而是在展出的美术作品前问:“孩子们,这上面有几个人呀?这件衣服是什么颜色的呀?这儿都有几棵树呀?”孩子们看得很认真,回答得也很认真。

综合上述材料所引发的思考与感悟,写一篇论说文。

要求:

用规范的现代汉语写作,角度自选,立意自定,标题自拟,不少于800字。

机密★启封前　　　　　　　　　　姓名________　准考证号________

2022年上半年中小学教师资格考试真题试卷(四)

综合素质(幼儿园)

注意事项:

1. 考试时间为120分钟,满分150分。

2. 请按规定在答题卡上填涂、作答,在试卷上作答无效,不予评分。

一、单项选择题(本大题共29小题,每小题2分,共58分)

在每小题列出的四个备选项中只有一个是符合题目要求的,请用2B铅笔把答题卡上对应题目的答案字母按要求涂黑。错选、多选或未选均无分。

1. 马老师在活动反思中写道:“使用档案袋对幼儿的表现进行评价,经常需要花费额外的时间,与其在这些花样上花时间,不如把精力多用在孩子身上。”这表明马老师(　　)

A. 缺少幼儿学情分析意识　　B. 缺少经验提炼能力

C. 缺少幼儿发展评价能力　　D. 缺少教学决策意识

2. 米切尔·兰德曼说:“人较动物而言,在本质上是非决定的。此即人的生命并没有遵循事先决定的路线,事实上自然只是使人走完了一半,另外的一半尚待人自身去完成。”对此正确的理解是(　　)

A. 人的发展是定向的　　B. 人的发展是多向的

C. 人的发展是全面的　　D. 人的发展是平衡的

3. 一所幼儿园基于“数字化育人”的办学理念,建立起“过程性数据”与“关键事件”相结合的幼儿发展评价信息系统,用以跟踪幼儿个体的成长过程。该做法体现的幼儿发展特点是(　　)(易错)

A. 顺序性　　B. 独特性　　C. 自主性　　D. 创造性

4.“拼图”游戏时,王老师见东东反复地拿起这块放下那块,不知该拿出哪块,急得满脸通红、满头大汗。对此,王老师恰当的说法是(　　)

A.“不要着急,我们再试试吧。”　　B.“你看看,晓红是怎么拼的。”

C.“试试红色正方形的拼板吧。”　　D.“仔细看一下颜色和形状。”

5.依据《中华人民共和国宪法》,下列表述**不正确**的是(　　)

A.县级以上的地方各级人民政府设立审计机关

B.地方各级人民政府是地方各级国家权力机关

C.地方各级人民政府对本级人民代表大会负责并报告工作

D.全国地方各级人民政府都是国务院统一领导下的国家行政机关

6.依据联合国《儿童权利公约》,对儿童的养育和发展负有首要责任的是(　　)(常考)

A.学校和教师　　B.父母或其他监护人

C.社会或企业　　D.国家和当地人民政府

7.小孙是个流浪儿童,相关部门一直没有找到小孙的父母或者其他监护人。对于小孙的监护问题,下列说法正确的是(　　)

A.应当由民政部门对小孙进行长期监护

B.应当由教育部门对小孙进行长期监护

C.应当由福利机构对小孙进行长期监护

D.应当由公安机关对小孙进行长期监护

8.教师张某在某民办幼儿园上班,因工作严重失误,被幼儿园解聘。张某不服,她可以采取的救济途径是(　　)

A.提出申诉和依法诉讼　　B.劳动仲裁和行政复议

C.依法检举和行政复议　　D.诉讼赔偿和行政管制

9.依据《中华人民共和国教育法》,相关社会公共文化体育设施等场所应当对教师、学生实行优待。下列场所**不属于**按规定优待开放的是(　　)

A.图书馆　　B.博物馆　　C.电影院　　D.文化馆

10.幼儿园放学了,小米的父母没有时间去接她,就让读小学六年级的哥哥放学后去接她。小米父母的做法(　　)

A.正确,哥哥可代替父母接送小米　　B.正确,幼儿可以由直系亲属接送

C.不正确,父母应该亲自接送小米　　D.不正确,幼儿应该由成年人接送

11. 良好的社会环境有利于促进未成年人的健康成长，下列选项中属于社会保护的是（　　）

A. 学生王某在学校突发疾病，学校及时通知家长并积极救护王某

B. 解除羁押、服刑期满的未成年人的复学、升学、就业不受歧视

C. 父母或者其他监护人不得使接受义务教育的未成年人辍学

D. 任何组织或者个人不得披露未成年人的个人隐私

12. 某学校年终对全体教师进行考核。根据《中华人民共和国教师法》的规定，下列说法正确的是（　　）

A. 考核包括教师的师德师风、业务水平、育人业绩和管理水平

B. 考核结果是教师受聘任教、晋升工资、实施奖惩的唯一依据

C. 考核应当充分听取教师本人、其他教师以及学生家长的意见

D. 上级教育行政部门可以对该校教师考核工作进行指导与监督

13. 在一次教学活动中，黄老师问小朋友："图上的月亮是什么样的呀？"大多数的幼儿回答："是圆的。"只有昊昊说："月亮是弯弯的。"黄老师对昊昊说："不对，图上的月亮明明就是圆的，哪里是弯的？"这表明黄老师（　　）

A. 缺乏批评教育的艺术

B. 没有活用素材的能力

C. 没有关爱幼儿的情感

D. 缺乏纪律管理的方法

14. 第二天一早李老师就要交职称材料了，他发现还缺少2份听课材料，但是他已经没有时间听课了。李老师正确的做法是（　　）

A. 请同事帮忙提供听课材料

B. 参考同事的教案改写听课材料

C. 根据自己的教案编写听课材料

D. 直接放弃本次职称评定机会

15. 午睡起床时，小班的李老师发现小朋友常将两只鞋子穿反，就编了首儿歌："一双小鞋子，套上小脚丫。背对背，脸背脸，就像刚刚吵过架。咦——怎么了？"小朋友听完儿歌纷纷检查了自己的鞋子，"哦，小鞋子穿反了！"下列选项与该案例所体现的教师职业道德要求相符的是（　　）

A. "不闻不若闻之，闻之不若见之。"

B. "耳濡目染，不学以能。"

C. "不愤不启，不悱不发。"

D. "动人以言者，其感不深；动人以行者，其应必速。"

16. 月月说话时有口吃现象,如“老……师好,我爷……爷送我来的。”老师不仅鼓励月月,还加强家园配合。该老师的做法体现的教师职业道德的特征是(　　)(易错)

A. 多样性　　B. 双向性　　C. 专业性　　D. 复杂性

17. 安全标志是表达特定信息的标志,由图形符号、安全色、几何图形或文字构成,用于公共场所、工业企业、建筑工地和其他有必要提醒人们注意安全的场所,指导人们采取合理行为。下列安全标志中,表示“禁止攀登”的是(　　)

A.　　B.　　C.　　D.

18. 罕见病是一类患病率极低的疾病,但由于种类很多,而且我国人口基数庞大,因此罕见病患者并不罕见。下列选项中,俗称为“月亮孩子”的罕见病是(　　)

A. 白化病　　B. 戈谢病　　C. 血友病　　D. 脆骨症

19. 阿尔卑斯山脉是欧洲最高大的山脉,其主干向东延伸为喀尔巴阡山脉,向东南延伸为迪纳拉山脉,向南延伸为亚平宁山脉,向西南延伸为比利牛斯山脉。下列选项中,境内没有阿尔卑斯山脉及其支脉的国家是(　　)

A. 法国　　B. 意大利　　C. 瑞士　　D. 挪威

20. 风俗是历代相沿积久而成的风尚、习俗。历代统治者都把“厚风俗”作为治国安民的大事。下列选项中,**不属于**民国初期采取的移风易俗措施的是(　　)

A. 剪辫易服　　B. 禁用棺木　　C. 劝禁缠足　　D. 废除跪拜

21. “小满”是二十四节气之一,这时,江南大麦进入黄熟期,油菜籽成熟,蚕开始结茧,古时有“小满动三车”的习俗。下列选项中,**不属于**“三车”的是(　　)(常考)

A. 纺车　　B. 滑车　　C. 油车　　D. 水车

22. 理学,也叫道学,是宋明儒家哲学思想,影响深远。很多思想家为理学的形成和发展作出了重要贡献。下列理学家中,人称“濂溪先生”的是(　　)

A. 周敦颐　　B. 邵雍　　C. 程颢　　D. 王守仁

23. 章回体小说是中国古代长篇小说的主要形式,主要特点是分回标目,故事连接,段落整齐。下列选项中,**不属于**章回体小说的是(　　)

A.《水浒传》　　B.《儒林外史》

C.《红楼梦》　　D.《聊斋志异》

24.《小布头奇遇记》描写布娃娃“小布头”偶然从城里来到乡下,经历了种种奇遇,开阔了眼界,懂得了许多道理。这部童话的作者是(　　)

A. 严文井　　B. 张天翼　　C. 孙幼军　　D. 曹文轩

25. 水稻原产于中国,种植历史悠久。除可作主食外,还可酿酒、制糖。下列选项中为水稻图片的是(　　)(易错)

A. 　　B.

C. 　　D.

26. Word 文档中,要将一张图片作为一段文字的背景,应该将图片版式设置为(　　)

A. 四周型环绕　　B. 紧密型环绕

C. 浮于文字上方　　D. 衬于文字下方

27. 在使用 Excel 制作表格时,可实现输入数字字符串 0210409 的是(　　)

A. [0210409]　　B. “0210409”　　C. 0210409　　D. ’0210409

28. 下列选项中,与“首饰—镯子”的逻辑关系相同的是(　　)

A. 汽车—轮胎　　B. 石窟—石雕

C. 玉石—翡翠　　D. 摆件—胸针

29. 按照给出图形的逻辑特点,下列选项中,填入空格处最恰当的是(　　)

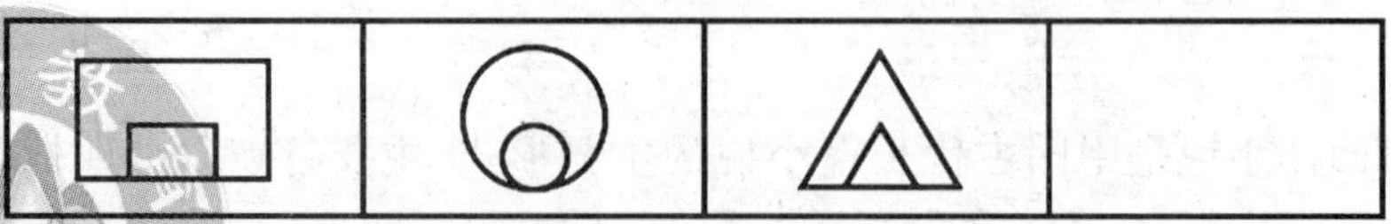

A. 　　B. 　　C. 　　D.

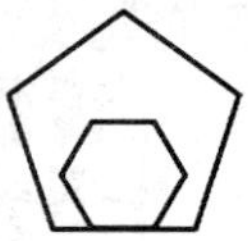

二、材料分析题(本大题共 3 小题,每小题 14 分,共 42 分)阅读材料,并回答问题。

30. 材料:

杨老师带班后不久就遇到一件麻烦的事。午餐时,小强被小斌打了,杨老师立刻打电话通知双方家长。没想到家长来后都认为自己的孩子没有错,吵得不可开交,最后竟然动起手来……幼儿冲突的问题并没有解决,类似这样的事情杨老师又遇到过几次,很是头疼。

为有效处理幼儿冲突问题,杨老师主动向有经验的老师请教,还查阅了许多幼儿心理发展方面的书籍,咨询幼儿教育专家,了解幼儿心理发展知识,探寻幼儿冲突行为的诱因,寻求破解良策。经过长期理论和实践的积淀,杨老师逐渐成为处理幼儿冲突方面的专家,并出版了《杨老师教你应对幼儿冲突50招》。

为妥善处理孩子之间的冲突,杨老师定期在幼儿园为家长做专题讲座,还经常与家长沟通幼儿的情况,其所在幼儿园孩子之间的冲突逐渐减少,家长之间因孩子冲突而产生的矛盾也渐渐消失了。

问题:

请结合材料,从教师观的角度,评析杨老师的教育行为。(14 分)

31. 材料:

一天,刘老师组织区域活动时,小朋友们发现建构区新添了不少积木,十多个小朋友都涌进了建构区,兴高采烈地搭起了积木。

“喂,你踩到我的积木了。”超超说。“干吗呀?你别挤我。”静静说。

这时,有的孩子开始争抢自己喜欢的积木,甚至扭打在一起。见此情景,刘老师立刻予以制止。

刘老师问:“你们觉得这么多人挤在一起,好玩吗?”

孩子们七嘴八舌地说:“不好玩!”“太挤了,都撞疼我了……”

刘老师接着说:“那我们得想个办法呀!”

超超说:“得互相谦让,就让我先玩会儿吧。”“我也要先玩。”静静着急地说。

刘老师说:“互相谦让是别人先让自己,还是自己先让别人呀?”孩子们互相看看不说话。

静静说:“好吧,我先去手工区,下午再来玩。”

刘老师马上说:“看,静静先让别人玩了,下午我们让静静先玩。”

这时,超超和几个小朋友也陆续去了别的游戏区。现在建构区还剩下9个小朋友,刘老师感觉还是多了,但没再说话,她想让小朋友自己感受后再解决问题。

果然,没玩多久就有小朋友提出还是太挤了。“那么多少人一起玩合适呢?”刘老师继续引导孩子们,于是大家商定一个一个往外减人,直到感到合适为止。最后,大家一致认为五六个小朋友玩比较合适。

下班以后,别的老师都回家了,刘老师还在办公室回看在建构区拍摄的活动视频,分析幼儿在活动中的游戏行为与表现,并形成了观察报告。

问题:

请结合材料,从教师职业道德的角度,评析刘老师的教育行为。(14分)

32. 材料：

无论中外，也无论古今，大家都要求“老实话”，可见“老实话”是不容易听到见到的。大家在知识上要求真实，他们要知道事实，寻求真理。但是抽象的真理，打破砂锅问到底，有的说可知，有的说不可知，至今纷无定论，具体的事实却似乎或多或少总是可知的。况且照常识上看来，总是先有事后才有理，而在日常生活里所要应付的也都是些事，理就包含在其中，在应付事的时候，理往往是不自觉的。因此强调就落到了事实上。常听人说“我们要明白事实的真相”，既说“事实”，又说“真相”，叠床架屋，正是强调的表现。说出事实的真相，就是“实话”。买东西叫卖的人说“实价”，问口供叫犯人“从实招来”，都是要求“实话”。

人们为什么不能或不肯说实话呢？归根结底，关键是在利害的冲突上。自己说出实话，让别人知道自己的虚实，容易制自己。就是不然，让别人知道底细，也容易比自己抢先一着。在这个分配不公平的世界上，生活好像战争，往往是有你无我；因此各人都得藏着点儿自己，让人莫名其妙。于是乎勾心斗角，捉迷藏，大家在不安中猜疑着。向来有句老话，“知人知面不知心”，还有“逢人只说三分话，未可全抛一片心”，这种处世的格言正是教人别说实话，少说实话，也正是暗示那利害的冲突。我有人无，我多人少，我强人弱，说实话恐怕人来占我的便宜；强的要越强，多的要越多，有的要越有。我无人有，我少人多，我弱人强，说实话也恐怕人欺我不中用；弱的想变强，少的想变多，无的想变有。人与人如此，国与国又何尝不如此！

人们在情感上要求真诚，要求真心真意，要求开诚相见或诚恳的态度。他们要听“真话”，“真心话”，心坎儿上的，不是嘴边儿上的话，这也可以说是“老实话”。但是“心口如一”向来是难得的，“口是心非”恐怕大家有时都不免，读了奥尼尔的《奇异的插曲》就可恍然。“口蜜腹剑”却真成了小人。真话不一定关于事实，主要的是态度。可是，如前面引过的，“知人知面不知心”，不看什么人就掏出自己的心肝来，人家也许还嫌血腥气呢！所以交浅不能言深，大家一见面儿只谈天气，就是这个道理。所谓“推心置腹”，所谓“肺腑之谈”，总得是二三知己才成；若是泛泛之交，只能敷敷衍衍，客客气气，说一些不相干的门面话。这可也未必就是假的，虚伪的。他至少眼中有你。有些人一见面冷冰冰的，拉长了面孔，爱理人不理人的，可以算是“真”透了顶，可是那份儿过了火的“真”，有几个人受得住！本来彼此既不相知，或不深知，相干的话也无从说起，说了反容易出岔儿，乐得远远儿的，淡淡儿的，慢慢儿的，不过就是彼此深知，像夫妇之间,也未必处处可以说真话。“人心不同,各如其面”,一个人总有些不愿意教别人知道的秘密,若是不顾忌着些个,怎样亲爱的也会碰钉子的。真话之难,就在这里。

(摘编自朱自清《论老实话》,有删改)

问题:

(1)文章画线句说“也无论古今,大家都要求‘老实话’”的理由是什么?请简要概括。(4分)

(2)在“说老实话”这一问题上,文章有哪些看法?请简要分析。(10分)

三、写作题(本大题1小题,50分)

33. 阅读下面的材料,按要求作文。

综合材料所引发的联想和感悟,写一篇论说文。

要求:

用规范的现代汉语写作,角度自选,立意自定,标题自拟,不少于800字。

机密★启封前　　　　　　　　　　姓名__________　准考证号__________

2021年下半年中小学教师资格考试真题试卷(五)

综合素质(幼儿园)

注意事项:

1. 考试时间为120分钟,满分为150分。

2. 请按规定在答题卡上填涂、作答,在试卷上作答无效,不予评分。

一、单项选择题(本大题共29小题,每小题2分,共58分)

在每小题列出的四个备选项中只有一个是符合题目要求的,请用2B铅笔把答题卡上对应题目的答案字母按要求涂黑。错选、多选或未选均无分。

1. 教学活动中,洋洋趁老师不注意溜出教室。当邓老师试图伸手抓住他时,他故意让老师追自己,就像在玩追逐游戏。对此,邓老师应该(　　)

A. 让家长领洋洋回家教育　　B. 让洋洋在户外自由活动

C. 牵着洋洋的手回到教室　　D. 关闭教室的门不让洋洋进入

2. 在幼儿园任教多年的窦老师有意识地自我规划,以谋求最大程度地自我发展,关注学生整体发展,积累了比较科学的个人实践知识。窦老师所处的教师专业发展阶段是(　　)

A. 生存关注阶段　　B. 虚拟关注阶段

C. 任务关注阶段　　D. 自我更新关注阶段

3. 超超是大(2)班里少数不会跳绳的孩子,户外活动时,梅老师对超超说:"今天老师看到你用尽全力在跳,相信你还可以做得更好!"这表明梅老师(　　)

A. 未能把握教育的契机　　B. 善于创设学习环境

C. 未能提供针对性指导　　D. 善于改进教学策略

4. 班里养的金鱼死了,孩子们纷纷围了过来,你一言我一语地讨论起来:"怎么就

死了呢?”“不对啊,它还睁着眼呢!”对此,老师恰当的做法是(　　)(常考)

A. 埋怨孩子们投喂了过多的食饵　　B. 对孩子们提出的问题不予回应

C. 让孩子们回家后问父母　　D. 引导孩子们讨论金鱼死亡的原因

5. 依据《中华人民共和国宪法》规定,下列说法**不正确**的是(　　)

A. 国家发展学前教育　　B. 国家发展义务教育

C. 国家发展中等教育　　D. 国家发展高等教育

6. 区域活动时,毛毛把安安打哭了,田老师把毛毛关进卫生间反省。毛毛的父母知道后,便来幼儿园把教室里的东西砸得稀烂。下列说法正确的是(　　)

A. 毛毛父母应该承担刑事附带民事法律责任

B. 毛毛父母应该承担行政附带民事法律责任

C. 田老师和毛毛父母应该承担刑事附带民事法律责任

D. 田老师和毛毛父母应该承担行政附带民事法律责任

7. 我国实行教师职务制度。我国教师职务制度的具体方法由(　　)

A. 国务院规定　　B. 教育部规定

C. 省级教育行政部门规定　　D. 县级教育行政部门规定

8. 依据相关法律和行政法规,下列情形应当予以行政处罚的是(　　)

A. 出版未经依法审定的教科书的　　B. 学校分设重点班和非重点班的

C. 向学校非法收取或者摊派费用的　　D. 改变或者变相改变公办学校性质的

9. 爸爸把自己抽的电子烟给小学生兵兵吸了一口,兵兵呛得直咳,妈妈责怪爸爸,爸爸说电子烟对身体没有危害。对此,下列说法正确的是(　　)(常考)

A. 电子烟不是烟,未成年人吸也没有问题

B. 任何人不得唆使未成年人吸烟(含电子烟)

C. 未成年人偶尔吸口烟(含电子烟)没关系

D. 学生上了初中以后才可以吸烟(含电子烟)

10. 刚从师范大学毕业的小王取得了教师资格证书,到幼儿园报到后才知道还有试用期。小王认为自己已经获得了教师资格证书,又毕业于师范大学,不应该再有试用期。对于该幼儿园的做法,下列说法正确的是(　　)

A. 师范大学毕业生经过了教育教学实习,入职后不需要试用期

B. 教师资格证考试包括对教师技能的考查,入职后不需要试用期

C. 取得教师资格的人员首次任教时,应当有试用期

D. 无论什么身份,从事教师职业都需要有试用期

11. 幼儿园户外活动时,妞妞与丁丁撞到了一起,丁丁摔倒并擦伤了手指。对于丁丁所受的伤,应承担赔偿责任的是(　　)

A. 幼儿园

B. 妞妞的监护人

C. 妞妞与丁丁的班主任老师

D. 妞妞的监护人和丁丁的监护人

12. 某公立幼儿园为增加收入,与某培训机构围绕幼小衔接联合举办了一系列线上线下相结合的辅导活动,解决了经费难题。幼儿园的做法(　　)(常考)

A. 落实了幼小衔接的政策要求

B. 探索出了开放办园的新途径

C. 违反了《幼儿园工作规程》的相关规定

D. 违反了《中华人民共和国未成年人保护法》

13. 活动开始后,冬冬突然躲到柜子后面,张老师让他出来,可他就是不动。张老师生气地说:"赶紧出来!不出来就让大灰狼把你带走!"冬冬赶忙出来了。这表明张老师(　　)

A. 没有体现教师的教学权威　　B. 没有尊重幼儿的独特心理

C. 没有损害幼儿的人格尊严　　D. 没有关注幼儿的权利保护

14. 李老师组织绘画活动前,首先思考这次活动对幼儿的意义,根据本班幼儿的年龄特点、接受能力判断本次活动的目标是否合适,活动过程能否引起幼儿的兴趣,活动后还进行了反思。李老师的行为体现的教师职业道德的作用是(　　)

A. 评价作用　　B. 引导作用　　C. 动力作用　　D. 示范作用

15. 小豆5岁了,但说话发音还是不太清楚。陈老师平时除了鼓励之外,还专门查了很多相关资料并制订矫正方案。通过老师在日常生活中的指导,以及儿歌、绕口令的练习,小豆有了较大的进步。下列选项与该案例中所体现的教师职业道德要求相符合的是(　　)

A."学而不思则罔,思而不学则殆"

B."道而弗牵,强而弗抑,开而弗达"

C.“其身正,不令而行;其身不正,虽令不从”

D.“圣贤施教,各因其材,小以小成,大以大成”

16. 一次活动后,夏老师看到一个幼儿钻到了桌子底下,趴在地上。于是夏老师将他叫起,问他:“地上那么脏,为什么趴在地上?”他听后委屈地掉下了眼泪,小声说:“老师,地上有纸屑,我想把它捡干净。”夏老师点了点头。这表明师幼关系具有(　　)

A. 选择性　　B. 教育性　　C. 互动性　　D. 自觉性

17. 很多运动项目常常是遵循科学原理而设计的,下面是一幅撑竿跳高图,撑竿跳高应用的主要科学原理是(　　)(易错)

A. 重力的原理　　B. 浮力的原理　　C. 弹力的原理　　D. 磁力的原理

18. 罕见病是一种患病率极低的疾病,但由于种类很多,而且我国人口基数庞大,因此罕见病患者并不罕见。下列选项中,俗称为“瓷娃娃”的罕见病是(　　)

A. 脆骨病　　B. 白化病　　C. 血友病　　D. 戈谢病

19. 下列山脉中,从北到南纵贯南美洲大陆,有“南美洲脊梁”之称的是(　　)

A. 安第斯山脉　　B. 落基山脉　　C. 布鲁克斯山脉　　D. 海岸山脉

20. 1927 年,毛泽东领导武装起义后,率领部队到井冈山地区创建了革命根据地,将武装斗争的重心从城市转移到农村,迈出了中国革命的关键一步。这次起义是(　　)

A. 南昌起义　　B. 秋收起义　　C. 广州起义　　D. 百色起义

21. 我国的农谚说:“处暑鱼速长,管理要加强,饵料要增加,疾病早预防。”处暑节气所在的季节是(　　)

A. 春　　B. 夏　　C. 秋　　D. 冬

22. 古代中国历来重视农业,关于农业的书籍很多,下列著作与作者对应**不正确**的是(　　)

A.《氾胜之书》——王祯　　B.《齐民要术》——贾思勰

C.《四民月令》——崔寔　　D.《农政全书》——徐光启

23. 京剧《贵妃醉酒》是梅派经典剧目之一，源于一部古代戏曲。该戏曲是（　　）

A.《桃花扇》　B.《长生殿》　C.《牡丹亭》　D.《南柯梦》

24. 十四世纪中叶起，欧洲新兴的资产阶级以复兴古希腊、罗马文化为标榜，提倡人文主义，这一思想运动被称为“文艺复兴”。文艺复兴时期产生了许多思想、科学、文学、艺术的巨人，下列属于文艺复兴时期的意大利艺术家是（　　）

A. 委拉斯开兹　　B. 米开朗琪罗

C. 鲁本斯　　D. 伦勃朗

25. 迪士尼是美国动画片的艺术先驱，一生共获26项奥斯卡金像奖。其作品想象力丰富，动画造型与音乐结合完美，他摄制的作品中，为世界第一部长篇动画的是（　　）

A.《威利号汽船》　　B.《木偶奇遇记》

C.《三只小猪》　　D.《白雪公主和七个小矮人》

26. 在 Word 中，选中文字后，连续单击两次工具条中的“I”按钮，结果是（　　）

A. 文字呈现删除状态　　B. 文字呈现加粗状态

C. 文字保持原有格式　　D. 产生格式错误报告

27. 在 PowerPoint 的浏览视图下，在多张幻灯片中选定一张并拖动，可实现的操作是（　　）

A. 复制幻灯片　　B. 选定幻灯片

C. 删除幻灯片　　D. 移动幻灯片

28. 下列选项中，与“学术著作—探险小说”的逻辑关系相同的是（　　）（易错）

A. 电商—微商　B. 商人—晋商　C. 浙商—闽商　D. 直销—销售

29. 按照给出图形的逻辑特点，下列选项中，填入空白处最恰当的是（　　）

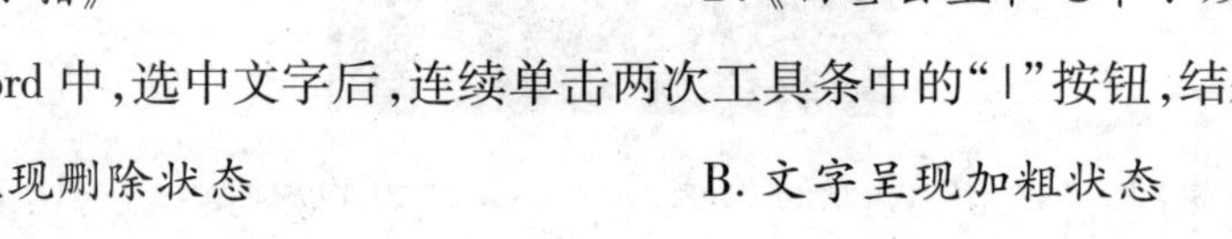

A. 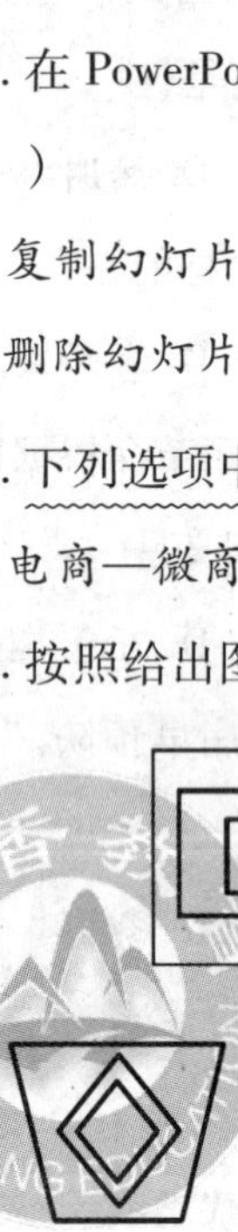　　B. 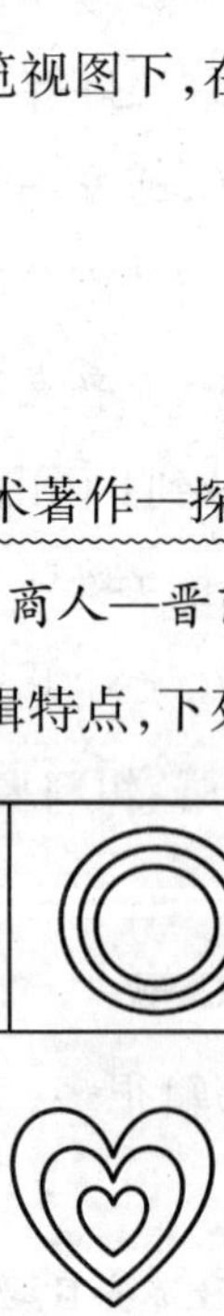　　C. 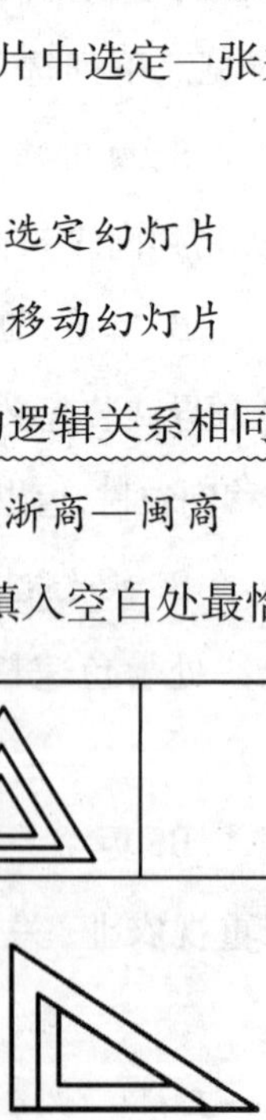　　D.

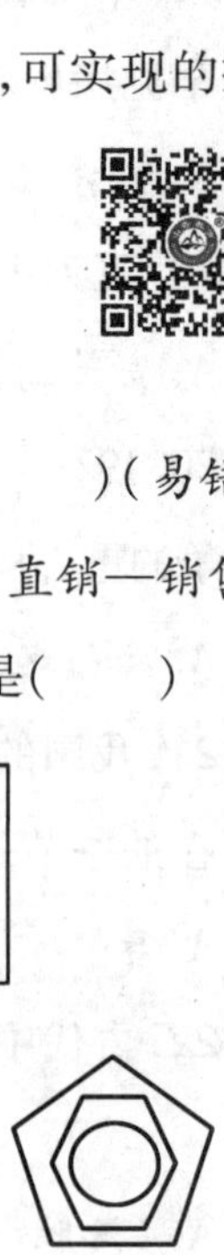

二、材料分析题(本大题共3小题,每小题14分,共42分)阅读材料,并回答问题。

30. 材料:

晨间锻炼时,李老师为孩子们准备了球、轮胎、跳绳、滑板车等器械,还安排了六条平衡木,三条矮而宽、三条高而窄,让孩子们自主选择不同的器械练习。李老师又提供了很多辅助材料,孩子们可以自己搬运一件"家具",经过"小桥"(平衡木)回到"河"对面的"新家"。

几分钟后,鹏鹏开始在矮平衡木上慢跑,轩轩看到了,叫道:"看我的。"说完在矮平衡木上做跳跃动作,没站稳,差点摔下来,他们的行为引来了周围小朋友的喝彩。李老师见状大声说:"小心点,快下来!"他们只好下来了。鹏鹏和轩轩把高平衡木放在矮平衡木上,摇摇晃晃地在架起的平衡木上走来走去,李老师看到后,跑过去把他们从平衡木上抱下来,并担心地说:"这样很容易摔跤的!"

晶晶站在最右边的平衡木上,把小枕头放在头顶上,小心翼翼地走过平衡木,喊着:"老师,看我!"李老师赶忙跑过去陪着她一起走。

操场边有五个孩子不停地东张西望,每次快要轮到他们时,他们马上又排到队后面,但老师一直都没有发现。

问题:

请结合材料,从教师观的角度,评析李老师的教育行为。(14分)

31. 材料：

开学初，中(2)班来了一位叫瑞瑞的插班生，班主任刘老师通过一个月的观察发现，瑞瑞不愿意与小朋友交往，经常咬人、打人，还发现瑞瑞在言语交流和表达等方面明显低于同龄幼儿的发展水平。

刘老师决定与家长进行沟通，通过沟通了解到，瑞瑞长期与奶奶在一起生活，爸爸妈妈都不在身边。接下来的一段时间，刘老师对瑞瑞的行为进行了仔细的观察和记录，还多次去瑞瑞家进行家访，了解瑞瑞在家的具体情况。针对瑞瑞的情况，刘老师专程到儿童医院向专业人士进行了咨询。回来后，刘老师把咨询的情况与远在外地的瑞瑞妈妈进行了沟通，建议瑞瑞妈妈及早带孩子去专门机构进行科学的发展测评。同时，刘老师在班级的各项活动中有意识地引导其他小朋友和瑞瑞交朋友，做游戏。

通过测评，发现瑞瑞真的存在发展迟缓问题。专业人士为瑞瑞拟定了矫治方案，在刘老师和家长的共同配合下，这一方案得以实施。

问题：

请结合材料，从教师职业道德的角度，评析刘老师的教育行为。(14 分)

32. 材料：

1610 年，伽利略把他刚刚制作出来的第一架望远镜对准了满天繁星。那时候行星和恒星的区别还远不像现在这么清晰。有些星星尽管看上去是以别的星星为背景来运动的，但这种运动的原因尚未明了。伽利略选择以木星为观察对象并不代表他明白这是怎么一回事，也许就是因为木星是天空中最明亮的星星之一，所以最吸引人。

伽利略的第一个惊人发现就是木星并不仅仅是一个点，而是一个小圆圈。这意味着这个“光点”很可能是一个有固定大小的实体。伽利略一定见过一个人提着灯笼慢慢走近他的场景。在远处，这个灯笼看上去就像是一个没有大小的点，但是慢慢地，这个点慢慢变大，就成了具有某一直径的圆。正是通过与他所熟悉的现象的类比，伽利略才能够把木星当时的这个光点想象成一个物体，这个物体和他身边的东西并没有本质区别。

他的第二个惊人发现就是在木星这个白色圆圈的背景里，有几个微小的黑点。那么第三个发现来了，这些小黑点都沿着直线穿过这个圆圈，有些需要几小时，有些则需要好几天。更有意思的是，每当这些小黑点到达白色圆圈的边缘时，它们就会变成白色，与圆圈外的黑色背景形成对比。之后，小黑点会继续沿着直线运动，但是会慢下来，然后停下来，再沿着相反的方向运动。当它回到白色圆圈的边缘时，就会完全消失，一段时间后才在白色圆圈的另一端出现。

这里，我们并不打算讨论伽利略时代科学发现中的细节，而是想看看，一位杰出的科学家是如何解释他通过望远镜所看到的现象。伽利略认为木星是一个球形的物体，并且有不少较小的物体绕着它做严格的周期运动，周期从 2 天到 15 天不等。他还知道地球也是圆的，并且月球围绕地球做规则的周期运动，周期约为 30 天。所有这些信息放在一起，让伽利略灵光一现，他“看”到了天空中的第二个地球，并且由好几个月亮环绕着。在地球的卫星月亮和木星的小点之间建立起类比关系，这是伽利略的天才之见。

就算其他人也有一台望远镜，并且花上几个星期盯着木星，也并不意味着他们都能“看”到伽利略所看到的类比。其中的原因就是，在那个年代，“月亮”这个词仅仅被用来特指一个物体，几乎没有人敢想象两个或者更多的“月亮”，如果有人胆敢这么做，那就想想 1600 年的布鲁诺，仅仅是因为提出宇宙中还有许多和我们的世界相同的世界，就在罗马被活活烧死。更重要的是，伽利略通过类比大胆地想象出多个月亮来，这个类比是把我们的世界和一个小到不能再小的光点连结起来了。这个类比虽然看上去实在令人难以置信，但还是让人们接受了宇宙中存在多个“地球”的可能性，因为木星就可以被比作另一个地球。接下来人们又接受了宇宙中可能有许多个月球，并称其为卫星。“卫星”这个概念就这样产生了。从此，任何一个天体，甚至卫星，都可以有多个围绕它转动的卫星。

那么我们在伽利略的发现和小孩子所作的归类之间作类比，让我们将伽利略的深刻洞见与小孩子将玩具小车看作卡车之间做个比较。小孩子将地板上不能发声、没有气味的玩具卡车，与在高速公路上跑着的、声振屋瓦、排放尾气的大卡车联系起来时所做的小型认知飞跃，是否与伽利略将脚下的地球、头顶的明月与遥远的木星及其卫星联系起来时所做的复杂认知飞跃大同小异呢？无论如何，有一件事是可以确定的，在这两种情况下，都有一个很小的物体被想象成为很大的物体，同时，观察者都是通过熟悉的事物去了解不熟悉的事物。那么，我们在伽利略的发现和小孩子所作的归类之间作类比，能否算作从一个类比到另一个类比的认知飞跃呢？

（摘编自侯世达、桑德尔《表象与本质》，有删改）

问题：

（1）文章画线句中“看”的意思是什么？请结合原文，简要概括。（4分）

（2）伽利略的发现与小孩子对玩具车和卡车所作的归类之间有何异同？请结合文本，简要分析。（10分）

三、写作题(本大题1小题,50分)

33.阅读下面的材料,按要求作文。

2017年春节期间,央视一档以古诗词为主要内容的文化综艺节目《中国诗词大会》吸引了无数低头玩手机的年轻人。该节目的一位嘉宾对此评论道:“中国人的诗心一直在,但需要被激活。”另有学者认为,中国古典诗词是一座巨大的精神宝库,它唤醒了中国人内心深处的文化自信。

综合上述材料所引发的联想和感悟,写一篇论说文。

要求:

用规范的现代汉语写作,角度自选,立意自定,标题自拟,不少于800字。

机密★启封前　　　　　　　　　　姓名＿＿＿＿＿＿　准考证号＿＿＿＿＿＿＿

2021 年上半年中小学教师资格考试
真题试卷(六)

综合素质(幼儿园)

注意事项:

1. 考试时间为 120 分钟,满分为 150 分。

2. 请按规定在答题卡上填涂、作答,在试卷上作答无效,不予评分。

一、单项选择题(本大题共 29 小题,每小题 2 分,共 58 分)

在每小题列出的四个备选项中只有一个是符合题目要求的,请用 2B 铅笔把答题卡上对应题目的答案字母按要求涂黑。错选、多选或未选均无分。

1. 活动区活动该结束了,可是晨晨的“游乐园”还没有搭完。他跑到老师面前说:“老师,我还差一点就完成了,再给我 5 分钟行吗?”老师说:“行,我等你。”一边说一边指导其他幼儿收拾、整理。该老师的做法体现的幼儿主体性表现特征是(　　)(常考)

A. 创造性　　B. 独立性　　C. 自主性　　D. 随机性

2. 中班的小林喜欢表现自己,组织能力比较强,王老师每次在开展表演游戏时总让小林扮演主角。王老师的做法违背的素质教育要求是(　　)

A. 促进学生全面发展　　B. 面向全体学生

C. 促进学生个性发展　　D. 培养创新精神

3. 午餐后,幼儿正在看动画片,突然欣欣哭了起来,原来是玲玲拽了她。张老师刚想问明原因,玲玲不满地说:“她故意挡住我看电视。”从教师指导者作用的角度来看,张老师恰当的做法应是(　　)

A. 帮助幼儿解决问题　　B. 公平对待每个幼儿

C. 倾听幼儿内心想法　　D. 关注幼儿个体差异

4. 在中班绘画活动中,李老师将自己画好的“小汽车”贴在墙上,要求孩子们照着画。李老师在看了小明的画后，严厉地说："小汽车怎么可能有翅膀？去前面看我画的，照着画！"关于李老师的做法，下列说法**不恰当**的是( )

A. 忽视了对幼儿天性的保护　　　B. 忽视了对幼儿权利的尊重

C. 忽视了对幼儿的正确引导　　　D. 忽视了对幼儿特长的培养

5. 某公办幼儿园园长在招生工作中徇私舞弊，但尚未构成犯罪。依照《中华人民共和国教育法》的相关规定，对于该园长( )

A. 应依法给予行政处分　　　B. 应依法给予行政处罚

C. 应依法追究民事责任　　　D. 可免于追究法律责任

6. 幼儿园放学时，萌萌的父亲临时有事，便委托同事王某到园接萌萌。张老师在与萌萌的父亲通话确认后，同意王某将萌萌接走。张老师的做法( )

A. 正确，家长的同事可以代替接送

B. 正确，教师应该核对接送人的身份

C. 不正确，应该征得萌萌的同意

D. 不正确，幼儿只能由其监护人接送

7. 某幼儿园对新入园的幼儿进行健康检查、简单的知识测试与智力测验，并依据测试结果录取幼儿。该幼儿园的做法( )

A. 正确，幼儿园拥有自主招生的权利

B. 正确，有利于保证幼儿园的生源质量

C. 不正确，幼儿园不得对幼儿进行任何形式的测试或检查

D. 不正确，幼儿入园除健康检查以外，禁止任何形式的考试或测查

8. 公办幼儿园教师黄某曾有轻微体罚幼儿的行为，园长对其进行了批评教育。没过多久，黄某再次体罚幼儿。对于黄某，可由教育行政部门依法给予( )

A. 行政处罚　　　B. 行政处分

C. 撤销教师资格　　　D. 刑事处罚

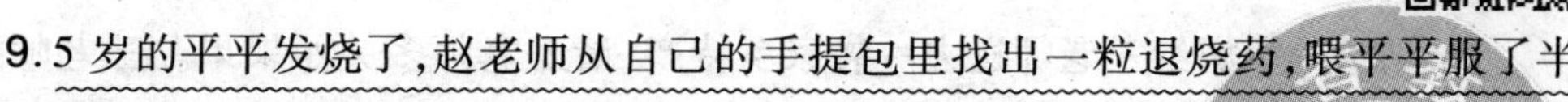

9. 5岁的平平发烧了，赵老师从自己的手提包里找出一粒退烧药，喂平平服了半粒。平平果然好多了。赵老师的做法( )(常考)

A. 不正确，幼儿只能吃儿童专用退烧药

B. 不正确，应当征得监护人的同意

C. 正确，老师具备幼儿医护与保健知识

D. 正确,老师应当关心幼儿的身体健康

10. 幼儿园放学后,大班幼儿晨晨在父亲的陪同下留在园内玩耍,不慎摔伤。在此过程中,幼儿园的行为并无不当,对此,承担事故责任的主体应是(　　)(易错)

A. 晨晨　　B. 幼儿园

C. 幼儿园及晨晨监护人　　D. 晨晨监护人

11. 为了更好地满足家长们提出的幼小衔接要求,幼儿园大班教师张某在最后一个学期,以拼音、20 以内数的加减等作为主要教学内容。张某的做法(　　)

A. 正确,张老师有决定教学内容的权利

B. 正确,张老师有效回应了家长的要求

C. 不正确,幼儿园不得教授小学的内容

D. 不正确,幼小衔接应在入园时开始

12.《中华人民共和国宪法》规定,中华人民共和国检察院是(　　)

A. 国家的法律监督机关　　B. 国家的法律监察机关

C. 国家的法律检察机关　　D. 国家的法律检查机关

13. 孙老师正在给小朋友们讲《爱妈妈》的故事。乐乐坐不住了,偷偷地扯了一下身边丽丽的头发,丽丽疼得大叫。孙老师立即大声呵斥乐乐,并把乐乐一个人安排到角落。孙老师在教育过程中违背了(　　)

A. 幼儿的自主性　　B. 教师的权威性

C. 师幼的合作性　　D. 教育的平等性

14. 离园的时间已经过了半个小时,明明的家长还没有来,也不接电话。于是蒋老师把明明送回了家,发现明明的妈妈在打麻将。事后,蒋老师与明明的妈妈进行沟通,明明妈妈以后再也没出现过类似情况。这体现了(　　)

A. 家长是教师的帮手　　B. 家庭教育是幼儿教育的延伸

C. 教师是家庭教育的指导者　　D. 幼儿园教育是家庭教育的补充

15. 果果的妈妈给王老师送去一袋家乡特产,请王老师多关照果果。王老师婉言谢绝,并表示照顾好每一个孩子是自己的责任。下列说法与对王老师的做法的评价**不符合**的是(　　)

A. 大厦之成,非一木之材也;大海之阔,非一流之归也

B. 谁云交际之常,廉耻实伤;倘非不义之财,此物何来

C. 心不动于微利之诱,目不眩于五色之惑

D. 一丝一粒,我之名节

16. 甜甜拿着一辆玩具汽车,丁丁也很想玩,可是甜甜不给,丁丁就去抢,两人扭打起来。郑老师看见后,就走过去一把夺过玩具说:“居然打起架来了,谁都不准玩了!”郑老师的做法(   )

A. 恰当,有利于保护幼儿人身安全

B. 恰当,有利于教育丁丁尊重他人

C. 不恰当,不利于培养幼儿良好的品行

D. 不恰当,不利于保护丁丁的求知欲

17. 下列关于硅谷的说法,**不正确**的是(   )

A. 最早是研究和生产以硅为基础的半导体芯片的地方,并因此得名

B. 以一些具有雄厚科研力量的大学为依托,以高技术的中小公司群为基础

C. 是当今电子工业和计算机工业的王国,也是传统制造业聚集的地区

D. 如今已成为高科技聚集区的代名词,世界上很多国家都在发展自己的“硅谷”

18. 郑和下西洋是中国航海史上的壮举,加强了中国与世界其他国家的联系,也显示了中国明朝高超的造船技术和航海技术。下列选项中,郑和下西洋到达最远的地方是(   )(易混)

A. 东南亚一带

B. 非洲西岸和西班牙一带

C. 地中海一带

D. 非洲东海岸和红海一带

19. 年号是中国历代帝王用以纪年的名称,起源于汉代,为皇帝当政的时代标志。下列选项中,年号与帝王对应错误的是(   )

A. 贞观—李世民

B. 开元—李隆基

C. 洪武—朱元璋

D. 永乐—朱翊钧

20. 我国现当代文学史上产生了不少优秀的儿童文学作品。下列作家中以童话寓言创作为主,影响较大的是(   )

A. 严文井　B. 叶圣陶　C. 袁鹰　D. 冰心

21. “小人国”“大人国”的故事富于想象,出自18世纪英国作家斯威夫特的一部小说。这部小说是(   )

A.《海的女儿》

B.《格列佛游记》

C.《鲁滨逊漂流记》　　D.《汤姆·索亚历险记》

22. 中国古代儿童玩具千姿百态，蕴含着深厚的文化底蕴和灿烂的民族智慧之光。下列选项中，**不属于**中国古代儿童玩具的是(　　)

A. 七巧板　　B. 九连环　　C. 魔方　　D. 陀螺

23. 1905 年 8 月，在孙中山的推动下，民主革命团体兴中会、华兴会、光复会的骨干联合成立了中国同盟会。中国同盟会成立的地点在(　　)

A. 中国广州　　B. 日本东京

C. 美国纽约　　D. 印尼万隆

24. 下列历史人物中，与成语"相煎何急"直接相关的是(　　)

A. 班固与班超　　B. 廉颇与蔺相如

C. 曹丕与曹植　　D. 周瑜与诸葛亮

25. 中国画要求"意存笔先，画尽意在"，做到以形写神，形神兼备。右图所示画作的作者是(　　)

A. 徐悲鸿

B. 黄宾虹

C. 齐白石

D. 丰子恺

26. 关于 Word 文档打印，下列选项中，说法正确的是(　　)

A. 不可打印文档的指定页内容

B. 打印操作的最小单位是页

C. 文档的属性信息不可被打印

D. 文档处于编辑状态不可打印

27. Excel 中的名称框显示"D5"，则当前单元格所在的位置是(　　)

A. 第四列第五行　　B. 第一列第五行

C. 第四列第一行　　D. 第一列第一行

28. 下列选项中，与"医生—护士"逻辑关系相同的是(　　)

A. 军人和军医　　B. 教授和助教

C. 校长和教师　　D. 法警和警察

29. 找规律填数字是一项很有趣的活动，特别锻炼观察和思考能力。下列选项

中,填入数列“2、4、12、52、________、32660”空缺处的数字,正确的是(　　)

A. 624　　B. 628　　C. 632　　D. 636

二、材料分析题(本大题共3小题,每小题14分,共42分)阅读材料,并回答问题。

30. 材料:

下面是某幼儿园大班李老师的教学片段:

师:小嘴巴?

幼:不说话。

师:小朋友们看黑板,黑板上是什么呢?

幼:数字9的分解。

师:很好,我们上节课学了数字9的分解,小朋友们会了吗?

幼:会了。

师:真棒!那你们一起读一遍,9可以分成1和8,预备,起!

幼:9可以分为1和8,9可以分为2和7,9可以分为3和6,9可以分为4和5,9可以分为5和6……

师:停!停!停!9可以分为4和5后面该怎么背了?涛涛,就是你领着大家乱背,声音又大,你给我小声点,其他小朋友别跟着他背!重新来一遍!9可以分为1和8,预备,起!

涛涛在李老师的责备及小朋友们的讥笑声中低下了头。其他的小朋友则附和着,一起背诵起来。

问题:

请结合材料,从儿童观的角度,评析李老师的教育行为。(14分)

31. 材料：

婉婉一岁多的时候生过一场大病，身体发育比同龄幼儿晚。上幼儿园后，身体还是比较瘦弱，语言表达不太清晰。一次，陈老师教孩子们唱儿歌“两只老虎”。陈老师发现大部分孩子都会唱了，就叫孩子们到教室中间一个一个表演。陈老师给唱得好的孩子奖励一朵小红花。轮到婉婉了，她刚唱了一句，就不记得歌词，还跑调了。陈老师对婉婉说：“你怎么总是比别人差！”接着在婉婉额头上贴了一朵绿色的小花。小朋友们都不屑地看着婉婉，婉婉羞愧极了。

回到家里，婉婉大哭了一场。第二天，婉婉说什么也不愿意再去幼儿园了。婉婉的妈妈非常生气，找到陈老师理论：“亏你还是老师，怎么这样对待小孩子？”陈老师回应道：“你家婉婉就是比别人差，不信，你去问其他老师。”婉婉的妈妈气得说不出话，只好找园长投诉。园长在弄清楚情况后，严肃地批评了陈老师，要求她当着全班幼儿的面给婉婉道歉。

问题：

请结合材料，从教师职业道德的角度，评析陈老师的教育行为。（14 分）

32. 材料：

众所周知，文化是民族进步之魂，但是对正处于社会大变革的中国来说，文化的进步却是较为缓慢的，所取得的影响远没有经济领域明显，这的确值得我们深思。不容否认，急功近利的心态是导致文化浮躁的重要原因。“快”成了我们社会生活的不变节奏，无形中我们似乎进入了一个以“快”来博取“价值”的时代。当改革的现实进程与人们的心理预期形成反差时，焦虑、浮躁的文化心态便随之出现。

文化浮躁的突出表现，就是整个社会都急于求成：普通人期待一夜成名，渴望一夜暴富；地方管理动辄宏观战略，贪大求洋，不再扎实肯干、埋头苦干、任劳任怨；科研人员不肯再刻苦钻研、兢兢业业；企业经营者不再诚实劳动、诚信守诺、合法经营；甚至于一些社会决策也只顾眼前利益，忽略可持续发展的未来……人们耐不住寂寞，守不住自我，静不下心来，急功近利、心浮气躁，越来越成为人们生活的常态。在这种文化浮躁的氛围中，文化生活似乎越来越与真、善、美渐行渐远。

文化对社会的推动力，通常是在潜移默化中释放出来的，真正的文化应该对社会生活的基本价值和秩序有所坚持，因为文化的人文本性要求人们必须诉诸恒常的价值关切。在一个文化底蕴厚重的社会里，作为世代累积沉淀下来的文化习惯和文化信念，理应渗透于百姓的生活实践中，成为社会发展进步的稳定性要素。文化需要固根扶本，一个健康的社会需要为全体社会成员提供源源不断的、充足的精神资源，以满足全社会的精神慰藉之需求。

抑制文化浮躁，首先需要夯实全民族的信仰根基。信仰既是一个人的精神支柱，也是一个民族凝聚力的根本因素。信仰危机是社会浮躁的根源，而文化浮躁，实际上也是文化精神支柱缺失的“躁动而浮”。心中有明确的信仰，我们才会“不畏浮云遮望眼”，在纷繁复杂的现象中守住我们最想要的东西。信仰的弱化与分散，对一个向上的民族来说是十分危险的，它会使人的心灵无所皈依，会弱化民族的奋发自强精神。

抑制文化浮躁，还需要自觉培育民族文化自信心。改革开放以来，西方文化强势影响并改变着中国既有的文化格局，加剧了中国的文化震荡，这种文化落差在催生了国人浮躁心态的同时，也挫伤了我们对民族文化的自信心，甚至出现了文化的价值迷失。今天，随着中国综合国力的大幅度提升，我们有幸迎来了中国文化繁荣发展的契机。我们要涵养我们的文化元气，找到民族文化的“自我”。一个文化创新的时代，一定是一个充满民族文化自信的时代。

抑制文化浮躁,无疑需要全社会的共同努力。通过良好社会氛围的营造,让每个人沉下心来,积极主动地去学习和思考,激发出自己的创造力和想象力,唯有如此,全社会才会面对中国社会发展凝聚共识,更加从容与自信地走向未来。

(摘编自邹广文《抑制文化浮躁》,有删改)

问题:

(1)文章认为文化浮躁产生的原因是什么?请简要概括。(4 分)

(2)抑制文化浮躁有何现实意义?请结合文本,简要分析。(10 分)

三、写作题(本大题 1 小题,50 分)

33. 阅读下面的材料,按要求作文。

材料一　一位擅长画荷花的艺术家说:“画荷花不一定要整天拿着笔在池边写生,而应该静坐在荷花旁欣赏,看风中的荷,雨中的荷,夏天的盛荷,秋天的老荷,冬天的残荷。久而久之,你已经不知道什么是我,什么是荷,从而融入其中,摊开纸,自然满眼荷花,四季的烟雨一起涌上,还怕画不生动吗?”

材料二　苏轼在《文与可画筼筜谷偃竹记》一文中说:“故画竹,必得成竹于胸中,执笔熟视,乃见其所欲画者,急起从之,振笔直遂,以追其所见,如兔起鹘落,少纵则逝矣。”

综合上述材料所引发的联想和感悟,写一篇论说文。

要求:

用规范的现代汉语写作,角度自选,立意自定,标题自拟,不少于 800 字。

机密★启封前　　　　　　　　　　　　　　　姓名＿＿＿＿＿　准考证号＿＿＿＿＿

2020 年下半年中小学教师资格考试 真题试卷(七)

综合素质(幼儿园)

注意事项:

1. 考试时间为 120 分钟,满分为 150 分。

2. 请按规定在答题卡上填涂、作答,在试卷上作答无效,不予评分。

一、单项选择题(本大题共 29 小题,每小题 2 分,共 58 分)

在每小题列出的四个备选项中只有一个是符合题目要求的,请用 2B 铅笔把答题卡上对应题目的答案字母按要求涂黑。错选、多选或未选均无分。

1. 李老师与大班幼儿面对面,自由地坐在塑胶地上。李老师对幼儿说,请你们想一个办法到老师面前来。乐乐想到了前滚翻,动作不怎么标准,滚到了一边。对此,李老师恰当的说法是(　　)(常考)

A. 动作不标准,重新做一遍

B. 乐乐的想法真奇妙,要注意安全

C. 这样不好,会踢到旁边的小朋友

D. 乐乐真勇敢,大家要向他学习

2. 自由活动时,幼儿三五成群地在沙坑里玩耍,只有杰杰孤零零地站在旁边,一动不动。对此,老师恰当的做法是(　　)

A. 询问杰杰不与大家玩耍的原因　　B. 只关注其他孩子,不理会杰杰

C. 告诉杰杰可以自己一个人玩　　D. 要求杰杰过去与大家一起玩

3. 下列对实施素质教育的理解,**不正确**的是(　　)

A. 更加重视学生的全面发展　　B. 针对基础教育提出

C. 更加重视德育工作　　D. 针对提高国民素质提出

4. 幼儿园里有的孩子活泼,有的孩子沉默,有的喜欢画画,有的喜欢唱歌。关于导致个体差异的原因,**不正确**的是( )

A. 家庭教育和幼儿园教育决定了幼儿发展个体差异

B. 遗传素质的差异性对人的发展有一定的影响

C. 个体通过能动的活动选择自我建构发展

D. 环境的给定性与主体选择性相互作用

5.《中华人民共和国教育法》第十条规定,国家根据各少数民族的特点和需要,帮助各少数民族地区发展教育事业。国家扶持边远贫困地区发展教育事业。国家扶持和发展残疾人教育事业。这条规定所体现的教育法的基本原则是( )

A. 公益性　　B. 方向性　　C. 强制性　　D. 公平性

6. 幼儿园教师王某带领小朋友参加户外活动,王某时不时叮嘱小朋友们注意安全,彼此保持适当距离。可是淘气的天天还是将文文推倒在地而摔伤,对文文所受伤害应该承担主要赔偿责任的是( )(易混)

A. 幼儿园　　B. 天天的法定监护人

C. 王某　　D. 文文的法定监护人

7. 幼儿圆圆有一头漂亮的长发,经常在上课时玩头发,不按照教师刘某的要求进行活动,多次劝说无效后,刘某恼羞成怒地剪掉了圆圆的头发。刘某的行为( )

A. 侵犯了圆圆的名誉权　　B. 侵犯了圆圆的健康权

C. 侵犯了圆圆的身体权　　D. 侵犯了圆圆的肖像权

8. 某小区发生盗窃案,警察来到小区幼儿园,希望通过询问幼儿君君获得办案线索,幼儿园园长张某得知警察并没有联系上君君的父母,拒绝了警察的询问要求,张某的做法( )

A. 正确,履行保护未成年人合法权益的义务

B. 正确,任何组织或者个人不得改变教学计划

C. 不正确,公民有配合公安机关办案的义务

D. 不正确,干扰了公安机关的正常执法行为

9.《中华人民共和国宪法》规定,中华人民共和国的武装力量属于( )

A. 中国共产党　　B. 中央人民政府　　C. 人民　　D. 社会

10. 下列选项**不属于**侵犯他人隐私权的是(　　)(易错)

A. 窃取他人的 QQ 号密码,并偷看他人的聊天记录

B. 某报社报道未成年人案件时,使用了其真实姓名

C. 父母亲未经子女同意,查看了子女的信件和电邮

D. 某出版社出版了某电视节目主持人的写真

11. 某幼儿园职工家属刘某侵占幼儿园一间园舍,用于经营快递。根据《中华人民共和国教育法》,刘某应该承担(　　)

A. 刑事责任　　B. 违宪责任　　C. 民事责任　　D. 行政责任

12. 根据联合国《儿童权利公约》,政府各部门和机构在制定相关政策和落实措施时应首先考虑(　　)

A. 儿童最大利益　　B. 儿童优先

C. 儿童不受任何歧视　　D. 尊重儿童的原则

13. 新入职的王老师工作中一遇到棘手问题就去请教李老师。这一次,李老师提出建议后,笑容可掬地说:“你这是想走捷径啊,哪有那么容易的事。慢慢摸索吧,时间长了就知道了。我们都是这么过来的。”该情境中体现的教师发展途径**不包括**(　　)

A. 自主与协作的结合　　B. 借鉴与探索的结合

C. 学习与反思的结合　　D. 理想与现实的结合

14. 每次教学活动前,吴老师都会组织小朋友们做“请你跟我这样做”的游戏,每次动作都一样,小朋友们感觉有些乏味。这天吴老师又做这个游戏,她热情地说:“请你跟我这样做。”小英突然冒出一声:“不想跟你这样做。”全班孩子哄堂大笑。对此,吴老师恰当的做法是(　　)

A. 停止游戏,直接进入教学环节

B. 停止游戏,批评该小朋友扰乱秩序

C. 继续游戏,对小朋友不理睬

D. 继续游戏,根据小朋友兴趣调整动作

15. 小万毕业后来到幼儿园,觉得自己专业基础好,很少参加教研,头两年还不错,后来的教学效果越来越差。对此认识**不正确**的是(　　)

A. 职业认知偏误　　B. 职业定位偏差

C. 职业目标过高　　D. 职业态度不正

16. 户外活动时,小明在草地上发现了几只瓢虫,他开心极了,旁边的小朋友也围了过来,一起数瓢虫背上有多少个点,还把瓢虫放在手心让它慢慢爬。这时,老师走过来对他们说:“脏死了,快扔掉!”小明立即扔掉了瓢虫。该老师的做法违背的是(　　)

A. 幼儿发展的渐进性　　B. 幼儿发展的阶段性

C. 幼儿发展的差异性　　D. 幼儿发展的可塑性

17. “三皇五帝”是中国古代文明形成过程中几大发展阶段中的代表人物,孙中山诗句“中华开国五千年,神州轩辕自古传”中的该人物是指(　　)

A. 黄帝　　B. 炎帝　　C. 尧　　D. 禹

18. 19 世纪中后期,洋务派认为自强以练兵为要,练兵以制器为先,下列选项中体现制器为先的是(　　)

A. 兴办新式学堂　　B. 创办民用工业

C. 创办军事工业　　D. 派留学生出国

19. 海市蜃楼是在剧烈的温度梯度下,在沙漠或者水平面形成的。形成海市蜃楼的光学现象是(　　)

A. 光的反射　　B. 光的衍射　　C. 光的直射　　D. 光的折射

20. 遗传一般指亲代的性状又在下代中出现,对植物、动物遗传起决定作用的是(　　)

A. 蛋白质　　B. 多糖　　C. DNA　　D. 多肽

21. 童话是儿童文学特有的文学样式,下面图片是哪一部童话作品(　　)

A. 拇指姑娘　　B. 白雪公主　　C. 睡美人　　D. 灰姑娘

22. 中国现在流传着许多民间故事,花木兰是其中的杰出代表,其中花木兰代家人从军代替的是(　　)

A. 父亲　　B. 丈夫　　C. 哥哥　　D. 弟弟

23. 中国民间流传着许多神话故事,其中讲述了一个人物追逐太阳,这个人物是(　　)

A. 盘古　　B. 共工　　C. 夸父　　D. 后羿

24. 1840 年以后,中国近代出现了许多出版机构,有些一直发展到现在。下列出版机构最早创办的是(　　)

A. 中国书店　　B. 中华书局　　C. 新华书店　　D. 商务印书馆

25. 秦始皇建立中央集权制之后,统一了度量衡和币制,实行车同轨、书同文,统一规范的字体是(　　)(易错)

A. 大篆　　B. 小篆　　C. 隶书　　D. 楷书

26. Word 中,双击"格式刷",可将格式从一个区域一次复制到的区域数目是(　　)

A. 1 个　　B. 2 个　　C. 3 个　　D. 多个

27. Internet 为每一台计算机都分配了一个地址,其中 Internet 地址的英文缩写是(　　)

A. TCP　　B. IP　　C. WEB　　D. HTML

28. 以下选项中,与军人—医生逻辑关系相同的是(　　)

A. 青年和团员　　B. 导演和演员　　C. 丈夫和妻子　　D. 岳父和丈人

29. 数字游戏是一种非常有意思的游戏,能锻炼人的观察能力和逻辑思维能力,"2 + 3 + 4→6820""3 + 3 + 2→9612""2 + 2 + 4→4816",以下选项正确的是(　　)

A. 5 + 6 + 3→153033　　B. 5 + 6 + 3→301545

C. 5 + 6 + 3→301533　　D. 5 + 6 + 3→153045

二、材料分析题(本大题共 3 小题,每小题 14 分,共 42 分)阅读材料,并回答问题。

30. 材料:

刚入园的小班幼儿萍萍是一个性格内向的孩子,穿着又脏又旧,总是哭着要妈妈,其他小朋友都不愿和她玩,程老师温柔地拥抱她,牵着她的小手介绍其他的小伙伴和她认识。一天,自由活动时间到了,只见萍萍又一个人呆呆地坐在自己的椅子上面,脸上毫无表情,一言不发。程老师见此情景,心想此时不宜和萍萍进行交谈,而是应该鼓励她和小伙伴一起玩。于是程老师叫来活泼开朗的小娜和萍萍一起玩玩具。小娜见萍萍不会玩,便教萍萍,两人很快玩到了一起。为了增强萍萍的自信心,程老师有意让萍萍当值日生,协助老师一起发放和收拾餐具,并不断地表扬萍萍很能干,萍萍很开心,越来越自信了。在日常学习活动中,老师经常表扬萍萍,萍萍的笑容也越来越多了。

问题:

请结合材料,从儿童观的角度,评析程老师的行为。(14 分)

31. 材料:

这段时间,幼儿园李老师一直被一件事情困扰着。李老师发现,班上新来的小钰和别的小朋友不一样。她见到陌生人就会惊恐地往后躲,在幼儿园里也不与同伴交往,不爱运动,拒绝参加班里组织的任何活动,总是自己默默地坐在小椅子上,不让小朋友接近她。谁要跟她说话,她就大声喊叫,害怕得瑟瑟发抖。

通过多方了解,李老师得知小钰出生后就被人领养。后来,生父与养父发生纠纷,为了摆脱生父的纠缠,养父就带着她东躲西藏,3 岁时又将她转给现在的养父母。现在的养父母开了一家饭店,为了生意基本无暇顾及她,任她自己玩耍。饭店的服务员经常嘲弄她不会说话，使得她害怕成年人，拒绝与人交往，没有交流对象，语言表达能力发展很慢。面对如此情况，该怎么办呢？

问题：

请结合材料，按照教师职业道德的要求为李老师出谋划策。(14 分)

32. 材料：

教育：改变是唯一不变的事

让我们回到1000年前的1018年，当时的人对未来懂得不多，但相信人类社会的基本特征在未来不会有什么不同。如果1018年你住在中国，会知道到1050年可能出现朝代更替，辽国可能从北方入侵，也可能发生瘟疫，让几百万人丧命。但你也很清楚，就算到了1050年，大多数人仍然是农民或织布工，皇帝还是要靠人来组建军队和朝廷，男人的地位还是比女人高，预期寿命还是大约40岁，而且人体构造也绝不会有什么不同。所以，在1018年的时候，宋朝的穷人家会教小孩如何种稻或织布，有钱人家则是教男孩读经写字、骑马射箭，教女孩三从四德，当个好妻子。毫无疑问，这些技能到了1050年还是很重要。

相较之下,对于中国或世界其他地方到2050年会是什么样子,我们实在一无所知。我们不知道那时人类如何谋生,不知道军队或政府会如何运作,也不知道两性关系会是什么模样。到那个时候,有些人的寿命可能会比今天长得多,而且因为有了生物工程和直接的脑机接口,就连人体本身也可能发生前所未见的改变。所以,现在孩子学的各种科目技能,到2050年绝大多数可能没有什么用了。

目前有太多学校的教学重点仍然在于灌输信息。这在过去说得通,因为过去信息量本来就不大,而且就连那一点信息,也不断受到各种审查制度的阻隔。比如,如果你住在1800年墨西哥的某个偏僻小镇,就很难知道外面的世界到底是怎样的。毕竟,那时既没有收音机、电视机,也没有报纸或公共图书馆。就算你识字,也能进入某家私人图书馆,书架上多半也只有小说和传道小册子,因为西班牙帝国严格审查当地印刷的所有文本,而且也只允许极少数通过审查的出版作品由外界输入。如果你当时住在俄国、印度、土耳其的偏僻小镇,情况大致也是如此。现代学校出现,所有孩子都能学到读写技能,了解地理、历史和生物的基本事实,这其实是个极大的进步。

但是,在21世纪,我们被大量的信息淹没,而审查机构甚至都没有去阻挡信息的打算,反而忙于散布错误的信息,或是用不重要的事来分散我们的注意力。如果你现在住在墨西哥的一个偏僻小镇,有一部智能手机,光是看维基百科、TED演讲、免费在线课程,就可以花掉大把的时间。一方面,现在没有任何政府有能力隐藏它们不喜欢的所有信息;另一方面,现在如果想用各种互相矛盾的报道、无关紧要的话题来影响大众,完全是轻而易举。比如,全球民众现在如果想知道叙利亚的阿勒颇(Aleppo)遭轰炸的情况,或是南极冰盖融化的最新情形,只要上网点一下就能得到信息。然而网络上众说纷纭,实在难以判断哪些内容可信。正是因为只要点一下就能得到无数其他信息,也就令人难以专注。如果政治或科学看起来太复杂,我们很容易就会想转去看些可爱的猫猫狗狗、名人八卦。

在这样的世界里,老师最不需要教给学生的就是更多的信息。学生手上已经有太多信息,他们需要的是能够理解信息,判断哪些信息重要、哪些不重要,而最重要的是能够结合这点点滴滴的信息,形成一套完整的世界观。

事实上,西方自由主义教育的理想几百年来一直如此,但时至今日,甚至许多西方学校也从未实现这个理想。教师只是把资料硬塞给学生,再鼓励学生"自己思考"。

出于对集权主义的恐惧，自由派的学校特别害怕教学生宏大叙事(grand narratives)，认为只要给学生提供大量资料和一点自由，学生就会构建自己的世界观。就算这一代学生还没办法打造出一个有头有尾、有意义的故事，未来也总有时间让我们好好消化这一切。但我们已经没有时间了。我们在未来这几十年所做的决定，将会影响生命本身的未来，而我们只能依据自己目前的世界观来做出这些决定。如果我们这一代人无法对宇宙有整体的认识，生命的未来就只能依赖随机的决定。

问题：

(1)文章中画线句子中的“这个理想”指的什么“理想”。请结合文本，简要分析。(4分)

(2)文章标题为“教育：改变是唯一不变的事”，作者这样说的理由是什么？请结合文本，简要分析。(10分)

三、写作题(本大题 1 小题,50 分)

33. 阅读下面的材料,按要求作文。

黑人司机载了一对白人母子,儿子问:“为什么司机伯伯的肤色和我们不同?”母亲答:“上帝为了让世界缤纷,创造了不同颜色的人。”到了目的地,黑人司机坚持不收钱,他说:“小时候,我曾问过母亲同样的问题,母亲说我们是黑人,注定低人一等,如果她换成你的回答,今天我定会有不同的成就。”

综合上述材料所引发的联想和感悟,写一篇论说文。

要求:用规范的现代汉语写作;角度自选,立意自定,标题自拟;不少于 800 字。

机密★启封前　　　　　　　　　　　　姓名＿＿＿＿＿＿　准考证号＿＿＿＿＿＿

2019年下半年中小学教师资格考试真题试卷(八)

综合素质(幼儿园)

注意事项:

1. 考试时间为120分钟,满分为150分。

2. 请按规定在答题卡上填涂、作答,在试卷上作答无效,不予评分。

一、单项选择题(本大题共29小题,每小题2分,共58分)

在每小题列出的四个备选项中只有一个是符合题目要求的,请用2B铅笔把答题卡上对应题目的答案字母按要求涂黑。错选、多选或未选均无分。

1. 在孙老师组织的“我为班级做件事”讨论中,晨晨说:“我收垃圾。”秦晋立刻说:“妈妈说如果不好好学习,长大以后就去收垃圾。”孙老师接着说:“环卫工,很辛苦地收垃圾,让我们生活在干净的环境里,收垃圾也是一件很有意义的事情。”从教育观的角度分析,下列说法正确的是(　　)(常考)

A. 教师要引导幼儿正确认知　　　　B. 教师要关注幼儿的特长

C. 教师要引导幼儿生涯规划　　　　D. 教师要关注幼儿的差异

2. 为帮助幼儿掌握正确的洗手顺序和方法,王老师自编儿歌“清清水哗啦啦,卷卷袖子洗手啦,先洗小手心,再搓小手背,个个手指都洗到,人人夸我讲卫生”,引导幼儿边唱边练。下列说法与王老师的做法无关的是(　　)

A. 注重幼儿知识积累　　　　B. 注重幼儿气质养成

C. 注重幼儿情境体验　　　　D. 注重幼儿习惯培养

3. 户外活动时,萌萌不小心摔倒了,摔倒后她有些情绪,不愿意立刻起来。刘老师的说法正确的是(　　)

A.“怎么这么不小心!”　　　　B.“没关系吧,需要帮助吗?”

C.“来，我扶你起来。” D.“赶紧起来，勇敢点！”

4. 小班幼儿点点初入园时，不愿意午睡，连自己的小床都不愿意靠近。对此，王老师正确的做法是(　　)

A. 通知家长，领回训练 B. 统一要求，不能特殊

C. 批评点点，坚持常规 D. 降低要求，个别对待

5. 对下图中父母的行为，判断正确的是(　　)

A. 体现了对孩子的严格要求 B. 有助于激励孩子不断进步

C. 损害了孩子的人格尊严 D. 侵犯了孩子的受教育权

6.《中华人民共和国宪法》规定，任何组织或者个人的权利都不得超越(　　)

A. 宪法和法规 B. 宪法和法律

C. 法律和法规 D. 政策和法律

7. 依据《幼儿园工作规程》，下列说法正确的是(　　)(易错)

A. 幼儿园的规模一般不超过500人

B. 入园幼儿只能由法定监护人接送

C. 幼儿一日活动的组织应当动静交替

D. 幼儿入园可进行健康检查和认知测查

8. 社会人员孙某闯入幼儿园寻衅滋事，扰乱幼儿园教育教学秩序。对孙某(　　)

A. 应由公安机关给予治安管理处罚 B. 应由教育行政部门给予行政处罚

C. 应由人民法院给予司法拘留 D. 应由人民检察院给予刑事处罚

9. 书商张某向未成年人出售淫秽、暴力、恐怖内容的图书。依据《中华人民共和国未成年人保护法》，对于张某，由主管部门责令改正，依法给予(　　)

A. 民事处罚 B. 行政处分 C. 刑事处罚 D. 行政处罚

10. 某幼儿园张老师每周将表现不好的孩子名单在家长微信群公布，要求这些家长在微信群里发红包。张老师的做法(　　)

A. 正确，有助于督促幼儿习惯养成 B. 正确，有助于激发幼儿积极表现

C. 不正确，侵犯了幼儿家长的荣誉权　　　　D. 不正确，侵犯了幼儿家长的财产权

11. 林某因不履行监护职责，被当地人民法院依法撤销了其对女儿佳佳的监护权。根据《中华人民共和国未成年人保护法》，下列说法正确的是(　　)(常考)

A. 林某应继续负担抚养费　　　　B. 林某可不再承担抚养费

C. 法院可委托他人代为监护　　　　D. 林某可指定他人代为监护

12. 兰兰擅长绘画，小小年纪已多次获奖，幼儿园在没有征得兰兰和她家长同意的情况下，将兰兰在幼儿园课堂上创作的画拿给出版社出版。该幼儿园的做法(　　)

A. 合法，幼儿园有权处理幼儿课堂画作

B. 合法，任何人不得干涉幼儿园的决定

C. 不合法，幼儿园侵犯了兰兰的财产权

D. 不合法，幼儿园侵犯了兰兰的著作权

13. 江老师在教育日记中写道："当遇上烦恼时，我会推开窗户，让沁人心脾的新鲜空气飘进来；走近孩子，让甜美稚嫩的童音感染一下；放声歌唱，让美丽的音符驱散忧愁；翩翩起舞，将一切不快和烦恼抛之云外……"这表明江老师(　　)

A. 具有心理调适能力　　　　B. 具有反思意识

C. 具有心理干预能力　　　　D. 具有艺术造诣

14. 新时代的教师不应只是会燃尽自己的"蜡烛"，更要成为"长明灯"；不应只是"一桶水"，更要成为"源头活水"。这说明教师需要终身学习，究其原因，下列说法**不正确**的是(　　)(常考)

A. 教师劳动具有专业性　　　　B. 教师劳动具有创造性

C. 教师劳动具有复杂性　　　　D. 教师劳动具有重复性

15. 李老师要面向全区骨干教师上一节示范课，有老师建议他选择班级中比较乖巧的孩子参加，但是李老师安排了全班小朋友参加。这表明李老师认识到(　　)

A. 幼儿发展是能动的　　　　B. 幼儿发展是平衡的

C. 幼儿发展是平等的　　　　D. 幼儿发展是持续的

16. 小班的豆豆在厕所里不慎弄得裤子、鞋子上都是粪便，张老师一遍遍地给他清洗，最后洗得干干净净。第二天，家长把一张 100 元购物卡放在了张老师的口袋里，张老师婉拒了。下列说法与对张老师的做法评价**不符合**的是(　　)

A. "祸患常积于忽微，而智勇多困于所溺"

B.“不要人夸好颜色，只留清气满乾坤”

C.“明者因时而变，知者随事而制”

D.“善禁者，先禁其身而后人”

17. 新中国成立以来，涌现出许多“心中装着群众，唯独没有自己”的人民公仆。下列人物中被誉为“党的好干部”的是（　　）

A. 雷锋　　B. 孟泰

C. 焦裕禄　　D. 王进喜

18. 我国是丝绸发源地，自古以来纺织业就很发达，纺织品种类繁多，用途各异，其中彩色丝绸用提花方式制成。代表着古代纺织最高水平的精美织物是（　　）

A. 绣　　B. 锦　　C. 绢　　D. 纱

19. 我国医学历史悠久，很早就有了中医学理论，后世不断丰富和发展，产生了许多中医学著作。要通过一本中医学著作了解我国古代在药物学、生物学、矿物学、化学等诸多科学领域的成就，下列选项中适合的是（　　）

A.《黄帝内经》　　B.《伤寒杂病论》

C.《千金方》　　D.《本草纲目》

20. 盆地的主要特征是四周高（山地或高原）、中部低（平原或丘陵）。下列盆地中海拔低于海平面的是（　　）（易混）

A. 柴达木盆地　　B. 四川盆地　　C. 吐鲁番盆地　　D. 塔里木盆地

21. 1978 年，我国第一艘航天测量船投入使用，成为世界上第四个拥有远洋航天测量船的国家。该航天测量船的名称是（　　）

A. 大洋一号　　B. 远望一号　　C. 东方红一号　　D. 向阳红一号

22.“冬不穿白，夏不穿黑”是人们在实践中总结出来的生活经验，它体现的科学常识是（　　）

A. 太阳光的吸收与反射　　B. 冬夏雨水的变化规律

C. 颜色搭配的视觉效果　　D. 冬夏景物的巨大变化

23. 邻近的水龙头放水时，自来水管偶尔会发出阵阵响声。其原因是（　　）

A. 自来水管内水的流动声　　B. 自来水管与流动的水碰撞

C. 水龙头拧紧阻碍了水流动　　D. 水冲出时与水管共振

24.《搜神记》是魏晋南北朝志怪小说中最完整、最具有代表性的作品集，它汇集了晋以前民间传说中的神奇怪异故事，很多故事都具有比较积极的意义，对后世影响深远。下列选项中，**不是**出自《搜神记》的是(　　)

A. 牛郎织女　　B. 李寄斩蛇　　C. 干将莫邪　　D. 吴王小女

25. 交通标志已经成为现代生活的一部分，在保证道路交通安全、顺畅方面有着重要作用，分为主标志和辅助标志两大类，主标志包括禁令标志、警告标志、指路标志、指示标志等。下列选项中，表示“禁止驶入”的标志是(　　)(易错)

A. 　　B. 　　C. 　　D.

26. 在 Word 文档中，不缩进段落第一行，而缩进其余行，可实现该效果的操作是(　　)

A. 首行缩进　　B. 悬挂缩进

C. 左缩进　　D. 右缩进

27. 李老师想用 5 分钟为学生讲解某个演示文稿中的 10 页幻灯片，下列选项中，可以帮助李老师在制作课件时准确把握讲解时间的是(　　)

A. 排练计时　　B. 自动放映　　C. 批注功能　　D. 使用母版

28. 下列选项中，与“橙子”和“橘子”逻辑关系相同的是(　　)

A. 土豆与马铃薯　　B. 桃子与水蜜桃

C. 芒果与火龙果　　D. 萝卜与红萝卜

29. 按照给出图形的逻辑特点，下列选项中，填入空白处最恰当的是(　　)

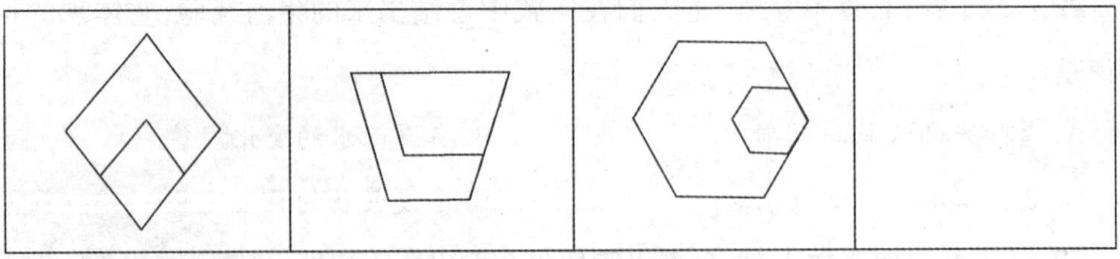

A. 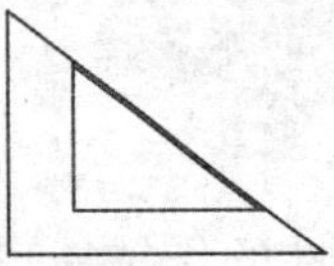　　B. 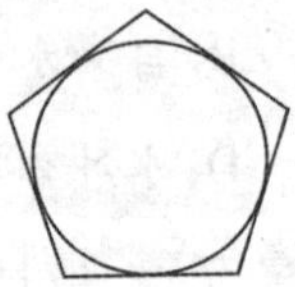　　C. 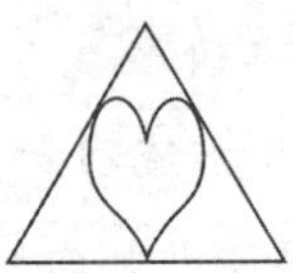　　D.

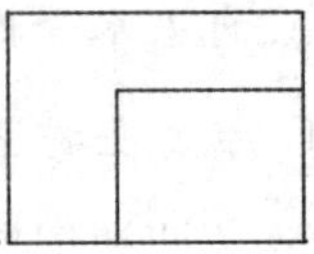

二、材料分析题(本大题共3小题,每小题14分,共42分)阅读材料,并回答问题。

30. 材料:

中班馨馨的左手臂先天发育不良,协调能力和运动能力都低于其他幼儿,馨馨很喜欢唱歌跳舞,但每当要登台表演她都会默默地退出。

幼儿园一年一度的艺术节就要开幕了,王老师特意编排动作与队形都相对简单的舞蹈“蓝精灵”鼓励馨馨加入。排练中,连续几个八拍跳下来,馨馨有些手忙脚乱,王老师放慢速度,并降低动作要求,可馨馨动作仍然不到位。馨馨有些焦急,王老师对馨馨说:“不要急,你已经跳得很好了,老师陪你慢慢跳。”馨馨点点头,跳得更认真了。可几个孩子却抱怨着:“老师,馨馨总是撞到我。”“老师,馨馨跳得太慢了。”旁边的李老师也说:“直接安排馨馨参加大合唱不是更简单吗?”王老师摇摇头说:“馨馨比任何孩子都更在乎跳舞,我一定要帮她做到。”王老师随后对孩子们说:“你们知道吗?蓝精灵正因为善良、勇敢,又相互关心,最终打败格格巫。我们要像蓝精灵一样互帮互助,才能跳好舞蹈。”

艺术节如期举行,馨馨和孩子们在舞台上欢快地舞动。

问题:

请结合材料,从教育观的角度,评析王老师的教育行为。(14分)

31. 材料:

小班欣欣今天第一天入园,由妈妈领进幼儿园,一路哭个不停,胡老师牵过欣欣的手,蹲下来拥抱她,轻轻擦干她脸上的泪水安慰着:“宝贝,快别哭! 老师爱你哦! 给妈妈说再见,好吗?”

早饭时,欣欣拿不稳勺子,吃一口包子就放在嘴里不咀嚼也不咽,吃得非常慢。喝牛奶时,她用舌头舔着喝,到早餐结束也没喝完。于是,胡老师耐心喂她吃早餐。离园时,胡老师跟欣欣妈妈进行了交流,了解到欣欣体弱多病,家长因担心孩子吃不饱,怕孩子弄脏衣服,在家中很少让欣欣自己吃饭,喝水也一直用奶瓶。

从第二天开始,胡老师耐心教欣欣正确的握勺方法,告诉她吃饭时不要在嘴里含饭玩耍,两侧牙齿要同时咀嚼,并给欣欣示范如何用杯喝水。

胡老师还为家长推荐家庭教育方面的书籍,建议家长在家里锻炼欣欣自己吃饭、喝水。经过一个多月的努力,欣欣能愉快地像别的幼儿一样正常进餐,入园焦虑也逐渐消失。

问题:

请结合材料,从教师职业道德的角度,评析胡老师的教育行为。(14 分)

32. 材料：

哲学的根本特征在于它是思想的一种“元”思想。“元”的意思是在人类各种思想观念后面所进行的“更进一步”的反思性思想或者奠基性的思想。

哲学到底有什么用处？别的思想方法有什么用，我们都很清楚：科学方法能够发现自然规律，逻辑方法能保证正确的分析和推理，艺术方法可用于创造作品，可是哲学的方法能用来做什么呢？如果说，哲学只是让人见见思想的世面，让人的思想变得大气而不小气，这当然很好，但恐怕不够。哲学还必须证明它的必要性。既然有了其他思想方法，我们为什么还一定需要哲学方法？如果我们真的需要哲学，它就必须有某种不可代替的用处。说得再明确一些，哲学所要做的那种“更进一步”的研究真的很有必要吗？这种疑惑并不是一点道理都没有，因为即使没有哲学，人们也照样生活和思考，照样劳动生产，照样生儿育女，照样发动战争，照样追求利益和荣誉，江山照样如此多娇，浪花照样淘尽英雄。但奇怪的是，不管人们是否愿意思考哲学问题，人类思想总是自然而然地产生出哲学问题。看来，当思想深入到一定的层次，哲学就成为必需的。没有哲学的思想是不健全的思想。

然而，我们又怎么能够知道哪些指导性的思想是可靠可信的呢？那些指导性的思想会不会实际上把事情搞错了？无论如何，任何一种指导性的思想，它本身都有可能是错误的，所以，我们不能盲目地相信某一种思想观念，不能因为许多人相信某种看法就随波逐流，也不能因为某种观点好像振振有词就相信它，更不能因为某种说法看上去很美就相信它。

随便哪一种看法，不管它把世界和生活看成什么样，这种看法并不能证明它自身是真的。要把一种规定硬说成是合理的，我们只能根据“更进一步”的规定来充当道理。同样，一种看法，或者一种思想，也不能证明它本身是正确的，这相当于，我说“我是正确的”并不算已经证明自己是正确的。因此，我们必须对思想观念进行“更进一步”的研究，通过这些研究来判断这些思想观念有什么意义和价值，好知道该不该相信这些思想观念。

好哲学虽然怀着“平常心”，却有着“异常思”。哲学所思考的虽然是一些很平常很普通的问题，但是，思考角度和方式超凡脱俗、异乎寻常，这正是哲学思想方法的价值所在。哲学的方法使我们能够获得超出知识范围的智慧，而正是那些充满智慧的理解方式始终在不知不觉地改变着、塑造着人类的整个思想风格和结构。可以做一个比较:科学不断增加人类的知识、扩大人类的视野,哲学则不断增强人类的思想能力、更新着人类的眼光。那么,哲学的“异常思”到底异常在哪里?这很难概括,不过哲学往往从某种与普通思想方式不同的思想方式去重新思考问题,它能够开拓更多的思想可能性。

(摘编自赵汀阳《思想的功夫》)

问题:

(1)文章认为哲学的特征是什么?请简要概括。(4分)

(2)哲学有哪些用处?请结合文本,简要分析。(10分)

三、写作题(本大题1小题,50分)

33. 阅读下面的材料,按要求作文。

某一布鞋品牌的老板,经营模式很简单,每卖出一双鞋子就捐赠一双给贫困地区的孩子,让没有鞋穿的孩子拥有一双自己的鞋,可是生意却不见起色,半年后一家报社报道了“卖一双,捐一双”的故事,立刻引起了轰动。

人们为他的事迹所感动。一天之内他接到2200多双鞋子的订单,到目前为止已经卖出了3800万双,这意味着非洲、拉丁美洲、亚洲等贫困地区的3800多万双小脚丫有了鞋子的保护。

综合上述材料所引发的联想和感悟,写一篇论说文。

要求:

用规范的现代汉语写作,角度自选,立意自定,标题自拟,不少于800字。

机密★启封前 姓名__________ 准考证号__________

2019年上半年中小学教师资格考试 真题试卷(九)

综合素质(幼儿园)

注意事项:

1. 考试时间为120分钟,满分为150分。

2. 请按规定在答题卡上填涂、作答,在试卷上作答无效,不予评分。

一、单项选择题(本大题共29小题,每小题2分,共58分)

在每小题列出的四个备选项中只有一个是符合题目要求的,请用2B铅笔把答题卡上对应题目的答案字母按要求涂黑。错选、多选或未选均无分。

1. 图1表明,儿童的发展具有(　　)

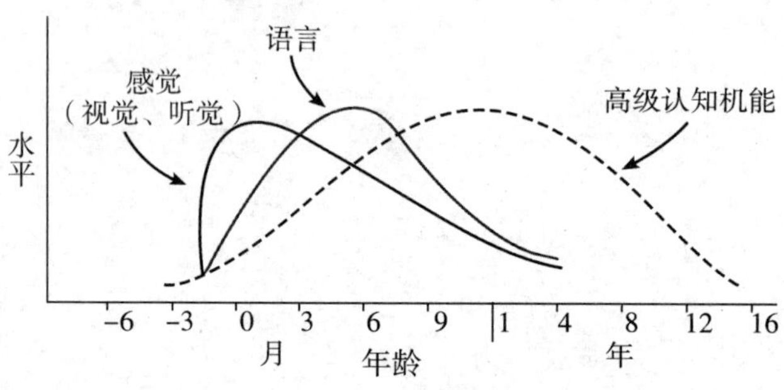

图1　最佳发展期示意图

A. 阶段性　　B. 整体性　　C. 个体差异性　　D. 独特性

2. 某幼儿园为打造以艺术为特色的园本课程,决定将70%的课程安排为音乐、美术、舞蹈等内容。该幼儿园的做法(　　)

A. 正确,有利于凸显幼儿园特色

B. 不正确,不利于幼儿知识学习

C. 正确,有利于培养幼儿艺术特长

D. 不正确,不利于促进幼儿全面发展

3. 绘画活动中,小班幼儿欢欢总是把色彩涂到轮廓外面,下午李老师当着欢欢的面对家长说:“欢欢很不认真,总是画错。”李老师的做法(　　)

A. 错误,忽视了幼儿动作发展　　B. 错误,不能讽刺、挖苦幼儿

C. 正确,提高了幼儿的绘画能力　　D. 正确,应该严格要求幼儿

4. 午餐时幼儿辰辰翘着椅子坐,坐在椅子上摇来摇去,东倒西歪。对此,王老师恰当的说法是(　　)

A.“辰辰,不准玩椅子!”

B.“辰辰,你有多动症吗?”

C.“辰辰,请坐好! 椅子会坏的!”

D.“辰辰,请坐好! 你会摔跤的!”

5. 依据我国宪法规定,我国国民经济的主导力量是(　　)(易错)

A. 集体所有制经济　　B. 非公有制经济

C. 互联网经济　　D. 国有经济

6. 某幼儿园教师陈某在教育幼儿时,经常敲打、拖拽幼儿,造成幼儿身体多处瘀伤。陈某侵犯的幼儿权利是(　　)

A. 受教育权　　B. 人格尊严权

C. 人身自由权　　D. 生命健康权

7. 梁某受聘在某政府机关举办的幼儿园中从事专职食品安全管理工作,根据《中华人民共和国教育法》的规定,对于梁某的管理应当实行(　　)

A. 国家公务员制度　　B. 教育雇员制度

C. 教育职员制度　　D. 教育公务员制度

8. 教师赵某因当地教育行政部门侵犯其合法权益,依法提出了申诉,对于赵某的申诉,有权受理的机关是(　　)(常考)

A. 同级人民政府或上一级人民政府有关部门

B. 所在地区中级人民法院或省高级人民法院

C. 所在地区人民检察院或最高人民检察院

D. 上一级人民政府或中央人民政府有关部门

9. 某地区文化执法部门在对当地一家网吧进行巡查时,发现有未成年人正在网

吧上网。根据《中华人民共和国未成年人保护法》的规定,文化执法部门可以对该网吧采取的措施是(　　)

A. 予以关闭,吊销已发营业执照

B. 责令改正,依法给予行政处罚

C. 予以查封,依法没收违法所得

D. 责令停业,依法追究民事责任

10. 陈老师发现班里的幼儿玲玲有遭受家庭暴力的迹象。对此,陈老师应当采取的措施是(　　)(常考)

A. 对玲玲的家长进行批评教育　　B. 向当地公安机关报案

C. 对玲玲的家长处以一定罚款　　D. 向当地法院提起诉讼

11. 何老师发现班里的幼儿萌萌感冒了。于是,在课间休息期间,喂萌萌服下了儿童感冒药。何老师的做法(　　)(易错)

A. 合法,教师可以喂食非处方药

B. 合法,有利于防止疾病传播扩散

C. 不合法,幼儿用药应先征得监护人同意

D. 不合法,幼儿园应在医师的指导下用药

12. 雯雯还未完成义务教育就辍学回家了,班主任王老师多次上门家访,雯雯的父母总是以读了书也找不到工作为由,拒绝让雯雯回学校上学。根据《中华人民共和国义务教育法》的规定,对于雯雯的父母,当地居民委员会可以采取的措施是(　　)

A. 给予批评教育,督促限期改正

B. 给予行政处分,责令赔礼道歉

C. 做好协助工作,督促家长送雯雯接受义务教育

D. 采取强制措施,责令家长送雯雯接受义务教育

13. 在小班的家长会上,有两个家长质问带班的李老师:“为什么不教孩子写字和拼音?再不教的话,我们的孩子就转园。”对此,李老师恰当的做法是(　　)

A. 接受建议,适当增加拼音和写字的内容

B. 听取意见,耐心向家长分析不教的原因

C. 尊重家长,推荐校外辅导机构

D. 不予理会,尊重家长的转园自由

14. 赵老师在省政府机关幼儿园工作，他对班上每个孩子家长的工作单位和职务都了如指掌，在日常的保教活动中，赵老师对省政府工作人员的孩子总是特别照顾。赵老师的做法(　　)(常考)

A. 不正确，没有维护幼儿的同伴关系

B. 不正确，没有做到对幼儿一视同仁

C. 正确，有利于良好家园关系的建立

D. 正确，有利于获得更多的办园资源

15. 王老师发现，孩子们进入大班后，变得太吵闹了，有时老师喊破了嗓子，孩子才安静下来。下列王老师的解决方法中**不恰当**的是(　　)

A. 引导幼儿逐渐学会自我约束　　B. 对吵闹的幼儿进行说服教育

C. 让家长接吵闹孩子回家安抚　　D. 引导幼儿参与感兴趣的活动

16. 中班幼儿正在做手工，佳佳尿裤子了。刘老师发现后，对嘲笑佳佳的幼儿说："佳佳可能是做手工太认真，忘记上厕所了，以后我们要学习她认真做事的态度。当然，我们在认真做事时记得上厕所，那就更好了。"刘老师的做法(　　)

A. 有利于保护幼儿的自尊心　　B. 有利于提高幼儿的操作能力

C. 有利于增强幼儿的秩序感　　D. 有利于培养幼儿的时间观念

17. 图2所示是位于雅典卫城中的帕特农神庙，它是为祭祀雅典城的守护神而建造的，这位守护神是(　　)

图2

A. 阿波罗　　B. 波塞冬

C. 阿瑞斯　　D. 雅典娜

18. 小行星带是太阳系内的一个小行星密集区域，聚集了大约50万颗以上的小行星，它所在的位置是(　　)(易错)

A. 金星轨道和地球轨道之间　　B. 地球轨道和火星轨道之间

C. 火星轨道和木星轨道之间　　　　D. 木星轨道和土星轨道之间

19. 下列科学家中提出并阐明了燃烧作用的氧化学说的是(　　)

A. 拉瓦锡　　　　B. 波义耳

C. 普利斯特利　　　　D. 阿伏伽德罗

20. 下列选项中,首先提出行星的运行轨道是椭圆形的天文学家是(　　)

A. 开普勒　　B. 哥白尼　　C. 第谷　　D. 牛顿

21. 下列影片中,以抗美援朝战争为题材的是(　　)(易混)

A.《闪闪的红星》　　　　B.《渡江侦察记》

C.《南征北战》　　　　D.《英雄儿女》

22. 芭蕾舞剧《胡桃夹子》,改编自德国作家霍夫曼的童话故事《胡桃夹子与老鼠王》,音乐充满了单纯而神秘的神话色彩,其作者是(　　)

A. 舒曼　　B. 贝多芬　　C. 勃拉姆斯　　D. 柴可夫斯基

23. 中国象棋蕴含了丰富的历史文化,棋盘中间的间隔处,通常被称为“楚河汉界”,与其中的“楚”“汉”相关的历史人物是(　　)

A. 刘邦　项羽　　　　B. 曹操　袁绍

C. 苻坚　谢安　　　　D. 孙膑　庞涓

24. 京剧《贵妃醉酒》经京剧大师梅兰芳倾尽毕生心血精雕细琢,是梅派经典代表剧目之一。它源自古代一部戏曲,该戏曲是(　　)

A.《桃花扇》　　B.《南柯梦》　　C.《牡丹亭》　　D.《长生殿》

25. 世界各国动画片常常以儿童为主角,展示儿童正义、善良、机智、勇敢等品质,塑造出很多经典形象。图 3 的经典形象是(　　)

图 3

A. 葫芦娃(《葫芦兄弟》)　　　　B. 阿童木(《铁臂阿童木》)

C. 一休(《聪明的一休》)　　D. 哪吒(《哪吒闹海》)

26. 下列关于 Word 中的多文档窗口操作,表述**不正确**的是(　　)

A. 通过多文档窗口操作,文档窗口可以拆分成为两个文档窗口

B. 多个文档编辑工作结束,只能全部存盘后才可关闭文档窗口

C. 允许同时打开多个文档进行编辑,每个文档有一个文档窗口

D. 多个文档窗口的内容之间可以进行剪切、粘贴和复制等操作

27. 下列关于 PowerPoint 的表述,**不正确**的是(　　)

A. 可以动态显示文本和对象　　B. 可以设置幻灯片切换效果

C. 图表不可以设置动画效果　　D. 可以更改小动画对象的出现顺序

28. 下列选项中,与"车票—票据"逻辑关系相同的是(　　)(易错)

A. 飞机票—船票　　B. 戏票—入场券　　C. 购水票—门票　　D. 餐券—优惠券

29. 找规律填数字是一项很有趣的活动,特别锻炼观察力和思考力。下列选项中,填入数列"1、2、9、33、________"空缺处的数字,正确的是(　　)(常考)

A. 122　　B. 124　　C. 126　　D. 128

二、材料分析题(本大题共 3 小题,每小题 14 分,共 42 分)阅读材料,并回答问题。

30. 材料:

夏日的雨后,大(1)班幼儿来到户外准备做操,发现地上爬了几只蜗牛,都纷纷蹲下来看。音乐声响起,幼儿小心翼翼地站在操场上做操,互相提醒别踩着蜗牛了,做完操后,有的幼儿提议要救救蜗牛,还有的幼儿提出要捉几只蜗牛到班里养着。

"蜗牛有嘴吗?""有脚没有?""喜欢吃什么?""它能走曲线吗?""是公的? 还是母的?"幼儿提出了很多问题。李老师也表现出很感兴趣的样子和幼儿一起讨论。李老师说:"宝贝们真棒! 提出了这么多有趣的问题! 不过,老师也不知道答案,但是老师很愿意和大家一起学习,我们想想,怎么可以获得答案呢?""看书!""问爸爸妈妈!"……小朋友纷纷回答。李老师高兴地说:"好,我们分头行动。"于是,李老师用瓶子装着蜗牛带到班里,养蜗牛的行动开始了。

之后的一段时间里,李老师找来关于蜗牛的科普视频和孩子们一起观看,同孩子们一道观察、记录蜗牛的生活,并一起围绕蜗牛"吃什么""怎么睡觉"等问题查阅资料、分

享资料……以“蜗牛”为主题的系列活动陆续在班里开展起来。

问题:

请结合材料,从教师观的角度,评析李老师的教育行为。(14 分)

31. 材料:

周老师是一名乡村幼儿园教师,她所带班级孩子的父母大部分在外打工,周老师经常在班上组织“娃娃家”游戏。在游戏中,周老师扮演“妈妈”的角色,搂搂这个,亲亲那个,“宝贝”们在“妈妈”的怀里幸福地撒着娇。

妮妮常常把小手弄得脏脏的,还喜欢吮吸手指,导致经常拉肚子。一天,周老师看到妮妮没有洗手就拿点心吃,就把她带到水池旁,一边教她洗手一边说:“脏脏的小手有许多细菌,不洗手就拿东西吃,会生病的。以后我们天天把小手洗得干干净净,做个健康的小宝宝,好吗?”妮妮使劲地点点头,不好意思地笑了。

周老师还发现妮妮非常喜欢看图书。由于妮妮的父母在外地打工,她跟爷爷奶奶生活在一起,可是爷爷奶奶识字不多,没法陪她一起阅读,周老师就经常给她讲故事、念儿歌。周老师打电话给妮妮的妈妈说:“妮妮是个可爱的孩子,就是不太喜欢说话,建议你们经常打电话给她,让她感受到你们的爱。”周老师还经常利用微信与妮妮的妈妈沟通、交流。

周老师觉得自己对幼儿的心理特点了解不够,有些问题不能妥善处理,于是主动参加培训学习。

问题:

请结合材料,从教师职业道德的角度,评析周老师的教育行为。(14 分)

32. 材料：

上世纪20年代，以万氏兄弟为代表的早期动画艺术家创作了中国早期的动画片。此后的80多年，中国动画逐渐成熟，形成了自己独特的艺术风格，在中国，动画有一个特殊称谓——“美术片”，它准确反映了中国动画特殊的创作观念，就是用中国传统美术如绘画、民间工艺等的造型观念、空间概念、绘画技法创作的动画影片。中国“美术片”造型主要取材和借鉴中国古代壁画、民间年画、庙宇泥塑、舞台戏曲等的形象和服装、道具设计，角色造型或富丽堂皇，追求形式感很强的“装饰风格”，或简约洗练，追求轻松随意的“写意风格”，因为运用了中国绘画中散点透视、高远法则、分层、留白等技法和原理，中国传统动画的场景设计不是真实立体空间的再现，而是创造出一个完全不同于真实物理空间的、适合平面形象活动的平面空间，角色造型是平面的，场景也是平面的。动作（表演）自然也不能同真实生活一样了。中国动画家从传统戏曲表演中获得启示，动画角色也要“表现”，不要“再现”，这样既有动画特点，又与画面的平面风格一致。《骄傲的将军》首次把京剧中“净”“丑”的表演动作运用到动画角色上，《大闹天宫》《哪吒闹海》《三个和尚》中的许多动作也借鉴了京剧表演。由此，中国动画动作设计也逐渐形成了自己的风格，一是舞蹈化的表演动作，不追求真实生活动作；二是适合在平面空间上展现。

中国美术片对中国传统绘画和民间艺术的吸收和借鉴不仅表现为形式，还包含对其美学观念和哲学理念的继承，特别是视觉重构、意境营造等观念的继承。中国传统绘画和文学追求“意境”的传达，在叙事之外给人更多情感宣泄和想象的空间。中国传统绘画和脱胎于此的中国传统动画，把真实三维空间重构为二维平面“空间”，则是哲学意义上的突破。独特的“意境”也使中国动画具有鲜明的中国风格。

认为“中国风格”过时了的人，其实并不真正了解“中国风格”，也不知道国外动画无一例外一直在追求、宣扬他们自己国家和民族的文化——从艺术形式到精神内涵。戴铁郎以及万氏兄弟、特伟、阿达等老一辈动画艺术家不仅创造了“中国风格”的经典动画，创造了中国动画的辉煌，他们也是在通过这些“中国风格”的动画传承、弘扬、发展中国的文化。

当然，风格也具有时代性。我们说中国动画要坚持“中国风格”，绝不是为了怀旧甚至“复古”，也绝不是说我们的动画必须或只能是传统题材、传统形式和传统表现手法。动画创作中突出“中国风格”，不仅需要传承坚守，更需要创新发展。没有动画艺术的突破，就不会有动漫产业的真正发展。中国动画史上有过两次大的发展时期。今天，认真学习、研究前辈动画家的艺术理念与精神追求，就是为了抓住机遇，打造既有传统“中国风格”、又符合时代需求的新的“中国学派”，创造新的动画精品，以迎接中国动漫产业发展高峰的到来。

（摘编自曹小卉《中国风格过时了吗》）

问题：

(1)在中国，“动画”为何又被称为“美术片”？请结合文本，简要概括。(4分)

(2)文章为什么说中国动画的“中国风格”没有过时？请结合文本，简要分析。(10分)

三、写作题(本大题1小题,50分)

33.阅读下面的材料,按要求作文。

美国演员莱昂纳多凭借电影《荒野猎人》中的格拉斯一角获得奥斯卡金像奖,引发社交媒体上的“狂欢”,也让相关图书搭上了一趟顺风车,就如诺贝尔文学奖、茅盾文学奖等奖项所引发的阅读热潮一样,带来了一股“奥斯卡阅读热”。

综合上述材料所引发的思考和感悟,写一篇论说文。

要求:

用规范的现代汉语写作,角度自选,立意自定,标题自拟,不少于800字。

机密★启封前　　　　　　　　　　姓名＿＿＿＿＿＿　准考证号＿＿＿＿＿＿

2018 年下半年中小学教师资格考试
真题试卷(十)

综合素质(幼儿园)

注意事项:

1. 考试时间为 120 分钟,满分为 150 分。

2. 请按规定在答题卡上填涂、作答,在试卷上作答无效,不予评分。

一、单项选择题(本大题共 29 小题,每小题 2 分,共 58 分)

在每小题列出的四个备选项中只有一个是符合题目要求的,请用 2B 铅笔把答题卡上对应题目的答案字母按要求涂黑。错选、多选或未选均无分。

1. 铭铭问吴老师:“天上哪颗星星最亮?”吴老师说:“老师也不知道,回家后我们都去想办法找答案,好不好?”这说明吴老师能做到(　　)(常考)

A. 尊重个体差异　　　　B. 公平对待幼儿

C. 面向全体幼儿　　　　D. 引导幼儿探索

2. 刚进园时,小朋友们试图用旋转的方法打开水龙头,不出水就大声叫蒋老师。这时蒋老师没有急于出手帮助,而是鼓励他们自己去试。很快小朋友们发现,提起开关,水就流出来了,按下去,水就关上了。小朋友们高兴地不得了。这体现了蒋老师注重(　　)

A. 教师的主体作用　　　　B. 游戏的促进作用

C. 幼儿的亲身体验　　　　D. 环境的积极影响

3. 中(1)班有一个现象:一个孩子向杨老师“告状”,其他孩子就会一个接一个地“告状”,孩子们都跟着嚷嚷,班上乱成了一锅粥。杨老师最恰当的处理方式是(　　)(常考)

A. 不理会所有“告状”的孩子　　　　B. 先让孩子们安静下来,再处理问题

C. 批评所有“告状”的孩子　　　　D. 选取部分孩子的“告状”予以解决

4. 沈老师在指导新教师时说："学习和掌握幼儿身心发展规律、年龄特点，对做好工作极为重要。"沈老师强调的是（ ）

A. 幼儿发展知识的学习 B. 通识性知识的学习

C. 保教知识的学习 D. 领域知识的学习

5. 下列选项中，**不属于**宪法规定的公民基本权利是（ ）

A. 人身自由权 B. 信仰自由权

C. 通信自由权 D. 教育自由权

6. 联合国通过的《儿童权利公约》所指的"儿童"是（ ）（易错）

A. 18 岁以下的任何人 B. 16 岁以下的任何人

C. 10 岁以下的任何人 D. 6 岁以下的任何人

7. 为解决新建小区幼儿入园难的问题，某房产开发公司在所建小区引入了一家由某教育发展集团独资创办的幼儿园。根据《中华人民共和国教育法》的规定，有权确定该幼儿园管理体制的是（ ）（易错）

A. 当地人民政府 B. 当地教育行政部门

C. 该教育集团 D. 该房产开发公司

8. 某幼儿园为提升教师专业水平，从所有教师工资中扣除 100 元用于订阅专业刊物。该幼儿园的做法（ ）

A. 合法，幼儿园有权管理和使用本单位经费

B. 合法，幼儿园有按照章程自主管理的权利

C. 不合法，侵犯了教师获取工资报酬的权利

D. 不合法，侵犯了教师从事科学研究的自由

9. 未成年学生孔某在逛超市的时候，管理人员怀疑他偷拿物品，并对他进行了强制搜身。该超市管理人员侵犯孔某的权利是（ ）（易混）

A. 名誉权 B. 人身自由权 C. 生命健康权 D. 隐私权

10. 某幼儿园在大班上学期开设了小学一年级语文、数学课程。该幼儿园的做法（ ）

A. 正确，幼儿园有权安排教学活动

B. 不正确，这些内容应设在大班下学期

C. 正确，有利于实现幼小衔接

D. 不正确,不利于幼儿的身心发展

11. 某幼儿园要求幼儿必须到医院接受体检,合格后方可入园。该幼儿园的做法(　　)

A. 有利于全面了解幼儿健康状况　　B. 有利于选拔优秀幼儿入园

C. 侵犯了幼儿的受教育权　　D. 侵犯了幼儿的个人隐私

12. 亮亮是驻某地武警部队现役军人的子女,根据《中华人民共和国义务教育法》的规定,对亮亮的义务教育负有保障义务的是(　　)(易错)

A. 中央人民政府教育行政部门　　B. 省级人民政府教育行政部门

C. 市级人民政府教育行政部门　　D. 县级人民政府教育行政部门

13. 休息时,王老师让孩子们排队接水喝,可队伍总也排不好,你推我,我挤你。王老师只好扯着嗓门提醒孩子们,可队伍刚排好,过一会儿又乱了。这时,王老师也口渴了,她端起杯子走到队伍前面接了一杯水喝,很无奈地看着眼前乱哄哄的接水队伍。这表明王老师(　　)

A. 未能廉洁从教　　B. 未能公平对待幼儿

C. 未能以身作则　　D. 未能公正对待幼儿

14. 一天,陈老师正在组织孩子们踢球,方方总是抢球后抱着跑。陈老师看到后就让他站到一边,并对带班老师说:"以后都别让他踢球了!"陈老师的做法(　　)

A. 正确,维护了整个活动的良好秩序　　B. 正确,保护了其他孩子的人身安全

C. 不正确,破坏了同事间的团结协作　　D. 不正确,打击了方方的参与积极性

15. "丢手绢"的游戏结束了,张老师正准备带领小朋友们回教室,晓瑶突然走到张老师面前,低声说:"老师,还没有轮到我丢手绢呢。"此时,张老师恰当的回应是(　　)

A. "难道还让我叫小朋友来陪你玩一次?"

B. "待会儿我们再去玩更有趣的游戏吧!"

C. "小朋友们先等着,我带晓瑶去玩。"

D. "下次再玩吧,谁让你运气这么差!"

16. 放学时,家长们都走进幼儿园接孩子,金老师一见到小齐爸爸,就埋怨地说:"小齐到现在还不会自己吃饭、穿衣,你们做家长的都是怎么教的!"小齐爸爸觉得很难堪,恼怒地说:"就是不会才送到幼儿园学习的嘛!"对该事情,下列说法正确的是(　　)

A. 金老师应该注意与家长沟通的方式　　B. 生活能力培养主要由家长负责

C. 金老师拥有批评幼儿家长的权利　　　D. 生活能力培养主要由教师负责

17. 大量细小的水滴随气流漂浮，从天空慢慢降落地面。生活中，人们常常把这种自然现象称作(　　)

A. 雾　　B. 霾　　C. 小雨　　D. 毛毛雨

18. 人类的发展进程与使用工具密切相关。下列选项中，属于人类最早使用的工具是(　)

A. 石器　　B. 陶器　　C. 瓷器　　D. 铁器

19. 漫画中的超级英雄都拥有特别服饰和超人能力，很多被搬上银幕，获得了小朋友们的喜爱。图1中的银幕形象是(　　)

图1

A. 闪电侠　　B. 蝙蝠侠　　C. 蜘蛛侠　　D. 钢铁侠

20. 一位作家在创作和翻译儿童作品方面卓有成就，编过儿童文学杂志，有一项儿童文学奖就以其命名，这位作家是(　　)(易错)

A. 严文井　　B. 陈伯吹　　C. 张天翼　　D. 叶圣陶

21. 中国古代蒙学教育基本目标是培养儿童认字，发展书写能力，养成良好的日常生活习惯，具备基本的道德伦理规范，掌握一些中国基本文化常识及日常生活常识。下列选项中，**不属于**中国蒙学教材的是(　　)

A.《千字文》　　B.《百家姓》　　C.《急就章》　　D.《山海经》

22. 作为计量单位，“光年”和“甲子”分别是(　　)(易混)

A. 时间单位、时间单位　　　B. 长度单位、长度单位

C. 时间单位、长度单位　　　D. 长度单位、时间单位

23. 如果太阳不发光，那么地球上的人们仍然能够用眼直接看到的天体是(　　)

A. 彗星　　B. 金星　　C. 流星　　D. 月亮

24. 大气是围绕地球的大气圈，对地球有重要作用。下列选项中，**不属于**大气作

用的是(　　)

A. 防止过量太阳辐射　　B. 帮助保持地球温度

C. 锁住地球生物所需水分　　D. 产生厄尔尼诺现象

25. 中国传统民居风格众多,有很深的人文与地理环境烙印,生动反映了人与自然的关系。图 2 中所示的民居名称是(　　)

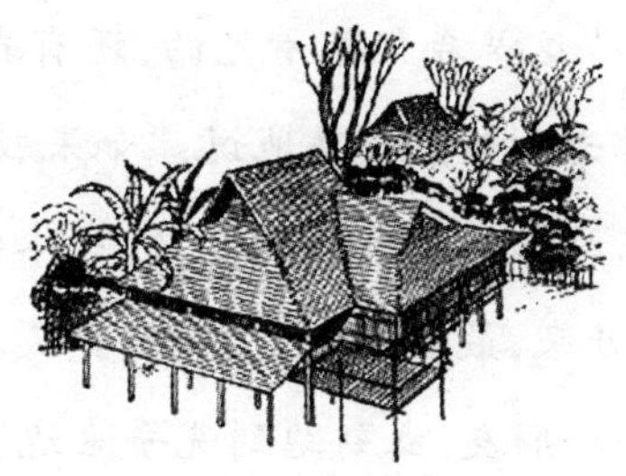

图 2

A. 傣族竹楼　　B. 福建土楼　　C. 侗族鼓楼　　D. 西藏碉房

26. 图文混排是 Word 的特色功能之一。下列表述中,**不正确**的是(　　)(易混)

A. 可以在文档中插入剪贴画　　B. 可以在文档中插入图形

C. 可以在文档中插入文本框　　D. 可以在文档中插入配色方案

27. 下列关于 PowerPoint 中“自定义动画”的表述,正确的是(　　)

A. 只能用鼠标不能用时间来控制动画　　B. 只能用时间不能用鼠标来控制动画

C. 鼠标和时间都能够控制动画　　D. 鼠标和时间都不能控制动画

28. 下列选项中,与“家具—大衣柜”逻辑关系相同的是(　　)(常考)

A. 电冰箱—空调　　B. 坐具—双人床

C. 消毒柜—冰柜　　D. 炊具—煤气灶

29. 找规律填数字是一项很有趣的活动,特别锻炼观察力和思考力。下列选项中,填入数列“50、90、170、________、650”空缺处的数字,正确的是(　　)

A. 330　　B. 340　　C. 350　　D. 360

二、材料分析题(本大题共 3 小题,每小题 14 分,共 42 分)阅读材料,并回答问题。

30. 材料:

班上的一些小朋友不喜欢洗手,有些小朋友虽然洗手,也只是简单地冲冲水就算了。户外活动后，韩老师把小朋友分成两组：一组念着儿歌认真地洗手，另一组暂时不洗手。韩老师拿出两块柚子皮，一组一块，让小朋友分别摸柚子皮内层，红红突然叫起来："黑了，黑了！"

果然，没洗手的那组小朋友摸过的柚子皮内层已经黑乎乎的了，韩老师趁机提问："柚子皮为什么会变黑呀？"孩子们抢着说："他们没洗手，手很脏。""手上有土，把柚子皮弄脏了。"韩老师连忙引导："这是我们能看见的，还有我们看不见的呢？""细菌、病毒……"孩子们大声地说。韩老师趁热打铁地说："如果我们不洗手就拿东西吃，手上的脏东西会沾到食物上，脏东西进入我们的肚子里，身体会怎么样？我们应该怎样做呢？"孩子们叽叽喳喳地讨论开来，最后得出了"一定要认真洗手，做健康的小主人"的结论。活动结束后，没洗手的小朋友，立刻跑到洗手池边洗手，洗得格外认真；洗了手的小朋友中，有人感觉自己没洗干净，就认真地又洗了一遍。

自此，小朋友们大都能自觉地去洗手，如果某个小朋友忘记洗手，其他的小朋友也会提醒他。

问题：

请结合材料，从儿童观的角度，评析韩老师的教育行为。（14 分）

31. **材料：**

一天早上，陈一航蹦蹦跳跳地走进教室，在搬椅子时，他发现旁边小朋友的椅子上有一本书没有收好，便大声喊道："余老师，这儿有一本书没有收。"余老师笑着说："那就请你把它送回去，好吗？"他高兴地把书拿往图书角。由于陈一航平时吃饭、睡觉、上课、活动无一不让老师费心，所以余老师一直盯着他的送书过程，生怕他把书拿到别处去。当他把书拿到书柜前，正想顺手往里面一扔时，余老师连忙说："谢谢你哦，你帮了我一个大忙，要不等会儿我还得自己把书整理好。"他听了后连忙把书放整齐，离开书柜了，还不时地回头看看书本是否会掉下来。

余老师被陈一航的这个行为所触动，立刻走过去，轻轻拍了拍他，说："陈一航，原来你那么会整理书啊，那你愿意做'图书管理员'吗？把小朋友们没有收好的书，都送到这里来放整齐。"他高兴地说："当然可以！我放书最整齐了！"之后的一个星期，在余老师的引导下，陈一航很用心地寻找没有放回图书角的书，把书摆放整齐，在其他方面也进步了很多。

问题：

请结合材料，从教师职业道德的角度，评析余老师的教育行为。(14 分)

32. 材料：

民族文化的独特性和优越性，不仅体现于显性的世界观和价值观，而且根植于隐性的思维模式中。在人类文明的进程中，中华文明之所以延续得如此绵长，在很大程度上得益于我们这个民族独特的方法论和辩证法原则，得益于中国人思考问题的方式和解决问题的路径。辩证矛盾思维即其中之一。辩证矛盾思维特别注重时间性。既然矛盾双方之间的辩证运动是在时间中展开的，时间就不是可有可无的，而必须是参与事件的重要因素。因此，辩证思维特别看重“时机”，追求“时中”。

“时中”一词最早出现于《周易》“蒙”卦的《彖传》：“蒙亨，以亨行时中也。”意思是说，蒙卦表示希望亨通，所以，以通来行事，是符合“蒙”这个时机的。可见，所谓“时中”，主要有两方面的含义：一是要“合乎时宜”，二是要“随时变通”。中而非时，不谓之中。同样，时而不中，更不谓之中了。

《资治通鉴》中记载了这么一个故事，说韩国的国君韩昭侯准备修建一个高门，但他的谋士屈宜臼却劝他不要这么做。屈宜臼说：“如果你非要修建这个高门，恐怕你还等不到这个高门修建完，就要死了。为什么呢？因为时机不对。国君在自己家修建一个高一点的门楼，搞得气派一些，有错吗？没有错。当年我们国强民富的时候，你如果修建一个高门，肯定没有问题。可是今天的情况已经不一样了，秦国去年刚刚攻占了我们的宜阳城，我国元气大伤。你偏偏要在这个时候修建高门，势必会使百姓离心，将士散德，韩国的败落就不可避免了。”结果，韩昭侯没有听屈宜臼的劝告，而屈宜臼的预言也应验了，高门还没有修好，韩昭侯就去世了。

当然，这只是一个小故事，但其中蕴含的道理却非常深刻。正如屈宜臼说的那句话：“吾所谓时者，非时日也。夫人固有利、不利时。”意思是说，我所说的时间，不是客观的时间，而是参与到事情当中来的时间。在合适的时间做一件事情，效果会很好；在不合适的时间做同一件事情，往往会很糟。这正是“举事而不时，力虽尽而功不成”的道理。

正因为此，中国文化对时间非常敏感，强调做任何事情都要相时而动，顺势而行。《中庸》中说：“君子之中庸也，君子而时中；小人之中庸也，小人而无忌惮也。”宋代学者朱熹在注释“时中”时也说：“盖中无定体，随时而在，是乃平常之理也。”即指，“中庸”，是因“时”而“中”的，并非骑墙、折中，更不是简单、僵化的“中间地带”。“时中”又是何其之难！因为它在实践中很难把握，你不可能一劳永逸地抓住它，然后照本宣科地去实践。但是,认识到这种困难并不是坏事,因为你一旦明白了“时中”的艰难,就会有一种危机感。而这种危机感又会让你在行为中谨小慎微、如履薄冰,相时顺势,减少犯错。

（摘编自祝和军《中国传统文化中的辩证思维》）

问题:

(1)辩证矛盾思维为何特别注重时间性?请结合文本,简要概括。(4分)

(2)追求“时中”,对个体而言有何价值和作用?请结合文本,简要分析。(10分)

三、写作题(本大题1小题,50分)

33. 阅读下面的材料,按要求作文。

管仲随齐桓公打孤竹,春天出征,凯旋时已是冬天,迷了路。管仲说:“老马的智慧是可以利用的。”于是放开老马,人跟随着它们,终于找到了回去的路。

北京大学一位老教授,在海淀区住了将近半个世纪,自认为蒙着眼睛也能找回家,可谓地道的“老马”。然而,有一次他走了一条新路,一走出去,是一条大马路,车如流水马如龙,竟一时找不到归路,幸而看见马路上驶过的332公交车,才得以安全回到家。

综合上述材料所引发的思考和感悟,写一篇论说文。

要求:

用规范的现代汉语写作。角度自选,立意自定,标题自拟,不少于800字。

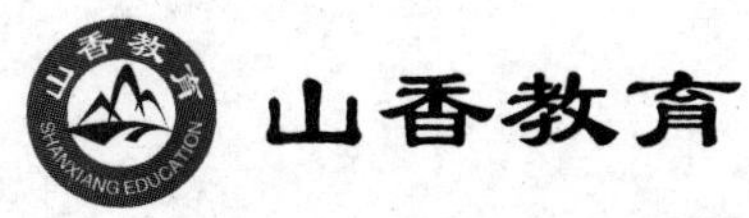

国家教师资格考试

历年真题详解及预测试卷

综合素质·幼儿园(预测题本)

重要提示:

为维护您的个人权益,确保考试的公平公正,请您帮助我们监督考试实施工作。

本场考试规定:监考人员要向本考场全体考生展示题本密封情况,并邀请2名考生代表验封签字后,方能开启试卷袋。

目　录

机密★启封前　　　　　　　　　　姓名＿＿＿＿＿＿　准考证号＿＿＿＿＿＿

国家教师资格考试预测试卷(十一)

综合素质(幼儿园)

注意事项:

1. 考试时间为 120 分钟,满分为 150 分。

2. 请按规定在答题卡上填涂、作答,在试卷上作答无效,不予评分。

一、单项选择题(本大题共 29 小题,每小题 2 分,共 58 分)

在每小题列出的四个备选项中只有一个是符合题目要求的,请用 2B 铅笔把答题卡上对应题目的答案字母按要求涂黑。错选、多选或未选均无分。

1. 小朋友们正在听孙老师讲故事,乐乐却偷偷地扯了一下糖糖的头发,糖糖疼得大叫。孙老师立即大声呵斥道:“乐乐,你不想听就出去!”“乐乐太坏了,以后小朋友们都别跟他玩。”孙老师的做法(　　)

A. 合理,维护了教师的权威　　　　B. 不合理,侮辱了乐乐的人格

C. 合理,保护了糖糖的健康　　　　D. 不合理,破坏了课堂学习氛围

2. 在课堂上,东东问马老师:“老师,在月亮上看天,天是不是蓝的呢?”马老师说:“你懂什么! 听老师讲就行了。你呀,总是打岔,这是不礼貌的,今后不要这样。”这表明马老师(　　)

A. 忽视了学生的阶段性　　　　B. 忽视了学生的自主性

C. 忽视了学生的不平衡性　　　　D. 忽视了学生的整体性

3. 小明性格比较内向,不敢和老师说话,在课堂上遇到了问题也不敢问老师。对此,下列做法正确的是(　　)

A. 鼓励小明勇敢提问,对他的提问适当给予表扬

B. 要求小明必须向老师提问,否则就严厉批评他

C. 听之任之,让他自己慢慢学会如何与别人沟通

D. 请小明的家长解决

4. 张老师刚毕业，进入一所幼儿园做了一名幼师，但是在平常的工作和教学过程中，她总是不自觉地想“我这次上课怎么样”“孩子们会喜欢吗”“领导会觉得我教得好吗”等问题，这说明张老师处于教师成长的(　　)

A. 关注生存阶段　　B. 关注情境阶段

C. 关注学生阶段　　D. 关注自我阶段

5. 幼儿园日常生活组织，应当从实际出发，建立必要、合理的常规，坚持一贯性和(　　)相结合，培养幼儿的良好习惯和初步的生活自理能力。

A. 综合性　　B. 灵活性

C. 全面性　　D. 启蒙性

6. 红红今年到了上小学的年龄，但不幸的是，在入学前红红生了一场大病，不得不延缓入学。根据《中华人民共和国义务教育法》规定，适龄儿童、少年因身体状况需要延缓入学或者休学的应该向当地(　　)申请。

A. 市人民政府　　B. 村委会或居委会

C. 县级人民政府教育行政部门　　D. 学校

7. 全国人民代表大会和地方各级人民代表大会都由(　　)产生，对人民负责，受人民监督。

A. 直接选举　　B. 间接选举

C. 等额选举　　D. 民主选举

8. 幼儿高某在幼儿园组织的活动中不慎受伤，经教育行政部门调解，高某父母与幼儿园就事故处理达成了协议。但事后幼儿园拒不履行协议。对此，高某的父母可以采取的措施是(　　)

A. 依法提起诉讼　　B. 依法申请行政复议

C. 依法提出申诉　　D. 依法申请行政仲裁

9. 李某天生有腿疾，智力发育比较晚，老师多次在全班同学面前骂他是“瘸腿笨蛋”。根据《中华人民共和国教师法》相关规定，该老师应承担(　　)

A. 行政处分　　B. 行政处罚

C. 民事责任　　D. 无法律责任

10. 幼儿乐乐活泼顽皮，经常打扰其他幼儿上课。为此乐乐的老师禁止乐乐参加

幼儿园的所有娱乐活动,以防其破坏活动秩序,老师的做法(　　)

A. 正确,是维护活动秩序的需要　　B. 正确,教师有权自主管理班级

C. 不正确,教师应平等对待幼儿　　D. 不正确,应征得其他教师同意

11. 孙老师申请参加暑假期间举办的优秀教师培训大会,园长以其是研究生毕业,没必要参加为由拒绝了他的申请。该园长的做法侵犯了孙老师的(　　)

A. 教育教学权　　B. 科学研究权

C. 进修培训权　　D. 民主管理权

12.《中华人民共和国未成年人保护法》规定,密切接触未成年人的单位招聘工作人员时,要查询应聘者是否具有性侵害、虐待、拐卖、暴力伤害等违法犯罪记录,查询途径是向(　　)

A. 人民法院、公安机关查询　　B. 人民法院、人民检察院查询

C. 公安机关、人民检察院查询　　D. 公安机关、教育行政部门查询

13. 新入职的刘老师,面对各种突发状况,往往手足无措,每当这时,班上其他两位老师都不慌不乱,默契解决。刘老师有时工作心态不好,她们又能耐心开导。这让刘老师更努力地融入幼儿园这个大集体。这说明几位老师能够做到(　　)

A. 团结协作　　B. 爱岗敬业

C. 关爱学生　　D. 教书育人

14. 郑老师得知小刚抢走了同伴的玩具,并没有在全班幼儿面前批评小刚,而是把他叫到其他教室耐心引导。郑老师的做法(　　)

A. 正确,幼儿需要赏识　　B. 不正确,幼儿是有个性的人

C. 正确,幼儿需要尊重　　D. 不正确,幼儿是有发展潜能的人

15. 模仿是幼儿学习的重要方式,教师的一举手、一投足常常引起幼儿不自觉地模仿,这说明教师的劳动具有(　　)

A. 复杂性　　B. 创造性　　C. 示范性　　D. 长期性

16. 某幼儿园的一位新老师刚刚从事教师工作时,虚心向同事请教,认真备课,努力把握课堂教学的每个环节。但随着工作的熟悉与社会交往的增多,开始变得浮躁,他认为:“教师上课就那么回事,我备好一遍课,可以用好多年。”该老师没有做到(　　)

A. 关爱幼儿　　B. 教书育人　　C. 为人师表　　D. 终身学习

17.(　　)是在中国古代继宗法血缘分封制度之后出现的两级地方行政制度，是中央垂直管理下官员由中央直接任免的流官任期制，标志着官僚政治取代血缘政治。

A. 郡县制　　B. 分封制

C. 藩国制　　D. 封国制

18. 中国明清时代出现了文学艺术创作的高峰。以下作品中，其内容揭露和抨击了社会的黑暗面，带有批判现实主义色彩的是(　　)

A.《菜根谭》　　B.《随园诗话》

C.《镜花缘》　　D.《儒林外史》

19. 能源按其基本形态分为一次能源和二次能源，下列属于二次能源的是(　　)

A. 太阳能　　B. 地热能

C. 海洋能　　D. 煤气

20. 近年来我国高铁建设突飞猛进，从"四纵四横"到"八纵八横"。其中，陇海线和京广线交会的城市是(　　)

A. 徐州　　B. 郑州　　C. 太原　　D. 武汉

21. 世界各国动画片常常以动物为主角，下图的图片是哪一部动画作品(　　)

A. 海尔兄弟　　B. 舒克和贝塔历险记

C. 蓝皮鼠和大脸猫　　D. 莫克和甜甜

22. 1917 年，十月革命一声炮响给我们送来了马克思列宁主义，以下关于十月革命的说法不正确的是(　　)

A. 推翻了罗曼诺夫王朝的统治

B. 建立了世界上第一个社会主义国家

C. 推动了国际无产阶级革命运动

D. 鼓舞了殖民地半殖民地人民的解放斗争

23. 维克多·雨果是19世纪前期积极浪漫主义文学的代表作家,被人们称为"法兰西的莎士比亚"。下列作品中属于其代表作的是(　　)

A.《双城记》　　B.《茶花女》

C.《悲惨世界》　　D.《三个火枪手》

24. 中国共产党成立后,积极发动工农群众开展革命斗争。中国共产党第一次独立领导并取得完全胜利的工人斗争是(　　)

A. 安源路矿工人大罢工　　B. 香港海员大罢工

C. 京汉铁路工人大罢工　　D. 开滦五矿工人罢工

25. 伯牙以善弹琴而闻名,子期则以善听琴而闻名。在伯牙子期的故事中,伯牙的《高山》和《流水》都属于著名的(　　)

A. 古筝曲　　B. 古琴曲

C. 琵琶曲　　D. 二胡曲

26. 下列有关页眉和页脚的说法中,错误的是(　　)

A. 只要将"奇偶页不同"这个复选框选中,就可以在文档的奇、偶页中插入不同的页眉和页脚内容

B. 在输入页眉和页脚内容时还可以在每一页中插入页码

C. 可以将每一页的页眉和页脚的内容设置成相同的内容

D. 插入页码时,必须每一页都输入页码

27. 在PowerPoint中,(　　)命令可以用来改变某一幻灯片的布局。

A. 背景　　B. 幻灯片版式

C. 幻灯片配色方案　　D. 字体

28. 下列选项中,与"火车—汽车—飞机"逻辑关系相同的是(　　)

A. 冬瓜—南瓜—瓜子　　B. 白菜—苋菜—空心菜

C. 中医—西药—口服药　　D. 空调—冰箱—家电

29. 找规律填数字是一项很有趣的活动,特别锻炼观察力和思考力。下列选项中,填入数列"1、7、8、57、________、26050"空缺处的数字,符合该组数字排列规律的是(　　)

A. 456　　B. 457　　C. 458　　D. 459

二、材料分析题(本大题共3小题,每小题14分,共42分)阅读材料,并回答问题

30. 材料:

在一次户外活动中,王老师正在引导幼儿仔细观察花的颜色和形状,突然有一位小朋友喊了起来:“蝴蝶、有蝴蝶。”其他小朋友听到喊声都跑过去争着看蝴蝶,这时王老师也跟了过去说:“蝴蝶最喜欢花,我们看看蝴蝶都飞到了哪些颜色、哪些形状的花上玩耍?喜欢和哪些花交朋友?”听王老师这么说,小朋友们都积极观察,争先恐后地说着蝴蝶喜欢哪朵花,这花有什么颜色,什么形状。连平时不爱说话的旭旭也说了蝴蝶喜欢牵牛花。

问题:

请结合材料,从儿童观的角度,评析王老师的教育行为。(14分)

31. 材料：

“每一个儿童都有被爱的权利，都应该得到充分的发展。”这是幼儿园李老师对自己教育工作的体会。李老师在日常教学中不像有的老师那样频频提问那些能说会道、反应机灵的孩子，她也经常关注那些比较胆小、很少回答问题的幼儿。有时幼儿可能过于紧张回答不出来，李老师就会让他先坐下来平静一下，语气温和地对小朋友说：“没关系，以后经常锻炼锻炼就好了。”活动结束后，李老师还主动与幼儿交往，培养其语言表达能力，并经常与幼儿家长沟通，共同寻找适宜的培养方法。

问题：

请结合材料，从教师职业道德的角度，评析材料中李老师的教育行为。（14分）

32. 材料：

窗前有好几株梧桐树。这些都是邻家院子里的东西，但好像是专门种给我看的。自初夏至今，这几株梧桐树在我面前浓妆淡抹，显出了种种的容貌。

当春尽夏初，那些嫩黄的小叶子一簇簇地顶在秃枝头上，好像一堂树灯，又好像小学生的剪贴图案，布置均匀而带幼稚气。植物的生叶，也有种种技巧：有的新陈代谢，瞒过了人的眼睛而在暗中偷换青黄。有的微乎其微，渐乎其渐，使人不觉察其由秃枝变成绿叶。只有梧桐树的生叶，技巧最为拙劣，但态度最为坦白。它们的枝头疏而粗，它们的叶子平而大。叶子一生，全树显然变容。

在夏天，那些团扇大的叶片，长得密密层层，望去不留一线空隙，像一个大绿幛，又好像图案画中的一座青山。在我所常见的庭院植物中，叶子之大，除了芭蕉以外，恐怕无过于梧桐了。芭蕉叶形状虽大，但数目不多，那丁香结要过好几天才展开一张叶子来，全树的叶子寥寥可数。梧桐叶虽不及它大，可是数目繁多。那猪耳朵一般的东西，重重叠叠地挂着，一直从低枝上挂到树顶。窗前摆了几枝梧桐，我觉得绿意实在太多了。

一个月以来，叶子由最初的绿色黑暗起来，变成墨绿；后来又由墨绿转成焦黄；北风一起，它们大惊小怪地闹将起来，大大的黄叶便开始辞枝——起初突然地落脱一两张来，后来成群地飞下一大批来，好像谁从高楼上丢下来的东西。枝头渐渐地虚空了，露出树后面的房屋来，终于只剩几根枝条，回复了春初的面目。这几天它们空手站在我的窗前，好像曾经娶妻生子而家破人亡了的光棍，样子怪可怜的！我想起了古人的诗："高高山头树，风吹叶落去。一去数千里，何当还故处？"现在倘要搜集它们的一切落叶来，使它们一齐变绿，重还故枝，回复夏日的光景，即使仗了世间一切支配者的势力，尽了世间一切机械的效能，也是不可能的事了！回黄转绿世间多，但象征悲哀的莫如落叶，尤其是梧桐的落叶。落花也曾令人悲哀。但花的寿命短促，犹如婴儿初生即死，我们虽也怜惜他，但因对他关系未久，回忆不多，因之悲哀也不深。叶的寿命比花长得多，尤其是梧桐的叶，自初生至落尽，占有大半年之久，况且这般繁茂，这般盛大！眼前高厚浓重的几堆大绿，一朝化为乌有。世间的"无常"，莫大于此了！

但它们的主人，恐怕没有感到这种悲哀。因为他们虽然种植了它们，占有了它们，但都没能看到上述的种种光景。他们只是坐在窗下瞧瞧它们的根干，站在阶前仰望它们的枝叶，为它们扫扫落叶而已。何从看见它们的容貌呢？何从感受到它们的象征呢？可知自然是不能被占有的。可知艺术也是不能被占有的。

（选自丰子恺《梧桐树》，有删改）

问题：

(1)文章说“自初夏至今，这几株梧桐树在我面前浓妆淡抹，显出了种种的容貌”。请结合文本，简要概括梧桐树的几种“容貌”。(4 分)

(2)结合文本，简要分析“可知自然是不能被占有的。可知艺术也是不能被占有的”这句话所表达的意思。(10 分)

三、写作题(本大题1小题,50分)

33. 阅读下面的材料,按要求作文。

一位著名演员在一次表演课上,对即将成为职业演员的学生们说:“上山的人永远不要瞧不起下山的人,因为他们曾经风光过;山上的人不要瞧不起山下的人,因为他们不定什么时候就能爬上来。”

综合上述材料所引发的联想和感悟,写一篇论说文。

要求:

用规范的现代汉语写作,角度自选,立意自定,标题自拟,不少于800字。

机密★启封前　　　　　　　　　　姓名________　准考证号________

国家教师资格考试预测试卷(十二)

综合素质(幼儿园)

注意事项:

1. 考试时间为120分钟,满分为150分。

2. 请按规定在答题卡上填涂、作答,在试卷上作答无效,不予评分。

一、单项选择题(本大题共29小题,每小题2分,共58分)

在每小题列出的四个备选项中只有一个是符合题目要求的,请用2B铅笔把答题卡上对应题目的答案字母按要求涂黑。错选、多选或未选均无分。

1. 刚入职不久的王老师,面对在课堂上大声吵闹的幼儿不知道该如何管教,一时间一筹莫展。幼儿犯错时老师应采取的正确方式是(　　)

A. 通知幼儿家长来学校,惩罚幼儿　　B. 及时主动与家长沟通,共同引导

C. 通知家长,管教好后再送回来　　D. 严厉批评,甚至讽刺挖苦幼儿

2. 小成脸上有一块较大的胎记,小磊经常嘲笑他,还给他起不雅的绰号,小成很伤心。对此,教师**不恰当**的做法是(　　)

A. 引导小磊向小成道歉　　B. 教育小磊要尊重他人

C. 告诉小成尽量远离小磊　　D. 帮助小成学会悦纳自己

3. 老师组织集体游戏时,发现嘉嘉独自一人专注地看着落在地上的小水珠,老师走过去对嘉嘉说:“还是先跟大家一起玩吧,游戏后再观察,然后把看到的告诉老师和小朋友们,好吗?”该教师的做法(　　)

A. 保护了幼儿自主探索的兴趣　　B. 实现了幼儿自主游戏的活动目标

C. 忽视了幼儿仔细观察的需求　　D. 培养了幼儿的动手能力

4. 某幼儿园经常组织老师相互观摩教学活动,针对活动过程展开研讨,提出完善的活动建议。这种做法体现的教师专业发展途径是(　　)

A. 进修培训　　B. 同伴互助

C. 师徒结对　　　　D. 自我研修

5. 某幼儿园擅自将一名患有轻微自闭症的幼儿的照片登在宣传册上，并在宣传册上附有“该幼儿在我园学习后，其自闭症症状明显好转”的字样，目的是宣扬该幼儿园的教育水平。该幼儿园的做法(　　)

A. 侵犯了幼儿的名誉权　　　　B. 侵犯了幼儿的姓名权

C. 侵犯了幼儿的健康权　　　　D. 侵犯了幼儿的隐私权

6. 根据我国《宪法》规定，下列说法正确的是(　　)

A. 在宪法所保障的基本权利中，最基本的权利是人身自由权

B. 劳动、受教育、依法纳税既是公民的基本权利也是基本义务

C. 年满 18 周岁的中国公民都有选举权和被选举权

D. 我国公民在遭受自然灾害时有获得物质帮助的权利

7. 教师要注意明确自身职责，规范自身言行。依据《中华人民共和国教师法》，学校可以对教师的(　　)行为给予行政处分或解聘。

A. 组织交班费

B. 组织学生开展校外活动，一学生路上被车撞，经抢救无效死亡

C. 强制搜学生的身，想知道他是不是偷了东西

D. 与同事不合

8. 5 岁的花花因为父母意外过世，无人照料，经常在各个路口乞讨，根据《中华人民共和国未成年人保护法》，应由(　　)对其承担临时监护责任。

A. 教育行政部门　　　　B. 儿童福利院

C. 社区居民委员会　　　　D. 民政部门

9. 教师小高为了更好的职业发展，计划重回高校接受研究生教育，为了在入学考试中取得好成绩，他报名参加了当地夜校。由于每天晚上刻苦学习，精力有限，小高老师上课时机械应付，对学生的问题也是敷衍了事，为了复习，更是多次请假，让学生自由学习。小高老师的做法(　　)

A. 合法，有利于提高小高老师业务水平

B. 合法，小高老师贯彻了终身学习的教育理念

C. 不合法，小高老师没有对学生进行思想品德教育

D. 不合法，小高老师没有认真履行教育教学职责

10. 在学生伤害事故处理中,学校责任适用的归责原则是(　　)

A. 过错责任原则　　B. 无过错责任原则

C. 严格责任原则　　D. 公平原则

11. 幼儿刘程程在省里举办的钢琴比赛上获得了第一名,获得奖金3000元。但此时刘程程的父母已离异,其母为刘程程的监护人,其父每月定期给抚养费。这笔奖金的所有者是(　　)

A. 刘母　　B. 刘父　　C. 幼儿园　　D. 刘程程

12. 小杨的父母为了使小杨两兄妹完成学业,决定去外省务工,而小杨两兄妹则继续留在老家读书。关于小杨父母对小杨两兄妹的安置,下列做法正确的是(　　)

A. 让他们独自生活,嘱咐邻居多给予关照

B. 让就读高中的堂哥堂姐帮忙照顾

C. 安排他们住校并请班主任平时多监督

D. 让他们搬去舅舅家并让舅舅代为照顾

13. 教师职业道德规范具体包括六大内容,其中(　　)是教师职业的内在要求。

A. 爱国守法　　B. 爱岗敬业　　C. 关爱学生　　D. 为人师表

14. 幼儿园的幼儿小然是老师眼里的"问题儿童",活动课时总是心不在焉,不配合老师的教学。王老师针对此情况,在幼儿园放学时,当着好多幼儿和家长的面不停地向小然的妈妈抱怨并加以批评,小然的妈妈对此感到很尴尬。幼儿教师的正确做法是(　　)

A. 可以当着其他幼儿和家长的面说,但是态度要温和

B. 单独交流,避免伤害家长的感情,双方可就小然的问题商定家园管教的对策

C. 不与家长沟通,直接教育幼儿即可

D. 建议家长严格管教孩子,必要时可通过打骂纠正

15. 刚参加完培训的张老师将自己的心得在小组会议上与同事分享。这说明张老师(　　)

A. 富有团结协作的精神　　B. 注重业务能力的提高

C. 具有循循善诱的品德　　D. 重视专业素质的提升

16. 于老师在课堂上被学生的一个问题难住。课后,她遍查资料,还专门请教了专家,最终详细地回复了学生。下列选项与该案例所体现的教师职业道德要求相符的

是(　　)

A.“言必信,行必果”

B.“知不足,然后能自反也;知困,然后能自强也。”

C.“故君子之教喻也,道而弗牵,强而弗抑,开而弗达。”

D.“君子知至学之难易,而知其美恶,然后能博喻,能博喻然后能为师。”

17. 有氧运动是人体在氧气充足的情况下进行的运动,即在运动过程中,人体吸入的氧气与需求相等,达到生理上的平衡状态,下列**不属于**有氧运动的是(　　)

A. 慢跑　　B. 骑车　　C. 举重　　D. 打羽毛球

18. 作为中国古典小说的一种形式,(　　)出现于隋末,发展兴盛于唐代。

A. 传奇小说　　B. 话本小说　　C. 变文小说　　D. 俗讲小说

19. 下列作品中都是莫泊桑创作的是(　　)

A.《羊脂球》《我的叔叔于勒》《包法利夫人》

B.《项链》《包法利夫人》《装在套子里的人》

C.《项链》《我的叔叔于勒》《羊脂球》

D.《麦琪的礼物》《项链》《我的叔叔于勒》

20. 信息系统的安全关系到国家机关的运行、企业的经营和人们的日常生活。如果对信息系统安全掉以轻心,对安全风险置之不理,就可能给个人、企业、国家带来难以估量的损失甚至灾难。下列操作中,可能泄露个人信息的是(　　)

A. 在公共区域中关闭免费 Wi-Fi 的自动连接

B. 包含个人信息或隐私内容的文件加密发送

C. 在电子邮件客户端直接打开附件文件查看

D. 不轻易更改防火墙的入站规则和出站规则

21. 三省六部制是西汉以后长期发展形成的封建管理制度。六部是指吏部、户部、礼部、兵部、刑部、工部,不同朝代各部履行的基本职能大体一致。其中,管理全国学校事务及科举考试的是(　　)

A. 吏部　　B. 户部　　C. 礼部　　D. 兵部

22. 北宋文学家王安石在《元日》中写道:“爆竹声中一岁除,春风送暖入屠苏。千门万户曈曈日,总把新桃换旧符。”诗中所描写的“元日”,对应于今天的节日是(　　)

A. 清明　　B. 元宵　　C. 春节　　D. 元旦

23. 1949 年中共七届二中全会召开,毛泽东同志提出将我党的工作重心转移到城市,以恢复和发展生产事业为一切工作的中心。这次会议的重大意义在于(　　)

A. 从实践上解决了中国革命道路向社会主义革命转变的重大问题

B. 从理论上确立了由新民主主义革命向社会主义改造转变的基本路线

C. 从理论上解决了由新民主主义革命向社会主义革命转变的重大问题

D. 从实践上解决了中国革命道路由阶级斗争转向经济建设的重大问题

24. 曾侯乙编钟是中国迄今发现数量最多、保存最好、音律最全、气势最宏伟的一套编钟,现保存于(　　)

A. 故宫博物院　　B. 南京博物馆

C. 陕西省博物馆　　D. 湖北省博物馆

25. "兼听则明,偏信则暗。"这句古代格言出自(　　)

A.《资治通鉴》　　B.《论语》

C.《荀子》　　D.《史记》

26. 在 Word 中,要绘制一个正方形,可以在"插入"选项卡选择"形状",使用"矩形"工具,按住(　　)键的同时,拖动鼠标画出正方形。

A. Alt　　B. Tab　　C. Shift　　D. Ctrl

27. 下列关于 PowerPoint 的叙述,错误的是(　　)

A. 可以新建空白演示文稿,也可以基于模板创建演示文稿

B. 可以在幻灯片中插入表格

C. 可以将某张图片设置为幻灯片的背景

D. 可以在 PowerPoint 中插入表格,并对其中的数字进行排序

28. 假设"如果张楠和林枫不是志愿者,那么杨梅是志愿者"是前提,"林枫是志愿者"为结论。若要以上结论成立,需要补充的前提是(　　)

A. 张楠是志愿者　　B. 杨梅不是志愿者

C. 杨梅和张楠都是志愿者　　D. 杨梅和张楠都不是志愿者

29. 找规律填数字是一项很有趣的活动,特别锻炼观察力和思考力。下列选项中填入数列"20、22、25、30、37、________"空缺处的数字,正确的是(　　)

A. 48　　B. 49　　C. 55　　D. 81

二、材料分析题(本大题共 3 小题,每小题 14 分,共 42 分)阅读材料,并回答问题

30. 材料:

课堂上,胡老师在黑板上用简练的几笔勾画出一只公鸡,并总结画公鸡的七个要素。接着,老师让四位小朋友在黑板上画出不同的圆形,老师按画公鸡的要素依次在这四个不同的图形上分别添加几笔,画出了四只栩栩如生的公鸡。这使小朋友们精神为之一振,都想一试身手。于是,老师让全体幼儿在纸上动手画公鸡。在观察幼儿画的过程中,老师没有批评任何一个幼儿画得不像,而是不时对幼儿进行指导。之后,老师要求幼儿剪下画好的公鸡,贴在一张画有养鸡场的画板上,构成了一幅具有千姿百态的公鸡的漂亮作品。最后,老师别具匠心地用铅笔画和纸篓做成了立体鸡,并在鸡背上开了个洞,让幼儿把剪下的碎纸片揉成颗粒作为饲料喂鸡,教室很快干净了。

问题:

请结合材料,从教师观的角度,评析胡老师的教育行为。(14 分)

31. 材料：

聪聪妈妈在一次意外中去世，这无疑给年幼孩子的心灵造成了重创，午睡时聪聪经常被噩梦惊醒，眼里含着泪水要找妈妈。每当这时，杨老师就对聪聪说："孩子，我就是你的妈妈，我来保护你。"双休日杨老师会带着聪聪外出游玩，闲暇时陪聪聪聊天，对聪聪无微不至。老师的关爱带给了聪聪心灵的抚慰，而且班里的小朋友在杨老师潜移默化的影响下也开始关心聪聪。临近毕业时，聪聪抱着杨老师流下了眼泪，聪聪的家人也万分感激，依依不舍。

问题：

请结合材料，从教师职业道德的角度，评析杨老师的教育行为。(14 分)

32. 材料：

鲁迅曾将好的翻译家比喻为希腊神话中普罗米修斯那样的盗火者，对于中国的儿童文学来说，任溶溶正是这样一位盗火者。尤其是他对瑞典儿童文学作家林格伦作品的翻译和介绍，在中国的儿童文学界掀起一股热潮，给正处于转型期的儿童文学带来深刻的影响。

《长袜子皮皮》的主角皮皮是个一头红发、满脸雀斑的9岁的小姑娘，她天性喜欢自由，古灵精怪，常有奇思妙想，缺点不少，喜欢恶作剧，但更多的是优点，制服过坏人和恶兽，干了很多好事。这个个性鲜明、真实可爱的儿童形象得到中国小朋友的热烈欢迎，也在很大程度上启发了中国的儿童文学工作者。任老通过林格伦的作品为中国的儿童文学带来一股新风，结束了之前教训意味过重的儿童文学创作，而代之以充满儿童视角和游戏精神的全新的儿童文学。

在从事翻译工作之余，他非常愿意去参加孩子们的集会，把国外新奇好玩的故事讲给孩子们听。故事讲得多了，任溶溶觉得不过瘾，国外的故事同中国孩子的生活毕竟有些“隔”，于是他开始自己编创故事。他创作的《没头脑和不高兴》与《一个天才的杂技演员》堪称姐妹篇。作家在其中构置起一种喜剧和荒诞，让人物身上的缺点在哈哈镜中显形，用夸张来刻画童话形象，有鲜明的意蕴和佳妙的喜剧效果。虽然只是初试创作，但这两篇作品在风格和技巧上都已臻成熟，并与世界儿童文学接轨，成为中国儿童文学史上不朽的经典。

之后，任溶溶创作了《我的哥哥聪明透顶》《爸爸的老师》《弟弟看电影》《强强穿衣裳》《我给小鸡起名字》等一大批脍炙人口的儿童诗。这些诗歌大都构思巧妙，童趣盎然，简洁明快，朗朗上口。这些儿童诗同样延续了他善于在夸张和喜剧中传递教育意义的风格，而有的作品，甚至干脆放弃掉所谓的教育意义，直接将生活中的童趣瞬间呈现出来，将童趣推向一种极致。

他认为，诗的巧妙构思不是外加的，得在生活中善于捕捉那些巧妙的、可以入诗的东西，写下来就可以成为巧妙的诗，否则冥思苦想也无济于事。《我是一个可大可小的人》就来源于他自身的经历。而在写作的时候，又要从诗人本位向儿童本位转换，尽量使用清浅、好读的语言，教训意味不能过重，应该不能只写要儿童做什么，同时也要写儿童们要做什么，这才是全面的儿童文学。

任溶溶说：“翻译创作了太多的儿童文学作品，不知不觉中被童化了。”1968年，任溶溶被关进牛棚接受改造，分配到饲养场养猪。他说：“很幸运，养猪其实是很舒服的，连队里还要天天读，有时候还要被训话，养猪就可以不用了。猪要吃东西的时候喂一下，其实待在饲养场蛮开心的。”任溶溶非常喜欢意大利作家罗大里，之前曾译过他的《洋葱头历险记》和儿童诗，但是从俄文转译的，实属遗憾。在牛棚里正好有大把的时间学习意大利语和日语。当别人在十年动乱中身心俱疲时，他却收获了两门外语，为以后的儿童文学翻译做好了准备。这样乐观和豁达的心态，其实正是儿童文学之于任溶溶的馈赠。

任溶溶曾说过：“我的一生就是个童话。”他用一生的努力在中国的儿童文学史上构建起一个让人仰望的高度，高山仰止。他在我们心中真正成了一个可大可小的人。

（摘编自李墨波《他的一生就是一个童话》）

问题：

(1)为什么说任溶溶是儿童文学的盗火者？请结合材料简要分析。(4 分)

(2)文章最后说，任溶溶在我们心中真正成了一个可大可小的人，如何理解这句话？请结合材料具体分析。(10 分)

三、写作题(本大题1小题,50分)

33. 阅读下面的材料,按要求作文。

这个世界上有很多种生活,如果命运将你推向任何一种,都别奇怪,别怨天尤人,它并没有剥夺你幸福的权利。在任何一种生活里,我们都能找到属于自己的幸福。

综合上述材料所引发的思考和感悟,写一篇论说文。

要求:

用规范的现代汉语写作,角度自选,立意自定,标题自拟,不少于800字。

机密★启封前　　　　　　　　　　姓名＿＿＿＿＿　准考证号＿＿＿＿＿

国家教师资格考试预测试卷(十三)

综合素质(幼儿园)

注意事项:

1. 考试时间为120分钟,满分为150分。

2. 请按规定在答题卡上填涂、作答,在试卷上作答无效,不予评分。

一、单项选择题(本大题共29小题,每小题2分,共58分)

在每小题列出的四个备选项中只有一个是符合题目要求的,请用2B铅笔把答题卡上对应题目的答案字母按要求涂黑。错选、多选或未选均无分。

1. 某幼儿把左右两只鞋子穿反了,老师把幼儿叫到前面,当作反面教材严厉批评,教育其他幼儿要分清左右。老师的做法(　　)

A. 伤害了幼儿的自尊心　　B. 抓住了教育时机

C. 将教育融入了幼儿的一日生活　　D. 是教育机智的表现

2. “在你的教鞭下有瓦特、冷眼里有牛顿、讥笑中有爱迪生。”这说明学生是(　　)

A. 具有独立人格的人　　B. 主动学习的人

C. 愿意接受教育的人　　D. 具有发展潜力的人

3. 苏霍姆林斯基说:“教师无意间的一句话,可以造就一个天才,也可以毁灭一个天才。”对此理解错误的是(　　)

A. 教师要谨言慎行

B. 教师一定不要批评学生

C. 教师要坚持正面教育

D. 教师对学生的影响作用是巨大而深远的

4. 王老师在教学过程中比较关注的是学生是不是喜欢她,能不能和其他教师和睦相处,学校领导对她评价如何。按照教师专业发展阶段理论,王老师处于(　　)

A. 关注生存阶段　　B. 关注学生阶段

C. 关注任务阶段　　D. 关注成就阶段

5. 在某幼儿园，因玲玲小朋友在美工课上不停吵闹，吴老师便用胶带封住了她的嘴巴，吴老师的做法(　　)

A. 不正确，违反了不得体罚幼儿的规定

B. 正确，吴老师有权维护课堂秩序

C. 不正确，侵犯了玲玲的言论自由权

D. 正确，吴老师有批评教育玲玲的权利

6. 某偏远山区交通不便，儿童居住较为分散，为保障当地适龄儿童接受义务教育，根据《中华人民共和国义务教育法》的规定，县级人民政府可以采取的措施是(　　)

A. 设置走读学校　　B. 设置寄宿制学校

C. 设置家庭学校　　D. 设置半日制学校

7. 某公立幼儿园园长刘某在招生过程中，向幼儿家长收取费用，非法获利数十万元。根据《中华人民共和国教育法》的规定，教育行政部门可以对其采取的措施是(　　)

A. 依法给予行政处分　　B. 依法给予刑事制裁

C. 依法给予党纪处分　　D. 依法给予民事制裁

8. 下列选项中，属于《中华人民共和国教师法》明确规定的教师享有的权利的是(　　)

A. 提供教育设施设备　　B. 完成教育教学工作任务

C. 开展教育教学改革和实验　　D. 遵守宪法、法律和职业道德

9. 全国人民代表大会是最高国家权力机关，下列**不属于**全国人民代表大会职权的是(　　)

A. 选举中华人民共和国主席和副主席

B. 依照法律规定决定省、自治区、直辖市的范围内部分地区进入紧急状态

C. 审查和批准国民经济和社会发展计划和计划执行情况的报告

D. 制定和修改刑事、民事、国家机构的和其他的基本法律

10. 明确规定"儿童有权享有休息和闲暇，从事与儿童年龄相宜的游戏和娱乐活动，应尊重并促进儿童充分参加文化和艺术生活的权利"的是(　　)

A.《中华人民共和国未成年人保护法》

B.《3～6岁儿童学习与发展指南》

C.《幼儿园工作规程》

D.《儿童权利公约》

11. 小凡在学校门口发现一条狗,想赶走它,却不慎被咬伤。经查,这条狗是学生小伟从家里带来的。对于小凡所受伤害应当承担赔偿责任的是(　　)

A. 小凡的监护人和学校　　B. 小伟的监护人和学校

C. 小伟的班主任和小伟的监护人　　D. 小凡的班主任和小伟的监护人

12. 根据《幼儿园工作规程》的规定,幼儿园应当建立幼儿健康检查制度和幼儿健康卡或档案,应(　　)体检一次。

A. 每日　　B. 每周　　C. 每月　　D. 每年

13. 新学期开始了,不少孩子回到幼儿园,自理能力退步了许多,还带来了一些坏习惯。张老师感到万分苦恼:家长不用心,老师又得重新教。教师恰当的做法应是(　　)

A. 埋怨幼儿,把学过的基本礼仪重新教一遍

B. 指责家长没管好孩子,让家长完全按照自己的要求做

C. 耐心和家长沟通,取得家长的合作

D. 不过多干涉家庭教育,请保育员多多帮忙

14. 下列教师的行为中没有违反职业道德的是(　　)

A. 幼儿园陈老师想让幼小衔接得更好,便教授幼儿小学数学的内容

B. 罗老师在家长会上给家长们推荐了一本有关亲子关系的书籍

C. 马老师将学生家长的信息有偿提供给某学前智能开发中心

D. 杨老师在活动课上让幼儿自由活动,自己在一旁自顾自地玩手机

15. 杨老师在所从事的教育教学活动中,严格按照《中华人民共和国宪法》和教育方面的法律、法规以及其他相关的法律、法规,使自己的教育教学活动符合法制化。这是(　　)

A. 依法执教　　B. 爱岗敬业

C. 热爱学生　　D. 严谨治学

16. 幼儿园的小李老师不仅长得漂亮,而且钢琴弹得也很不错。工作之余,小李老师在校外开设钢琴兴趣班,便对平常的工作就有一些力不从心。在教学过程中总是敷衍了事,星期五的下午常常把班里的孩子交给配班老师就离开了。小李老师的这种

做法违背了教师职业道德中的(　　)

A. 爱岗敬业　　B. 爱国守法

C. 关爱学生　　D. 终身学习

17. 汉武帝时,张骞出使西域,开辟了著名的"丝绸之路",下列**不是**经此路传入我国的是(　　)

A. 石榴　　B. 良种马　　C. 葡萄　　D. 大豆

18. 1936 年 12 月 12 日,张学良和杨虎城为劝谏蒋介石改变"攘外必先安内"的既定国策,达成一致抗日的目的,发动"兵谏"。这次历史事件是(　　)

A. 古田起义　　B. 秋收起义　　C. 八七会议　　D. 西安事变

19. 第二次世界大战期间,明确规定将台湾归还中国的国际公约是(　　)

A.《开罗宣言》　　B.《波茨坦公告》　　C.《同盟国宣言》　　D.《联合国宪章》

20. 当前,自动感应门被广泛应用于商场、酒店、宾馆等场所,当人走近时它就会自动向左右打开,当人走远时它又自动关上。自动感应门是靠(　　)感应人的到来的。

A. 人体磁场　　B. 红外线　　C. 声音　　D. 紫外线

21. 0,1,2,……9 是我们非常熟悉的数字。这些数字的最初创造者是(　　)

A. 印度人　　B. 希腊人

C. 阿拉伯人　　D. 苏美尔人

22. 内流河也称"内陆河",指没有流入海洋的河流,大多分布在大陆内部地区,山区降雨或高山冰雪融水为其主要补给水源,最终消失于沙漠或注入内陆湖泊。下列中国内流河中,最长的是(　　)

A. 塔里木河　　B. 伊犁河　　C. 格尔木河　　D. 疏勒河

23. 下列表述错误的是(　　)

A. 小仲马的《基督山伯爵》是人物传记

B. 马克·吐温的《百万英镑》是讽刺小说

C. 莎士比亚的《哈姆雷特》创作于文艺复兴时期

D. 海明威的《永别了,武器》以一战为题材

24. 与成语"纸上谈兵"有关的战役是(　　)

A. 城濮之战　　B. 长平之战　　C. 桂陵之战　　D. 巨鹿之战

25. 我国著名药学家屠呦呦获得诺贝尔生理学或医学奖,这源于她创制的新型抗疟疾药物(　　)

A. 青霉素　　B. 青蒿素　　C. 红霉素　　D. 紫霉素

26. 要将 Word 文档分成两栏,应选择(　　)下的"分栏"选项。

A. 页面布局　　B. 插入　　C. 视图　　D. 段落

27. 下列对幻灯片中的对象进行动画设置的描述,正确的是(　　)

A. 幻灯片中的对象可以不进行动画设置

B. 设置动画时不可改变对象出现的先后次序

C. 幻灯片中各个对象设置的动画效果应一致

D. 对象只能设置动画效果不能设置声音效果

28. 甲、乙、丙三人各自举着红旗、绿旗和黄旗,分别从东面、南面和西面三个方向朝山顶攀登。甲不举红旗,也不从东面上山;举红旗的人从西面上山;乙举着绿旗。由此可以推出(　　)

A. 举黄旗的不是甲　　B. 举绿旗者从南面上山

C. 乙不从南面上山　　D. 丙从东面上山

29. 找规律填数字是一项很有趣的活动,特别锻炼观察和思考能力。下列选项中,填入数列"36、45、70、119、200、__________"空缺处的数字,正确的是(　　)

A. 321　　B. 340　　C. 421　　D. 441

二、材料分析题(本大题共 3 小题,每小题 14 分,共 42 分)阅读材料,并回答问题

30. 材料:

班上的幼儿总记不住饭后漱口,一天早上,刘老师找了两个透明的塑料杯放在桌上,其中一个杯子里面装满了干净的水。早饭后刘老师让小朋友接水漱口,并让他们把漱口水吐在空杯子里,让全班小朋友来观察。孩子们议论纷纷:"这两杯水不一样,一个很干净,一个很脏。""那个杯子里的水里有东西了"。刘老师问:"这些脏东西原来藏在哪儿呀?"孩子们纷纷说道:"藏在小朋友的嘴里""藏在舌头底下""粘在牙上的""藏在牙缝里的"……刘老师把装着漱口水的杯子放进盥洗室。午睡后,孩子们去盥洗室解便洗手,捂着鼻子说:"房间里是什么味?真难闻。"这时,放杯子的地方围着几个小朋友,正在议论着。孩子们指着杯子问:"这是什么呀?真臭。"原来漱口水已经变臭了,这时刘老师走过来,看见孩子们一脸的惊讶,问道:“大家想一想,这些东西在嘴里会怎么样?”有的孩子说:“也会变得很臭,生出许多细菌来。”还有的孩子说:“原来我们的牙齿就是这样被弄坏的!那吃完饭得把嘴漱干净。”有一位小朋友说:“我回家告诉爸爸妈妈,让他们吃完饭后也一定要漱口。”自那次观察活动后,孩子们漱口再也不用老师提醒了。

问题:

请结合材料,从教育观的角度,评析刘老师的教育行为。(14 分)

31. 材料：

“老师，小樱又‘大闹天宫’了！”小班长气喘吁吁地跑来告诉唐老师。唐老师来到教室，只见教室里一片狼藉，小朋友的画本撒了一地，小樱眼含泪水，满脸愤怒。周围的同学有的面露不满，有的幸灾乐祸，等着看老师怎样收拾小樱。唐老师却平静地说：“为什么一大早就哭了呀？一日之计在于晨，同学们赶紧把画本捡起来。”唐老师走近小樱说：“先坐下，有什么事上完课再告诉老师。”小樱慢慢坐下来，紧握的双拳松开了，目光也变得平和了。唐老师说：“开始上课吧。”

下课后，唐老师对小樱说：“你能安静下来上课，很好，课前发生了什么事？能告诉老师吗？”小樱告诉唐老师，一大早，几个调皮的男生看见教室里的桌椅被弄得东倒西歪的，因为她以前做过这种恶作剧，就起哄说是小樱干的，小樱顿时火冒三丈，脱口就骂，那些同学回了几句，她更火了，便把同学们的画本扔到了地上。

听完小樱的述说，唐老师把起哄的学生也叫过来，听了各人的陈述，弄清了当时的情形，让他们各自反思，并向对方道歉。唐老师肯定了小樱和几位同学的认错态度，希望大家用宽容、公正的心对待同学，共建一个积极奋进、和谐向上的班集体。此后，同学们开始慢慢接纳小樱了。

问题：

请结合材料，从教师职业道德的角度，评析唐老师的教育行为。(14 分)

32. 材料：

五四运动出现了一批狂飙突进的猛将，如陈独秀、胡适、钱玄同、蔡元培、李大钊、鲁迅和周作人等。这些人站在时代的前列，高举文化批判的旗帜，面对中国系统而顽固的旧文化和旧礼教，指出它阻碍前进的保守性，以惊电迅雷的气势进行扫荡，从而开辟出一条通往光明的新路。他们的勇气和激情，产生于中国内忧外患的现实，产生于现实中的污垢和血腥。他们是登高一呼从者如云的英雄式的人物。他们的胆略和气魄，至今尚使我们为之气壮！这些先行者，他们给中国社会送来一剂疗救病症的"药"，这药是治"心"的，是"醒魂药"。他们承继了前人奋斗的遗产，这里有戊戌变法和辛亥革命的遗产。但他们推出的新文化和新文学，却是他们的前人所未曾造出的成功。

冰心不是这类英雄式的人物，她更"平常"。但她响应了和参与了这种英雄业绩的创造和建设。她和五四那一代人有一种共同的性格，那就是反抗和批判。他们同样是新时代和新潮流的推动者。他们共同完成了中国20世纪伟大的精神革命。伟大的五四精神其实质在于对旧文化和旧礼教的抗争。但五四并非一味地"破坏"，它有鲜明的建设精神；五四也并非一味地"激烈"，它的本质是温情的和人性的。这些本质在那些猛将身上，是隐藏着和潜伏着的，而在另一类"非猛将"，如冰心这样的人身上，则成为一种非常明显确定的品质。

这是充满幻想和想象力的一代人。他们从中国悠久的传统中走来，而又不满并质疑那一切。但在他们的创造中却又融进了并更新了其中有益的养分。他们未曾因批判和反抗而造成文化的"断裂"，相反，他们更生了中国文化，他们使自己成为中国最丰富和最有创造力的一代人。

这个让人景仰的队伍中，走着我们的冰心先生。她是最先觉悟的那些女性中的一位。她接受中国传统的熏陶，她又接受了教会的和美国式的教育。中西、古今文化的交汇和融合，在她那里造出了奇迹。她起步于"问题小说"的写作，成为"文学研究会"的中坚，她的创作服务于"为人生"的理想；她受泰戈尔的启发，首创"随感式"的无题小诗，发起和倡导了中国新诗史的"小诗运动"；她用通讯的方式写散文，她的《寄小读者》开辟了散文的新天地，一种崭新的抒情文体在她的笔下诞生；冰心还是新文学中的儿童文学的元老式的人物，也是儿童文学的热情的支持者和实践者。

冰心毕生都在这样辛勤地创造着，直到生命的晚年，她都没有放下她所钟情的手中的笔。而且愈到晚年，她性格中潜藏的刚烈之气愈为显扬。身居郊野，不忘天下，正气凛然，疾恶如仇。所作短文如《万般皆上品》《无士则如何》等，竟有匕首般的犀利！让人不敢相信这些文章竟出自年近百岁的老人之手！

斗换星移，岁月不居，冰心走完她的百年人生长途，离我们去了。但她在我们的心目中始终是一颗不倦地燃烧着的星，这颗星已燃烧了一百年！她留给我们的是一种我们永远无法企及的高雅、文采、凛然不可侵犯的尊严的精神财富。

（摘编自谢冕《这颗心燃烧了一百年》，有删改）

问题：

(1)第3自然段中说“他们更生了中国文化”，“更生”在文中的含义是什么？(4分)

(2)文中比较了冰心先生和陈独秀等人的异同，请你加以概括。(10分)

三、写作题(本大题 1 小题,50 分)

33. 阅读下列材料,按要求作文。

许多植物自身都有对自然界灵敏的反应,并且不断调整自身的生存状态,如干旱让植物的根深扎于泥土中,风力大的地区的植物长得更牢固。肥沃的土地上生长快的植物往往材质松软,贫瘠的土地上生长慢的植物常常材质坚硬,植物如此,人也一样。

综合上述材料所引发的联想和感悟,写一篇论说文。

要求:

用规范的现代汉语写作,角度自选,立意自定,标题自拟,不少于 800 字。

机密★启封前　　　　　　　　　　　　姓名__________　准考证号__________

国家教师资格考试预测试卷(十四)

综合素质(幼儿园)

注意事项:

1. 考试时间为120分钟,满分为150分。

2. 请按规定在答题卡上填涂、作答,在试卷上作答无效,不予评分。

一、单项选择题(本大题共29小题,每小题2分,共58分)

在每小题列出的四个备选项中只有一个是符合题目要求的,请用2B铅笔把答题卡上对应题目的答案字母按要求涂黑。错选、多选或未选均无分。

1. 中(1)班的朝朝是一个可爱、懂礼貌的孩子,她的父母都是大学教授,爷爷曾经是教育局局长。王老师对朝朝的喜爱也是溢于言表,午饭会多盛一些给她,绘画展览也把她的作品摆在最显眼的位置。王老师的做法(　　)

A. 正确,应该多表扬儿童

B. 错误,容易使幼儿骄傲

C. 正确,有助于为其他幼儿树立榜样

D. 错误,应照顾到每一位幼儿

2. 有一个小朋友说:“我明天要来幼儿园玩雪花片。”下列教师的哪句话能够对幼儿的活动起到支持性作用(　　)

A. 那你一定要有耐心地好好玩

B. 你为什么不选乐高呢

C. 你准备怎么玩呢

D. 你明天一定玩得很开心

3. 邱老师在工作日志中写道:“在今天的教研会上,我说做教研和写论文的方法是一样的,居然没有得到认可。是我错了?还是大家不理解我?我得把这个问题搞清

楚。”这表明邱老师(　　)

A. 善于自我反思

B. 缺乏探索精神

C. 缺乏问题意识

D. 善于自我暗示

4. 小安多次在幼儿园运动会比赛中获得冠军,但他不喜欢科学活动,陈老师找他谈话:“老师很高兴你喜欢运动,但探索大自然也会很有趣的哦。”陈老师的做法(　　)

A. 不合理,不利于幼儿发展特长

B. 不合理,违背了幼儿的兴趣爱好

C. 合理,幼儿必须在各个领域平均发展

D. 合理,教师应该关注幼儿的全面发展

5. 按照《幼儿园工作规程》的规定,幼儿园的品德教育以(　　)为主。

A. 培养道德认知和道德行为

B. 培养道德行为习惯

C. 情感教育和培养行为习惯

D. 培养道德认知和道德意志

6. 根据《中华人民共和国宪法》中关于公民基本权利的规定,下列说法正确的是(　　)

A. 我国公民有任意休息的权利

B. 我国公民有信仰宗教与公开传教的自由

C. 我国公民有对任何国家机关和国家工作人员提出批评和建议的权利

D. 我国公民在年老、疾病或者遭受自然灾害时有获得物质帮助的权利

7. 教师李某未履行请假手续,参加了县教研室组织的一次学术研讨会,让学生在教室自习。学校给予李某记过处分并扣除其当月部分绩效工资,李某对此处分不服。对此,下列说法正确的是(　　)

A. 学校不应该处分李某,李某享有学术研究权

B. 学校不应该扣除工资,李某享有报酬待遇权

C. 李某对处分不服,可以向上级纪委提出申诉

D. 李某的旷课行为，侵犯了学生受教育的权利

8. 根据《儿童权利公约》和《中华人民共和国未成年人保护法》，一切跟儿童有关的事项，都应该听取儿童的意见，并根据儿童的成熟程度适当地吸纳其合理的意见。这是为了保障儿童的(　　)

A. 生存权　　B. 受教育权

C. 受保护权　　D. 参与权

9. 幼儿园应当成立家长委员会，家长委员会的主要任务有(　　)

①参与幼儿园教育评价工作

②发挥家长的专业和资源优势，支持幼儿园保育教育工作

③帮助家长了解幼儿园工作计划和要求

④协助幼儿园开展家庭教育指导和交流

⑤协助幼儿园与社区建立合作互助的良好关系

⑥对幼儿园重要决策和事关幼儿切身利益的事项提出意见和建议

A. ②③④⑥　　B. ①②③④

C. ①④⑤⑥　　D. ②④⑤⑥

10. 第十三届全国人民代表大会常务委员会第二十二次会议对《中华人民共和国未成年人保护法》进行了修订。修订后的《中华人民共和国未成年人保护法》增加了(　　)两章。

A. “学校保护”“社会保护”　　B. “网络保护”“政府保护”

C. “社会保护”“法律责任”　　D. “网络保护”“司法保护”

11. 根据《中华人民共和国教师法》的相关规定，社会力量所办学校的教师的待遇(　　)

A. 由教育行政部门确定，但由举办者予以保障

B. 由举办者自行确定，但由教育行政部门予以保障

C. 由教育行政部门确定并予以保障

D. 由举办者自行确定并予以保障

12. 下午放学时，一辆大货车突然冲进国道旁边的一所幼儿园，造成太阳班数名幼儿及家长伤亡，该事故的主要责任人是(　　)

A. 幼儿园　　B. 幼儿园门卫

C. 太阳班班主任　　D. 货车司机

13. 王老师与同事之间相互尊重、相互理解、相互学习、相互帮助……在解决幼儿保育问题时，王老师很重视其他任课教师的意见，这种做法(　　)

A. 正确，王老师具有良好的团结互助精神

B. 正确，有利于处理好师生关系

C. 错误，王老师这样做缺乏主见

D. 错误，教师间缺乏竞争意识，不利于教师专业发展

14. 学校安排王老师外出培训学习，他说："我都五十多岁了，教学也完全没问题，还参加什么培训？把机会给年轻人吧。"对此，下列说法正确的是(　　)

A. 教学经验丰富的老教师不需要参加培训

B. 作为教师应该不断提高自身的专业水平

C. 培训年轻教师可发挥培训资源最大效用

D. 培训任务过多加重了王老师的工作负担

15. 李卓是李校长的侄儿，某日，李校长让李卓所在班级的班主任平常多多照顾李卓。如果你是班主任，下列做法恰当的是(　　)

A. 委婉拒绝，耐心给李校长解释要遵守相关的规章制度

B. 挖苦讽刺李校长，告诉他这是对自己的不尊重

C. 认为李校长可以在工作中给自己带来诸多便利，便欣然答应

D. 对李校长不予理睬，认为在班级事务管理中没有必要服从李校长的安排

16. 某老师对一位学习成绩较差的学生说："你生来就不是读书的料。"该老师的行为违反了教师职业道德规范中的(　　)

A. 爱岗敬业　　B. 关爱学生

C. 教书育人　　D. 为人师表

17. "癸丑之三月晦(公元 1613 年 5 月 19 日)，自宁海出西门，云散日朗，人意山光，俱有喜态。"短短 24 个字为后人留下了文化旅游的瑰宝。自 2011 年起，每年的 5 月 19 日被定为"中国旅游日"。中国旅游日的设立与我国历史上伟大的旅行家、地理学家、史学家、文学家(　　)有关。

A. 沈括　　B. 周达观

C. 徐霞客　　D. 裴秀

18. 地铁是城市公共交通运输的一种形式,其线路通常铺设在地下隧道内,也有在城市中心以外,采用以地下转到地面或高架桥上的敷设方式。1863 年,开通世界上首条地下铁路系统的城市是(　　)

A. 纽约　　B. 伦敦

C. 东京　　D. 圣彼得堡

19. 世界上最早使用麻醉剂的是(　　)

A. 扁鹊　　B. 华佗

C. 张仲景　　D. 孙思邈

20. "江山如此多娇,引无数英雄竞折腰。惜秦皇汉武,略输文采;唐宗宋祖,稍逊风骚。"《沁园春·雪》这首词中的"汉武"指皇帝的(　　)

A. 谥号　　B. 年号　　C. 庙号　　D. 尊号

21. 下列有关描写中国节日的诗句,依照时间的先后顺序排列正确的一项是(　　)

①清明时节雨纷纷,路上行人欲断魂

②遥知兄弟登高处,遍插茱萸少一人

③千门万户曈曈日,总把新桃换旧符

④今夜月明人尽望,不知秋思落谁家

A. ③④②①　　B. ③②④①

C. ③①②④　　D. ③①④②

22. 在北方,人们常用地窖来储存粮食和蔬菜,人们在进入地窖之前,要将地窖的通风口打开一段时间。这么做,最主要是因为(　　)

A. 地窖里有大量的二氧化碳　　B. 地窖里有大量的二氧化氮

C. 地窖内太冷了　　D. 地窖里有大量的氧气

23. 法国学者马扎里海说:"汉人于 1661 年从那里驱逐了荷兰人,1885 年驱逐了法国人,1874 年和 1944 年驱逐了日本人。""那里"是指我国的(　　)

A. 山东　　B. 辽宁　　C. 台湾　　D. 广西

24.《天体运行论》的出版,标志着"日心说"正式创立。这是天文学上的一次革命,引起人类宇宙观的重大变革,使西方文明从宗教的束缚中解脱出来。《天体运行论》的作者是(　　)

A. 哥白尼　　B. 牛顿　　C. 伽利略　　D. 开普勒

25. 京剧中的旦角是京剧中扮演各种不同年龄、性格、身份的女性的一类角色的总称。其中天真烂漫、活泼开朗的是( )

A. 正旦　　B. 彩旦　　C. 花旦　　D. 刀马旦

26. 在使用 Word 编辑文档时，当光标在第一段最末位置，按 Delete 键，其结果是( )

A. 把第二段的第一个字符删除掉

B. 仅删除第一段最末行的最后一个字符

C. 把第一段落和第二段落合并成了一个段落

D. 把第一段落全部删除

27. 对于演示文稿中不准备放映的幻灯片，可以用( )下拉菜单中的“隐藏幻灯片”命令隐藏。

A. 幻灯片放映　　B. 视图　　C. 动画　　D. 切换

28. 某班分小组进行了摘草莓趣味比赛，甲、乙、丙 3 人分属 3 个小组。3 人摘得的草莓数量情况如下：甲和属于第 3 小组的那位摘得的数量不一样；丙比属于第 1 小组的那位的摘得少；3 人中第 3 小组的那位比乙摘得多。据此，将 3 人按摘得的草莓数量从多到少排列，正确的是( )

A. 甲、乙、丙　　B. 甲、丙、乙

C. 乙、甲、丙　　D. 丙、甲、乙

29. 找规律填数字是一项很有趣的活动，特别锻炼观察和思考能力。下列选项中，填入数列“4832、5945、7642、7963、8216、__________”空缺处的数字，正确的是( )

A. 3649　　B. 3469　　C. 4396　　D. 9436

二、材料分析题(本大题共 3 小题，每小题 14 分，共 42 分)阅读材料，并回答问题

30. 材料：

刘老师从师范学院毕业后，在一所乡村幼儿园开始了她的教师生涯。三十年来，她一直坚守在乡村幼儿园教学的第一线。

为了寻找孩子们观察的野花，刘老师在河岸、田埂精心识别、挑选；为了让孩子们更好地体味故事所蕴含的情感，在家人熟睡的时候，她一个人在厨房里反复练习讲故事；大雪过后，她又会兴致勃勃地带孩子们去找蜡梅，去看望苍翠的“松树公公”，让孩子们更好地感受自然。

刘老师坚持每天黎明即起，坐在校园旁的荷花池畔背唐诗、宋词，背郭沫若、艾青、普希金、海涅、泰戈尔等中外名家的诗篇，用优美的诗篇来陶冶自己的情操。她摘抄的古今中外的优秀诗篇，有厚厚的几本，她还如饥似渴地学习教育学、心理学和美学，阅读许多中外教育名著，撰写教学日志，并不断改进自身教学实践。

问题：

请结合材料，从教师观的角度，评析刘老师的教育行为。(14 分)

31. 材料：

今天是小班开学第一天，早晨入园时一片“兵荒马乱”。哭闹得最厉害的是3岁的娜娜，她号啕大哭、满地打滚儿，妈妈怎么劝都没有用。陈老师看到家长手足无措的样子，走过去拉着娜娜的手，轻轻扶起她，为她轻轻拍打身上的灰。陈老师安慰哭泣的娜娜：“幼儿园里有很多老师妈妈，老师妈妈和娜娜一起弹钢琴、跳舞，还可以一起玩沙子，娜娜可以和这么多妈妈一起玩。开心吗？”娜娜渐渐地停止了哭泣。妈妈也放心地离开了。

到了午餐时间，小朋友们都大口地吃着饭菜。只有娜娜一点都没动。陈老师询问娜娜，娜娜只顾哭泣，一句话都说不出。陈老师爱怜地擦掉娜娜脸上的泪珠说：“娜娜是不是想妈妈了？”娜娜抽泣着点点头。老师接着说：“娜娜吃饱饭，有力气才能跟妈妈回家啊。”老师看娜娜眨巴着大眼睛又接着说：“娜娜吃完饭，和老师一起等妈妈好不好？”娜娜用力点点头，大口大口吃起饭来。

问题：

请结合材料，从教师职业道德的角度，评析陈老师的教育行为。（14分）

32. 材料：

中国之所谓国画，在过去的若干年代中，有很大的毛病。

中国的国画，十分之八九，可以说是对于传统的保守，对于古人的模仿，对于前人的抄袭。王维开创了墨笔山水，于是中国画的山水差不多都是墨笔的；清代四王无意中创立了一派，于是中国画家就此也“石涛”，彼也“八大”起来！殊不知，艺术是直接表现画家本人的思想感情的，画家的思想感情虽是本人的，画家本人却是时代的，时代的变化就应当直接影响到绘画艺术的内容与技巧。所以，时代在变化，绘画的内容与技巧也要变化，不可以仅仅跟在千百年前的人物后面跑。

中国国画家总是崇尚人之风格气度，却忘记了艺术原是人类思想情感的外化，换句话，艺术是要借外物之形，以寄存自我的，或者说寄存时代的思想与感情的。而所谓外物之形，就是大自然中一切事物的形体。艺术假使不藉这些形体寄存思感，则人类的思感将不能藉造型艺术以表现，或者说所谓造型艺术者将不成其为造型艺术！中国画家就弄错了这一点，所以徒慕“写意不写形”的那美名，就矫枉过正地群趋于“超自然”的一隅去了！弄到现在，就只看到古人的笔墨气度，全不见有画家个人的造型技术。

为矫正这些毛病，我们所望于中国绘画之前途，还是有话说的。

绘画上的基本练习，应以自然现象为基础，先使物象正确，然后谈到写意的问题。古人之所以有“写意不写形”之语，大体是对照那些不管情意趣致如何，一味以像不像为第一标准的画匠而说的。在这个时代，这种画匠也并不是没有。于是，我们就得努力矫正我们自己，而不把那些画匠置之话下。

我们的画家之所以不自主地走进了囿于传统、模仿和抄袭的死路，也许因为我们的原料、工具，有使我们不得不这样的地方吧！例如我们的国画目前所用的纸质、颜料、毛笔，或者是因为太与书法相同之故，所以就不期然地应用着书法的技法与方法，而无法自拔？那我们就不妨像古人从竹板到纸张，从漆刷到毛锥一样，下一个决心，在各种材料和工具上试一试，或设法研究出一种新的工具来，加以代替，那时中国的绘画就一定可以有新的出路。

绘画上的单纯化，在现代同过去的欧洲，并不是不重要的，所以我们的写意画，也无可厚非。不过，所谓写意，所谓单纯，即从复杂的自然现象中，寻出最足以代表它的那特点、质量和色彩，以极有趣的手法，归纳到整体的意象中来表现，绝不是违背了物象的本体，而徒然以抽象的观念，来适合于书法的趣味。

给予中国绘画一个光辉的前途，我愿同中国绘画诸同志共勉之。

（选自林风眠《我们所希望的国画前途》，有删改）

问题：

（1）请简要概述文章第二段的论述层次。（4 分）

（2）作者提出了哪些可以“给予中国绘画一个光辉的前途”的具体办法？（10 分）

三、写作题(本大题 1 小题,50 分)

33. 阅读下面的文字,根据要求作文。

醉心于古文化研究的英国历史学家汤因比曾经说过,如果可以选择出生的时代与地点,他愿意出生在公元一世纪的中国新疆,因为当时那里处于佛教文化、印度文化、希腊文化、波斯文化和中国文化等多种文化的交汇地带。

居里夫人在写给外甥女涵娜的信上说:“你写信对我说,你愿意生在一世纪以前……伊雷娜则对我肯定地说过,她宁可生得晚些,生在未来的世纪里。我以为,人们在每一个时期都可以过有趣而且有用的生活。”

综合上述材料所引发的思考和感悟,写一篇文章。

要求:

用规范的现代汉语,角度自选,立意自定,标题自拟,不少于 800 字。

机密★启封前　　　　　　　　　　　　　姓名＿＿＿＿＿　准考证号＿＿＿＿＿

国家教师资格考试预测试卷(十五)

综合素质(幼儿园)

注意事项:

1. 考试时间为120分钟,满分为150分。

2. 请按规定在答题卡上填涂、作答,在试卷上作答无效,不予评分。

一、单项选择题(本大题共29小题,每小题2分,共58分)

在每小题列出的四个备选项中只有一个是符合题目要求的,请用2B铅笔把答题卡上对应题目的答案字母按要求涂黑。错选、多选或未选均无分。

1. 教师在与学生沟通时应当注意方式,促进学生心理健康发展。以下教师的说法恰当的是(　　)

A. "告诉你多少遍了要穿雨衣,可你就是不听,你看看全身都湿透了吧!"

B. "你瞧瞧你又画歪了,心应该画在中间才对。"

C. "你的衣服怎么又弄得脏兮兮的? 肯定又是贪玩弄的。"

D. "拼图又失败了? 没关系,我来帮你,我们再拼一次。"

2. 罗老师教学经验丰富,他认为教学要以人为本,应当把成人看作成人,把孩子看作孩子。这说明罗老师认识到(　　)

A. 幼儿是责权主体　　　　B. 幼儿是独特的人

C. 幼儿是学习的主体　　　D. 幼儿是完整的人

3. 张老师在设计保育教育活动时,会充分考虑幼儿的个别差异,根据不同发展水平的幼儿的不同需要,选择相应的教学材料和教学方式。根据福勒和布朗的理论,张老师处在(　　)

A. 关注生存阶段　　　　B. 关注情境阶段

C. 关注幼儿阶段　　　　D. 关注成长阶段

4. 元元经常迟到、旷课，上课还经常打扰其他同学。不过，他很有舞蹈天赋，连续两年获得全市幼儿舞蹈比赛冠军。对此，教师的下列做法中**不恰当**的是(　　)

A. 获得信任，寻找恰当的教育时机

B. 认真分析，了解问题形成的原因

C. 因势利导，帮助元元树立学习的信心

D. 扬长避短，引导元元把精力都放在舞蹈上

5. 李老师、陈老师、王老师在教育教学、科学研究、教学改革等多方面成绩优异，对国家的教育事业有重大贡献，被授予“全国优秀教师”的荣誉称号。根据《中华人民共和国教师法》的规定，对有突出贡献、重大贡献的教师应予以表彰和奖励的机关**不包括**(　　)

A. 国务院

B. 地方各级人民政府

C. 地方各级人民政府的教育行政部门

D. 全国人民代表大会常务委员会

6.《中华人民共和国宪法》规定，人民行使国家权力的机关是(　　)

A. 全国人民代表大会和地方各级人民代表大会

B. 地方各级人民代表大会和地方各级人民政府

C. 地方各级人民代表大会及其常务委员会

D. 中央人民政府和地方各级人民政府

7. 幼儿园马老师让幼儿午休后自己穿衣服、鞋子，玩完玩具后自己收拾玩具等。家长了解到这种情况后，向园长投诉了马老师。马老师的这种做法(　　)

A. 正确，老师有随意安排教学的权利

B. 正确，有利于培养幼儿的自理能力

C. 错误，不利于幼儿的身心发展

D. 错误，不应该让幼儿劳动

8. 幼儿王某在幼儿园内行走时，被路旁大树坠落的树枝砸中头部。经认定，该树木已枯死多年。对于该起事故，幼儿园应当(　　)

A. 不承担责任，因为伤害由树木所致

B. 对王某依法进行赔偿

C. 与王某平均分担责任

D. 不承担责任，但对王某给予适当的帮助

9. 未成年人丹丹的父母因外出务工，在一定期限内不能完全履行对丹丹的监护职责。依据《中华人民共和国未成年人保护法》，丹丹的父母应该履行的义务**不包括**(　　)

A. 委托具有照护能力的完全民事行为能力人代为照护

B. 及时将委托照护情况书面告知丹丹所在学校

C. 与丹丹所在学校至少每周联系和交流一次

D. 了解丹丹的学习、生活、心理等方面情况

10. 根据法律规定，对违法犯罪的未成年人要坚持(　　)的原则。

A. 教育为主、惩罚为辅　　B. 惩教并行

C. 惩罚为主、教育为辅　　D. 教育为主、避免惩罚

11. 某幼儿教师对幼儿园的管理提出改进意见，被园长打击报复。园长所侵犯的教师权利是(　　)

A. 民主管理权　　B. 教育教学权

C. 指导评价权　　D. 学术研究权

12. 大班的陈老师检查幼儿餐后漱口和喝水情况时，发现有的幼儿没漱口和喝水，就采用不准睡觉的方式惩罚他们，陈老师的做法(　　)

A. 合适，利于幼儿良好习惯的养成

B. 合适，引导幼儿不再犯同样错误

C. 不合适，违反了不得体罚幼儿的规定

D. 不合适，侵犯了幼儿的身体权

13. 曹老师参加培训后，把培训使用的资料主动分享给同事。这说明曹老师具有(　　)

A. 团结协作的意识　　B. 终身学习的理念

C. 严谨工作的态度　　D. 爱岗敬业的精神

14. 在家长会上，付老师与家长一起交流育儿心得，帮助家长解决在教育子女上遇到的问题，并与家长建立了诚挚的友谊，这说明付老师(　　)

A. 具有教育权威，在家长面前是高高在上的

B. 懂得尊重和团结家长,能为家长提供家庭教育指导

C. 善于推卸责任,把自己的教学工作推给家长

D. 是幼儿学习的指导者,是幼儿的第二任母亲

15. 小超上课喜欢捣蛋不听讲,但他画画特别好。余老师知道后,关注小超的画艺,建议他参加画画比赛。慢慢地,小超愿意听余老师的话,也愿意和其他小朋友友好相处,不再那么调皮捣蛋了。余老师的做法(　　)

A. 关注幼儿个性发展　　B. 关注幼儿均衡发展

C. 关注幼儿创新精神发展　　D. 关注幼儿实践能力发展

16. 一位家长向园长抱怨说:“老师隔三差五给我打电话,每次都把我狠狠地批评一顿,还总是让我来幼儿园听他训话。”该教师的做法(　　)

A. 错误,教师应尊重幼儿家长

B. 错误,教师应对幼儿发展负全责

C. 正确,家长要配合幼儿园教育幼儿

D. 正确,教师应主动寻求家长支持

17. 洋务派创办的规模最大的近代军事工业企业是(　　)

A. 江南制造总局　　B. 福州船政局

C. 天津机器局　　D. 湖北枪炮局

18. 高速行驶的汽车突然刹车,坐在汽车里的人会向前倾。下列与之类似的现象是(　　)

A. 往地下使劲摔皮球,皮球会反弹

B. 快速跑步时,急停使手中的书本掉前面

C. 利用救生圈,人可以很轻松地浮在水面上

D. 当充满气的气球口子被解开时,气球会飞走

19. 下列自然现象与太阳辐射无关的是(　　)

A. 植物的生长　　B. 风的形成

C. 煤、石油的形成　　D. 火山的喷发

20. 下列各项在中共二大首次明确提出的是(　　)

A. 反帝反封建的民主革命纲领　　B. 第一次国共合作

C. 确定抗日民族统一战线　　D. 农村包围城市的路线方针

21. 拥有高贵品质的人一直是世人推崇和学习的对象，在我国古代，常用梅、兰、竹、菊四种植物来隐喻四种颇具风骨的君子，其中，菊所代表的是(　　)

A. 正人君子　　B. 世外隐士

C. 当世大儒　　D. 少年天才

22. 下列成语与相关历史人物对应错误的是(　　)

A. 曹操—望梅止渴　　B. 赵括—投笔从戎

C. 诸葛亮—草船借箭　　D. 文同—胸有成竹

23. “这是最好的时代，也是最坏的时代”，英国文学家狄更斯曾这样描述工业革命发生后的世界。下列**不属于**第二次工业革命成果的是(　　)

A. 电报　　B. 汽车　　C. 手机　　D. 飞机

24. 下列乐器的归类，错误的是(　　)

A. 弹拨乐器—中阮　　B. 西洋乐器—提琴

C. 拉弦乐器—三弦　　D. 吹奏乐器—葫芦丝

25. 微量元素，顾名思义，指的是在人体内含量非常少的元素。但是微量元素对人体的作用却非常大，缺少某些微量元素会导致身体发育不正常，甚至产生病变。乐乐在体检时发现甲状腺肿大，这最有可能是其体内缺乏(　　)元素。

A. 铁　　B. 碘　　C. 钙　　D. 锌

26. 输出设备是将计算机的处理结果传送到计算机外部，供计算机用户使用的装置。下列选项中**不属于**输出设备的是(　　)

A. 显示器　　B. 扫描仪　　C. 绘图仪　　D. 音箱

27. 在 Excel 中，单元格地址的绝对引用，是在列标和行号前加(　　)符号。

A. *　　B. $　　C. #　　D. %

28. 小兰、小明、小强是摄影协会的成员，三人趁着寒假约好一起去旅游，旅游途中为了留下更好的相片，每个人都拿着另一个人的单反相机，背着剩下一个人的背包。假如背着小兰背包的人拿的是小明的单反相机，那么可以推出下列一定正确的是(　　)

A. 小兰背的是小明的背包　　B. 小明拿着小强的相机

C. 小强背的是小明的背包　　D. 小强拿的是小兰的相机

29. 找规律填数字是一项很有趣的活动，特别锻炼观察力和思考力。下列选项中

填入数列“1、3、4、8、16、________”空缺处的数字，正确的是(　　)

A. 26　　B. 24　　C. 32　　D. 16

二、材料分析题(本大题共3小题，每小题14分，共42分)阅读材料，并回答问题

30. 材料：

静涵是个腼腆害羞的小女孩，几乎从不主动和别的小朋友说话。每次有小伙伴找她一起玩时，她都怯生生、犹犹豫豫的。下午分点心时，我不小心掉了一小盒蛋糕，静涵很快捡起来还给我，一句话都没说就跑掉了。我灵机一动，让她做我的“小助手”，帮忙分蛋糕。静涵愣了一下，把蛋糕一包一包分给了小朋友们。我马上表扬了静涵。以后我便有意让她帮忙做一些接触小朋友的工作，比如吃饭时请她帮忙分勺子，并说“这是你的勺子”；上课时多为她提供表现的机会，请她做大家的“小老师”。渐渐地，我发现静涵比以前爱说爱笑了。

问题：

请结合材料，从教育观的角度，评价材料中“我”的教育行为。(14分)

31. 材料：

星星幼儿园本学期开设了托班。这个班的孩子年龄偏小，平均年龄不满两岁。钟老师主动承担了这个托班的保教工作。入园时，托班孩子都会哭闹不止："我要妈妈！""回家！""不上幼儿园！"……钟老师一会抱着这个，一会哄着那个，一天下来，累得几乎直不起腰。但是，不管钟老师用什么方法，总有几个孩子会一直哭个不停。有时钟老师也会心情烦躁，甚至还跟个别孩子发脾气，但是她发现发脾气非但解决不了问题，反而会使孩子哭闹得更凶。经过一段时间的摸索，她发现，只有自己心平气和才能安抚孩子烦躁的情绪。渐渐地，孩子们的哭闹变少了，欢笑多了。钟老师怕孩子碰伤和摔伤，时刻注意他们的安全，家长们对钟老师非常感谢。教师节，家长送购物卡和礼品卡，钟老师欣然接受了。

问题：

请结合材料，从教师职业道德的角度，评析钟老师的教育行为。(14 分)

32. 材料：

人的认识能力在很大程度上受制于思想环境。不同的人会被不同的见识簇拥和包围，我们会发现，有些人一辈子也没有接触过重要的思想，那些在看历史上具有划时代意义的重要的思想家的著作，几乎没有稍稍深入地阅读。他们长期以来依赖和接受的所谓“思想”，不过是来自平时生活中人与人之间的交流，或者从各种小报、娱乐媒体上得到的各种“见解”。就是这些构成了一个人最基本的“思想”资源。虽然其中也可能包含和掺杂了一些重要观念，如古老传统中的先哲思想之类，但大致都是多次转手之物，是凌乱的或被他人改造过的、与种种世俗见解搅拌和嫁接在一起的。所有这一切都可以影响所谓的“思想”的形成，左右日常生活观念。长此以往，一个人看待事物的角度和高度，遵循的标准，不过是取自庸常的似是而非，对社会的判断，对文学艺术的判断，对人的判断，对时事的判断，对诸多问题的判断，不可能具备更高、更清晰的思维坐标。

人的力量来自思想。一般来说，我们需要最起码的阅读，否则就不知道世界之大、历史之长、思想之多，难免将自己封闭在平庸的见识中。求知者的痛苦来自交流的障碍，比如不能阅读其他民族的思想原著，或不能顺畅无碍地接受中国古典。有些译品的确难懂，只好勉强吞咽。许多思想家的原作是平易流畅的，经过译者翻译就变得疙疙瘩瘩了。获取古今中外的思想是我们的权利，获得这样的权利需要一些条件，比如语言的条件，好在我们生活在一个译事发达的时代，孔子、孟子、荀子、韩非子、墨子、程颢、朱熹、王阳明，这些古代哲人的著作虽然难懂，好在都有译文。这些重要的思想家说过什么，主要的观点是什么，当然应该知道。在生活中，有时我们会自认为有了深刻的发展，却不知早在几千年前他人就已经说过了。国外的思想家，康德、海德格尔、弗洛伊德、达尔文，世界上的几大宗教等，其阅读意义与中国先哲相同。总之争取机会跟人类历史上最高的思想对话，哪怕是浅浅的理解，都是极其有益的事情。我们不会容忍自己的茫然无知，形同懵懂，不知道我们人类历史上有过这么多杰出的思想家、这么多了不起的见解和发现。

思想和知识与艺术理解紧密相连，比如谈到西方文学，有人读得很熟，开口即可历数其中的情节人物，但听起来总有点“隔”，总让人觉得不对劲。为什么？因为读者对基督教、天主教知识并没有入门，而西方文学大都滋生于基督教、天主教的文化土壤上，哪怕是反对这些宗教的人也同样如此。有人曾发出感慨：过去读托尔斯泰、陀思妥耶夫斯基，觉得一切都懂了，后来深入接触过基督教，回头再看他们的著作就有了更大的自由和方便，简直就是豁然开朗，这是因为真正的理解还要从文化开始。

生活中最重要的是反省，问自己是否闭塞和懒惰，是否错过了一些了不起的思想与智慧。检点下来，我们会发现整体听来的一些见解、主意和方法，都是在世俗风尘中转来递去之物，它们几乎无不带有实用主义的目的、个人的欲望和自私狭隘的认识。即便是转引于思想家的，也往往没能真正地全面地传达出思想家的本意。就精神层面而讲，我们极容易生存在庸俗社会学、市井意识和浅薄机灵交织而成的所谓“见识”之中，并以此构造其个人的思想基础，成为我们的思想来源。思想环境一旦破坏了，也就意味着长期处于低微的精神水准之下。

（摘编自张炜《海边兔子有所思》）

问题：

（1）文章第一段所言“见解”指什么？依据这些“见解”形成的“思想”来为人处世，有什么“后果”？请根据文意，分别做出简要概括。（4分）

（2）文章认为理想的“思想环境”是怎样的，有何意义？请简要分析。（10分）

三、写作题(本大题 1 小题,50 分)

33. 阅读下面的材料,按要求作文。

某日,杨绛先生的同事问她:"您一天能翻译多少字?"杨绛回答:"我想平均起来也就不过五百字左右吧。"面对众人的不解,她补充道:"我翻译其实是很慢的,我首先要把每段话的原意弄清楚,然后把每个原文句子通通拆解,再按照我们汉语的语言习惯重新组成句子,把整段话的原意表达出来。"正因为如此她才翻译出了一部部脍炙人口的著作。

综合上述材料所引发的联想和感悟,写一篇论说文。

要求:

用规范的现代汉语写作,角度自选,立意自定,标题自拟,不少于 800 字。

机密★启封前　　　　　　　　　　　　　姓名__________　准考证号__________

国家教师资格考试预测试卷(十六)

综合素质(幼儿园)

注意事项:

1. 考试时间为120分钟,满分为150分。

2. 请按规定在答题卡上填涂、作答,在试卷上作答无效,不予评分。

一、单项选择题(本大题共29小题,每小题2分,共58分)

在每小题列出的四个备选项中只有一个是符合题目要求的,请用2B铅笔把答题卡上对应题目的答案字母按要求涂黑。错选、多选或未选均无分。

1. 在个体的动作发展上,有着“三翻、六坐、八爬”之说,但乐乐比兰兰早两个月掌握“坐”的动作要领。这说明个体的身心发展具有(　　)

A. 互补性　　　　B. 个别差异性

C. 阶段性　　　　D. 稳定性

2. 李老师经常梳理教学工作中遇到的问题,并运用教育学、心理学的知识分析问题的成因,寻找解决策略。李老师在这一过程中扮演的主要角色是(　　)

A. 教育教学的研究者　　　　B. 行为规范的示范者

C. 心理健康的维护者　　　　D. 学生学习的组织者

3. 大班的毛毛看到喜欢的玩具就抢,经常惹哭班里的小朋友。若教师要对毛毛进行教育,较为恰当的话是(　　)

A.“你再抢别人的东西,我就让其他小朋友抢你的东西!”

B.“你将来准是个抢劫犯!”

C.“大家不喜欢你这种抢别人东西的小朋友。”

D.“你是不是也想玩?你可以说‘我能玩一会儿吗?’”

4. 刚参加工作的丁老师积极找有经验的老师请教教学方法,还经常主动听其他

老师的课，但在实际教学过程中，丁老师发现这些方法对自己并不适用。这主要是因为丁老师无视教师劳动的(　　)

A. 技巧性　　B. 复杂性　　C. 系统性　　D. 经验性

5. 教师胡某向学校提出参加“国培计划”培训学习，学校以教师人数不足为由，未批准其学习申请。胡某欲以学校剥夺其参加进修的权利为由提出申诉，则受理胡某申诉的机构是(　　)

A. 当地教育行政部门　　B. 所在学校工会

C. 当地人民政府　　D. 当地人民法院

6. 根据我国《教育法》的规定，下列**不属于**学校及其他教育机构可行使的权利的是(　　)

A. 拒绝任何组织和个人对教育教学活动的非法干涉

B. 招收学生或者其他受教育者

C. 维护受教育者、教师及其他职工的合法权益

D. 组织实施教育教学活动

7. 幼儿园的品德教育应当以情感教育和培养良好(　　)为主，注重潜移默化的影响，并贯穿于幼儿生活及各项活动之中。

A. 生活习惯　　B. 学习习惯　　C. 卫生习惯　　D. 行为习惯

8. 我国实行(　　)制度。中国公民凡遵守宪法和法律，热爱教育事业，具有良好的思想品德，具备本法规定的学历或者经国家教师资格考试合格，有教育教学能力，经认定合格的，可以取得教师资格。

A. 教师资格　　B. 教师竞聘上岗

C. 教师选拔　　D. 教师淘汰

9. 李老师经人介绍进入某学校的后勤部工作，学校可以根据(　　)对李老师进行管理。

A. 教师聘任制　　B. 教育职员制度

C. 专业技术职务聘任制度　　D. 教学辅助人员聘任制度

10. 幼儿园教师曹某未经班里幼儿阳阳家长的同意，私自将阳阳的绘画作品编入自己编著出版的绘本里。曹某的做法(　　)

A. 不合法，侵犯了幼儿的著作权

B. 不合法,侵犯了幼儿的受教育权

C. 合法,教师可以使用班里幼儿在学校完成的作品

D. 合法,有利于提高绘本的质量

11. 上体育课时,洋洋趁老师吴某不注意,偷偷溜出操场,离开学校,在过马路时被电动车撞伤。对于洋洋受到的伤害,应承担赔偿责任的是(　　)

A. 学校、教师吴某、电动车主　　B. 教师吴某、电动车主

C. 洋洋的监护人、电动车主　　D. 学校、电动车主

12.《中华人民共和国未成年人保护法》规定:"禁止胁迫、引诱、教唆未成年人参加黑社会性质组织或者从事违法犯罪活动。"这属于对未成年人的(　　)

A. 司法保护　　B. 家庭保护

C. 社会保护　　D. 学校保护

13. 本学期,方老师组织幼儿多次开展了防火、防灾及交通安全等主题演练活动。这表明方老师(　　)

A. 善于倾听幼儿的心声　　B. 重视幼儿的亲身体验

C. 注重幼儿的自由发展　　D. 重视培养幼儿的施救意识

14. 李老师的家人住院治疗,虽然他经常晚上在医院陪护,但第二天早晨,即使打车他也会准时出现在教室门口,也从未落下一节课。这表明李老师(　　)

A. 爱岗敬业　　B. 廉洁奉公

C. 诲人不倦　　D. 公正待生

15. 新入职的张老师发现教师工作不似想象中的轻松,而且工资平平。所以张老师决定除了上课之外,其余事情都不参加,也不备课。张老师的做法(　　)

A. 正确,教师可以自由安排课余时间

B. 正确,已经完成了教师的本职工作

C. 错误,应该运用课余时间出去兼职

D. 错误,违背了爱岗敬业的师德规范

16. 军军在课堂上难以集中注意力,经常做小动作,有时他会在课堂上"骚扰"周围的幼儿而扰乱课堂秩序。李老师多次劝说军军后未见其有所改变,于是李老师盛怒之下令全班小朋友不要理睬军军。李老师违反的教师职业道德是(　　)

A. 爱岗敬业　　B. 关爱学生　　C. 乐于奉献　　D. 知荣明耻

17. 商朝最初定都于亳，此后迁都，其中最重要的一次是迁都到殷，自此逐渐强盛起来，农业发达，政局稳定，诸侯来朝。下列选项中，迁都至殷的商王是(　　)

A. 盘庚　　B. 南庚　　C. 太庚　　D. 祖庚

18. 在研究光电效应的过程中，物理学者对光子的量子性质有了更加深入的了解，这对波粒二象性概念的提出有重大影响。光电效应是由(　　)发现的。

A. 赫兹　　B. 爱因斯坦　　C. 爱迪生　　D. 法拉第

19. 蛋白质是生命的物质基础，没有蛋白质就没有生命。在某些特殊情况下，人体所需能源物质供能不足时，将依靠组织蛋白质分解产生氨基酸来获得能量，以维持必要的生理功能。下列关于蛋白质的表述错误的是(　　)

A. 蛋白质主要由碳、氢、氧、钙组成

B. 蛋白质是人体氮的唯一来源，碳水化合物和脂肪不能代替

C. 蛋白质的生理功能包括构成身体组织和调节生理功能

D. 鱼肉是优质蛋白质的重要来源

20. 琵琶曲《十面埋伏》描绘的是哪次战役的情景(　　)

A. 赤壁之战　　B. 垓下之战　　C. 巨鹿之战　　D. 官渡之战

21. 依次展示彝族、蒙古族、维吾尔族、藏族文化代表的是(　　)

A. 火把节、《江格尔》、手鼓舞、唐卡　　B. 火把节、唐卡、手鼓舞、《江格尔》

C. 手鼓舞、那达慕、唐卡、《江格尔》　　D. 那达慕、《江格尔》、唐卡、手鼓舞

22. 2014 年 2 月 27 日，第十二届全国人大常委会第七次会议经表决通过，将 9 月 3 日确定为(　　)

A. 烈士纪念日　　B. 南京大屠杀死难者国家公祭日

C. 中国人民抗日战争胜利纪念日　　D. 国家宪法日

23. 诙谐幽默，寓悲于喜，形成“含泪的微笑”的独特风格，并被誉为“美国生活幽默的百科全书”的小说家是(　　)

A. 莫泊桑　　B. 杰克 · 伦敦

C. 屠格涅夫　　D. 欧 · 亨利

24. 洪昇和孔尚任都是清初著名剧作家，孔尚任是济宁曲阜人，也是孔子后裔。他的代表作是(　　)

A.《长生殿》　　B.《儒林外史》

C.《桃花扇》　　D.《二十年目睹之怪现状》

25. 吴哥窟是世界上最大的宗教建筑,被称为东方四大奇迹之一。吴哥窟是哪个国家的著名建筑群(　　)

A. 印度　　B. 泰国

C. 柬埔寨　　D. 印度尼西亚

26. 在 Word 的编辑状态下,选择整个表格,执行"表格"菜单中的"删除行"命令,对其结果表述正确的是(　　)

A. 表格中一行被删除　　B. 整个表格被删除

C. 表格中一列被删除　　D. 表格没有被删除

27. 下列选项中,**不能**作为超链接插入演示文稿的是(　　)

A. 另一个演示文稿　　B. 其他应用程序中的某一文档

C. 幻灯片中某一对象　　D. 同一演示文稿中的某张幻灯片

28. 下列表述,与"并非'只有本地人当经理,才能把企业搞好'"的判断一致的是(　　)

A. 要想把企业搞好,必须由本地人当经理

B. 只要把企业搞好了,谁来当经理都可以

C. 不由本地人当经理,也可以把企业搞好

D. 不由本地人当经理,就不能把企业搞好

29. 按照给出图形的逻辑特点,下列选项中,填入空白处最恰当的是(　　)

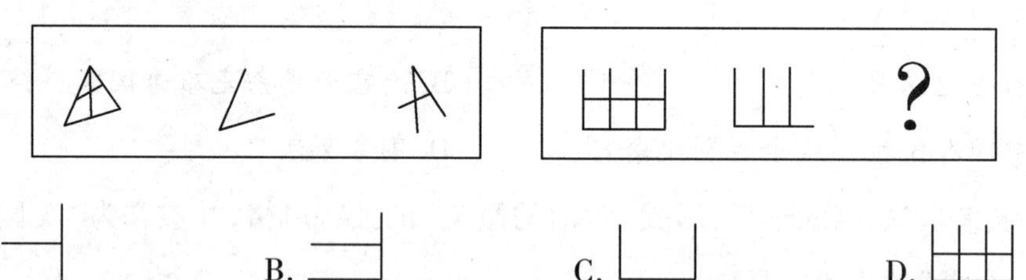

A.　　B.　　C.　　D.

二、材料分析题(本大题共 3 小题,每小题 14 分,共 42 分)阅读材料,并回答问题

30. 材料:

午饭后我带学生去散步,在一片野花丛中,同学们纷纷谈论着自己喜欢的花。这时全校闻名的"调皮大王"小强大声说:"老师,我最喜欢的花是荆棘的花,荆棘虽然全

身长满了刺，但它的生命力最旺盛，而且刺丛中还能开出美丽的花儿呢!”他的话遭到了一些同学的反驳。

“你们就看到它的刺了！你们仔细看看人家刺中也有花，也值得我们去喜欢呀!”

平时从不受欢迎的“调皮大王”，见到同学不赞同他，便据理力争。

“刺中有花！刺中有花!”小强的话如一股电流触动了我的神经，赏花与育人不也同样吗?

我激动地走到小强身边，搂着小强的肩对同学们说：“小强说得有道理，荆棘虽然浑身是刺，但是它刺中也有美丽的花，我们不能只看到它的刺，就看不到它的花啦。我们对待其他同学也应像赏花一样，特别是对缺点多一些的同学，更应该看到他身上的闪光点。‘花’有千万种，各有优缺点，你们说对不对!”说着，我拍了拍小强的肩。我的话赢得了一片掌声，小强也不好意思地低下了头。

活动结束后，我专门找小强一起分析他自身存在的问题及产生的原因，鼓励他改掉缺点，同时安排班里几名学生与小强组成小组，小强渐渐改正了自身的缺点。

问题：

请结合材料，从儿童观的角度，评析“我”的教育行为。(14 分)

31. 材料：

刘老师是农村学校的一名特岗教师。冬季的一天，大雪纷飞，刘老师发现班上有几名同学还穿着单鞋。她就把这几名同学叫到一起，询问了同学们的鞋码。中午，她顾不上吃饭，骑上自行车到镇上给这几名同学一人买了一双棉鞋。四年来，刘老师资助了 26 名学生，这些学生都亲切地叫她“刘妈妈”。

农村重男轻女现象仍然存在，刘老师了解到村里就有几个女孩因家长不支持而没能上学。刘老师知道后，就主动到这几个学生家中，多次做家长的思想工作，使家长明白受教育是每一个适龄儿童的权利与义务，也是家庭应当承担的责任，最终这几名女孩如愿进入了学校。

问题：

请结合材料，从教师职业道德的角度，评析刘老师的教学行为。(14 分)

32. 材料：

冰雪将茫茫草原覆盖，仿佛一片亿万年的大水晶，解析了太阳的光谱，遍地熠熠生辉。这就是草原的春天，明亮，寒冷，空旷，漫长。呼伦贝尔草原不知"清明时节雨纷纷""烟花三月下扬州"为何物，沉寂始于十月、十一月，延至次年的五月，直到了六月才肯葳蕤。

呼伦贝尔在北纬53度到北纬47度之间，几近冻土带，一年只有不足一百天的无霜期，春、夏、秋三个季节便挤在这一百天里奔跑，每一种植物都是百米冲刺的运动员，奔跑着发芽，奔跑着开花，奔跑着打籽，奔跑着完成生命基因的使命。你若细看草原上的那些芍药、萱草、百合、野玫瑰，就会发现它们都比内地的同类开得弱小、开得简单；那些毛发一样附在原野上的草类，更是生得低矮硕壮，因为它们没有时间拔高，必须快快成熟。乍暖还寒，草色遥看近却无，呼伦贝尔的春天在残雪中闪出，莞尔一笑，转瞬即逝。一夜南风，醒来时百草猛然长高了半尺，草原焕然碧透千里，如深深的海洋，波动在阳光下，泛起绸缎般的华丽。花朵们忙了一夜，终于捯饬一新，佩戴着天上的彩霞和地上的雨露，跟着绿浪摇曳曼舞。游人醉入花丛，欢喜得忘乎所以，于是浪漫地比照远方的场景，直把这草原夏日叫做草原的春天。他们不曾体验，因此不懂，草原的春天是一场望眼欲穿的期盼，而最终让你看到的却永远是结尾的那一瞬。

萨丽娃姐姐和大地一起记忆着春天。

草原的春天是妇女们含辛茹苦的季节。萨丽娃看见老祖母蹒跚在纷扬的春雪中，靴子艰难地从冰泥里拔出来，又踩下去，湿漉漉的蒙古袍大襟冻成硬邦邦的冰片，在冷风中咔咔作响；她看见太阳的手指伸过来，轻轻地梳拢老祖母的银发，落在那只暗红的珊瑚耳环上，老祖母汗水淋漓的脸颊，布满了岁月的光芒。小羊羔总是走在大野芳菲之前，一个接一个降生在冰碴密布的草地上，像洁白的云朵一样缭绕着老祖母"咩……咩……"嚷着饥饿。

百代千年，游牧人家在春季里寻找朝阳的地方接羔，一辈辈把长生天的教诲变成了不可更改的习惯，留在了老祖母的银发上。长生天不是传说之中的老天爷，是万物生存的法则，是必须敬畏的大自然。四月接羔，羊羔吃着母乳等待青草，青草和它们的乳牙一起长出来，它们开始奔跑，从此变成了原野的孩子，栉风沐雨，爬冰卧雪，生命就这样周而复始，生生不息。

老祖母的腰是在春天累弯的，老祖母的劝奶歌是在春天里传给萨丽娃姐姐的。

“陶爱格……陶爱格……你的孩子在哭泣，你这当母亲的给它吃奶吧……”老祖母的劝奶歌升起来，回响环绕，哀婉之中，苍穹附以和声，母体般的温暖笼罩草原，万物生灵的母性开始苏醒。母羊含泪站起身来，羊羔纷纷跪乳。饱食的羊羔肆意喧闹嬉戏，洁白的云朵在阳光里打滚儿，然后撒开四蹄奔跑，进入季节的深处。

每年十月之后，老祖母把种公羊放进母羊群，母羊怀胎六个月，到次年四月或者五月分娩，完成一个春天的轮回。那前一年的接下的羊羔，由于仅仅吃过一个夏天的青草，骨头还未坚硬，头上卷曲的绒毛里才露出细小的犄角。老祖母仍然叫它们羔子，风雪夜里把它们放进蒙古包庇护，为了它们暖和，半夜起来给炉子加牛粪。萨丽娃姐姐依偎在老祖母的怀里说，好像羔子是你的亲孙女。

后来，萨丽娃姐姐戴着老祖母的红珊瑚耳环离开了家。因为城里的暖气和热水，因为城里的漂亮和时尚。城里的楼房虽然很舒适，可那是租来的，不是家。萨丽娃姐姐思念阿妈的奶茶、阿爸的手把肉，好想好想骑上骏马变成草原的风，好想好想放开嗓子变成蒙古包前奔流的河。萨丽娃姐姐总觉得老祖母的红珊瑚耳环会说话，一天天在她耳边说个不停，只是那些古老的话，就像飞来飞去的鸟，有点听不懂，想留也留不下。

萨丽娃姐姐终于回到了日夜思念的故乡。

枕着幽幽的草香，她看见了逝去已久的老祖母，听清了老祖母在她耳边说的话——河冰不开，天鹅不来；骏马绕不过暴风雪，大雁甩不掉自己的影子……冬长夏短，谁也逆不过长生天的规矩……

萨丽娃姐姐站在草原的春天里，伸出一双手，这手洁白细腻；她轻轻托出一只小羊羔，把母羊脱落的子宫慢慢送回腹腔内，这双手浸染上羊水和血液，开始在寒风中皴裂，慢慢地，长生天的怀抱里回来了一个顺其自然劳作的人；当这双手终于被牛奶和油脂润透，不再畏惧风霜雨雪的时候，萨丽娃姐姐的牧场已经远近闻名。她出售的羊，是实实在在吃过三次夏牧草、长了六个牙的肥腴的羊。萨丽娃姐姐有了自己的广告词——养最有品质的羊。

人们看见她家的牧场上盖起了铝合金的接羔棚圈，看到她家蒙古包后面停放着现代化的打草机，看到她家草场的高坡上安装着一排排太阳能蓄电池。萨丽娃姐姐的故事像珍珠那般滚动在草原上，人们传说着她那有品质的羊卖出了好价钱。当家家户户都像萨丽娃姐姐那样牧养有品质的羊，萨丽娃姐姐长长地出了一口气，她终于把草原的春天从二月找了回来。

春天依然晚晚地来，快快地走，却把希望和富足留在了呼伦贝尔草原上。萨丽娃姐姐唱的劝奶歌是老祖母在春天里传下来的，草原人那如云的羊群和飞驰的骏马是春天赐予的。是的，萨丽娃姐姐懂得这一点，在这个古老而崭新的时代里成为聪明智慧的人。

萨丽娃姐姐的春天在呼伦贝尔草原上。

（摘编自《文汇报》，有删改）

问题：

(1) 请赏析文中画线句子。(4 分)

(2) 文中的老祖母是一个怎样的形象？你认为这一形象对萨丽娃有什么影响？(10 分)

三、写作题(本大题 1 小题,50 分)

33. 阅读下面的材料,按要求作文。

乡间有谚语:“丝瓜藤,肉豆须,分不清。”意思是丝瓜的藤蔓与肉豆的茎须一旦纠缠在一起,是很难分辨的。有个小孩想分辨两者的不同,结果把自家庭院里丝瓜和肉豆的那些纠结错综的茎叶都扯断了。父亲看了好笑,就说:“种它们是用来吃的,不是用来分辨的呀!你只要照顾它们长大,摘下瓜和豆来吃就好了。”

综合上述材料所引发的思考与感悟,写一篇论说文。

要求:

用规范的现代汉语写作,角度自选,立意自定,标题自拟,不少于 800 字。

机密★启封前　　　　　　　　姓名＿＿＿＿＿＿　准考证号＿＿＿＿＿＿

国家教师资格考试预测试卷(十七)

综合素质(幼儿园)

注意事项:

1. 考试时间为 120 分钟,满分为 150 分。

2. 请按规定在答题卡上填涂、作答,在试卷上作答无效,不予评分。

一、单项选择题(本大题共 29 小题,每小题 2 分,共 58 分)

在每小题列出的四个备选项中只有一个是符合题目要求的,请用 2B 铅笔把答题卡上对应题目的答案字母按要求涂黑。错选、多选或未选均无分。

1. 上课时老师问幼儿将来想做什么。晨晨早早地举起了小手,骄傲地说:“我想坐船去银河里和月亮奶奶玩。”老师最恰当的回应是(　　)

A. 银河是由无数的恒星组成的亮带,不是一条河;月亮是地球的卫星,不是老奶奶

B. 那你可要努力学习了,长大了做航天员呀

C. 怎么整天就老想着玩呢

D. 理想还是不要脱离实际的好

2. 小班幼儿学习《圆形》《正方形》《三角形》,中班幼儿学习《长方形》《梯形》《半圆形》,大班幼儿学习《菱形》《平行四边形》《椭圆形》,这一课程安排体现的幼儿身心发展规律是(　　)

A. 不平衡性　　　　B. 个体差异性

C. 阶段性　　　　D. 潜在性

3. 教师开始改变以往教师讲、学生听的灌输式教育,在课堂上积极引导学生自主思考,培养学生自主学习的能力。这说明,教师扮演着(　　)角色。

A. 知识创造者　　　　B. 榜样示范者

C. 学生学习促进者　　　　D. 教学活动设计者

4. 新转来的幼儿小明常常在上课时表现出怪异行为,甚至顶撞老师。所有的老师都说小明是个十足的坏孩子,品行不端。但李老师并没有放弃小明。她暗自观察,根据小明的具体情况采取了一系列教育措施,李老师的做法(　　)

A. 正确,老师看到了学生是发展中的人

B. 正确,老师看到了学生是学习的主体

C. 正确,老师看到了学生是具有独立意义的人

D. 错误,是一种浪费时间的行为

5. 对未完成义务教育的未成年犯和被采取强制性教育措施的未成年人应当进行义务教育,所需经费由(　　)予以保障。

A. 人民政府

B. 未成年人父母

C. 未成年人自己

D. 未成年人所在学校

6.《中华人民共和国宪法》规定,国家合理安排积累和消费,兼顾国家、集体和个人的利益,在发展生产的基础上,逐步改善人民的(　　)

A. 物质生活和精神生活

B. 物质生活和文化生活

C. 经济生活和精神生活

D. 文化生活和社会生活

7. 幼儿小明活泼好动、调皮捣蛋,在幼儿园进行室外滑滑梯活动时,经常推、打其他幼儿,老师考虑到其他幼儿的安全,每次室外活动时,都把小明留在室内不让他参与活动。根据《中华人民共和国教育法》,教师侵犯了小明的(　　)

A. 参与活动并使用教育资源的权利

B. 财产权

C. 申诉权

D. 公正评价权

8. 某幼儿园以游戏的方式对幼儿进行教育教学,可家长却投诉说:"幼儿园的老师整天只知道领着孩子玩游戏,而不教有用的知识。"该幼儿园的做法(　　)

A. 正确,符合《幼儿园工作规程》的相关规定

B. 错误,语言、科学类的知识不应该通过游戏进行教育

C. 正确,教师比家长更懂教育,不必理会家长的意见

D. 错误,以游戏的形式对幼儿进行教育达不到教育效果

9. 某学校两月未按时发放教师工资,侵犯了学校教师的合法权益。根据《中华人民共和国教师法》的规定,应当(　　)

A. 责令其限期改正

B. 给予行政处分

C. 依法追究刑事责任

D. 对其处以罚款并责令改正

10. 下列表述与《中华人民共和国未成年人保护法》相符的是(　　)

A. 学校发生突发事件时,应当优先救护未成年人

B. 对违法犯罪的未成年人,应当依法免除其处罚

C. 教育与奖惩相结合是保护未成年人工作应遵循的基本原则

D. 父母因外出务工不能履行对未成年人监护职责的,应当委托学校代为监护

11. 当前,能减少学生伤害事故给学校造成的压力(负担),同时能较好解决学生伤害事故损害赔偿或补偿责任的合法且有效的途径是(　　)

A. 学校加强安全教育,学生学会自护自救本领

B. 学校参加责任保险,学生参加意外伤害保险

C. 学校发动师生捐款,设立学生伤害赔(补)偿基金

D. 学校与学生家长签订"学生(子女)安全责任协议"

12. 随着我国经济社会的发展,教育公平越来越受到大众的关注。根据《中华人民共和国教育法》,国家采取措施促进教育公平,推动教育(　　)

A. 优先发展　　B. 持续发展

C. 重点发展　　D. 均衡发展

13. 集体活动后,某幼儿园数名幼儿从狭窄的楼梯口蜂拥下楼,老师没有及时维护秩序,一名幼儿突然摔倒,后面的幼儿猝不及防,纷纷摔倒,导致六名幼儿受伤。这一案例中教师损害了幼儿的(　　)

A. 隐私权　　B. 受教育权

C. 财产权　　D. 身体健康

14. 龙应台出过一本书，名字叫《孩子，你慢慢来》，从这个书名可以说明幼儿园教师的职业特点是(　　)

A. 劳动任务的全面性和细致性

B. 劳动对象的主动性和幼稚性

C. 劳动过程的创造性和复杂性

D. 劳动手段的示范性和主体性

15. 邢老师在工作中，坚持认真备课。保育员不在的时候，她还会主动承担繁重的清洁工作。邢老师的做法体现了(　　)的教师职业道德。

A. 爱岗敬业　　　　B. 教书育人

C. 廉洁从教　　　　D. 终身学习

16. 姜老师听到晓成等几个幼儿说不喜欢自己，更喜欢别的老师，因此对他们总是没有好脸色，经常当众斥责或罚站。这表明姜老师没有(　　)

A. 严格要求幼儿　　　　B. 维护教学秩序

C. 调整自我心态　　　　D. 督促幼儿学习

17. 我们的祖先在1000多年前就发明了火药，关于火药的说法错误的是(　　)

A. 古代火药的成分有硝石、雄黄、蜂蜜等

B. 古代火药用途广泛，常常能用来治疗疮癣、杀虫、避湿气以及瘟疫

C. 唐朝末年，火枪、火炮、火箭等军事武器就得到了广泛应用

D. “东风夜放花千树。更吹落、星如雨”描述的就是古代火药制成烟火燃放时的场景

18. “初伏日在夏至第三庚”意思是三伏中入伏第一天是在夏至后的第三个庚日。据此判断，下列选项中，距离初伏最近的是(　　)

A. 大暑　　　　B. 立秋　　　　C. 处暑　　　　D. 秋分

19. 17世纪的自然科学革命为启蒙运动提供了重要条件。“自然科学革命”的标志性成果是(　　)

A. 伽利略发现的自由落体定律

B. 爱因斯坦提出的相对论

C. 牛顿的经典力学体系

D. 法拉第发现的电磁感应现象

20. 魏源《海国图志》中的重要思想是(　　)

A. 中学为体,西学为用　　B. 天下兴亡,匹夫有责

C. 物竞天择,适者生存　　D. 师夷长技以制夷

21. 1920 年,浙江第一师范学校教员义乌人(　　)翻译了《共产党宣言》,这是我国最早的中文全译本。

A. 陈望道　　B. 吴晗

C. 冯雪峰　　D. 潘漠华

22. 在地震救援中,使用雷达探测仪能探测到哪种生命体征(　　)

A. 体温　　B. 呼吸　　C. 血压　　D. 声音

23. 古人常用“孩提”来指代(　　)岁的孩子。

A. 0　　B. 2 ~ 3

C. 4 ~ 5　　D. 6 ~ 7

24. 欧洲文学长廊中有四个以吝啬闻名的经典人物形象,由于对利益的追逐丧失理智、人性,并将愚蠢、下作、卑鄙无耻等人性的黑暗面表现得淋漓尽致。这四大吝啬鬼是(　　)

A. 泼留希金、安东尼奥、阿巴贡、葛朗台

B. 泼留希金、夏洛克、阿巴贡、严监生

C. 泼留希金、夏洛克、阿巴贡、葛朗台

D. 李梅亭、卢至、监河侯、严监生

25. 书法是中国传统艺术之一,已有三千多年历史,讲究用笔、结构、章法和墨法等艺术表现手段,形成了风格多样的书体。下图是宋徽宗的书法作品,该作品的书体被称为(　　)

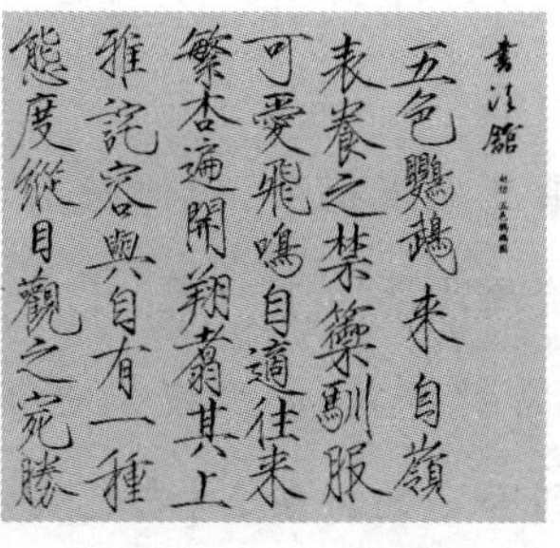

A. 柳体　　B. 馆阁体　　C. 颜体　　D. 瘦金体

26. 在 Word 中,可以显示出页眉和页脚的视图是(　　)

A. 页面视图　　　　B. 草稿视图

C. 大纲视图　　　　D. 全屏视图

27. 下列设置中,能使幻灯片中的标题、图片、文字等按要求顺序呈现的是(　　)

A. 设定放映方式　　　　B. 切换幻灯片

C. 链接幻灯片　　　　D. 自定义动画

28. 甲、乙、丙三人大学毕业后选择从事各不相同的职业:教师、律师、工程师。其他同学做了如下猜测:小李:甲是工程师,乙是教师。小王:甲是教师,丙是工程师。小方:甲是律师,乙是工程师。后来证实,小李,小王和小方都只猜对了一半。下列关于甲、乙、丙、三人的职业的判断,正确的是(　　)

A. 甲是教师,乙是律师,丙是工程师

B. 甲是工程师,乙是律师,丙是教师

C. 甲是律师,乙是工程师,丙是教师

D. 甲是律师,乙是教师,丙是工程师

29. 找规律填数字是一项很有趣的活动,特别锻炼观察力和思考力。下列选项中填入数列"1、2、3、7、16、________"空缺处的数字,正确的是(　　)

A. 66　　　　B. 65　　　　C. 64　　　　D. 63

二、材料分析题(本大题共 3 小题,每小题 14 分,共 42 分)阅读材料,并回答问题

30. 材料:

下面是刘老师在园里工作会上的交流发言:

我班上有一个让各个老师都很头疼的小男孩,叫小安。他经常在课堂上做小动作,有时还会说上几句"俏皮话",引得全班孩子哄堂大笑;他经常对其他孩子动手动脚,搞得班里鸡飞狗跳……

但经过观察,我发现小安虽然调皮捣蛋,但他特别喜欢绘画,我就经常和他交流绘画心得,鼓励他参加幼儿园的绘画比赛。有一天,小安在我的耳边轻轻地说:"我是一个坏孩子,我不听话,老师也经常批评我,小朋友们也不喜欢和我玩。"听了小安的话,我心里一紧,小安由于不断受到否定的评价,对自己失去了信心,于是就破罐子破摔。

找到症结后,我便对症下药。一次,在做手工活动时,我指着小安的作品说:"你看你做得多好，如果能把它画上点颜色是不是就更好看?”只见他一笔一笔画得可认真了，等他把作品交上来时，我当着全班小朋友的面表扬了他。渐渐地小安自信多了，学习也更加积极主动，还赢得了幼儿园绘画比赛二等奖。

问题：

请结合材料，从教育观的角度，评析刘老师的教育行为。(14 分)

31. 材料：

李老师非常热爱自己的工作，为了做好本职工作，她不断提高自己的理论素养，改进教学方法。

在日常教学中，她关心每一位学生的成长，也能针对不同学生的发展特点因材施教。比如淘淘是个有思想、有个性的小朋友，可就是在教学活动中注意力不集中，也不愿意上课。于是李老师就利用其好奇心特别强的特点，通过课前与学生做游戏来吸引淘淘的注意力，当淘淘加入游戏活动时，就及时在班上表扬淘淘。由此吸引了他的注意力，激发了他上课的兴趣。

为了促使家校教育同步，她还主动与家长沟通，虚心接受家长提出的合理化建议。由于工作成绩突出，李老师被评为优秀教师。

问题：

请结合材料，从教师职业道德的角度，评析李老师的教育行为。（14 分）

32. 材料：

过了两天，朱自清带着简便的行李，从朝阳门朋友家搬出来，住进了清华园古月堂。清华园很美，绵密的绿树丛中，蜿蜒着清清的溪流，郁葱的伞松，青青的草地，宽敞的教室，巍峨的礼堂，小小的荷池晃荡着岸边小树的倒影，池莲迎风起舞，散发出阵阵幽香。这样的风味和南方自不相同，别有一番气韵。但朱自清孤身一人，刚来乍到，没有什么朋友，心里十分寂寞。在江南时，他晚上睡眠极好，照例是一觉到天明，北来之后，却睡不安稳，夜夜有梦，而且从来没有一个是清清楚楚的，醒来不知所云，恍然若失。

最难堪的是每早将醒未醒之际，残梦依人，腻腻的不去；忽然双眼一睁，如坠深谷，万象寂然——只有一角日光在墙上痴痴地等着！我此时决不起来，必凝神细想，欲追回梦中滋味于万一；但照例是想不出，只惘惘然、茫茫然似乎怀念着些什么而已。纷乱的梦境反映的是不宁的心绪。其实，朱自清到北京之后，一直强烈地怀念着南方那段生活。一天，他实在闷得慌，乃决意进城去，在海淀下了汽车，找了一个小饭馆，拣了临街的一张小桌子，坐在长凳上，要了一碟苜蓿肉，两张家常饼，二两白玫瑰，自斟自酌，不由又想起在江南的生活，情动于衷，从袋里摸出纸笔，在桌上写了一首《我的南方》：

我的南方，

那儿是山乡水乡！

那儿是醉乡梦乡！

五年来的彷徨，

羽毛般的飞扬！

呵！他怎能忘了南方的山山水水，乡土人情？那里有他的亲朋故友，有他年老的父母和弱妻稚子。在那里，他有过快乐，也有过痛苦，南方毕竟是他耕耘过的土地，汗水洒过的地方啊！

10 月的一天，他接到南方来的一封信，是父亲寄的，其中写道：我身体平安，唯膀子疼痛厉害，举箸提笔，诸多不便，大约大去之期不远矣。看到这里，朱自清不禁悲从中来，泪如泉涌，想到父亲待自己的种种好处，特别是八年前料理祖母丧事完毕，父子同车北上浦口车站分别的情景，犹如电影镜头一样历历在目。他似乎还看到父亲为自己买橘子，蹒跚地走过铁道，两手上攀，两脚上缩，肥胖的身子显出努力样子的背影。想起当时的一切，他十分后悔自己那时年轻无知，不能体察父亲爱子之情，心中还老嫌老人说话不漂亮，暗地里笑他的迂。又想到，父亲少年出外谋生，独力支持，东奔西走，可家中光景竟一日不如一日，以致老境如此颓唐。又想到，他近来情郁于衷，常常动怒，但始终惦念着自己和自己的儿子。哀伤和想念之情如滔滔潮水，铺天盖地而来，在晶莹的泪光中，他仿佛又看见父亲肥胖的，穿着青布棉袍黑布马褂的背影！“我与父亲不相见已二年余了，我最不能忘记的是他的背影。”他含着泪水，伏案疾书，以朴实的笔调细致地叙写那次和父亲别离的情景，透过父亲的一言一动，揭示了他对儿子的无限怜惜、体贴、依依难舍的深情。心灵在纸上疾走，他对父亲的刻骨思念之情，如涓涓流水，倾泻于字里行间，溶注于父亲的背影之中。写到最后，他深情地呼告道：“唉！我不知何时再能与他相见！”平淡一语，蕴蓄着他对年迈父亲的刻骨相思。

22 年后，当《文艺知识》编者问他写作这篇《背影》的情况时，他答道：“我写这篇文章只写实，似乎说不到意境上去。”这种从表面上看起来简单朴素，而实际上却能发出极大的感动力的文章，最可以作为朱先生的代表作品，因为这样的作品，正好代表了作者之为人。由于这篇短文被选为中学国文教材，在中学生心中“朱自清”三个字已经和《背影》成为不可分的一体。

这是由文品论及人品了。

（摘编自陈孝全《重返北京》）

问题：

（1）试从句式与表现手法的角度赏析画线部分的文字。（4 分）

（2）为什么说“在中学生心中‘朱自清’三个字已经和《背影》成为不可分的一体”，试结合文本内容进行探究。（10 分）

三、写作题(本大题1小题,50分)

33. 阅读下面的材料,按要求作文。

陶行知先生曾言:"千教万教,教人求真;千学万学,学做真人。"教师的职责是教学生"求真",但又不仅限于此;更为重要的是让学生形成良好的道德品质,学会做"真人"。教师良好的道德品质与职业操守在学生这一"学做真人"的过程中扮演着极为重要的角色。

综合上述材料所引发的联想和感悟,写一篇论说文。

要求:

用规范的现代汉语写作,角度自选,立意自定,标题自拟,不少于800字。

机密★启封前　　　　　　　　　　　姓名________　准考证号________

国家教师资格考试预测试卷(十八)

综合素质(幼儿园)

注意事项:

1. 考试时间为 120 分钟,满分为 150 分。

2. 请按规定在答题卡上填涂、作答,在试卷上作答无效,不予评分。

一、单项选择题(本大题共 29 小题,每小题 2 分,共 58 分)

在每小题列出的四个备选项中只有一个是符合题目要求的,请用 2B 铅笔把答题卡上对应题目的答案字母按要求涂黑。错选、多选或未选均无分。

1. 某幼儿园大班的赵老师,总是用儿童户外活动的时间来讲授诗词,赵老师的做法(　　)

A. 正确,有利于儿童知识的提高

B. 正确,有利于儿童的身体健康

C. 错误,不利于儿童德智体美全面发展

D. 错误,不利于体育特长生的发展

2. 在一个班级中,幼儿之间的差别很大,比如小梦性格内向,但是她的注意力集中;小飞热情大方,但是他做事轻率、不踏实。这要求教师(　　)

A. 把幼儿看作发展中的人

B. 把幼儿看作独特的人

C. 把幼儿看作学习的主体

D. 把幼儿看作不成熟的人

3. 某幼儿园要求教师重视教学科研,卢老师抱怨道:“搞研究有什么用,上课又用不着。”卢老师的说法(　　)

A. 不正确,教师需服从学校一切安排

B. 不正确,研究有利于教师专业发展

C. 正确,幼儿教师搞研究没用

D. 正确,研究对幼儿帮助不大

4. 李老师很少关注那些性格内向且长相普通的幼儿,而把大多数活动的机会留给那些活泼开朗且长相漂亮的幼儿。李老师的做法(　　)

A. 违背了公正施教的要求　　B. 有助于幼儿的个性发展

C. 符合因材施教的教育理念　　D. 符合严慈相济的教育原则

5. 紧急情况下幼儿园教职工应当优先保护(　　)

A. 幼儿园的财产安全　　B. 幼儿的人身安全

C. 自己的人身安全　　D. 其他教职工的人身安全

6. 某地区教育行政部门将区域内的学校分为重点学校和非重点学校,严重破坏了教育公平。根据《中华人民共和国义务教育法》的规定,上级人民政府或者其教育行政部门应对直接负责的主管人员和其他直接责任人员依法(　　)

A. 给予行政处分　　B. 追究刑事责任

C. 追究民事责任　　D. 给予行政处罚

7.《中华人民共和国宪法》规定,公民对国家工作人员的违法失职行为,有向国家机关提出申诉、控告或检举的权利。这属于公民权利中的(　　)

A. 政治权利　　B. 监督权利

C. 社会经济权利　　D. 人身自由权利

8. 下列选项中**不属于**联合国《儿童权利公约》规定的保护儿童利益的原则的是(　　)

A. 无歧视原则　　B. 提早自立原则

C. 尊重儿童观点与意见原则　　D. 尊重儿童尊严原则

9. 教师吴某因幼儿宁宁在科学活动中不认真听课,并且一直打扰别的小朋友,就罚他在教室外罚站,结果导致宁宁中暑晕倒,并造成手臂骨折。对于宁宁所受伤害应承担责任的是(　　)

A. 吴老师　　B. 幼儿园

C. 宁宁家长　　D. 宁宁家长和幼儿园

10. 教师沈某因无正当理由拒不服从学校教学安排,被学校暂停授课并扣发当月

绩效工资,学校的这种做法( )

A. 不合法,侵犯了沈某从事教育教学的权利

B. 不合法,侵犯了沈某获取工资报酬的权利

C. 合法,学校有对教师实施奖励或者处分的权利

D. 合法,学校有对教师进行教育行政处罚的权利

11. 敏敏隐瞒了自己的病史,户外活动时敏敏旧病复发,摔倒磕伤,被紧急送往医院。对于敏敏所受的伤害,( )应承担责任。

A. 幼儿园 B. 敏敏监护人

C. 幼儿教师 D. 敏敏

12.《中华人民共和国教育法》规定,国务院和地方各级人民政府领导和管理教育工作的原则是( )

A. 集中管理,分工负责 B. 分类管理,分工负责

C. 授权管理,分工负责 D. 分级管理,分工负责

13. 多多在家里经常模仿老师的样子给家长讲故事,教家长跳舞,要求家长坐好,不要随意走动。下列选项与该案例所体现的教师劳动特点相符的是( )

A. 学如不及,犹恐失之 B. 行有余力,则以学文

C. 信近于义,言可复也 D. 桃李不言,下自成蹊

14. 剪纸活动课上,小朋友们都在利用剪纸、粘贴的方式制作小火箭。这时,李老师发现磊磊将纸剪成各种奇怪的形状,制作“怪兽”,并且还一直去干扰其他小朋友。李老师便当着全班幼儿的面气愤地说:“每次都是你不好好进行活动,还影响别人,真是个讨厌鬼!”李老师的做法( )

A. 违背了关爱学生的师德要求 B. 违背了爱岗敬业的师德要求

C. 破坏了班级幼儿的内部团结 D. 体现了对幼儿的严格要求

15. 某教师接到一名学生家长的电话,该家长向教师抱怨,认为教师对其孩子的某种错误行为的处理有失公正。为此,教师约定与家长直接面谈,处理该问题。在教师与家长会面时,首先应该( )

A. 倾听,让家长充分地表达观点及其情绪

B. 告知,使家长了解学校相关的校纪校规

C. 解释,给家长详细解释处理此事的充分理由

D. 商讨，共同讨论如何缓解处罚对孩子的影响

16. “教书育人楷模”叶海辉扎根海岛教育近 30 年，爱教乐学，勇于创新，为边远海岛教育默默奉献。他创编体育游戏近 2000 例，制作 80 余种 4200 多件体育器材，让学生爱上体育课。他多次赴西藏、青海等地参与乡村支教，助力西部地区教师发展。叶海辉老师的事迹体现的教师职业道德是(　　)

A. 为人师表、终身学习　　B. 教书育人、关爱学生

C. 爱岗敬业、教书育人　　D. 爱岗敬业、为人师表

17. 总结了春秋战国等时期的数学成就，奠定了中国古代数学以计算为中心的特点的著作是(　　)

A.《周髀算经》　　B.《黄帝内经》

C.《方圆阐幽》　　D.《九章算术》

18. 中国历史上的农民起义一直风起云涌，有的沉痛打击了封建王朝，有的则开创了新王朝。这些运动都有一个共同点，那就是都有一个响亮的口号。比如：

①隋朝末年陈胜吴广起义，口号：王侯将相宁有种乎？

②东汉末年，黄巾起义，口号：苍天已死，黄天当立，岁在甲子，天下大吉。

③宋朝钟相、杨幺起义口号：等贵贱，均田免赋。

④明朝末年，李自成起义，口号：吾疾贫富不均，今为汝均之。

⑤清末太平天国洪秀全起义，口号：一律平均。无处不均匀，无人不饱暖。凡天下田，天下人同耕。

上述列举中，朝代、代表人物和起义口号的匹配完全正确的组合选项是(　　)

A. ②⑤　　B. ②④　　C. ①②⑤　　D. ③④⑤

19. 从组织上确立党对军队的绝对领导的是(　　)

A. 南昌起义　　B. 三湾改编

C. 秋收起义　　D. 古田会议

20. 稻、黍、稷、麦、菽均是我国种植历史悠久的农作物，其中“菽”是指(　　)

A. 叶菜类　　B. 薯类　　C. 豆类　　D. 高粱

21. 热传导的各种方式中，热辐射是以(　　)形式传递热量的。

A. 光波　　B. 电磁波　　C. 介质流动　　D. 物体接触

22. 京剧作为我国著名剧种，和中医、书法、武术并称为中国四大国粹，下列说法

中关于京剧的表述正确的是(　　)

A. 人们习惯上称戏班、剧团为“杏园”

B. 京剧当中的“净”指女性角色

C. “梅派”唱腔创始人是京剧艺术大师梅兰芳先生

D. 《梁山伯与祝英台》是京剧经典曲目之一

23. 许多国家的著名城市都是沿河而建的,下列组合正确的是(　　)

A. 法国—巴黎—塞纳河　　B. 匈牙利—布达佩斯—易北河

C. 德国—汉堡—莱茵河　　D. 埃及—开罗—尼日尔河

24. 下列选项中涉及的历史人物,与其他三项**不处于**同一朝代的是(　　)

A. 功盖三分国,名成八阵图

B. 江东子弟多才俊,卷土重来未可知

C. 治世之能臣,乱世之奸雄

D. 千万雄兵莫敢当,单刀匹马斩颜良

25. 下列选项中,(　　)是鲁迅先生的作品。

A. 《追求》　　B. 《家》

C. 《朝花夕拾》　　D. 《平凡的世界》

26. 在 Word 中,如果误删了某段文字内容,要恢复到误删前的状态,应点击的图标是(　　)

A. 　　B. 　　C. 　　D.

27. 在 PowerPoint 中,**不能**对个别幻灯片内容进行编辑修改的视图方式是(　　)

A. 大纲视图　　B. 幻灯片浏览视图

C. 幻灯片视图　　D. 以上三项均不能

28. 下列选项中,与“白醋:消毒”逻辑关系一致的是(　　)

A. 热水器:加热　　B. 汽油:去渍

C. 白糖:调味　　D. 人参:滋补

29. 找规律填数字是一项很有趣的活动,特别锻炼观察力和思考力。下列选项中填入数列“5、6、19、33、________、101”空缺处的数字,正确的是(　　)

A. 55　　B. 60　　C. 65　　D. 70

二、材料分析题（本大题共 3 小题，每小题 14 分，共 42 分）阅读材料，并回答问题

30. 材料：

大班的手工课上，马老师展示纸折的蚂蚁，大家都在认真欣赏。突然孩子们中间冒出一句话："马老师，这只蚂蚁怎么没有'大胡子'呀？"提出这个问题的不是别人，正是班里的"淘气包"浩浩。这个问题引起了孩子们热烈的讨论。有的说："对呀，我看过蚂蚁碰'胡子'！"有的说："蚂蚁只有两根'胡子'。"马老师停顿了一会儿说："我们先到院子里观察蚂蚁的样子，再回来折纸蚂蚁好不好？"大家兴高采烈地在马老师的带领下到院子里观察蚂蚁。回到教室后马老师问："大家还记得小蚂蚁是什么样子的吗？"大家又七嘴八舌地讨论起来。最后马老师总结说："蚂蚁的身体分三段，头、胸、肚子，在它的头上长着两根细细长长的触角，在它的胸和肚子上长着六条细长的腿。"很快大家就开始专心做纸蚂蚁了。浩浩用铁丝做了蚂蚁的触角和腿。有触角的蚂蚁栩栩如生，马老师直夸浩浩爱思考，爱动手。

问题：

请结合材料，从教育观的角度，评析马老师的教育行为。（14 分）

31. 材料：

幼儿园组织秋游，关老师带领孩子们到动物园参观。大家参观猴山时发现老猴子抢小猴子的东西吃，于是纷纷议论："老猴子怎么抢小猴子的东西吃呢？""它怎么不爱护小猴子呢？""猴子又不是人。""人有时候也会抢东西吃。"……听着同学们的议论，关老师若有所思。

返校后，关老师组织全班幼儿进行讨论，小朋友们踊跃发言：

"老猴子抢小猴子的东西吃就是不对。"

"《动物世界》里面说，这是动物的生存竞争，属于动物的本能，没有好坏。"

"动物间可以这样，我们人可不能这样！"

关老师赞同道："对！动物之间可以抢东西吃，而人不能，因为人类社会是讲文明的，我们要尊老爱幼。"

小松站起来追问道："有的人捕杀猴子，卖到酒店去，他们这样做，对吗？"

关老师回答："他们这样做是不对的，爱护动物是我们每一个人的责任，我们不能仅停留在保护动物的口号上，而应思考如何与动物和谐相处，做一个负责任、有爱心的人。"

问题：

请结合材料，从教师职业道德的角度，评析关老师的教育行为。(14 分)

32. 材料：

“苦难是人生的一笔财富。”这是人们常说的一句激励、奋进的话，但学会正确对待苦难更有现实的意义。毕竟，苦难不是幸事，也不是每个人都能承受得起的。

在一次聚会上，那些堪称成功的实业家、明星谈笑风生，其中就有著名的汽车商约翰·艾顿。艾顿向他的朋友、后来成为英国首相的丘吉尔回忆起他的过去——他出生在一个偏远小镇，父母早逝，是姐姐帮人洗衣服、干家务，辛苦挣钱将他抚育成人的。但姐姐出嫁后，姐夫将他撵到了舅舅家，舅妈更是刻薄，在他读书时，规定每天只能吃一顿饭，还得收拾马厩和剪草坪。刚工作当学徒时，他根本租不起房子，有将近一年多时间是躲在郊外一处废旧的仓库里睡觉……

丘吉尔惊讶地问：“以前怎么没有听你说过这些？”艾顿笑道：“有什么好说的呢？正在受苦或者正在摆脱受苦的人是没有权利诉苦的。”这位曾经在生活中失意、痛苦了很久的汽车商又说：“苦难变成财富是有条件的，这个条件就是，你战胜了苦难并远离苦难不再受苦。只有在这时，苦难才是你值得骄傲的一笔人生财富。别人听你的苦难时，也不觉得你是在念苦经，只会觉得你意志坚强，值得敬重。但如果你还在苦难中或者没有摆脱苦难的纠缠，你能说什么呢？在别人听来，无异于是请求廉价的怜悯甚至乞讨……这个时候你能说你正在享受苦难，在苦难中锻炼了品质、学会了坚韧？别人只会觉得你是在玩精神胜利、自我麻醉。”

艾顿的一席话，使丘吉尔重新修订他“热爱苦难”的信条。他在自传中这样写道——苦难，是财富还是屈辱？当你战胜了苦难时，它就是你的财富；可当苦难战胜了你时，它就是你的屈辱。

（摘编自《课外阅读》）

问题：

（1）让苦难不再成为屈辱的前提是什么？请结合本文，简要概括。（4 分）

（2）每个人都有表达、自诉的权利，艾顿却说“还在受苦或者正在摆脱受苦的人是没有权利诉苦的”。结合文本谈谈你的理解。（10 分）

三、写作题(本大题 1 小题,50 分)

33. 阅读下列材料,按要求作文。

一个老人挑着一担瓷碗,在路上走着。突然一只碗掉到地上摔碎了,老人头也不回继续向前走。路人很奇怪,便问:“你的碗摔碎了,为什么你看都不看呢?”老人说:“我再怎么回头看,碗还是碎的。”

综合上述材料所引发的联想和感悟,写一篇论说文。

要求:

用规范的现代汉语写作,角度自选,立意自定,标题自拟,不少于 800 字。

机密★启封前　　　　　　　　　　姓名＿＿＿＿＿＿　准考证号＿＿＿＿＿＿

国家教师资格考试预测试卷(十九)

综合素质(幼儿园)

注意事项:

1. 考试时间为120分钟,满分为150分。

2. 请按规定在答题卡上填涂、作答,在试卷上作答无效,不予评分。

一、单项选择题(本大题共29小题,每小题2分,共58分)

在每小题列出的四个备选项中只有一个是符合题目要求的,请用2B铅笔把答题卡上对应题目的答案字母按要求涂黑。错选、多选或未选均无分。

1. 手工课上,大家都在做圣诞树,突然一个幼儿大声说:“莉莉的圣诞树太丑了,都长歪了!”全班幼儿都大笑起来。莉莉眼里满含泪花。这时老师正确的做法应是(　　)

A. 大声训斥,让大家保持安静

B. 坐视不理,让幼儿自行解决

C. 来到莉莉身边,把她的圣诞树摆正

D. 告诉幼儿“莉莉的圣诞树正被大风吹着,所以是歪的”

2. 殷老师对新事物充满好奇,她不仅喜欢看书而且经常听老教师的课,同时还在一所师范大学修习研究生课程,潜心研究教育改革。这体现了殷老师(　　)

A. 关爱学生　　　　　　　　B. 有终身学习的理念

C. 专注自身学习,将来能考研究生　　D. 志存高远,乐于奉献

3. 老师问不认真听故事的帅帅自己刚才讲到哪里了,帅帅答不上来。老师生气地说:“笨呆瓜! 上课不带脑子,不知道整天在想什么!”老师的做法(　　)

A. 合理,帮助帅帅纠正上课走神的坏习惯

B. 合理,有助于警醒其他幼儿

C. 不合理,歧视幼儿的生理缺陷

D. 不合理,没有体现对幼儿的尊重

4. 班级里有名幼儿严重营养不良,体重和身高都远低于平均水平,针对这种情况,老师最恰当的处理方法是(　　)

A. 不放在心上,胖点瘦点无所谓

B. 鼓励其加强体育锻炼,多吃有营养的食物

C. 在日常班级劳动中,让别人替她分担

D. 让幼儿多吃肉补充营养

5. 某幼儿园财务孙某利用职务之便,将慈善家张某捐给该园的用于发展教育事业的100万元用来购买理财产品,并把从购买的理财产品中获取的6万元收益打到了幼儿园的账户上。根据《中华人民共和国教育法》的规定,孙某的做法(　　)

A. 不合法,个人对教育的捐赠不得挪用

B. 不合法,收益是个人劳动所得,应该属于孙某

C. 合法,财务人员可代表幼儿园行使职权

D. 合法,孙某有效提高了教育投资效益

6. 幼儿王某在玩耍时,故意将幼儿赵某推倒在地,致其左腕骨折,依据《学生伤害事故处理办法》的规定,应对赵某所受伤害承担主要责任的是(　　)

A. 王某的监护人　　　　B. 幼儿园

C. 王某的老师　　　　D. 王某

7. 教师对学校或者其他教育机构侵犯其合法权益,或者对学校或者其他教育机构作出的处理不服的,可以向教育行政部门提出申诉,教育行政部门应当在接到申诉的(　　)做出处理。

A. 15 日内　　B. 45 日内　　C. 30 日内　　D. 60 日内

8. 下列选项中无法享有选举权的人是(　　)

A. 正在等候取保候审的周某　　　　B. 患有间歇性精神病的秦某

C. 具有突出贡献的外籍华人齐某　　　　D. 正在受到拘留处分的小偷张某

9. 考生在国家教育考试中,有(　　)的行为的时候,组织考试的教育考试机构可以取消其相关考试资格或者考试成绩,情节严重者由教育行政部门责令其停止参加相关国家教育考试一年以上三年以下。

A. 让他人代替自己参加考试　　　　B. 报名之后不参加考试

C. 考试中组织作弊　　D. 考试前把手机关机

10. 下列选项中,**不符合**联合国《儿童权利公约》对儿童权利的保护规定的是(　　)

A. 承认儿童享有固有的生命权

B. 确保儿童免受惩罚的权利

C. 最大限度地确保儿童的存活与发展

D. 确保儿童享有其幸福所必需的保护和照料

11. 李某随外出务工的父母到某市上学,为李某提供平等接受义务教育条件的主体应为(　　)

A. 其户籍所在地人民政府　　B. 其父母或法定监护人

C. 其父母工作地人民政府　　D. 以上三者

12. 小明(5 岁)的父母离婚时,法院判决其随母生活,其父以法院判决为由,对其不管不问。其父的这种行为违反了(　　)

A.《中华人民共和国未成年人保护法》　　B.《中华人民共和国义务教育法》

C.《中华人民共和国教育法》　　D.《幼儿园工作规程》

13. 张老师在幼儿园从教十年了,她认为该讲什么,自己闭着眼睛都能讲出来,于是上课从不备课,随性而讲。张老师违反了师德(　　)的要求。

A. 爱岗敬业　　B. 爱国守法

C. 关爱学生　　D. 为人师表

14. 幼儿园的教师把调皮捣蛋、爱说话的孩子安排在教室的最后一排,只要他们不影响其他儿童的学习,教师便对他们的分心行为采取不闻不问的态度。该老师做法(　　)

A. 正确,照顾到了大部分儿童的需求　　B. 正确,防止调皮儿童扰乱课堂纪律

C. 错误,忽略了调皮儿童的需求　　D. 错误,不利于师生间的和平相处

15. 闫桂珍老师全身心扑在教育工作中,由于常年劳累,超负荷工作,她患上了严重的咽炎,时常腰腿关节疼痛,心脏也不太好。领导和同事看她太累了,要她少带一个班的课,她却说:"工作需要我,学生需要我。我喜欢学生,我愿意上课,我的价值在课堂。"闫老师的事迹是对(　　)的生动诠释。

A. 为人师表　　B. 爱岗敬业　　C. 教书育人　　D. 关爱学生

16. 对下图中教师行为的评价,正确的是(　　)

A. 注重教育公平　　B. 注重有教无类

C. 忽视学生的全面发展　　D. 忽视学生的个性发展

17. 喀斯特地貌是地下水与地表水对可溶性岩石溶蚀与沉淀,侵蚀与沉积,以及重力崩塌、坍塌、堆积等作用形成的地貌。中国四大高原中,(　　)是喀斯特地貌发育典型地区。

A. 青藏高原　　B. 云贵高原

C. 内蒙古高原　　D. 黄土高原

18. 我国佛教艺术驰名中外,云冈石窟、龙门石窟和莫高窟三大石窟举世皆知。以下关于三大石窟地理位置的描述,正确的是(　　)

A. 所在省份两两接壤　　B. 所在省份都有黄河流过

C. 均地处黄土高原　　D. 所处纬度大致相当

19. 下列关于太阳风的说法**不正确**的是(　　)

A. 太阳风会促进大气中臭氧的产生,影响地球的空间环境

B. 由于太阳风的作用,彗星周围的尘埃和气体会形成彗尾

C. 太阳风是太阳黑子活动高峰阶段射出的超音速等离子体流

D. 两极的高层大气受到太阳风的轰击后会发出光芒,形成极光

20. 被恩格斯称为"中世纪的最后一位诗人,同时又是新时代的最初一位诗人"的是(　　)

A. 培根　　B. 但丁

C. 荷马　　D. 亚里士多德

21. 2021 年 11 月 3 日召开的国家科学技术奖励大会上,2020 年度最高科学技术奖得主是(　　)

A. 钟南山、李兰娟　　B. 黄旭华、曾庆存

C. 张文宏、陈薇　　　　D. 顾诵芬和王大中

22. 微积分学的创立，极大地推动了数学的发展，过去很多初等数学束手无策的问题，运用微积分，往往能迎刃而解。下列科学家中，与微积分理论创立和发展没有重大关系的是(　　)

A. 牛顿　　　　B. 柯西

C. 爱因斯坦　　　　D. 莱布尼茨

23. "冬九九"又称"数九"，是我国冬季的一种民间节气，生动形象地记录了冬天的气候变化情况，同时也表达了农事活动的一些规律。"冬九九"始于(　　)

A. 立冬　　B. 冬至　　C. 小寒　　D. 大寒

24. 康德是德国著名哲学家，同时也是一位有重大贡献的自然科学家。他积极探索天体的起源及其运动变化规律，提出了关于太阳系自然形成的理论，这一理论是(　　)

A. "星云"假说　　　　B. "大爆炸"学说

C. "银河星系"假说　　　　D. "银河系中心"学说

25. 王羲之是我国古代著名的书法家，他的(　　)被誉为"天下第一行书"。

A.《黄庭经》　　　　B.《兰亭序》

C.《三希堂法帖》　　　　D.《快雪时晴帖》

26. 在 Word 中，如果要将光标移动至所在行行首，可以按(　　)键。

A. Insert　　B. Home　　C. End　　D. Esc

27. 在 PowerPoint 中，若要使某个内容在每张幻灯片上都出现，应该在(　　)中设置。

A. 大纲视图　　　　B. 浏览视图

C. 页面设置　　　　D. 幻灯片母版

28. 下列选项中，与"地球：行星"逻辑关系一致的是(　　)

A. 英国：国家　　　　B. 陕西：中国

C. 公路：道路　　　　D. 岛屿：大陆

29. 找规律填数字是一项很有趣的活动，特别锻炼观察力和思考力。下列选项中，填入数列"2、6、13、39、15、45、23、________"空缺处的数字，正确的是(　　)

A. 46　　B. 66　　C. 68　　D. 69

二、材料分析题(本大题共 3 小题,每小题 14 分,共 42 分)阅读材料,并回答问题

30. 材料:

户外活动时,几个孩子蹲在幼儿园的老槐树下,聚精会神地看着什么。“好有趣啊!”张老师寻着幼儿的声音慢慢地走过去,轻声地问:“你们在看什么呢?”铭铭高兴地回答:“老师,蚂蚁们在跳圆圈舞!”张老师听到这样的回答有点诧异,然后顺着他们的视线看了过去,蚂蚁们围成了圆圈状,再仔细一看,是因为地面上不小心撒了一圈蜂蜜。

张老师低头沉思了片刻,心想,或许这正是培养幼儿观察力及思考能力的好时候。于是张老师又轻声问:“大家再仔细看看、仔细想想,蚂蚁真的会跳圆圈舞吗?”几个孩子听到张老师的提问,观察得更仔细了,涨红着小脸热烈地讨论着。

连续几次的户外活动时间,张老师都带幼儿出去观察周围的花花草草、小动物等。当发现周围有新奇的现象时,张老师便和幼儿一起讨论、探索,孩子们既开心,又增长了知识。于是张老师决定开发一门课程,每周选择一种常见植物或动物,带领孩子们去观察、学习。

问题:

请结合材料,从教师观的角度,评析张老师的教育行为。(14 分)

31. 材料:

中(1)班的毕老师工作热情高,尊重幼儿,对幼儿有爱心和耐心。班上一名幼儿有轻微的自闭倾向,毕老师及时查阅相关资料,用专业知识开导幼儿。毕老师不断学习,提升自己的业务水平及工作能力,赢得幼儿的喜爱和家长的认可。某年9月10日,毕老师看到微信上家长发来的金额不等的红包,他很烦恼,向其他教师请教,某教师对毕老师说:"收下吧,不要辜负了家长的心意。"但毕老师经过深思熟虑后,还是决定拒绝接收任何一位家长的微信红包。

问题:

请结合材料,从教师职业道德的角度,评析毕老师的教育行为。(14分)

32. 材料：

他落榜了！一千二百年前。榜纸那么大那么长，然而，就是没有他的名字。啊！竟单单容不下他的名字“张继”那两个字。

考中的人，姓名一笔一画写在榜单上，天下皆知。奇怪的是，在他的感觉里，考不上，才更是天下皆知，这件事，令他羞惭沮丧。

离开京城吧！议好了价，他踏上小舟。本来预期的情节不是这样的，本来也许有插花游街、马蹄轻疾的风流，有衣锦还乡、袍笏加身的荣耀。然而，寒窗十年，虽有他的悬梁刺股，琼林宴上，却并没有他的一角席次。

船行似风。

江枫如火，在岸上举着冷冷的爝焰，这天黄昏，船，来到了苏州。但这美丽的古城，对张继而言，也无非是另一个触动愁情的地方。

如果说白天有什么该做的事，对一个读书人而言，就是读书吧！夜晚呢？夜晚该睡觉以便养足精神第二天再读。然而，今夜是一个忧伤的夜晚。今夜，在异乡，在江畔，在秋冷雁高的季节，容许一个落魄的士子放肆他的忧伤。江水，可以无限度地收纳古往今来一切不顺遂之人的泪水。

这样的夜晚，残酷地坐着，亲自听自己的心正被什么东西啮食而一分一分消失的声音，并且眼睁睁地看自己的生命如劲风中的残灯，所有的力气都花在抗拒，油快尽了，微火每一刹那都可能熄灭。然而，可恨的是，终其一生，它都不曾华美灿烂过啊！

江水睡了，船睡了，船家睡了，岸上的人也睡了。唯有他，张继，睡不着。夜愈深，愈清醒，清醒如败叶落余的树，似梁燕飞去的空巢。

起先，是睡眠排拒的他。（也罢，这半生，不是处处都遭排拒吗?）而后，是他在赌气，好，无眠就无眠，长夜独醒，就干脆彻底来为自己验伤，有何不可？月亮西斜了，一副意兴阑珊的样子。有乌啼，粗嗄嘶哑，是乌鸦。那月亮被它一声声叫得更黯淡了。江岸上，想已霜结千草。夜空里，星子亦如清霜，一粒粒冷绝凄绝。

在须角，在眉梢，他感觉，似乎也森然生凉，那阴阴不怀好意的凉气啊，正等待凝成早秋的霜花，来贴缀他惨淡少年的容颜。

江上渔火二三，他们在干什么？在捕鱼吧？或者，虾？他们也会有撒空网的时候吗？世路艰辛啊！即使潇洒的捕鱼者，也不免投身在风波里吧？然而，能辛苦工作，也是一种幸福吧！今夜，月自光其光，霜自冷其冷，安心的人在安眠，工作的人去工作。

只有张继，是天不管地不收的一个，是既没有权利去工作，也没福气去睡眠的一个。

钟声响了，这奇怪的深夜的寒山寺钟声。一般寺庙，都是暮鼓晨钟，寒山寺庙敲“夜半钟”，用以警世。钟声贴着水面传来，在别人，那声音只是睡梦中模糊的衬底音乐。在他，却一记一记都撞击在心坎上，正中要害。钟声那么美丽，但钟自己到底是痛还是不痛呢？

既然失眠，他推枕而起，摸黑写下“枫桥夜泊”四字。然后，就把其余二十八字照抄下来。我说“照抄”，是因为那二十八个字在他心底已像白墙上的黑字一样分明凸显：

月落乌啼霜满天，
江枫渔火对愁眠。
姑苏城外寒山寺，
夜半钟声到客船。

感谢上苍，如果没有落第的张继，诗的历史上便少了一首好诗，我们的某一种心情，就没有人来为我们一语道破。

一千二百年过去了，那张长长的榜单上(就是张继挤不进去的那纸金榜)曾经出现过的状元是谁？哈！管他是谁。真正被记得的名字是“落第者张继”。有人会记得那一届状元披红游街的盛景吗？不！我们只记得秋夜的客船上那个失意的人，以及他那场不朽的失眠。

(摘编自张晓风《不朽的失眠》，有删改)

问题：

(1)从结构和内容两方面，说说“船行似风”一句在文中的作用。(4分)

(2)文章题为“不朽的失眠”，请结合全文，解释标题的含义，并说说标题的好处。(10分)

三、写作题(本大题1小题,50分)

33.阅读下面的材料,按要求作文。

师旷是我国古代著名的音乐家。一天,师旷正为晋平公演奏,忽然听到晋平公叹气说:"有很多东西我还不知道,可我现在已70多岁,再想学也太迟了吧!"师旷笑着答道:"那您就赶紧点蜡烛啊。"晋平公有些不高兴:"你这话什么意思?求知与点蜡烛有什么关系?答非所问!你不是故意戏弄我吧?"师旷赶紧解释:"我怎敢戏弄大王您啊!只是我听人说,年少时学习,就像走在朝阳下;壮年时学习,犹如在正午的阳光下行走;老年时学习,那便是在夜间点起蜡烛小心前行。烛光虽然微弱,比不上阳光,但总比摸黑强吧。"晋平公听了,点头称是。

综合上述材料所引发的思考和感悟,写一篇论说文。

要求:

用规范的现代汉语写作,角度自选,立意自定,标题自拟,不少于800字。

机密★启封前　　　　　　　　　　姓名____________　准考证号____________

国家教师资格考试预测试卷(二十)

综合素质(幼儿园)

注意事项:

1. 考试时间为120分钟,满分为150分。

2. 请按规定在答题卡上填涂、作答,在试卷上作答无效,不予评分。

一、单项选择题(本大题共29小题,每小题2分,共58分)

在每小题列出的四个备选项中只有一个是符合题目要求的,请用2B铅笔把答题卡上对应题目的答案字母按要求涂黑。错选、多选或未选均无分。

1. 幼儿园正在排练六一文艺汇演节目,中(1)班准备表演合唱《小毛驴》。小朋友们向王老师告状亮亮总是在合唱的时候“走调”,王老师组织小朋友们投票把亮亮“开除”出了合唱队。王老师的做法(　　)

A. 合理,保障了合唱队的质量

B. 不合理,是不尊重幼儿的表现

C. 合理,正确地发扬了教育民主

D. 不合理,不利于幼儿的身体健康

2. 上课了,乐乐带着一只捡到的流浪猫走进教室,立刻引起一片喧哗。作为老师,正确的处理方式是(　　)

A. 明确告知乐乐不得带宠物进校,并当众指责其违反上课纪律

B. 严肃课堂纪律,立即开始上课

C. 赞赏乐乐救助小猫的行为,并和同学们一起将小猫暂时安置在办公室后开始上课

D. 仔细询问乐乐救助小猫的经过

3. 某班主任在工作中时常感到学生家长难以应付,经常被家长误解甚至发生口角。该班主任有待提高的能力是(　　)

A. 教学能力　　B. 评价能力　　C. 沟通能力　　D. 研究能力

4. 彤彤性格内向,基本不跟其他幼儿交往,活动时常一个人在图书区看书。罗老师对她说:“你看小朋友们玩得多开心啊,你应该也参加一些其他活动,多跟大家一起玩。”下列说法中**不恰当**的是(　　)

A. 罗老师注重幼儿个性发展　　B. 罗老师注重幼儿主动发展

C. 罗老师注重幼儿全面发展　　D. 罗老师注重幼儿均衡发展

5. 根据《中华人民共和国宪法》规定,国务院有权制定(　　)

A. 教育法律　　B. 教育行政法规

C. 教育政府规章　　D. 教育单行条例

6. 某机关违反国家规定向学校收取费用,依据《中华人民共和国教育法》,由政府责令该机关退还所收费用,并对直接负责的主管人员和直接责任人员(　　)

A. 依法给予处罚　　B. 依法提起诉讼

C. 依法给予处分　　D. 依法提出复议

7. 一家私立幼儿园外,一名 3 岁女童被遗忘在校车上。6 个小时后,当天 15 时许,事发幼儿园园长才把她从车里抱出来。医生推测,孩子可能在上午 10 点多就已死亡。孩子的死亡应由(　　)承担责任。

A. 校车司机　　B. 幼儿园

C. 司机和幼儿园共同　　D. 司机和幼儿园园长共同

8. 某网站在对用户发帖进行审核时,发现有用户发布了一条可能影响未成年人身心健康的信息。依据《中华人民共和国未成年人保护法》,该网站应当采取的措施是(　　)

A. 作出提示或者通知用户予以提示

B. 立即停止向该用户提供网络服务

C. 删除相关记录并向当地公安机关报告

D. 删除、屏蔽、断开链接等

9. 面对办学成本的不断增加,周校长计划将捐资举办的学校转型为营利性民办学校,通过向学生收取合理学费,来保障教育质量。周校长的做法(　　)

A. 合法,校长享有处置学校财产的合法权利

B. 合法,有利于保障学生接受优质教育的权利

C. 不合法,捐资举办的学校财产应当归国家所有

D. 不合法，捐资举办的学校不得设立为营利性组织

10. 下列情形中，学校应当依法承担相应责任的学生伤害事故的是(　　)

A. 来自学校外部的突发性、偶发性侵害造成的

B. 地震、台风、雷击、洪水等不可抗的自然因素造成的

C. 学生有特异体质、特定疾病或者异常心理状态，学校不知道或难于知道造成的

D. 教师体罚学生导致学生受伤的

11. 王老师大学毕业后自愿到西部少数民族地区支教，根据《中华人民共和国教师法》的规定，应该依法对王老师(　　)

A. 给予补贴　　B. 予以表彰　　C. 进行奖励　　D. 提高津贴

12.《幼儿园工作规程》中提出的幼儿园保育和教育的主要目标**不包括**(　　)

A. 培养幼儿的想象创造力

B. 培养幼儿良好的生活习惯

C. 萌发幼儿爱科学的情感

D. 培养幼儿初步的动手探究能力

13. 某幼儿园的王老师十分擅长跳舞，在一次家园联欢会上表演后，班级里的许多家长都希望王老师能在周末给孩子们补习舞蹈，并答应付给王老师一定的报酬。王老师便欣然接受了。该做法表明王老师(　　)

A. 乐于帮助幼儿提升舞蹈技能

B. 能够积极听取家长的意见

C. 违背了为人师表的教师职业道德要求

D. 违背了爱岗敬业的教师职业道德要求

14. 特级教师李老师经常去听年轻老师的课并给予指导。一次听孙老师上课时，李老师发现孙老师对某个知识点的讲解存在偏差，便当场打断予以纠正。这说明李老师(　　)

A. 帮扶心切，严慈相济　　B. 甘为人梯，示范失当

C. 教学严谨，循循善诱　　D. 严于律己，缺乏尊重

15. 陈老师从事幼教事业已有十五个年头，她一直用慈母般的爱心温暖着孩子们幼小的心灵。每天她总是第一个到幼儿园，最后一个离开；她曾为了美化教育环境，在零度以下的室外作画；她潜心研究，开发园本课程。陈老师的行为体现的职业道德规

范是(　　)

A. 爱国守法　　B. 爱岗敬业

C. 关爱幼儿　　D. 教书育人

16. "五一"休假期间，杨杨小朋友一家邀请李老师一起去旅游，并预先帮李老师支付了她的所有费用，而且还给她买了不少礼物，李老师都欣然接受了。李老师的行为(　　)

A. 不恰当，违背了《中华人民共和国教师法》

B. 恰当，是家园合作的具体表现

C. 恰当，是家长自愿支付的

D. 不恰当，违背了《中小学教师职业道德规范》

17. 我国是多民族国家，许多民族用史诗、叙事诗以及传唱等方式，歌颂本民族的英雄或传说人物。下列选项中属于蒙古族的是(　　)

A.《玛纳斯》　　B.《嘎达梅林》

C.《阿诗玛》　　D.《格萨(斯)尔》

18. "何处招魂，香草还生三户地；当年呵壁，湘流应识九歌心"，这副对联说的是(　　)

A. 曹操　　B. 岳飞　　C. 屈原　　D. 文天祥

19.《麦琪的礼物》是美国作家(　　)的作品。

A. 马克·吐温　　B. 毛姆

C. 欧·亨利　　D. 乔伊斯

20. 关于医学常识，下列说法错误的是(　　)

A. 华佗首创"麻沸散"，被称为外科鼻祖

B. 张仲景是唐代人，著有《伤寒杂病论》

C. 明朝李时珍著的《本草纲目》，被称为东方药物巨典

D. 孙思邈著有《千金方》，这是一本综合性临床百科全书

21. 19世纪中后期一直到一战前后，英国处于维多利亚时代，以下作品的内容反映了维多利亚时代英国社会生活的是(　　)

A.《福尔摩斯探案集》　　B.《少年维特之烦恼》

C.《老人与海》　　D.《十日谈》

22. 我国海洋资源丰富，是世界上海盐产量最大的国家之一。我国主要盐场的分布条件为(　　)

A. 纬度低、气温高　　B. 滩涂平坦、蒸发旺盛

C. 受东南季风影响较大　　D. 海水盐度较高

23. 揭开中日全面战争序幕的是(　　)

A. 九一八事变　　B. 淞沪会战

C. 七七事变　　D. 华北事变

24. “迄今为止，我国自主建设运行的规模最大、覆盖范围最广、服务性能要求最高的基础设施顺利开通。”这段文字所报道的科技成果是(　　)

A. “嫦娥五号”探测器　　B. 北斗全球卫星导航系统

C. “天问一号”探测器　　D. “奋斗者”号载人潜水器

25. 以下对中国文化艺术的文言别称中，属于绘画的是(　　)

A. 丝竹　　B. 临池

C. 丹青　　D. 金石

26. 小王同学以 Word 文档的形式写了一份新学期的学习计划，请指导老师发表对学习计划的看法和建议。指导老师最适宜使用的文字处理软件功能是(　　)

A. 查找和替换　　B. 批注

C. 自动更正　　D. 拼写和语法检查

27. 下列有关 PowerPoint 课件制作的说法**不正确**的是(　　)

A. PowerPoint 课件中可以插入 Flash 文件

B. PowerPoint 课件中插入的音频文件可设置成自动播放

C. PowerPoint 课件支持一个对象多个动画连续播放

D. PowerPoint 课件不支持多个对象的动画同时播放

28. 下列选项中，与“蝴蝶—蟋蟀”逻辑关系相同的是(　　)

A. 桑葚—鲜花　　B. 海棠—海参

C. 鹦鹉—海鸥　　D. 恒星—太阳

29. 找规律填数字是一项很有趣的活动，特别锻炼观察力和思考力。下列选项中，填入数列“2、12、30、______、90”空缺处的数字，符合该组数字排列规律的是(　　)

A. 50　　B. 65　　C. 75　　D. 56

二、材料分析题(本大题共3小题,每小题14分,共42分)阅读材料,并回答问题

30.材料:

孟老师班里有个“游戏大王”松松,整日沉迷于游戏,一有空就与人玩打斗游戏。他对玩游戏自有一套方法,常常是赢家。但是他对安静活动,如绘画、手工等都没有耐心。有一次,绘画主题是“神奇的七色花”,只见他飞快地画了几笔就想丢下,孟老师马上走过去一看,故作惊叹道:“呀！松松的七色花好神奇哦,帮你实现了什么愿望?”他拿起画就讲起来:“这朵红色的花送给我妈妈,让她变得更漂亮;这朵蓝色的花送给爷爷,让他身体好起来;这朵……”孟老师说:“你的愿望真好,那你能把花画得更清楚一点,让别人也能看懂你的画吗？老师相信松松一定能行的,因为你是胜利者,对吗?”松松本来有些犹豫,但听到“胜利者”马上来了精神:“我会画,你等着瞧吧!”然后竟然埋头画了好长时间。

问题:

请结合材料,从儿童观的角度,评析孟老师的教育行为。(14分)

31. **材料：**

李老师以优异的成绩被聘为某幼儿园教师，她一到岗就认真备课、讲课，勤奋学习，刻苦钻研，不断提高自己的教学技能，因教学效果好，她的课很受学生欢迎。但是，李老师不能容忍学生不认真听讲，她经常采取罚站、不许进教室等方式惩罚个别不认真听课的学生。

问题：

请结合材料，从教师职业道德的角度，评析李老师的教育行为。（14 分）

32. 材料：

今日所讲，专为现在有职业及现在正做职业上预备的人——学生——说法，告诉他们对于自己现有的职业应采何种态度。

第一要敬业。“敬”字为古圣贤教人做人最简易、直捷的法门，可惜被后来有些人说得太精微，倒变得不适实用了。惟有朱子解得最好，他说：“主一无适便是敬。”用现在的话讲，凡做一件事，便忠于一件事，将全副精力集中到这事上头，一点不旁骛，便是敬。业有什么可敬呢？为什么该敬呢？人类一面为生活而劳动，一面也是为劳动而生活。人类既不是上帝特地制来充当消化面包的机器，自然该各人因自己的地位和才力，认定一件事去做。凡可以名为一件事的，其性质都是可敬。当大总统是一件事，拉黄包车也是一件事。事的名称，从俗人眼里看来，有高下；事的性质，从学理上解剖起来，并没有高下。只要当大总统的人，信得过我可以当大总统才去当，实实在在把总统当作一件正经事来做；拉黄包车的人，信得过我可以拉黄包车才去拉，实实在在把拉车当作一件正经事来做，便是人生合理的生活。这叫作职业的神圣。凡职业没有不是神圣的，所以凡职业没有不是可敬的。唯其如此，所以我们对于各种职业，没有什么分别拣择。总之，人生在世，是要天天劳作的。劳作便是功德，不劳作便是罪恶。至于我该做哪一种劳作，全看我的才能如何、境地如何。因自己的才能、境地，做一种劳作做到圆满，便是天地间第一等人。

怎样才能把一种劳作做到圆满呢？唯一的秘诀就是忠实，忠实从心理上发出来的便是敬。《庄子》记佝偻丈人承蜩的故事，说道：“虽天地之大，万物之多，而唯吾蜩翼之知。”凡做一件事，便把这件事看作我的生命，无论别的什么好处，到底不肯牺牲我现做的事来和他交换。我信得过我当木匠的做成一张好桌子，和你们当政治家的建设成一个共和国家同一价值；我信得过我当挑粪的把马桶收拾得干净，和你们当军人的打胜一支压境的敌军同一价值。大家同是替社会做事，你不必羡慕我，我不必羡慕你。怕的是我这件事做得不妥当，便对不起这一天里头所吃的饭。所以我做这事的时候，丝毫不肯分心到事外。曾文正说：“坐这山，望那山，一事无成。”一个人对于自己的职业不敬，从学理方面说，便是亵渎职业之神圣；从事实方面说，一定把事情做糟了，结果自己害自己。所以敬业主义，于人生最为必要，又于人生最为有利。庄子说：“用志不分，乃凝于神。”孔子说：“素其位而行，不愿乎其外。”我说的敬业，不外这些道理。

（摘编自梁启超《敬业与乐业》，有删改）

问题：

(1)请简要概括文中“人生合理的生活”这句话所表达的意思。(4 分)

(2)文章中引用《庄子》中佝偻丈人的故事，旨在说明什么？请简要分析。(10 分)

三、写作题(本大题1小题,50分)

33. 阅读下面的材料,按要求作文。

“天街小雨润如酥,草色遥看近却无”是唐代诗人韩愈的名句。诗句的意思是说,在滋润如酥的初春细雨中,春草发芽,远远望去,一片淡淡的绿色,可是走近后,却只见到极为稀疏的草芽,绿色反而感觉不到了。诗句的意境是美的,隐含的哲理也很丰富。它使我们领悟到:置身太近,有时反而感觉不到实际存在的东西;要把握某一事物,有时需要跳出这一事物;人对事物的看法与对美的感受同距离是有关系的……其实,生活中的许多事物和现象,都含有这两句诗的意境与哲理,关键在于你的观察与体会。

根据上述文字所引发的思考和感悟,写一篇论说文。

要求:

用规范的现代汉语,角度自选,立意自定,标题自拟,不少于800字。

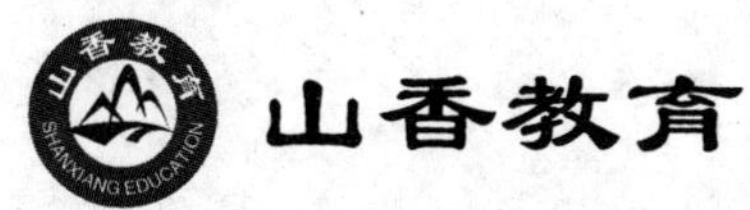

国家教师资格考试

历年真题详解及预测试卷

综合素质·幼儿园(真题答案本)

目　录

2023 年下半年中小学教师资格考试真题试卷(一)

一、单项选择题

1. A 【解析】本题考查幼儿教师的角色。教师应成为幼儿学习活动的支持者、合作者、引导者。教师要努力为幼儿创设和提供各种丰富的学习、活动的机会和材料,积极鼓励幼儿操作、探索和与人交往,积累各种知识、经验,激发幼儿主动学习的态度、兴趣和强烈愿望,并促进幼儿认知和智力的发展。A 项,创设“五彩秋天”主题墙的活动主体是教师本人,幼儿并没有参与,未体现教师支持者的角色。本题为选非题,故选 A 项。

B 项,教师提供放大镜给幼儿观察落叶,鼓励幼儿操作,激发幼儿的探究兴趣,是支持者角色的表现。

C 项,教师组织幼儿讨论落叶特征,可以启发幼儿思考和表达,是支持者角色的表现。

D 项,教师准备树叶给幼儿做粘贴墙,提供材料和条件支持幼儿的活动,是支持者角色的表现。

2. D 【解析】本题考查“育人为本”的儿童观。“育人为本”的儿童观提出,幼儿是学习的主体,是具有能动性的教育对象。幼儿在受教育过程中并不是对教师的完全盲从,而具有在教育活动中的主观能动性和自我教育的可能性。题干中的李老师让幼儿自己选择春游的目的地,统计想去的人数,再根据统计结果做决定,这表明李老师将幼儿视为活动的主体,尊重幼儿的主体地位。故本题选 D 项。

A 选项,“育人为本”的儿童观认为,幼儿是独特的人,由于遗传、环境、教育等方面的影响,每个幼儿身心发展的速度都各不相同,身心素质的组合特征也不同。每个幼儿都有其优势领域和劣势领域,教师应当将幼儿看成独特的个体,因材施教,促进幼儿的全面发展。

B 选项,幼儿发展的整体性是指儿童发展的各个领域都是密切相关的,它们共同促成了儿童的整体性发展,一个领域的发展会影响其他领域的发展,同时这个领域的发展也会受到其他领域的影响。

C 选项,参与性是指在教育活动过程中,教师要注意通过多种途径和策略调动幼儿的主体参与性,在参与过程中获得体验与发展。

3. C 【解析】本题考查教学互动中幼儿的心理需要。为了满足幼儿对接纳的需要,教师应注意在幼儿活动的过程中,随时用目光注视、空间接近、身体接触等方式来让幼儿感受教师对他们的关注,并不失时机地向幼儿个体或群体提供积极的正面反馈。同时,教师也应注意经常引导幼儿对同伴做出积极的评价和反馈。与题干描述相符,故选 C。

A 选项,为了满足幼儿对探究、创新的需要,教师应有意识地经常给幼儿提供探索、创新的机会。在向幼儿提供探索、创新的榜样时,来自幼儿的榜样,不仅能激发幼儿效仿榜样的兴趣和信心,还对养成幼儿的探究、创新意识具有不可取代的价值。与题干描述不符。

B 选项,为了满足幼儿对秩序的需要,教师应有意识地为幼儿提供秩序良好的活动环境、活动组织形式、活动方法和活动内容。教师应努力设法帮助幼儿逐步养成注意在有限空间中找到合适的个人空间位置的习惯,以使幼儿自己能够随心所欲地活动,既不会妨碍他人,又不会受到他人的妨碍。教师还应设法使每一次活动的全过程都能具有良好的动静、张弛的秩序,以便满足幼儿的生理、心理活动对最基本的生存、发展秩序的需要。与题干描述不符。

D 选项,为了满足幼儿对参与的需要,教师应十分注意多为幼儿提供发表意见、建议、看法、感受的机会,将大多数幼儿的等待、观望时间减少到最低的程度,并将教师或个别幼儿的讲解、示范、表演控制在十分必要的范围之内。同时,教师还应尽可能多地将组织、领导、控制活动的权利让给幼儿。与题干描述不符。

4. D 【解析】本题考查"育人为本"的儿童观。"育人为本"的儿童观认为幼儿是学习的主体,是具有能动性的教育对象。幼儿是受教育的对象,但幼儿在受教育过程中并不是对教师的完全盲从,而具有在教育活动中的主观能动性和自我教育的可能性。幼儿对教学不是无条件地接受,不是盲目地模仿,而是根据主体的条件(愿望、态度、能力等)来进行选择。题干中,面对户外活动想玩大型多功能组合玩具的小朋友,李老师应遵循"以人为本"的儿童观的要求,尊重幼儿的主体地位,让幼儿自主选择。故本题选 D 项。

A 选项,大型多功能组合玩具可以促进幼儿运动协调能力和平衡能力的发展,为了避免发生危险而建议幼儿玩沙,不利于幼儿运动能力的发展。

B 选项,要求只玩一个项目,没有尊重幼儿的主观意愿,忽视了幼儿的主体地位。

C 选项,要求幼儿定时交换,可能会减少幼儿游戏的愉悦性体验。

5. B 【解析】本题考查《中华人民共和国宪法》。《中华人民共和国宪法》第二十四条规定,国家通过普及理想教育、道德教育、文化教育、纪律和法制教育,通过在城乡不同范围的群众中制定和执行各种守则、公约,加强社会主义精神文明的建设。A、C、D 选项均符合题意。"法制"与"法治"的含义不同。"法制"侧重强调法律、法规、规章等制度,主要指静态的法的规则和体系,是相对于经济制度、政治制度而言的;"法治"则是一种治国的理论、原则和方法,包括动态的立法、司法、行政执法及守法等活动,还包含着一种价值追求，以实现社会公平正义为目标，要求限制公权力、保障私权利等。因此，“法制教育”与“法治教育”二者含义不同。

综上，本题为选非题，故选 B 项。

6. D 【解析】本题考查《儿童权利公约》。《儿童权利公约》第三条规定，关于儿童的一切行动，不论是由公私社会福利机构、法院、行政当局或立法机构执行，均应以儿童的最大利益为一种首要考虑。A、B、C 选项均不符合题意，故本题选 D 项。

7. B 【解析】本题考查《幼儿园工作规程》。《幼儿园工作规程》第五十四条规定，幼儿园应当成立家长委员会。家长委员会的主要任务是：对幼儿园重要决策和事关幼儿切身利益的事项提出意见和建议；发挥家长的专业和资源优势，支持幼儿园保育教育工作；帮助家长了解幼儿园工作计划和要求，协助幼儿园开展家庭教育指导和交流。家长委员会在幼儿园园长指导下工作。

A、C、D 选项均属于家长委员会的主要任务，本题为选非题，故选 B 项。

8. C 【解析】本题考查《中华人民共和国未成年人保护法》。《中华人民共和国未成年人保护法》第五十九条规定，任何人不得在学校、幼儿园和其他未成年人集中活动的公共场所吸烟、饮酒。所以，题干中洋洋爸爸的做法不正确，幼儿园所有场所禁止吸烟。故本题选 C 项。

9. A 【解析】本题考查《中华人民共和国教师法》。《中华人民共和国教师法》第三十条规定，教师退休或者退职后，享受国家规定的退休或者退职待遇。县级以上地方人民政府可以适当提高长期从事教育教学工作的中小学退休教师的退休金比例。故本题选 A 项。

10. B 【解析】本题考查《幼儿园工作规程》。《幼儿园工作规程》第十五条规定，幼儿园应当结合幼儿年龄特点和接受能力开展反家庭暴力教育，发现幼儿遭受或者疑似遭受家庭暴力的，应当依法及时向公安机关报案。故本题选 B 项。

11. A 【解析】本题考查《幼儿园工作规程》。《幼儿园工作规程》第三十九条规定，幼儿园教职工患传染病期间暂停在幼儿园的工作。有犯罪、吸毒记录和精神病史者不得在幼儿园工作。题干中园长暂停患传染病的教师冯某的工作，该行为是合法的，能有效防止疾病传播，保护幼儿的身心健康。故 A 项说法正确，C、D 选项说法错误，排除。

B 选项，园长对患传染病的教师冯某采取暂停工作的措施是合法的，并不属于对教师的处理。B 选项说法错误，排除。

12. A 【解析】本题考查《中华人民共和国教育法》。《中华人民共和国教育法》第七十三条规定，明知校舍或者教育教学设施有危险，而不采取措施，造成人员伤亡或者重大财产损失的，对直接负责的主管人员和其他直接责任人员，依法追究刑事责任。题干中刘某发现幼儿园滑梯存在安全隐患，没有及时采取措施进行处理，导致多名幼儿重伤的重大事故发生，刘某作为该幼儿园园长，是对幼儿园直接负责的主管人员，所以应当依法追究刘某的刑事责任。A 项说法正确。

13. A 【解析】本题考查《中小学教师职业道德规范(2008 年修订)》。为人师表的教师职业道德规范要求教师坚守高尚情操，知荣明耻，严于律己，以身作则。衣着得体，语言规范，举止文明。题干中李老师直接走到最前面接水的行为是错误的，幼儿指出李老师的错误行为后，李老师应虚心接受错误并自觉改正，遵守规则，为幼儿树立榜样。A 项说法恰当。

B 选项，李老师只是口头道歉但并没有改正行为，说法不恰当。

C 选项，李老师的话没有做到尊重幼儿，说法不恰当。

D 选项，李老师是为自己的错误行为找借口，说法不恰当。

14. C 【解析】本题考查《中小学教师职业道德规范(2008 年修订)》。关爱学生的教师职业道德规范要求教师关心爱护全体学生，尊重学生人格，平等公正对待学生。对学生严慈相济，做学生良师益友。保护学生安全，关心学生健康，维护学生权益。题干中的田老师只展示优秀的作品，没有做到一视同仁，没有平等公正对待全体学生。故本题选 C 项。

A 选项，因材施教是指每个幼儿在行为、兴趣、爱好、才能等方面都有自己的特点，幼儿教师要想取得良好的教育效果，就必须了解每个幼儿的独特性，做到因材施教。只有尊重孩子的成长规律，了解孩子，关注个体差异，才能使幼儿身心健康成长，促进其全面和谐发展。与题干不符，排除。

B 选项，发展权是指幼儿拥有充分发展其全部体能和智能的权利，题干中的田老师的做法不是保护幼儿发展权的表现，排除。

D 选项，循循善诱是指教师善于有步骤地引导和教育幼儿。与题干不符，排除。

15. B 【解析】本题考查《中小学教师职业道德规范(2008 年修订)》。为人师表的教师职业道德规范要求教师坚守高尚情操，知荣明耻，严于律己，以身作则。衣着得体，语言规范，举止文明。关心集体，团结协作，尊重同事，尊重家长。作风正派，廉洁奉公。自觉抵制有偿家教，不利用职务之便谋取私利。题干中园长利用学生的入园，请求家长无偿提供轮胎并提供资源，这是利用职务之便获取资源，做法不恰当。本题选 B。

A 选项，利用废旧轮胎制成攀爬设施，有利于锻炼幼儿的身体协调能力和平衡能力，但园长请求家长无偿提供轮胎并制作攀爬设施的做法不恰当，应该通过适当途径实施。

C、D 选项说法错误，排除。

16. D 【解析】本题考查《中小学教师职业道德规范(2008 年修订)》。为人师表的教师职业道德规范要求教师坚守高尚情操,知荣明耻,严于律己,以身作则。衣着得体,语言规范,举止文明。关心集体,团结协作,尊重同事,尊重家长。题干中李老师以年龄大,对新生事物不敏感为由,拒绝做王老师的导师。说明李老师没有做到团结协作,尊重同事,缺乏同济互助精神。故本题选 D 项。

A 选项,同伴协作能力是指在组织中共同完成工作任务时所表现出来的与人协作的能力,是与组织分工合作相关的一系列行为表现。题干中李老师的话表明他缺乏同伴协作的意识,但并未体现其缺乏协作能力。A 项排除。

B 选项,李老师以自己年龄大、对新事物不敏感为由,推脱了应尽的教导新老师的责任,并不是鼓励同事自我发展的表现。B 项排除。

C 选项,李老师的话是推脱责任的表现,并不是谦虚谨慎。C 项排除。

17. C 【解析】本题考查光学现象——虹。阳光射入悬浮在空中的无数的小水滴,经过折射、反射作用,在太阳相反的方向形成的彩色或白色圆弧,叫做虹。虹有主虹和副虹两种。主虹即称为“虹”,由阳光射入水滴,经两次折射和一次反射而成,色带排列是外红内紫。副虹称为“霓”,由阳光射入水滴经两次折射和两次反射而成,色带排列是内红外紫。由于副虹多一次反射,所以光带色彩不如主虹鲜明。故 A、B、D 选项表述正确。

C 选项,空气里水滴的大小,决定了彩虹的色彩鲜艳程度和宽窄。空气中的水滴大,彩虹就鲜艳,也比较窄;水滴小,彩虹的颜色就比较淡,也比较宽。C 项表述错误,本题为选非题,故选 C。

18. C 【解析】本题考查天气图形符号。A 选项是雾的天气图形符号;B 选项是霾的天气图形符号;C 选项是沙尘暴的天气图形符号;D 选项为扬沙的天气图形符号。故本题选 C 项。

19. A 【解析】本题考查世界历史。1791 年,法属殖民地海地爆发起义。杜桑·卢维杜尔领导海地人民废除奴隶制,英勇抗击前来镇压的法国军队。经过十余年的苦战,1804 年,海地终于赢得了独立,成为拉丁美洲第一个独立国家。海地独立掀开了拉丁美洲独立运动的序幕。故本题选 A。

B 选项,16 世纪,巴西沦为葡萄牙的殖民地。1822 年,巴西摆脱葡萄牙的统治获得了独立。

C 选项,16 世纪前期,哥伦比亚沦为西班牙的殖民地。1810 年,哥伦比亚宣布独立,但遭到镇压。1819 年,在玻利瓦尔的领导下,哥伦比亚重获解放。

D 选项,16 世纪中叶,委内瑞拉沦为西班牙的殖民地。1811 年 7 月 5 日宣布独立,1819 年与现在的哥伦比亚、巴拿马、厄瓜多尔组成“大哥伦比亚共和国”,1829 年退出“大哥伦比亚共和国”,1830 年建立共和国。

20. C 【解析】本题考查与我国国歌诞生相关的历史事件。《义勇军进行曲》由田汉作词、聂耳作曲,创作于抗日战争时期。该歌曲原为电影《风云儿女》的主题歌,后成为中华人民共和国国歌。该作品雄壮激烈,催人奋进,号召人民捍卫国家和民族尊严,展现了中华民族的坚强意志和永不屈服的精神。故本题选 C 项。

A 选项,19 世纪末兴起的义和团运动,是一场震撼中国大地的以农民为主体的反帝爱国运动。他们英勇的斗争给予外国侵略者和本国封建统治者以有力的打击。

B 选项,1911 年 10 月 10 日,湖北新军工程营革命党人在武昌起义,因 1911 年为农历辛亥年,故这次革命也被称为“辛亥革命”。辛亥革命推翻了清王朝统治,结束了中国两千多年的君主专制制度,传播了民主共和理念,推动了中华民族思想解放,促使社会经济、思想文化和社会风俗等方面发生新的变化,为民族资本主义的发展创造了有利条件。

D 选项,解放战争是 1946 年至 1949 年,中国人民解放军在中国共产党的领导下,为推翻国民党统治而进行的战争。解放战争结束了国民党在中国大陆的统治。

21. A 【解析】本题考查中国古籍。《山海经》是中国志怪古籍,记载了许多矿产、神异怪兽、民俗人情、药用生物、名山河流及其地理位置等,包罗万象。书中还保存了大量闻名于后世的神话,如精卫填海、夸父逐日等。故本题选 A 项。

B 选项,北魏地理学家郦道元作《水经注》,该书记载了 1252 条河流的源头、河道、支流,介绍了这些河流流经地区的水文、地形、气候、土壤、物产,以及历史古迹、风土人情等,是一部综合性的地理学著作。

C 选项,北宋沈括的《梦溪笔谈》是一部涉及古代自然科学、工艺技术及社会历史现象的综合性笔记体著作,记载了我国古代特别是北宋时期自然科学达到的辉煌成就,被李约瑟评价为“中国科学史上的里程碑”。

D 选项,《聊斋志异》简称《聊斋》,是清代文学家蒲松龄所作的我国第一部文言短篇小说集,堪称中国古典文言短篇小说之巅峰。小说题材多样,或叙述狐鬼花妖与书生交往的故事,或抒发公愤,刺贪刺虐,或揭露科举腐败,或讥讽社会失德,大都运用浪漫主义手法,描绘奇幻的世界,表达美好的希望,表现出对社会的关注和批判意识。

22. D 【解析】本题考查弥尔顿的代表作品。弥尔顿是 17 世纪英国诗人,文艺复兴运动和 18 世纪启蒙思想运动的桥梁,代表作有《失乐园》《复乐园》和《力士参孙》。故本题选 D 项。

A 选项,《神曲》是意大利诗人但丁的诗作,分为《地狱》《炼狱》《天堂》三部。

B 选项,《唐璜》是英国浪漫主义诗人拜伦的诗作。

C 选项,《西风颂》是英国浪漫主义诗人雪莱的诗作。

23. B 【解析】本题考查与中秋节有关的诗句。A 选项,“海上生明月,天涯共此时”出自张九龄的《望月怀远》,是一首月夜怀远的诗,表达了作者面对美景而思念亲友的无限感伤和凄凉。

B 选项,“残腊即又尽,东风应渐闻”出自唐代诗人曹松的《除夜》,意思是寒冬腊月即将结束,又一年的春风马上降临神州大地。该诗描写的是除夕夜。

C 选项,“一轮秋影转金波,飞镜又重磨”出自辛弃疾的《太常引 · 建康中秋夜为吕叔潜赋》。作者在中秋之夜,对月抒怀,借明月寄托自己的理想与情怀。

D 选项,“皓魄当空宝镜升,云间仙籁寂无声”出自李朴的《中秋》,作者借中秋之月来抒发自己内心的纯洁高尚。

A、C、D 选项的诗句均适合中秋节,本题为选非题,故选 B 项。

24. A 【解析】本题考查中国首部获得国际荣誉的电影。1934 年由蔡楚生编剧和执导的剧情影片,王人美、韩兰根等主演的《渔光曲》在上海首映。该影片被推介参加莫斯科国际电影节,获得第九名,成为中国首部获得国际荣誉的影片。故本题选 A 项。

B 选项,1905 年,北京丰泰照相馆创办人任庆泰拍摄了由著名京剧演员谭鑫培主演的《定军山》片段,这是中国人自己摄制的第一部影片,标志着中国电影的诞生。

C 选项,《姊妹花》是 1933 年郑正秋根据自己的舞台剧《贵人与犯人》改编导演、董克毅摄影的影片,主要演员有胡蝶、郑小秋、宣景琳等。

D 选项,《桃李劫》是应云卫执导的剧情电影,由袁牧之、陈波儿主演,于 1934 年 12 月 16 日,在上海首映。

25. C 【解析】本题考查丰子恺的画作。丰子恺是中国现代散文家、翻译家、漫画家,被誉为“中国现代漫画的鼻祖”。丰子恺的漫画,早期多揭露社会黑暗,后期多为古诗词新画,并且常以儿童生活作为题材;造型简约,画风朴实。

A 选项为丰子恺的漫画《兜风》;B 选项为丰子恺的漫画《抬轿》;D 项为丰子恺的漫画《脚踏车》。

张乐平是中国当代漫画家,漫画“三毛”形象的创作者。张乐平被誉为“三毛之父”,是中国当代最杰出的漫画家之一。C 选项是张乐平画的“三毛”。本题为选非题,故选 C 项。

26. D 【解析】本题考查 Word 的基本操作。页眉和页脚是指在文档每一页的顶部和底部加入信息,这些信息可以是页码、日期、公司徽标、文档标题、文件名或作者名等文字或图形。在文档中可以自始至终用同一个页眉或页脚,也可以在文档的不同部分用不同的页眉和页脚。故快速在每页加入班级徽标,最适当的操作是将班级徽标图片插入“页眉/页脚”中。

27. B 【**解析**】本题考查 Excel 的基础知识。Excel 包含四类运算符:算术运算符、比较运算符、文本运算符和引用运算符。

(1)算术运算符有 +(加)、-(减)、*(乘)、/(除)、%(百分号)、^(乘方)、()(括号)。

(2)比较运算符有 =(等于)、>(大于)、<(小于)、> =(大于等于)、< =(小于等于)、< >(不等于)。

(3)文本运算符为“&”,用来连接一个或多个文本数据以产生组合的文本。

(4)单元格引用运算符为“:”(冒号),用于合并多个单元格区域;联合运算符为“,”(逗号),将多个引用合并为一个引用;交叉运算符为空格,产生同时属于两个引用单元格区域的引用。

B 项是比较运算符“不等于”,不属于算术运算符,本题为选非题,故本题选 B。

28. D 【**解析**】本题考查类比推理。“昆虫—动物”属于种属关系,昆虫是动物的一种。“彩色电视机”和“电视机”属于种属关系,彩色电视机是电视机的一种。故本题选 D 项。

A 选项,“大鱼”和“小鱼”是并列关系;B 选项,“汽车发动机”是“汽车”的一部分,不属于种属关系;C 选项“荷花”和“荷叶”都是荷花这种植物的组成部分,不属于种属关系。

易错提示:类比推理在考试中考查的频率较高,考生在做题时需要注意先从多个角度分析题干中给出的一组词语并判断关系,然后分别判断每个选项的关系。在判断时需要明确词语的含义,以免误判。

29. B 【**解析**】本题考查数字推理。观察题干数列“ = ”右边的数字可知,后一个数字与前一个数字间的差值为 5,7 - 2 = 5,12 - 7 = 5,故( ) - 12 = 5,( ) = 17,代入验证 22 - 17 = 5,故答案为 B。

二、材料分析题(参考答案)

30. 李老师的教育行为,既有值得肯定的地方,也有需要反思之处,我们应当辩证地看待。

(1)素质教育是面向全体学生的教育。素质教育倡导人人有受教育的权利,强调在教育中每个人都得到发展,而不是只注重一部分人,更不是只注重少数人的发展。每一位学生都能得到发展,是每一位学生的基本权利。材料中李老师在体育活动时,提出问题引导幼儿不断思考，肯定幼儿的想法并提醒幼儿注意安全，值得肯定。但在进入设计好的下一个环节时，李老师为了活动顺利进行，对浩浩的想法没有做出回应，说明李老师没有做到面向全体学生。

(2)素质教育是促进学生个性发展的教育。素质教育是全面发展的教育，是从教育对所有学生的共同要求的角度来看的，但每一位学生都有其个性，因此，教育要尊重并充分发展学生的个性。材料中李老师在体育活动中询问幼儿的不同想法，面对幼儿各种各样、富有特色的回答，李老师都给予肯定和鼓励，是促进幼儿个性发展的体现。但李老师忽视了浩浩的回答，不利于浩浩的个性健康发展。

(3)素质教育是以培养创新精神和实践能力为重点的教育。创新教育是素质教育的核心，它是教育对知识经济向人才培养提出的挑战的回应，是旨在激发学生创新意识、培养学生创新能力的教育。材料中李老师在体育活动中，调动幼儿的创新思维，鼓励幼儿探索，并使幼儿将想法在课堂上付诸实践，体现了素质教育是以培养创新精神和实践能力为重点的教育。

(4)教学从“以教育者为中心”转向“以学习者为中心”。教师应教给学生思维的方法并加强训练。材料中李老师组织了一个开放性的活动，让孩子们自由探索，体现了以幼儿为中心。但在活动结束时，李老师没有回应浩浩的补充，违背了“以学习者为中心”。

(5)教学从“重结论轻过程”转向“重结论的同时更重过程”。教师要创设生活情境，生活情境要具有含而不露、显而不僵、生动形象且符合实际的特点；要善于引导。材料中，李老师肯定每个幼儿的想法，重视他们的思考过程，体现了强调学习过程的理念。

(6)教学从“关注学科”转向“关注人”。教师应关注每一位学生，关注学生的情绪生活和情感体验。材料中，李老师对每个孩子的想法和安全表示关心，体现了关注幼儿的理念。但在活动结束时，没有对浩浩的想法给予回应，没有关注到浩浩的情感体验。

综上所述，李老师的行为既有合理之处，也有需要改进的地方。作为教师应当落实素质教育理念，改变教育方式，真正做到促进幼儿的发展。

(共 14 分。对李老师的行为评价正确得 2 分；从“面向全体”“个性发展”“创新精神和实践能力”“学习者为中心”“重过程”“关注人”等角度至少答出 4 条，每条 3 分，给出理论依据 1 分，结合材料合理阐述 2 分)

31. 根据教师职业道德规范，刘老师的部分行为符合教师职业道德规范的要求，同时，也有不恰当之处需要改进，我们应该辩证地看待。

(1)关爱学生的师德规范要求教师关心爱护全体学生，尊重学生人格，平等公正对待学生。对学生严慈相济，做学生良师益友。保护学生安全，关心学生健康，维护学生权益。材料中的刘老师没有因为幼儿弄脏裤子就讽刺挖苦，而是先安抚幼儿情绪并及时帮助清洗，做到了关爱学生。

(2)爱岗敬业的师德规范要求教师忠诚于人民教育事业，志存高远，勤恳敬业，甘为人梯，乐于奉献。对工作高度负责，认真备课上课，认真批改作业，认真辅导学生。不得敷衍塞责。材料中的刘老师在幼儿尿床后，安抚幼儿情绪并帮助幼儿清洗衣物，做到了对幼儿负责。但是在面对家长时，刘老师没有及时沟通处理问题，没有做到对家长负责。

(3)为人师表的师德规范要求教师坚守高尚情操，知荣明耻，严于律己，以身作则。衣着得体，语言规范，举止文明。关心集体，团结协作，尊重同事，尊重家长。作风正派，廉洁奉公。材料中的刘老师对待家长的态度不好，没有做到尊重家长。

综上所述，刘老师的做法还有需要改进的地方。作为教师我们应当严格要求自己，提高情绪管理能力，自觉遵守教师职业道德规范的要求。

(共14分。正确评价刘老师的行为得2分；从"关爱学生""爱岗敬业""为人师表"角度答出三点，每点4分，给出理论依据2分，结合材料合理阐述2分)

32.(1)①"双11"能"火"起来是因为它迎合了网络流行文化。"双11"通过借助当红明星的力量、社交媒体的热议以及大型文艺晚会的宣传，成功地将购物与流行文化结合，吸引了广大消费者的注意。

②"双11"能"火"起来的内在原因是它迎合了人性。"双11"对消费者贪便宜的心理揣摩到位，提供真实的优惠和折扣，释放了消费者的购买欲望；"双11"通过商业力量的引导激发了消费者的从众心理；"双11"是新老媒体中重要的社交话题，形成了巨大的舆论氛围，消费者需要参与购买才能加入这一社交话题。

③整体来看，"双11"符合潮流节日的特征。广告、音乐、明星、电商等多种因素的叠加使"双11"这个人造节日时尚化、大众化，调动了人们的参与感。

(共4分。答出"迎合网络流行文化"并具体解释得1分；答出"迎合人性"并具体解释得2分；答出"符合潮流节日的特征"并具体解释得1分)

(2)传统节日若想振兴，需要在传承中进行创新发展。具体包括：

①优化传统文化的内容与形式。最主要的就是要让民俗跟普通老百姓的生活产生关系。所以挖掘传统节日的鲜明特征，使之既符合传统又根植于时代，运用幸福感的仪式或者可参与的细节，让传统节日重新焕发活力。

②利用网络文化的兴起推广影响力。如今在网络时代下，很多信息都能快速共享，利用网络推出优质的作品，更能吸人眼球。

③从人的情感需求出发，焕发传统文化生命力。在快节奏的生活背景下年轻人压力不断增大，渴望在生活中能够被关怀、被关注来弥补精神上的缺失。

（共10分。答出“在传承中创新发展”得1分，从内容与形式方面作答得3分，从影响力方面作答得3分，从情感需求方面作答得3分）

三、写作题

33.【写作思路】这是一道材料作文题，材料的话题是“打卡”，要求考生表述自己对“打卡”现象的看法。“打卡”本意是上下班时刷卡记录考勤的方式，可以理解为“签到、登记、出示证件”等，现衍生为去某个地方或拥有某个事物，向他人展示。考生写作之前可结合材料和自己的生活实际辩证地认识生活中的“打卡”现象。考生可从多角度分析：(1)“打卡”是现代信息社会的产物，有一定的积极作用，比如督促人自律，激励人上进，给人提供前进的动力等。(2)“打卡”也有消极的方面，若盲目“打卡”，目的不纯，反而会滋长社会浮躁之风。(3)我们要辩证地看待，“打卡”始终只是形式，真正的生活还要靠实际行动支撑和创造，不可随波逐流。

【参考范文】

“打卡”莫要本末倒置

“打卡”原本只是一种简单的记录考勤的方式，但随着智能手机和社交软件的普及，“打卡”的含义延伸到诸多领域。在社交媒体发达的当下，“打卡”早已成为微信朋友圈中的常态：背单词、健身、品尝美食、旅游、掌握新技能……“打卡”展示，大家在朋友圈里“晒”起生活来乐此不疲。在这个“打卡”成风的时代，我们应当正确认识和运用它，不要本末倒置，把“打卡”当成目的，而忘记了它只不过是一种手段。

“打卡”作为一种纪录生活的方式，并不是现代人的专利，古人也会用“日注”“日录”等形式来记录当天的经历或所思所得。“打卡”作为一种主动的心理暗示和行为承诺，无论对于好习惯的养成、坏习惯的戒除，还是新技能的习得都能起到一定的促进作用。比如，在学习或健身的过程中，一旦产生懈怠情绪，打开手机回顾“打卡”记录，就能重新燃起我们的斗志。

然而，现实中有人本末倒置，把“打卡”获赞当成满足自我虚荣心的途径，导致打卡失去了原本的意义。一些人草草完成学习或锻炼后便急于在微信朋友圈“打卡”，不见得有了多大的成长和收获；也有人不顾能力贪多冒进，穿梭于各个目标间“打卡”而疲惫不堪，“消化不良”；更有人“先上车再补票”甚至“无中生有”。虽然同样获得了朋友们的点赞，但是有了“面子”却没有实质性收获的“里子”，多少有种自欺欺人的味道。

学习和锻炼的目的应该是提升自己、完善自己，“打卡”也只是记录和激励自己的一种方式。如果我们的时间和精力都花在了虚假“打卡”上，为了“打卡”而“打卡”，甚至用虚假“打卡”填补真实努力，用别人的认可满足自己的虚荣，这无异于掩耳盗铃。

“打卡”本不应成为表面行为，而应该体现真实的成长历程。我们应该根据自身情况合理设置“打卡”目标，不能机械地追求量的堆砌。另外，在“打卡”过程中，我们要学会合理安排时间，避免因过多“打卡”而造成时间和精力的虚耗。

说到底，盲目“打卡”、虚假“打卡”其实是内心浮躁的表现，不如做一个踏踏实实的行动者，“打卡”打得货真价实，人生才会收获大大的“赞”。

（这篇作文立意新颖，观点明确，围绕“打卡”这一主题展开论述，内容充实。文章具有一定的思考深度，不仅描述现象，还分析了“打卡”背后反映的心理需要，结构合理，语言流畅。拟定得分 47 分）

【评分标准】

等级	内容	语言	结构	书写
一等作文（占总分的 75% ~100%）	思想健康，感情真实，立意深刻，内容充实，中心突出，能联系实际	文从字顺，语言准确生动，有文采	结构严谨，层次清楚	字体工整，书写规范，卷面整洁
二等作文（占总分的 50% ~74%）	思想健康，感情真实，立意较深刻，内容具体，中心明确，能联系实际	文从字顺，表达较好，较有文采	结构完整，层次比较清楚	字体较工整，书写较规范，卷面较整洁
三等作文（占总分的 25% ~49%）	思想健康，感情较真实，立意不够深刻，内容尚具体，中心基本明确，联系实际不够	语句基本通顺，病句少	结构不够完整	字迹清楚，错别字较少
四等作文（占总分的 0 ~24%）	思想基本健康，感情不够真实，立意不当，内容不具体，中心不明确，没有联系实际	语句不通顺，病句多	结构混乱	字迹不易辨认，错别字多，卷面很不整洁

注：其他试卷的作文评分标准参考以上评分标准。

2023 年上半年中小学教师资格考试真题试卷（二）

一、单项选择题

1. D 【解析】本题考查幼儿教育的特点。幼儿教育的生活化特点是指幼儿的年龄特点和身心发展需要决定了幼儿教育目标和内容的广泛性，也决定了生活化的教育教学原则。幼儿园课程具有浓厚的生活化特征，表现为课程的内容来自幼儿的生活，课程实施贯穿于幼儿的生活。题干中“请小朋友找出活动室里有圆形和正方形的物品”是联系幼儿生活提出的要求,体现了生活性。D 项正确。

A 选项,基础性是指幼儿园的教育对象正处于人生发展的起始阶段,这一阶段获得的学习经验不仅会影响他们当下的发展,还会影响他们在小学、中学、大学甚至大学以后的发展。

B 选项,幼儿的生活是一个整体,幼儿的发展是一个整体,因此,幼儿园的教育活动也应当是一个整体。学前教育活动应充分协调多种教育资源,利用多种教学手段,采用不同活动形式,整合不同领域内容,发挥多种教育因素的积极作用,结合幼儿学习的兴趣与特点,引导幼儿主动认知、体验、探索和学习,促进幼儿身心全面协调发展,获得相对完整的经验。

C 选项,幼儿园课程内容不是系统的、严格的学科知识的再现,而是随着幼儿生活情境的变化而发生变化的。幼儿园的课程要尊重幼儿的直接经验,幼儿的直接经验是有限的,所以,幼儿园课程内容应具有浅显性特点。

2. C 【解析】本题考查教师专业发展的阶段。福勒和布朗根据教师的需要和不同时期所关注的焦点问题,把教师的成长划分为关注生存、关注情境和关注学生三个阶段。(1)关注生存阶段。处于关注生存阶段的一般是新教师,他们非常关注自己的生存适应性,最担心的问题是“学生喜欢我吗”“同事们如何看我”“领导是否觉得我干得不错”等。(2)关注情境阶段。处于关注情境阶段的教师关心的是如何教好每一堂课,以及班级大小、时间压力和备课材料是否充分等与教学情境有关的问题。(3)关注学生阶段。教师将考虑学生的个别差异,认识到不同发展水平的学生有不同的需要,并能根据学生的差异采取适当的教学,促进学生发展。题干中方老师建议姜老师注重自己教学经验的提升,形成易于幼儿理解的教学表现方式,这些建议表明姜老师处于关注情境阶段。故本题选 C。

A 项,处于自我更新关注阶段的教师,其专业发展的动力转移到了专业发展自身,而不再受外部评价或职业升迁的牵制,直接以专业发展为指向。同时教师已经可以自觉依照自身发展的一般路线和目前的发展条件,有意识地自我规划,以谋求最大程度的自我发展。与题干描述不符。

3. A 【解析】本题考查新课程倡导的教师观。新课程倡导的教师观提出,在对待教学关系上,强调帮助、引导。题干中侯老师在使用铃鼓提醒幼儿安静无果后,采用直观形象的“双手握空心拳”当作望远镜,并使用童趣的语言正面引导幼儿安静,体现了侯老师注重幼儿的情绪调控,在教学活动中注重直观形象引导。BD 选项表述正确。侯老师在语言活动中采用多种方式提醒幼儿安静,维持活动秩序,表明侯老师注重班级管理。C 项表述正确。示范教学法是在教学过程中,教师通过示范操作和讲解使学生获得知识、技能的教学方法。题干未体现。本题为选非题,故答案为 A 项。

4. B 【解析】本题考查新课程倡导的教师观。新课程倡导的教师观提出,在对待教学关系上,强调帮助、引导。教的本质在于引导。引导的特点是含而不露、开而不达、引而不发。题干中东东一直搭不好拱形桥,教师合适的做法应是引导幼儿发现搭不好的原因,鼓励幼儿,从而激发幼儿的探索欲望,故 B 项的说法更合适。

A 项,帮助幼儿搭拱形桥,没有发挥幼儿的主观能动性,不利于幼儿探索能力、想象能力的发展,做法不合适。

C 项,李老师让幼儿"注意拱形桥的对称与平衡",这对于中班幼儿来说太过困难,他们无法理解对称和平衡的抽象含义,故说法不合适。

D 项,教师让幼儿直接放弃当前感兴趣的活动,不利于培养幼儿解决问题的能力,故说法不合适。

5. A 【解析】本题考查《中华人民共和国未成年人保护法(2020 年修订)》。《中华人民共和国未成年人保护法》第九十二条规定,具有下列情形之一的,民政部门应当依法对未成年人进行临时监护:(一)未成年人流浪乞讨或者身份不明,暂时查找不到父母或者其他监护人;(二)监护人下落不明且无其他人可以担任监护人;(三)监护人因自身客观原因或者因发生自然灾害、事故灾难、公共卫生事件等突发事件不能履行监护职责,导致未成年人监护缺失;(四)监护人拒绝或者怠于履行监护职责,导致未成年人处于无人照料的状态;(五)监护人教唆、利用未成年人实施违法犯罪行为,未成年人需要被带离安置;(六)未成年人遭受监护人严重伤害或者面临人身安全威胁,需要被紧急安置;(七)法律规定的其他情形。题干中明明的父母怠于履行监护职责,导致明明长期处于无人照顾的状态,故应由民政部门依法对明明进行临时监护。本题选 A。

我国《未成年人保护法》第九十四条规定,具有下列情形之一的,民政部门应当依法对未成年人进行长期监护:(一)查找不到未成年人的父母或者其他监护人;(二)监护人死亡或者被宣告死亡且无其他人可以担任监护人;(三)监护人丧失监护能力且无其他人可以担任监护人;(四)人民法院判决撤销监护人资格并指定由民政部门担任监护人;(五)法律规定的其他情形。故 B 项排除。

我国《未成年人保护法》第一百零八条规定,未成年人的父母或者其他监护人不依法履行监护职责或者严重侵犯被监护的未成年人合法权益的,人民法院可以根据有关人员或者单位的申请,依法作出人身安全保护令或者撤销监护人资格。被撤销监护人资格的父母或者其他监护人应当依法继续负担抚养费用。撤销监护人资格的决定应由人民法院作出，民政部门无权撤销明明父母的监护资格，故C项排除。

刑事责任是指行为人触犯刑法所必须承担的法律责任。题干中明明父母的行为并未触犯刑法，此外追究刑事责任是司法机关的职责，故D项排除。

6. D 【解析】本题考查《中华人民共和国教育法(2021年修正)》。《中华人民共和国教育法》第三十六条规定，学校及其他教育机构中的管理人员，实行教育职员制度。学校及其他教育机构中的教学辅助人员和其他专业技术人员，实行专业技术职务聘任制度。故本题选D。

7. A 【解析】本题考查《中华人民共和国义务教育法(2018年修正)》。《中华人民共和国义务教育法》第二十二条规定，县级以上人民政府及其教育行政部门应当促进学校均衡发展，缩小学校之间办学条件的差距，不得将学校分为重点学校和非重点学校。学校不得分设重点班和非重点班。县级以上人民政府及其教育行政部门不得以任何名义改变或者变相改变公办学校的性质。题干中该政府拟将公立学校改为与企业合建，属于变相改变了公办学校的性质，故做法错误。

8. B 【解析】本题考查《中华人民共和国教师法(2009年修正)》。《中华人民共和国教师法》第三十九条规定，教师对学校或者其他教育机构侵犯其合法权益的，或者对学校或者其他教育机构作出的处理不服的，可以向教育行政部门提出申诉，教育行政部门应当在接到申诉的三十日内，作出处理。题干中崔老师认为所在幼儿园侵犯了其权利，故应向教育行政部门提出申诉，受理其申诉的是教育行政部门。

9. C 【解析】本题考查《中华人民共和国民法典》。《中华人民共和国民法典》第一千一百九十九条规定，无民事行为能力人在幼儿园、学校或者其他教育机构学习、生活期间受到人身损害的，幼儿园、学校或者其他教育机构应当承担侵权责任；但是，能够证明尽到教育、管理职责的，不承担侵权责任。题干中玲玲在放学前偷偷溜出幼儿园玩耍，说明幼儿园没有尽到管理职责，故应由幼儿园承担赔偿责任，监护人不承担责任。

10. A 【解析】本题考查《中华人民共和国宪法(2018年修正)》。《中华人民共和国宪法》第三条规定，中华人民共和国的国家机构实行民主集中制的原则。全国人民代表大会和地方各级人民代表大会都由民主选举产生，对人民负责，受人民监督。国家行政机关、监察机关、审判机关、检察机关都由人民代表大会产生，对它负责，受它监督。中央和地方的国家机构职权的划分，遵循在中央的统一领导下，充分发挥地方的主动性、积极性的原则。

11. D 【解析】本题考查《儿童权利公约》。《儿童权利公约》第十三条规定，儿童应有自由发表言论的权利，此项权利应包括通过口头、书面或印刷、艺术形式或儿童所选择的任何其他媒介，寻求、接受和传递各种信息和思想的自由，而不论国界。第十四条规定，缔约国应尊重儿童享有思想、信仰和宗教自由的权利。第十五条规定，缔约国确认儿童享有结社自由及和平集会自由的权利。

12. D 【解析】本题考查《幼儿园工作规程》。《幼儿园工作规程》第三十三条规定，幼儿园和小学应当密切联系，互相配合，注意两个阶段教育的相互衔接。幼儿园不得提前教授小学教育内容，不得开展任何违背幼儿身心发展规律的活动。题干中幼儿园在大班教授小学的内容，违背了幼儿的身心发展规律，故本题选 D。

A 项，关键期是指儿童在某个时期最容易学习某种知识技能或形成某种心理特征，但过了这个时期，发展的障碍就难以弥补。与题干的描述不符。

B 项，幼儿园大班提前教授小学的内容可能会导致幼儿产生厌学心理，抑制幼儿的天性，扼杀潜能。这并不是关爱幼儿的表现，排除。

C 项，幼儿园提前教授小学内容是注重智育的表现，不符合全面发展的基本理念，排除。

13. B 【解析】本题考查《中小学教师职业道德规范(2008 年修订)》。关爱学生的教师职业道德规范要求教师保护学生安全，关心学生健康，维护学生权益。题干中小丽和小熙经常手拉着手上下楼梯，存在安全隐患，教师恰当的做法应是在上下楼梯之前让她俩松手，保证幼儿的安全。故本题选 B。A 项不让她俩一起上下楼梯，并未从根本上解决问题，排除。C 项，拉手上下楼梯存在安全隐患，且与教师树立的班级规则相悖，排除。D 项侵犯了幼儿的受教育权，做法不合适，排除。

14. C 【解析】本题考查教师职业幸福的特点。教师职业幸福是教师在自己的教育工作中，基于对幸福的正确认识，通过自己不懈的努力，自由实现自己的职业理想、实现自身和谐发展而产生的一种自我满足、自我愉悦的生存状态。教师职业幸福具有精神性、关系性、集体性、无限性四个主要特点。教师职业幸福的精神性首先表现为劳动及其报酬的精神性。教师的报酬实际上不止于物质生活。学生的道德成长、学业进步，进而对社会做出的贡献，都是教师生命意义的确证。师生之间的精神交流、情感融通都是别的职业所难以得到的享受。题干中教师在小朋友们围着她分享趣闻时，心情舒畅，获得了精神上的满足，体现了教师职业幸福的精神性特点。故本题选 C。AB 选项为干扰项，排除。

D 项，教师职业幸福的无限性是指教师的幸福具有效果上的无限性，这表现在时间和空间两个维度上。时间上，教师的幸福是无限的。教师对学生在人格与课业上的影响具有终身性质，通过学生，教师的劳动与生生不息的人类文明联系在一起。因此教师所收获的幸福也是超越时间限制的。空间上，由于教师的劳动产品与社会网络联系起来，教师的劳动效果就远不会局限于某一个校园之内。教师可以通过自己的劳动对整个世界的影响而理解工作的意义，体会自己的成功。与题干描述不符，排除。

15. B 【解析】本题考查"育人为本"的儿童观。"育人为本"的儿童观强调儿童是发展中的人，具有巨大的发展潜能。儿童是学习的主体，是具有能动性的教育对象，教师应在实际的教育活动中发展幼儿的主观能动性。题干中针对胆小的圆圆回答问题声音小的情况，教师应鼓励幼儿，增强幼儿的自信心，B 项做法较为合适。A 项是不尊重圆圆的表现，且容易挫伤圆圆的自信心，做法不恰当。C 项的做法容易打击其他幼儿回答问题的积极性，也是不尊重其他幼儿的表现，做法不恰当。D 项的说法过于生硬，可能会给胆小的圆圆带来伤害，做法不恰当。

16. A 【解析】本题考查幼儿教师的职业特点。教育对象的针对性是教育者在实施教育活动的过程中，结合受教育者的个体特征和个性差异实施的一种有的放矢、因材施教的方法。题干中，赵老师虽然已明确表明自己要求，即"让晓晓把饭粒捡回餐碗里"，但是晓晓却理解为"赵老师要她把掉在桌子上的饭粒吃掉"，说明该幼儿对于教师的要求存在理解上的偏差或没有认真听教师要求等。说明赵老师并没有考虑到晓晓的认知情况，没有进行有针对性的指导，即没有把握教育对象的针对性。故 C 项排除，本题选 A。

B 项，教育内容的适宜性是指教育活动内容应当依据教育目标，从幼儿的角度出发选择幼儿喜欢的、感兴趣的内容，符合幼儿的年龄特点，尊重幼儿的学习兴趣和需要。与题干描述不符。

D 项，教育主体的协同性主要指家庭、幼儿园、社区是影响幼儿发展的三种基本力量，只有三位一体，形成教育合力，才能促进幼儿健康成长。因此，作为班级管理者的教师，要注意积极与家长、社区进行沟通，统一三种力量于一体，共同作用于幼儿，以保证幼儿获得最大限度的发展。题干中，当晓晓爸爸得知赵老师让自己女儿把掉在桌子上的饭粒吃掉时，第一时间打电话询问此事，赵老师也详细地向晓晓爸爸说明了情况，表明赵老师积极地与家长沟通，把握了教育主体的协同性。故 D 项排除。

17. B 【解析】本题考查热气球应用的科学原理。浮力指物体在流体（包括液体和气体）中受到的向上的力。热气球内部充满热空气，因为热空气的密度比空气的小，所以充满热空气的热气球受到了空气的浮力从而飘浮在空中。故本题选 B。重力是指由于地球的吸引而使物体受到的力。弹力是指物体由于发生弹性形变而产生的力。磁力是磁场对放入其中的磁体和电流的作用力。

18. C 【解析】本题考查青蛙的呼吸方式。青蛙的呼吸系统由鼻孔、鼻腔、口腔、喉头气管室、肺组成。空气由鼻孔进入鼻腔、口腔、喉头气管室，到达肺部进行气体交换。肺由许多肺泡组成。由于肺泡壁很薄，上面布满毛细血管，所以气体交换很容易进行。青蛙的皮肤上分布有许多毛细血管，也可以进行呼吸。其皮肤的表面面积大于肺脏，因而皮肤对呼吸起着重要的作用。当青蛙潜入水里或冬眠时，肺呼吸停止，完全靠皮肤呼吸。

19. C 【解析】本题考查海王星的发现时间。1846 年，英国天文学家亚当斯和法国天文学家勒威耶，各自独立地根据天体力学理论用数学方法推算出一颗未知行星的存在并预报了它在太空中的位置。德国天文学家伽勒于 1846 年 9 月 23 日晚在亚当斯和勒威耶所指出的位置只差一度之处观测到了这颗新的行星——海王星。故本题选 C。

20. D 【解析】本题考查红军长征的相关事件。1934 年 10 月，中央红军被迫实行战略转移，开始长征。1935 年 1 月，红军攻克贵州北部重镇遵义。中共中央在遵义召开政治局扩大会议，集中全力解决军事和组织问题。遵义会议后，红一方面军在毛泽东指挥下，声东击西，四渡赤水，使国民党军队疲于奔命，在巧渡金沙江后，摆脱了几十万国民党军队的围追堵截，取得战略转移中具有决定意义的胜利。接着，红军继续北上，强渡大渡河，飞夺泸定桥，爬雪山，过草地，10 月到达陕北吴起镇，与陕北红军会师。1936 年 10 月，红二方面军和红四方面军到达甘肃会宁地区，与前来接应的红一方面军胜利会师。红军三大主力会师，宣告长征胜利结束。

21. C 【解析】本题考查明代记录人工杂交培育蚕种的典籍。明代著名科学家宋应星在《天工开物》的《乃服》卷论及蚕种时写道："凡蚕有早晚两种。晚种每年先早种五、六日出，……今寒家有将早雄配晚雌者，幻出嘉种，一异也"。"凡茧色唯黄白两种。若将白雄配黄雌，则其嗣成褐茧"。这是家蚕一化性与二化性品种间杂交，以及杂种后代茧色遗传研究的世界最早文字记载，同时也说明 17 世纪初我国养蚕家已经有意识地进行家蚕品种间人工杂交以获得优良蚕种了。故本题选 C。

A 项，《齐民要术》是我国现存最早的一部完整的农书，由北朝贾思勰撰写。该书总结了农、林、牧、副、渔等方面的生产技术，内容十分丰富。

B 项，《农桑辑要》是元代由司农司主持编纂的综合性农书。这是一部比较全面地介绍我国北方农业技术的农书，共七卷，包括典训、耕垦、播种、栽桑、养蚕、瓜菜、果实、竹木、药草、孳畜等十个部分，相当完整地论述了各种作物的栽培技术，以及家畜、家禽、鱼、蚕、蜂的饲养技术。

D 项，《授时通考》是我国清代官方编辑的一部大型农书。它汇辑前人有关著述，体裁严整，征引周详，并附有许多插图，对我国农学的发展历史和技术成就进行了全面的总结，是我国一部古代农学百科全书。

22. A 【解析】本题考查二十四节气。“惊蛰”是二十四节气中的第三个节气,时间一般为公历 3 月 5 ~6 日,惊蛰过后,气温回升较快,春意渐渐浓厚,万物开始复苏,此时正是春耕开始的好时机。故本题选 A。

23. A 【解析】本题考查张天翼的作品。张天翼是我国现代著名小说家、儿童文学作家,代表作品有《大林和小林》《秃秃大王》《金鸭帝国》《宝葫芦的秘密》等。

B 项,《金鸭帝国》通过大粪王、格隆冬、香喷喷等形象,揭露了地主、资本家残酷剥削劳动人民的罪恶,以及这些所谓社会上层人物间尔虞我诈、钩心斗角的丑态。

C 项,《大林和小林》描写了大林和小林兄弟俩在外出谋生时的不同遭遇,塑造了好吃懒做、贪婪的大林和热爱劳动、富有正义感的小林两个性格迥异的儿童形象。

D 项,《宝葫芦的秘密》讲的是一个叫王葆的小朋友听奶奶讲宝葫芦的故事后着了迷,总想得到一个宝葫芦。一天他在梦中得到了一个“宝葫芦”,从此就能够想要什么就有什么,想什么就来什么。但最后王葆发现,要什么就有什么给自己带来的不是幸福和快乐,而是无聊和苦恼。

A 项,《稻草人》的作者是叶圣陶,这篇童话通过对一个富有同情心而又无能为力的稻草人的所见所思的描写,真实地描绘了 20 世纪 20 年代中国农村风雨飘摇的人间百态。

24. B 【解析】本题考查陀思妥耶夫斯基的作品。陀思妥耶夫斯基是 19 世纪俄国作家,代表作品有《白痴》《卡拉马佐夫兄弟》《罪与罚》《死屋手记》等。

A 项,《白痴》描写了一个具有所谓自我牺牲精神而被认为是白痴的人物,同时描写了被蹂躏的妇女的悲惨遭遇。

C 项,《罪与罚》描写穷大学生拉思科尔尼科夫在帝俄社会中备受压迫,精神失常,杀死放高利贷老妇,行凶后内心历尽痛苦,最后在宗教思想的影响下,最终自首的故事。小说深刻描绘贫民的悲惨生活,暴露贵族社会的罪恶,但也宣扬了逆来顺受,从宗教中求解脱的思想。

D 项,《卡拉马佐夫兄弟》描写贵族资产阶级社会的腐化,同时宣扬“灵魂净化,顺从命运”的哲学。

B 项,《死魂灵》是俄国作家果戈理的代表作,该书通过对城市的官僚和乡下的地主的描写,真实地展示了俄国专制制度和农奴制度的反动、腐朽与没落。

25. B 【解析】本题考查迪士尼动画。华特 · 迪士尼是美国动画片艺术先驱,1928 年,迪士尼创作了以米老鼠为主人公的动画片《威利号汽船》,这是世界上第一部有声动画片。故本题选 B。

A 项,《木偶奇遇记》是迪士尼推出的长篇动画电影,改编自意大利作家科洛迪的同名小说，讲述了一个小木偶匹诺曹在天使的帮助下获得生命，继而经历各种曲折，最后成长为“真正”的男孩的故事。

C 项，《灰姑娘》又名《仙履奇缘》，是迪士尼公司 1950 年出品的第一部完全脱离以动物为主角的动画，讲述了被后母与姐妹虐待的灰姑娘，在神仙教母的眷顾下，变身为衣着华丽的佳人，搭乘南瓜变成的马车参加王子的舞会的故事。

D 项，《睡美人》是美国迪士尼于 1959 年出品的一部动画电影，讲述了一位名叫爱洛的公主，一出生就受到了黑女巫的诅咒，幸有仙女将死亡魔咒改为沉睡之咒，爱洛公主因此长眠不醒，后被王子用真爱之吻救醒的故事。

方法技巧：动画常识是教师资格考试近几年的常考点。除了题干中提及的迪士尼动画，考生还需要了解国产动画片中的主人公形象，如《黑猫警长》《大闹天宫》《草原英雄小姐妹》《哪吒闹海》《猴子捞月》《我的朋友小海豚》《三毛流浪记》《金猴降妖》《葫芦兄弟》《邋遢大王奇遇记》《舒克贝塔》等。

26. D 【**解析**】本题考查 Word 的基本操作。行距决定段落中各行文字之间的垂直距离。段落间距决定段落上方和下方的空间。行距选项有以下六种：(1) 单倍行距，将行距设置为该行最大字体的高度加上一小段额外间距。额外间距的大小取决于所用的字体。(2)1.5倍行距，此选项为单倍行距的1.5倍。(3)2 倍行距，此选项为单倍行距的 2 倍。(4) 最小值，此选项设置适应同行上最大字体或图形所需的最小行距。(5) 固定值，此选项设置固定行距。(6) 多倍行距，此选项设置按指定的百分比增大或减小行距。若选择“固定值”，则行距固定，所有行的间距相等。题干中要在“段落”对话框中设置行距为 20 磅的格式，应选择“行距”列表框中的“固定值”。

27. B 【**解析**】本题考查 PowerPoint 的基本知识。在空白演示文稿中可以插入幻灯片、图像(图片、剪贴画、屏幕截图、相册)、插图、链接、文本(文本框、艺术字等)、符号、媒体等各种对象。B 项，背景样式可以通过“设计”选项卡进入，打开“背景样式”窗口，单击“设置背景格式”按钮来实现。

28. A 【**解析**】本题考查类比推理。题干中“正方形”和“四边形”是包含关系，正方形是四边形的一种。A 项，“太湖”和“淡水湖”是包含关系，太湖是中国淡水湖之一。B 项“六边形”和“菱形”是全异关系，C 项“北京”和“上海”是并列关系，D 项“春城”和“昆明”是全同关系，昆明的别称是春城。

29. D 【**解析**】本题考查图形推理。题中图片的规律为：大图形与小图形相同并且相切，故本题选择 D 选项。

二、材料分析题(参考答案)

30. 周老师的教育行为是正确的，符合素质教育背景下的教育观。

(1)新课改倡导的教学观要求教学从“重结论轻过程”转向“重结论的同时更重过程”。材料中,周老师在组织游戏活动时,面对阳阳的问题,因势利导将游戏活动变成讨论活动,对幼儿的各种疑问并未直接给出答案,而是启发他们自己思考,体现了周老师关注教学过程。

(2)新课改倡导的教学观要求教学从“以教育者为中心”转向“以学习者为中心”。材料中,周老师在教学过程中面向全体幼儿,对幼儿的问题并不打压、干涉,而是引导幼儿积极思考、主动探究,调动了幼儿的积极性、主动性,体现了周老师在教学中以学习者为中心。

(3)素质教育是面向全体学生、促进学生个性发展的教育。面向全体学生是指素质教育倡导人人有受教育的权利,强调在教育中每个人都得到发展,而不是只注重一部分人,更不是只注重少数人的发展。促进学生个性发展,强调要尊重并充分发展学生的个性,教师要做到因材施教。材料中周老师不仅引导阳阳解决自己的疑问,也关注全班幼儿的疑惑,并在第二天进行相关教学,这体现了素质教育中面向全体学生的要求。此外,周老师面对幼儿的奇思妙想,尊重他们的兴趣,这体现了素质教育中促进学生个性发展的要求。

(4)素质教育是以培养创新精神和实践能力为重点的教育。培养具有创新精神和实践能力的新一代人才,是素质教育的时代特征。教师要在活动中鼓励幼儿积极参与,激发幼儿的主动性和创造性。材料中周老师面对幼儿的疑问,引导幼儿查资料,培养幼儿解决问题的能力。

综上所述,材料中周老师的做法践行了素质教育的具体要求,值得提倡和学习。

(共14分。评价正确2分。答出“面向全体学生、促进学生个性发展”“培养创新精神和实践能力”“以学习者为中心”“关注过程”等关键点每点3分,其中给出理论依据每点1分,结合材料合理阐述每点2分)

31. 黄老师的教育行为既有合理之处,又有不合理之处,具体分析如下:

(1)在刚开始,黄老师的做法违背了师德规范:

①违背了关爱学生的师德规范。关爱学生要求教师做到关心爱护全体学生,尊重学生人格,平等公正对待学生。对学生严慈相济,做学生良师益友。保护学生安全,关心学生健康,维护学生权益。不讽刺、挖苦、歧视学生,不体罚或变相体罚学生。材料中黄老师面对问题,不假思索地认定是调皮的涛涛犯的错误,表明黄老师没有做到公正平等对待学生,没有尊重幼儿的人格尊严。

②违背了教书育人的师德规范。教书育人要求教师做到遵循教育规律,实施素质教育。循循善诱,诲人不倦,因材施教。培养学生良好品行,激发学生创新精神,促进

学生全面发展。材料中黄老师在处理突发问题时,未了解事情缘由就直接批评涛涛,违背了教书育人。

③违背了为人师表的师德规范。为人师表要求教师做到坚守高尚情操,知荣明耻,严于律己,以身作则。衣着得体,语言规范,举止文明。材料中黄老师刚开始的武断行为,会给幼儿带来不良影响,没有做到为人师表。

(2)之后黄老师的反思行为遵循了师德规范:

①符合关爱学生的师德规范。关爱学生要求教师做到关心爱护全体学生,尊重学生人格,平等公正对待学生。对学生严慈相济,做学生良师益友。材料中黄老师意识到自己言行上的不妥之处后,采用说悄悄话的形式引导幼儿承认自己的错误,保护了犯错误幼儿的自尊心,做到了关爱学生。

②符合教书育人的师德规范。教书育人要求教师能够做到循循善诱,诲人不倦,因材施教。培养学生良好品行,激发学生创新精神,促进学生全面发展。材料中黄老师采用说悄悄话的形式引导犯错误的幼儿承认错误,且表扬了主动承认错误的小军,有利于培养幼儿勇敢承担责任的品行,做到了教书育人。

③符合为人师表的师德规范。为人师表要求教师做到坚守高尚情操,知荣明耻,严于律己,以身作则。衣着得体,语言规范,举止文明。材料中黄老师对自己的错误行为能够及时反思并道歉,做到了为人师表。

综上所述,作为老师我们应正确践行教师职业道德规范,做到关爱学生,促进每一位学生的全面发展。

(共 14 分。评价正确 2 分。从“关爱学生”“教书育人”“为人师表”等角度针对黄老师的正确行为与错误行为进行分析,每点 4 分,其中给出理论依据每点 2 分,结合材料合理阐述每点 2 分)

32.(1)网络流行语的产生与热点事件的发生,或新事物、新现象的产生有关。

(本题共 4 分。答出“热点事件的发生”“新事物、新现象的产生”即可得满分,每少答一方面扣 2 分)

(2)①从语言学的角度看,首先,这部分流行语的结构内部具有可扩展的空间,可以在其基本结构的基础上不断扩充出新的用例。其次,在语义上,这类词语具有较强的概括性;就语法而言,它们又具有较强的容纳性,更为经济、便捷。

②流行语的结构本身已具备存继的“基因”。一方面,这类流行语在一定程度上契合了社会发展的主流。另一方面,从社会学角度来看,这类网络流行语亦符合人类社会发展的常规。

（本题共10分。答出结构内部具有可扩展空间得1分，答出语义上的概括性得2分，答出语法上的容纳性及其经济便捷的作用得2分；答出结构本身已具备存继的“基因”得1分，答出契合社会发展主流得2分，答出符合人类社会发展的常规得2分）

三、写作题

33.【写作思路】这是一道材料作文题。由材料的最后一句“原来，学习的真谛不是加法，而是减法”，可以得出该篇作文的题意是让考生思考学习的价值和树立正确的学习观念。可供参考的立意有：因学习，而“失去”；学习促人成长，使人平和；“无用”并非真的无用；摒除功利之心，认真做学问；放下功利的笔；不为“有用”而学习；等等。另外，考生也可以从教育的角度思考，如引导学生树立正确的学习观念等。

【参考范文】

摒除功利之心，认真做学问

朱光潜先生曾用一句话评价弘一法师，即“以出世的精神，做入世的事业”。以出世的精神积极入世，不为考取功名，只为百姓谋福利。如今，我们要以出世之精神，做入世之学问，也就是摒除功利之心，认真做学问。不为功名利禄，只为学习知识，探究学问。

李时珍是我国历史上著名的医药学家。李时珍的父亲是一位名医，医术高明，但其父以生活艰苦、学医之人地位低下为由，不愿让李时珍学医，而是让其以求取功名为目的开始读书。虽然李时珍很小就考中了秀才，但是他对科举不感兴趣，他热衷的是医学。于是，他放弃科举入仕，不为功名利禄，阅读大量医学书籍，积累临床经验，后又四处游历，遍尝百草，只为编写一部完整的医药学著作。他摒除功利之心，认真做关于医学的学问，最终编写出利国利民的医药书籍《本草纲目》。

叶嘉莹一生只做一件事：传承古诗词。叶嘉莹从小热爱古诗词，在熟读诸多唐诗之后，她渐渐无师自通，开始创作。她创作的诗词不为炫耀，不为博取夸赞，只为抒发自己的真情实感。她以这样无功利的精神，从创作诗词逐渐走上传播诗词的道路。她将诗词与家国情怀紧密结合在一起，让中国人重新认识诗词的魅力，为中国古典诗词传承做出了卓越的贡献。她摒除功利之心，认真做诗词之学问，使诗词获得国内外的喜爱与重视，被视为民国以来用现代和西方文学理论解析中国诗词最用力，也最有成就的少数学者之一。

“不为五斗米折腰”的陶渊明，摒除功利之心，归隐田园，隐逸一生，让后人欣赏到了山水田园之美；从小立志做史官的司马迁，摒除功利之心，为继承父亲遗志撰写史书，辛苦一生，著成“史家之绝唱”的《史记》；北宋理学家邵雍，摒除功利之心，淡泊名利，一生研习周易，撰书立说，将儒学推向高峰……不管是做学问，还是做其他事情，都要摒除功利之心。摒除功利之心不仅会让人全神贯注地投入所做的事情中，还会让人收获不一样的“果实”。

纵观古今，摒除功利之心，认真做学问的人不在少数。我们应当向这些人学习，以“出世之精神，做入世之学问”。

（这篇作文开门见山，点明观点。文中引用古今名人名事，增强了文章的说服力。事例详略得当，使内容更具丰富性。运用排比手法，使文章更具文采。首尾圆合，结构完整。拟定得分47分）

2022年下半年中小学教师资格考试真题试卷（三）

一、单项选择题

1. C 【解析】本题考查“育人为本”的儿童观在保教实践中的应用。教师应帮助幼儿形成良好的同伴关系，摆脱不良的行为习惯。题干中，面对幼儿争抢三轮车的情况，作为老师应该平等地对待每一位幼儿，引导幼儿在面对问题时勇敢地表达自己的想法，自己解决遇到的问题，从而促进幼儿良好同伴关系的形成。C选项老师引导小雯向小莉表达自己的想法，符合这一要求。

A选项，教师让小雯玩别的玩具，忽视了小雯想玩小三轮车的主观意愿，没有做到尊重幼儿。

B选项，教师给予小莉发点心的任务，采用这种方式让小莉将三轮车给小雯骑，仅仅缓解了当前情况，但不利于幼儿成长，且不能彻底根除此类问题，B项做法不妥。

D选项，教师直接引导小雯要懂得谦让，没有做到公平公正地对待幼儿。

A、B、D选项均不符合题意，故本题选C。

2. D 【解析】本题考查教师在幼儿发展中的角色。教师应成为幼儿学习活动的引导者，教育活动内容的组织应充分考虑幼儿的学习特点和认识规律，各领域的内容要有机联系，相互渗透，注重综合性、趣味性、活动性，寓教育于生活、游戏之中。题干中刘老师根据《小蚂蚁搬豆》的故事画小蚂蚁，并将其一个个贴在厕所的墙上，引导幼儿在如厕时自觉排队等候，表明了刘老师做到了引导者的角色，故本题选D。

3. D 【解析】本题考查幼儿教师的职业特点。A选项，教师劳动的任务和内容是全面的、多样的。传递知识、形成技能、发展智能、培养品德、关心儿童身心健康都是教师的教育任务。

B选项，示范性是指幼儿教师本身，如教师的言行举止、人品、才能等都会成为幼儿模仿学习的对象。教师劳动的示范性一方面是由幼儿的向师性、好模仿的心理特征决定的；另一方面教师劳动的主体性也要求教师劳动具有示范性的特点。

C 选项,教师劳动任务的个体性是指教师的劳动过程呈现为个体的性质。教师的备课、上课、课外辅导以及对学生的集体培养都是以个体的方式进行的。

D 选项,幼儿教师劳动的复杂性主要体现在两个方面:(1)幼儿教育任务的全面性;(2)劳动对象的差异性。劳动对象的差异性是指幼儿们来自不同的家庭,他们有着不同的兴趣、爱好,不同的能力和性格,不同的行为和习惯。幼儿教师既要在同一时空条件下面向全体幼儿实施统一的保育教育活动,又要根据每个幼儿的实际情况因材施教。

题干中来自不同地域、不同性格的幼儿,给李老师的工作带来较大挑战,说明老师的劳动具有复杂性的特点。

A、B、C 选项,均不符合题意,故本题选 D。

4. A 【解析】本题考查教师专业发展的阶段。福勒和布朗把教师的成长划分为关注生存、关注情境和关注学生三个阶段。(1)关注生存阶段:处于关注生存阶段的一般是新教师,他们非常关注自己的生存适应性,最担心的问题是"学生喜欢我吗""同事们如何看我""领导是否觉得我干得不错"等。(2)关注情境阶段:处于关注情境阶段的教师关心的是如何教好每一堂课,以及班级大小、时间压力和备课材料是否充分等与教学情境有关的问题,如"内容是否充分得当""如何呈现教学信息""如何掌握教学时间"等。(3)关注学生阶段:当教师顺利地适应了前两个阶段后,成长的下一个目标便是关注学生。教师将考虑学生的个别差异,认识到不同发展水平的学生有不同的需要,并能根据学生的差异采取适当的教学,促进学生发展。能否自觉关注学生是衡量一个教师是否成熟的重要标志之一。题干中幼儿园陈老师的表现,说明她处于关注生存阶段,D 选项为干扰项,故本题选 A。

5. D 【解析】本题考查《儿童权利公约》。《儿童权利公约》第二十八条规定,缔约国确认儿童有受教育的权利,为在机会均等的基础上逐步实现此项权利,缔约国尤应:(1)实现全面的免费义务小学教育;(2)鼓励发展不同形式的中学教育、包括普通和职业教育,使所有儿童均能享有和接受这种教育,并采取适当措施,诸如实行免费教育和对有需要的人提供津贴;(3)以一切适当方式根据能力使所有人均有受高等教育的机会;(4)使所有儿童均能得到教育和职业方面的资料和指导;(5)采取措施鼓励学生按时出勤和降低辍学率。故本题选 D。

6. C 【解析】本题考查《中华人民共和国宪法(2018 年修正)》。《中华人民共和国宪法》第六十七条规定,全国人民代表大会常务委员会行使"解释宪法,监督宪法的实施""解释法律""决定驻外全权代表的任免"的职权。A、B、D 选项均是全国人民代表大会常务委员会的职权,C 选项为干扰项,本题为选非题,故选 C。

7. A 【解析】本题考查《学生伤害事故处理办法(2010 年修正)》。《学生伤害事故处理办法》第三十六条规定,受伤害学生的监护人、亲属或者其他有关人员,在事故处理过程中无理取闹,扰乱学校正常教育教学秩序,或者侵犯学校、学校教师或者其他工作人员的合法权益的,学校应当报告公安机关依法处理;造成损失的,可以依法要求赔偿。题干中受伤害的幼儿监护人无理取闹,扰乱教育教学秩序,幼儿园应当报告公安机关依法处理。故本题选 A。

8. B 【解析】本题考查《中华人民共和国教育法(2021 年修正)》。《中华人民共和国教育法》第六十一条规定,国家财政性教育经费、社会组织和个人对教育的捐赠,必须用于教育,不得挪用、克扣。题干中高先生向幼儿园捐赠书画,属于个人对教育的捐赠,必须用于教育,园长不得挪用、克扣。故本题选 B。

9. A 【解析】本题考查《中华人民共和国未成年人保护法(2020 年修订)》。《中华人民共和国未成年人保护法》第十七条规定,未成年人的父母或者其他监护人不得实施"虐待、遗弃、非法送养未成年人或者对未成年人实施家庭暴力"的行为。第一百二十九条规定,违反本法规定,侵犯未成年人合法权益,造成人身、财产或者其他损害的,依法承担民事责任。违反本法规定,构成违反治安管理行为的,依法给予治安管理处罚;构成犯罪的,依法追究刑事责任。题干中明明的妈妈将明明置于闹市不管,违反了治安管理行为,应依法给予治安管理处罚。治安管理处罚属于行政处罚,故本题选 A。

10. C 【解析】本题考查《中华人民共和国未成年人保护法(2020 年修订)》。《中华人民共和国未成年人保护法》第一百零三条规定,公安机关、人民检察院、人民法院、司法行政部门以及其他组织和个人不得披露有关案件中未成年人的姓名、影像、住所、就读学校以及其他可能识别出其身份的信息,但查找失踪、被拐卖未成年人等情形除外。第四十九条规定,新闻媒体应当加强未成年人保护方面的宣传,对侵犯未成年人合法权益的行为进行舆论监督。新闻媒体采访报道涉及未成年人事件应当客观、审慎和适度,不得侵犯未成年人的名誉、隐私和其他合法权益。题干中的报社报道了未成年犯罪嫌疑人的姓名、住址和犯罪过程,并且配了照片,这侵犯了该未成年人的隐私权,做法不合法。

11. C 【解析】本题考查侵犯幼儿受教育权的表现。我国《教育法》规定,受教育者享有"参加教育教学计划安排的各种活动"的权利。在教育教学中,幼儿有权参加教学计划安排的授课、课堂讨论、观摩、实验等活动。题干中黄老师因为解决不了军军的问题,便将军军带出教室交给园长,这侵犯了军军参加教育活动的权利。

12. C 【解析】本题考查《幼儿园工作规程》。《幼儿园工作规程》第四十七条规定,幼儿园不得以培养幼儿某种专项技能、组织或参与竞赛等为由,另外收取费用;不得以营利为目的组织幼儿表演、竞赛等活动。题干中幼儿园组织幼儿进行商业表演的做法是不正确的，故本题选 C。

13. B 【解析】本题考查《中小学教师职业道德规范(2008 年修订)》。为人师表的教师职业道德规范要求教师坚守高尚情操，知荣明耻，严于律己，以身作则。衣着得体，语言规范，举止文明。题干中的李老师教导幼儿不要坐到玩具柜上，自己却坐在玩具柜上，没有以身作则，违反了教师职业道德规范中的为人师表。因此在幼儿指出他的错误行为时，最恰当的回应是让幼儿明白这样的行为是不对的，给幼儿树立一个正确的榜样。

14. C 【解析】本题考查教师职业道德要求。A 选项，关系性就是给予性与被给予性，教师幸福具有给予性与被给予性的特征。首先，学校教育中教师的使命是给予而非索取。作为人梯，所有的教师都希望自己的学生有卓越的表现——最好能够超过自己。其次，教师必须通过受教育者才能肯定自身——即教师的幸福是被给予的。只有给予，教师才能从自己的教育对象身上看到自己的劳动成果，进而实现精神享用——体验幸福。

B 选项，长期性是幼儿教师的职业特点，指的是人才培养的周期较长。

C 选项，幼儿教育是一项复杂的系统工作，需要许多人从多方面、多角度、多侧面实施全方位、立体交叉式的教育。就幼儿园内部而言，任何教育成果的取得，都是幼儿教师群体劳动的结晶，都是幼儿教师群体共同协作的结果。

D 选项，制度性是指一系列法律法规的颁布与实施，为教师职业道德发展提供了制度性的保障。

题干中陈老师认为保育活动是保育老师的职责，没有做到团结协作，违背了协作性的职业道德要求。A、B、D 选项均不符合题意，故本题选 C。

15. D 【解析】本题考查教师职业行为规范在保教实践中的应用。教师在处理与家长的关系时应理解并尊重家长的意见和看法，并把自己的看法向对方表达清楚，期待能够在相互尊重与理解的基础上达成共识。针对题干中出现的情况，教师应尊重家长，并寻找合适的方式与家长沟通，D 选项是正确的做法。

方法技巧：教师与学生、学生家长、同事之间的关系是常考点，考生应当掌握、理解教师处理不同人际关系的基本要求。

对象	教师处理不同人际关系的基本要求
幼儿	尊重幼儿；树立良好的教师形象；理解与宽容地对待幼儿的错误
幼儿家长	尊重和信任家长；与家长真诚的交流；理解并尊重家长的意见和看法
同事和领导者	提升自身素质；尊重他人，以诚相待

16. C 【解析】本题考查《中小学教师职业道德规范(2008 年修订)》。关爱学生的教师职业道德规范要求教师保护学生安全,关心学生健康,维护学生权益。题干中,教师的胸针钩住幼儿头发,幼儿害怕地哭了,因此教师在将头发跟胸针分开后,应第一时间安抚幼儿情绪,并调整胸针位置,以保证幼儿的安全。A、B、D 选项都只是将重点放在胸针上,忽略了此时应解决的幼儿情绪问题,没有关注到幼儿情绪,更没有及时安抚幼儿,故本题选 C。

17. D 【解析】本题考查天文常识。夜空繁星闪烁是由于高空中的各层大气密度不均匀,以及气流运动极不稳定,再加上大气的温度、密度瞬息变化,造成高空各气流层时而厚,时而薄,时而密度变大,时而密度变稀,使得来自天体的光线不能沿恒定的方向折射到地球的表面,而发生不停的摇晃、抖动。所以当我们仰望浩瀚天空的繁星时,它们总是不停地闪烁,仿佛星星会眨眼睛似的。

18. B 【解析】本题考查安全常识。B 选项是"当心夹手"的标志。A 选项是"必须戴防护手套"的标志。C 选项是"当心伤手"的标志,D 选项是"严禁将手伸进机器里"的标志。A、C、D 选项均不符合题意,故本题选 B。

19. B 【解析】本题考查与法国国歌诞生有关的历史事件。《马赛曲》诞生在法国大革命时期,作于 1792 年 4 月,原名《莱茵军战歌》。同年夏天,马赛市救国义勇军唱着这支歌挺进巴黎,因此改称《马赛曲》。它是法国大革命的象征,并对以后的历次欧洲革命产生了巨大影响。《马赛曲》后来成为法国国歌。故本题选 B。

20. C 【解析】本题考查抗倭名将。1561 年,倭寇大举侵犯浙江。戚继光率军英勇作战,在台州九战九捷,先后歼灭倭寇一万多人,烧毁倭船无数,平定了浙东地区的倭患。此后,戚继光又率军进入福建、广东地区,与其他抗倭将领一起带领广大军民与倭寇激战,先后消灭了两地的倭寇,使东南沿海的倭患基本解除。A 选项霍去病是西汉名将,带兵抗击匈奴。B 选项文天祥是南宋末年政治家、文学家、抗元名臣、民族英雄。D 选项,林则徐主持虎门销烟,是中华民族抵御外侮过程中伟大的民族英雄。A、B、D 选项均不符合题意,故本题选 C。

21. A 【解析】本题考查果戈理的文学作品。果戈理是俄国批判主义作家,代表作有《死魂灵》《钦差大臣》《外套》《狄康卡近乡夜话》等。A 选项《变色龙》是俄国作家契诃夫的作品。本题为选非题,故选 A。

22. A 【解析】本题考查《小刺猬理发》的作者。《小刺猬理发》是著名儿童文学家鲁兵的作品,作者采用了富有儿童情趣的艺术表现手法,使原本平淡无奇的题材,显得非常新颖别致,因而给人们非常生动有趣的感觉。题干中儿歌的作者是鲁兵,故本题选 A。B 选项乔羽是我国著名词作家、剧作家,代表作有《让我们荡起双桨》《我的祖国》《人说山西好风光》《刘三姐》《难忘今宵》等。C 选项柯岩是我国当代著名作家,主要作品有《“小迷糊”阿姨》《月亮会不会搞错》等。D 选项任溶溶是我国著名儿童文学翻译家、作家,代表作品有《“没头脑”和“不高兴”》《给巨人的书》等。

23. C 【解析】本题考查上古神话。《山海经 · 海外西经》载:“刑天与帝至此争神,帝断其首,葬之常羊之山,乃以乳为目,以脐为口,操干戚以舞。”题干所描述的神话人物是刑天,故本题选 C。

24. D 【解析】本题考查长城的修筑历史。明朝建立以后,为了防御北方蒙古贵族南扰,先后 18 次修筑长城,形成了东起鸭绿江边、西至嘉峪关,总长万余里的明长城。明代长城以城墙为主体,由关隘、城台、烽火台等组成,沿线设立卫所,驻守军队,开展屯田,进行生产,并修建了相连的道路,形成一个完整的军事防御体系。在长城修筑史上,明代修筑长城的规模最大,历时最久,布局更合理,技术更先进,设施更为完善,工程质量更为优异。

25. D 【解析】本题考查毕加索的国籍。毕加索是西班牙画家、雕塑家,当代西方最有创造性和影响最深远的艺术家,代表作品有《格尔尼卡》《和平鸽》《亚威农少女》《生命》等。

26. D 【解析】本题考查 Word 的基本操作。Word 中关于图文混排的操作有:插入插图(图片、剪贴画、形状、图表等)、文本(文本框、文档部件、艺术字等)。D 选项“配色方案”不属于图文混排的操作,本题为选非题,故选 D。

27. B 【解析】本题考查 PowerPoint 的操作。PowerPoint 编辑某张幻灯片时可以进行图片、表格、图表的插入操作,但无法插入版式。插入版式是“幻灯片母版”状态下进行的操作。本题为选非题,故选 B。

28. A 【解析】本题考查类比推理。“水杯”和“瓷器”是交叉关系,A 选项“木制品”和“家具”是交叉关系,B 选项“鲸鱼”和“海鱼”是全异关系,C 选项“豆制品”和“大豆”是全异关系,D 选项“河虾”和“河蟹”是并列关系。B、C、D 选项均不符合题意,故本题选 A。

29. C 【解析】本题考查数字推理。观察题干中的等式,可以发现:等式左边的数字是依次递增 1,等式右边的规律是在前一个等式右边数字的基础上加 6,即 9 = 3 + 6,15 = 9 + 6,21 = 15 + 6,27 = 21 + 6,因此应填入空缺处的数字是 21。

二、材料分析题(参考答案)

30. 金老师的教育行为符合新课程倡导的教师观,是值得肯定的。

(1)从教师与学生的关系看,教师是学生学习的促进者。教师不仅传授知识,检查学生对知识的掌握程度,而且教师是学生学习的激发者,各种能力和积极个性的培养者。材料中,金老师在教学过程中能够肯定幼儿的独特想法,点评幼儿作品,激发幼儿的积极性,体现了学习促进者的角色。

(2)从教学与研究的关系看,教师是教育教学的研究者。教师即研究者,意味着教师在教学过程中要以研究者的心态置身于教学情境之中,以研究者的眼光审视和分析教学理论与教学实践中的各种问题,对自身的行为进行反思,对出现的问题进行探究,对积累的经验进行总结,最终形成规律性的认识。材料中,金老师在课后及时记录区域活动的情况,对教育教学活动进行总结和反思,为以后的教学研究积累素材,体现了这一点。

(3)从教学与课程的关系看,教师是课程的开发者和建设者。传统教学中的教师和课程是分离的,而新课改倡导民主、开放的课程理念,教师不仅是课程实施的执行者,更应成为课程的开发者和建设者。材料中金老师在上课之余还进行课程研究,发挥自己在课程建设中的主体作用,体现了这一点。

(4)在对待师生关系上,强调尊重、赞赏。为了实现这一教学理念,教师必须尊重每一位学生做人的尊严和价值,要发现学生的闪光点。材料中,金老师赞赏幼儿根据自己的想法和经验来进行创作,并在结束后对幼儿积极鼓励,体现了这一点。

(5)在对待教学关系上,强调帮助、引导。教师要促进学生发展就要帮助学生,对学生的学习过程和结果进行评价,帮助学生发现自己的潜能和性向。材料中,金老师对幼儿制作的作品进行逐一点评,并让幼儿分享自己的想法,体现了这一点。

(6)在对待自我上,强调反思。教学反思要渗透在教学的各个环节,这样才能够帮助教师形成和培养自我反思的意识和自我监控的能力。材料中,金老师在课程结束后总结经验,反思在课堂上遇到的问题,并针对问题进行改进,体现了这一点。

总之,该老师的教育行为符合新课改中的教师观,值得我们学习。

(共14分。评价正确2分。答出“学生学习的促进者”“教育教学的研究者”“课程的建设者和开发者”“强调尊重、赞赏”“强调帮助、引导”“强调反思”等关键点每点2分,其中给出理论依据每点1分,结合材料合理阐述每点1分)

31. 周老师的教育行为符合教师职业道德的相关要求,值得肯定。

(1)体现了关爱学生。关爱学生要求教师关心爱护全体学生,尊重学生人格,平等公正对待学生。保护学生安全,关心学生健康,维护学生权益。材料中周老师将对故事结局感到害怕而哭泣的琪琪抱在怀中安抚,体现了教师对学生的关心和爱护。

(2)体现了教书育人。教书育人要求教师循循善诱,诲人不倦,因材施教。培养学生良好品行,激发学生创新精神,促进学生全面发展。材料中周老师对被吓到的孩子,通过系列活动进行引导,循序渐进地帮助幼儿减少恐惧,同时通过引导性的问题,进行了保护动物、培养爱心的教育,这体现了教书育人的职业道德。

(3)体现了爱岗敬业。爱岗敬业要求教师忠诚于人民教育事业,志存高远,勤恳敬业,甘为人梯,乐于奉献。材料中,周老师面对幼儿的情绪和错误认知,能够及时安抚并且矫正幼儿伤害动物的错误想法。周老师对幼儿负责,对工作认真,这体现了爱岗敬业的职业道德。

综上所述,周老师的教育行为符合关爱学生、教书育人和爱岗敬业的教师职业道德规范,值得我们学习。

(共14分。评价正确2分。答出"关爱学生""教书育人""爱岗敬业"等关键点每点4分,其中给出理论依据每点2分,结合材料合理阐述每点2分)

32.(1)①冠礼,是冠礼和笄礼的合称,是我国古代的成年礼,标志着男女由少年迈入成年。冠礼的主持者一般为受冠者的父亲,时间通过占卜确定,且需邀请参加冠礼的宾客,尤其是为子弟加冠的正宾。冠礼的主体仪式是由正宾依次给受冠者加缁布冠、皮弁、爵弁,且每次加冠都要配以相应的服饰。②加冠前,受冠者需由赞冠者为其梳头、挽髻、加笄,再把头发系好以便加冠。③加冠时,主宾要向受冠者宣读祝辞,勉励其树立高尚的道德品质和远大的人生志向。④加冠后,正宾为受冠者取字,受冠者同时要拜见母亲和尊长,并接受他们的教诲。

(共4分。点明"冠礼"的含义得1分,说出"冠礼"的主持者、时间、宾客得1分,指出"冠礼"的主体仪式得1分,依次说出加冠前、加冠时、加冠后的具体内容得1分)

(2)占重要地位的原因:①冠礼是我国古代的成年礼,标志着男女由少年迈入成年。②传统冠礼饱含着深刻的伦理意蕴、道德追求与责任担当。借助冠服使受冠者明确自身的权利和责任;借助冠辞教导受冠者不断砥砺自己;希望借助冠服仪式,构建一种儒家倡导的理想社会秩序和生活方式。③冠礼是中华优秀传统家礼文化的重要内容,是中华家文化与礼文化融合的结晶。

借鉴意义:①借鉴传统冠礼仪式和教化方式,为广大青少年提供角色认知,培育礼仪文明素养。②承故拓新,充分挖掘传统冠礼文化中的积极内容,使之成为涵养青少年道德人格的丰厚滋养。

(共10分。准确答出冠礼在我国传统家礼文化中占有重要地位的原因得6分,其中"男女由少年迈入成年"2分,"饱含着深刻的伦理意蕴、道德追求与责任担当"2分,"冠礼"对中华文化的重要意义2分。准确答出冠礼对今天的借鉴意义得4分,其中"提供角色认知,培育礼仪文明素养"2分,"涵养青少年道德人格"2分)

三、写作题

33.【写作思路】该题是一道材料作文题，考生首先需要从材料中提炼出重要内容。通过分析可知，材料中共有3类人物角色，第一个是“听取详细而系统的讲解”的小学生和中学生，第二个是听老奶奶讲解的幼儿园的孩子，第三个是给幼儿园孩子讲美术作品的老奶奶(讲解员)。由此可以发现：同样是参观博物馆，小学生和中学生在听取“详细而系统的讲解”，幼儿园的孩子则在听老奶奶问一些简单的问题。因此，我们可以提炼出第一个观点——因材施教。而为什么要问幼儿园的孩子如此简单的问题却不给他们详细而系统地讲解美术作品？是为了吸引他们的目光，引起他们的兴趣。因此，我们可以提炼出第二个观点——兴趣是孩子最好的老师。老奶奶通过一系列简单的问题引导孩子们观察美术作品，而不是直接讲解或直接提出观察美术作品的要求，说明这个老奶奶注重对学生的引导。因此，我们可以提炼出第三个观点——引导启发教学。

【参考范文】

因材施教

苏霍姆林斯基说过：“教育工作的实践使我们深信，每个学生的个性都是不同的，而要培养一代新人的任务，首先要开发每个学生的这种差异性、独立性和创造性。”

正如世界上没有完全相同的两片树叶一样，世界上也没有完全相同的两个人，学生个体的差异是客观存在的，差异是因材施教的前提与基础。学生在学习过程中存在着生理、心理、社会性和学习环境的差异。教师要认识到这些差异并设法缩小差异、超越差异。面对智力、能力、思维、性格、毅力等都存在差异的学生，我们的教育要“以人为本”，要让每个学生鲜亮的个性得到张扬，让每个学生都能获得成功。为此我们的教育要允许学生有选择学习方法的权利，允许学生以不同的速度进行学习。因此，在课堂教学中，必须从学生的素质差别入手，以学生个体为教学对象，进行个别化因人施教。

十九世纪的俄国教育思想家乌申斯基曾说过：“如果教育学要在一切的关系上培养一个人，它就该首先了解人的一切关系。”可见了解学生之重要，它是“因材施教”的基础。要全面深入地了解学生，就应坚持全面和发展的观点，科学地分析其个别差异与可变因素，引导其向好的方向发展。

在教学中，既要从绝大多数学生的需要出发，又要考虑到个别需要。无论什么样的学生，肯定都有其特殊的一面，要“对症下药”，我们要充满热情地对待学生，对后进生更应关怀备至，以情动人，以理服人。实践证明：经过教和学的双方努力之后，大多数学生都能很好地成长为有用之才，从不同的方面对我们的国家做出贡献。无论优等生还是后进生，都是人为划分的，我们应该认识到每个学生都有自己独有的长处，要长所有学生的善,扬所有学生的优。

苏霍姆林斯基说:"每个孩子都是一个完全特殊的、独一无二的世界。""天赋为每一个正常的头脑打下了必要的、充足的根基,使每一个人都能成为创造者。"每一个学生都是与众不同的,都有自己的特点和长处。花有花的香,树有树的美,晴有晴的丽,雨有雨的趣。学生作为被教育的对象,更是如此。当每个教育工作者都从内心欣赏每个学生,关心每个学生,尊重每个学生的自然心性,那么,世界将会变得更美好。

(本篇文章立意正确,语言流畅,观点深入人心,从"因材施教"出发,不仅讲了因材施教的必要性,也提供了因材施教的一些实施方案。同时,文中大量引用名人名言,增加了观点的说服力。拟定得分 45 分)

2022 年上半年中小学教师资格考试真题试卷(四)

一、单项选择题

1. C 【解析】本题考查幼儿发展评价。档案袋评定法又称成长记录袋,是指幼儿教师或家长有目的地收集儿童的各种有关表现材料,并进行合理的分析与解释,以反映儿童在学习与发展过程中的努力、进步状况或成就的一种方法。教师通过定期或不定期地收集幼儿成长发展的各种资料,可以掌握幼儿发展的状况,评价幼儿的发展水平。在创建和收集幼儿"档案"的过程中,教师也能通过评价更全面地了解到幼儿的个体特征、思维特点、所取得的成就、能力以及弱点,为教育策略的调整和制定提供良好的支持。题干中马老师并没有认识到档案袋评定法的作用,说明马老师缺少幼儿发展评价的能力。

A 选项,学情分析是对幼儿的现有水平和发展的需要进行分析,且学情分析一般在教育活动开始前进行。题干中的马老师在活动反思中记录自己对档案袋评价的想法,并未体现对学情的分析,A 项不选。

B、D 两项题干未体现,排除。

2. B 【解析】本题考查人的发展的特点。儿童发展的未成熟性、未完成性,蕴含着人的发展的不确定性、可选择性、开放性和可塑性,潜藏着巨大的生命活力和发展的可能性。题干中的话体现了人的发展是多向性的。

A 选项,幼儿的发展有一定的方向性和顺序性,既不能逾越,也不会逆向发展,按由低级到高级的、由简单到复杂的顺序进行。

C 选项,人的全面发展指的是德、智、体、美、劳等全面的发展。

D 选项,人的发展具有不平衡性。在学前期的不同时间内,儿童的发展速度也不同。

A、D 选项均说法错误,C 选项不符合题意,故本题选 B 选项。

3. B 【解析】本题考查“育人为本”的儿童观。“育人为本”的儿童观认为幼儿是独特的人，由于遗传、环境、教育等方面的影响，每个幼儿身心发展的速度都各不相同，身心素质的组合特征也不同。每个幼儿都有其优势领域和劣势领域，教师应当将幼儿看成独特的个体，因材施教，促进幼儿的全面发展。

A 选项，顺序性指的是幼儿的发展有一定的方向性和顺序性，既不能逾越，也不会逆向发展，按由低级到高级、由简单到复杂的顺序进行。

C 选项，自主性要求教师要尊重幼儿，遵循他们身心发展的内在本性，顺应他们的天性自然，让他们个性自主发展。

D 选项，创造性是指幼儿在教育活动中可以超越教师的认识，超越时代的认识与实践局限，科学地提出不同的观点、看法，并创造具有成效的学习方法。

题干中幼儿园建立了“过程性数据”与“关键事件”相结合的幼儿发展评价信息系统，目的是跟踪幼儿个体的成长过程，这体现了幼儿园关注幼儿发展中的独特性。A、C、D 选项均不符合题意，故本题选 B 选项。

4. D 【解析】本题考查新课程倡导的教师观。新课程倡导的教师观在对待教学关系上，强调帮助、引导。教的本质在于引导，引导的特点是含而不露、开而不达、引而不发。题干中东东的游戏陷入了困境，正是需要教师进行引导的时候，D 选项教师引导幼儿从颜色和形状两个方面观察拼图，是对幼儿的有效引导。A、B、C 选项，王老师只是对东东进行安慰或者直接告诉其做法，并没有进行引导和启发。A、B、C 选项均不符合题意，故本题选择 D 选项。

5. B 【解析】本题考查《中华人民共和国宪法(2018 年修正)》。《中华人民共和国宪法》第九十六条规定，地方各级人民代表大会是地方国家权力机关。第一百零五条规定，地方各级人民政府是地方各级国家权力机关的执行机关，是地方各级国家行政机关。B 项表述错误。

A 选项，我国《宪法》第一百零九条规定，县级以上的地方各级人民政府设立审计机关。地方各级审计机关依照法律规定独立行使审计监督权，对本级人民政府和上一级审计机关负责。

C、D 选项，我国《宪法》第一百一十条规定，地方各级人民政府对本级人民代表大会负责并报告工作。县级以上的地方各级人民政府在本级人民代表大会闭会期间，对本级人民代表大会常务委员会负责并报告工作。地方各级人民政府对上一级国家行政机关负责并报告工作。全国地方各级人民政府都是国务院统一领导下的国家行政机关，都服从国务院。

A、C、D 选项表述均正确，本题为选非题，故选择 B 选项。

方法技巧:考生在做题时需要分清国家行政机关和国家权力机关。

名称	地位	权利
人民代表大会	国家权力机关	立法权、决定权、任免权、监督权
人民政府	国家行政机关	县级以上地方各级人民政府管理本行政区域内经济、教育、科学、文化、卫生、体育事业、城乡建设事业和财政、民政、公安、民族事务、司法行政、计划生育等行政工作

6. B 【解析】本题考查《儿童权利公约》。《儿童权利公约》第十八条规定,父母、或视具体情况而定的法定监护人对儿童的养育和发展负有首要责任。故本题选择 B 选项。

7. A 【解析】本题考查《中华人民共和国未成年人保护法(2020 年修订)》。《中华人民共和国未成年人保护法》第九十四条规定,具有下列情形之一的,民政部门应当依法对未成年人进行长期监护:(一)查找不到未成年人的父母或者其他监护人;(二)监护人死亡或者被宣告死亡且无其他人可以担任监护人;(三)监护人丧失监护能力且无其他人可以担任监护人;(四)人民法院判决撤销监护人资格并指定由民政部门担任监护人;(五)法律规定的其他情形。题干中相关部门一直没有找到流浪儿童小孙的父母或者其他监护人,故应由民政部门对小孙进行长期监护,本题选择 A 选项。

8. A 【解析】本题考查《中华人民共和国教师法(2009 年修正)》。《中华人民共和国教师法》第三十九条规定,教师对学校或者其他教育机构侵犯其合法权益的,或者对学校或者其他教育机构作出的处理不服的,可以向教育行政部门提出申诉,教育行政部门应当在接到申诉的三十日内,作出处理。题干中教师张某对幼儿园的处理不服,可以向教育行政部门提出申诉,也可依法向人民法院提起诉讼,故本题选择 A 选项。

9. C 【解析】本题考查《中华人民共和国教育法(2021 年修正)》。《中华人民共和国教育法》第五十一条规定,图书馆、博物馆、科技馆、文化馆、美术馆、体育馆(场)等社会公共文化体育设施,以及历史文化古迹和革命纪念馆(地),应当对教师、学生实行优待,为受教育者接受教育提供便利。电影院不属于按规定优待开放的社会公共文化体育设施,本题为选非题,故选择 C 选项。

10. D 【解析】本题考查《幼儿园工作规程》。《幼儿园工作规程》第十三条规定,入园幼儿应当由监护人或者其委托的成年人接送。题干中小米读小学六年级的哥哥属于未成年人,不能去幼儿园接小米,故本题选择 D 选项。

11. D 【解析】本题考查《中华人民共和国未成年人保护法(2020 年修订)》。

《中华人民共和国未成年人保护法》第四章"社会保护"第六十三条规定,任何组织或者个人不得隐匿、毁弃、非法删除未成年人的信件、日记、电子邮件或者其他网络通讯内容。除下列情形外,任何组织或者个人不得开拆、查阅未成年人的信件、日记、电子邮件或者其他网络通讯内容:(一)无民事行为能力未成年人的父母或者其他监护人代未成年人开拆、查阅;(二)因国家安全或者追查刑事犯罪依法进行检查;(三)紧急情况下为了保护未成年人本人的人身安全。故D选项"任何组织或者个人不得披露未成年人的个人隐私"属于社会保护的内容。本题选择D选项。A选项属于学校保护,B选项属于司法保护,C选项属于家庭保护。A、B、C选项均不符合题意。

12. D 【解析】本题考查《中华人民共和国教师法(2009年修正)》。《中华人民共和国教师法》第二十二条规定,学校或者其他教育机构应当对教师的政治思想、业务水平、工作态度和工作成绩进行考核。教育行政部门对教师的考核工作进行指导、监督。

B选项,第二十四条规定,教师考核结果是受聘任教、晋升工资、实施奖惩的依据。但考核结果不是教师受聘任教、晋升工资、实施奖惩的唯一依据。

C选项,第二十三条规定,考核应当客观、公正、准确,充分听取教师本人、其他教师以及学生的意见。

A、B、C选项均表述错误,D选项表述正确,故本题选D选项。

13. B 【解析】本题考查"育人为本"的儿童观。幼儿是受教育的对象,但幼儿在受教育过程中并不是对教师的完全盲从,而具有在教育活动中的主观能动性和自我教育的可能性。题干中教师在没有了解幼儿不同回答的原因的情况下就给予否定,没有将幼儿看作教育的主体,没有充分发挥课堂教学素材的功能,不具备活用素材的能力。A、C、D选项中批评教育、关爱幼儿、纪律管理均与题干无关,故本题选B选项。

14. D 【解析】本题考查《中小学教师职业道德规范(2008年修订)》。为人师表的教师职业道德规范要求教师坚守高尚情操,知荣明耻,严于律己,以身作则。题干中李老师发现评职称的材料中还缺少两份听课材料,李老师正确的做法应是直接放弃本次职称评定的机会,A、B、C三项的做法是造假的行为,不符合为人师表的教师职业道德规范,故本题选择D选项。

15. C 【解析】本题考查《中小学教师职业道德规范(2008年修订)》。教书育人的教师职业道德规范要求教师遵循教育规律,实施素质教育。循循善诱,诲人不倦,因材施教。

A选项原句为"不闻不若闻之,闻之不若见之,见之不若知之,知之不若行之。学至于行之而止矣。"意为"没有听到的不如听到的,听到的不如见到的,见到的不如了解到的,了解到的不如去实行。学问到了实行就达到了极点”。强调的是实践的重要性。

B 项意为“眼睛经常看到,耳朵经常听到,不知不觉地受到影响,不用专门学习就有了相应的才能”。强调听得多了,见得多了,自然而然受到影响。

C 项意为“教学,不到学生冥思苦想而不得其解的时候,不要去开导他;不到学生欲言又难以表达的时候,不要去启发他”。强调的是启发诱导原则。

D 项意为“用言语去打动人的,其感染力不深;用行动去打动人的,其效应一定很快”。强调的是言传不如身教。

题干中李老师在发现小朋友经常将两只鞋子穿反后,创编儿歌引导幼儿学会正确的穿鞋方法,体现了启发诱导、循循善诱的教育方法,也体现了教书育人的教师职业道德规范。故本题选择 C 选项。

方法技巧:考生在做此类试题时,需要先分析题干中的案例所符合的教师职业道德规范,再逐一分析各选项所蕴含的道理,之后再与题干中所符合的教师职业道德规范进行匹配,选择最佳选项。

16. C 【解析】本题考查教师职业道德特征。教师职业道德的专业性体现在教师是运用自己的全部素养向学生提供专业服务。题干中教师对月月的口吃现象给予关注,正确处理月月的口吃问题,展现了一名教师的专业素养,体现了教师职业道德的专业性。

A 选项,教师职业道德功能具有多样性,教师职业道德作为教师行为的善恶标准和观念意识,不仅是衡量教师职业行为及其水平的重要依据,对教师行为具有引导作用,而且是教师在职业活动中对各种关系和矛盾加以调节或解决的重要依据,它能提高教师对其职业道德的评价能力,促进教师职业道德修养水平的不断提高。

B 项,教育劳动过程具有双向性的特点。教育是教师将知识传授给学生,学生通过自己刻苦学习,接受知识和消化知识的过程。

D 项,教师劳动具有复杂性。幼儿教师劳动的复杂性主要体现在两个方面:(1)幼儿教育任务的全面性。(2)劳动对象的差异性。

A、B、D 选项均不符合题意,故本题选择 C 选项。

17. C 【解析】本题考查常见安全标志。A 项为禁止靠近的安全标志,B 项为当心坑洞的安全标志,C 项为禁止攀登的安全标志,D 项为当心跌落的安全标志。故本题选择 C 选项。

18. A 【解析】本题考查罕见病。A 选项,白化病是由于酪氨酸酶缺乏或功能减退引起的一种皮肤及附属器官黑色素缺乏或合成障碍所导致的遗传性白斑病。患者视网膜无色素，虹膜和瞳孔呈现淡粉色，怕光。皮肤、眉毛、头发及其他体毛都呈白色或黄白色。白化病属于家族遗传性疾病，患有白化病的幼儿被称为“月亮娃娃”。故本题选择 A 选项。

B 选项，戈谢病即葡萄糖脑苷脂病，是一种家族性糖脂代谢疾病，为常染色体隐性遗传疾病，是溶酶体沉积病中最常见的一种。由于葡萄糖脑苷脂酶的缺乏而引起葡萄糖脑苷脂在肝、脾、骨骼和中枢神经系统的单核—巨噬细胞内蓄积而发病，产生相应的临床表现。

C 选项，血友病为一组遗传性凝血功能障碍的出血性疾病，其共同的特征是活性凝血活酶生成障碍，凝血时间延长，终身具有轻微创伤后出血倾向，重症患者没有明显外伤也可发生“自发性”出血。

D 选项，脆骨症又称瓷娃娃病，其特征为骨质脆弱、蓝巩膜、耳聋、关节松弛，是一种由于间充质组织发育不全，胶原形成障碍而造成的先天性遗传性疾病，是一种先天性骨骼病。

19. D 【**解析**】本题考查阿尔卑斯山脉。阿尔卑斯山脉位于欧洲南部，是欧洲最高大宏伟的山脉。它西起法国尼斯附近的地中海海岸，经意大利北部、瑞士南部、列支敦士登、德国南部，东至奥地利的维也纳盆地，呈弧形东西延伸。本题为选非题，故选择 D 选项。

20. B 【**解析**】本题考查民国初期采取的移风易俗措施。中华民国临时政府提倡“自由平等博爱为纲”的公民道德，废除“大人”“老爷”等称呼，禁止蓄辫、缠足和赌博等陋习。1912 年 8 月，由中华民国临时大总统颁布的“礼制令”中明确规定，脱帽鞠躬和不脱帽鞠躬分别为男子和女子的相见礼节，此举从制度上正式废除了跪拜与作揖礼节。本题为选非题，故选择 B 选项。

21. B 【**解析**】本题考查二十四节气。小满是二十四节气之一。小满节气意味着进入了大幅降水的雨季，雨水开始增多，往往会出现持续大范围的强降水。夏收作物已盈满但未完全成熟，农事正做准备。煮茧缫丝要动纺车；菜籽榨油，油坊要动油车；夏种插秧，灌溉农田，要踏水车，称“小满动三车”。本题为选非题，故选择 B 选项。

22. A 【**解析**】本题考查宋明理学。北宋哲学家周敦颐，号濂溪，是宋朝理学思想的开山鼻祖，晚年定居江西庐山莲花峰下，以家乡营道之水名“濂溪”来命名堂前的小溪和书堂，故人称“濂溪先生”。B 选项邵雍是北宋理学家、数学家、诗人，自号安乐先生、伊川翁等。C 选项程颢是北宋理学家、教育家，世称“明道先生”，是宋代理学的奠基者。程颢与其弟程颐，皆为理学大师，世称“二程”。D 选项王守仁是明朝杰出的思想家、文学家，号阳明，创立“阳明心学”。故本题选择 A 选项。

23. D 【解析】本题考查章回体小说。A 选项,《水浒传》,作者施耐庵,是中国四大古典文学名著之一,也是中国历史上最早用白话文写成的章回体小说。

B 选项,《儒林外史》是清代文学家吴敬梓创作的一部杰出的现实主义的章回体长篇讽刺小说。

C 选项,《红楼梦》是清代作家曹雪芹创作的章回体长篇小说,也是中国古典小说的巅峰之作。

D 选项,《聊斋志异》是清代著名小说家蒲松龄创作的一部文言短篇小说集,也是一部在思想和艺术上具有深刻内容和独特风貌的文学作品。小说以谈狐说鬼来暴露当时现实生活中的黑暗和官吏的罪恶,批判腐败的科举制度。

本题为选非题,故选择 D 选项。

24. C 【解析】本题考查《小布头奇遇记》的作者。《小布头奇遇记》是我国著名童话作家孙幼军的作品,本书通过描写小布头的奇遇引发了一系列生动有趣的故事,这些故事构思巧妙,语言风趣幽默,获得第二届全国少儿文艺创作一等奖,同时也是我国获国际安徒生奖提名的第一部作品。故本题选 C 选项。

A 选项,严文井的代表作有《南南和胡子伯伯》《丁丁的一次奇怪旅行》《三只骄傲的小猫》等。

B 选项,张天翼代表作有《宝葫芦的秘密》《大林和小林》《秃秃大王》等。

D 选项,曹文轩代表作有《草房子》《山羊不吃天堂草》等。

25. A 【解析】本题考查水稻的特征。A 选项是水稻。水稻为一年生,水稻叶鞘松弛且无毛,叶片呈线状披针形,成熟时颗粒饱满,稻穗向下低垂。故本题选择 A 选项。

B 选项是大麦。大麦形似小麦,大麦的果实呈椭圆形,茎秆较小麦粗壮,大麦的麦芒较小麦长。

C 选项是小麦。小麦叶鞘光滑,直立生长,外表呈扁平的圆形或椭圆形,果实的两端稍尖,有麦芒。

D 选项是小米。小米古称粟,叶鞘松裹茎秆,密具疣毛或无毛,边缘密具纤毛,叶舌为一圈纤毛,叶片为长披针形或线状披针形。

26. D 【解析】本题考查 Word 的基本操作。在文字中插入图片,常用的文字环绕方式有嵌入型、四周型、紧密型、衬于文字下方、浮于文字上方等。其中衬于文字下方是指文字排列不受图片、剪贴画、图形或艺术字的影响,仍然以原来的方式排列,只是图片、剪贴画或艺术字衬在文字下方。故本题选择 D 选项。

27. D 【解析】本题考查 Excel 的基本操作。在 Excel 表格中,输入以“0”开头的数字字符串时,需在表格中输入英文状态下的单引号“'”。故本题选择D选项。

28. C 【解析】本题考查类比推理。首饰和镯子是包含关系,镯子属于首饰的一种。A选项轮胎是汽车的一个组成部件,与题干逻辑关系不符,故A选项排除;B选项石窟是起源于印度的一种佛教建筑形式,石雕是一种艺术形式,与题干逻辑关系不符;C选项玉石和翡翠是包含关系,翡翠是玉石的一种;D选项摆件和胸针是全异关系,D项排除。故本题选择C选项。

29. A 【解析】本题考查图形推理。题中图片的规律为:大图形与小图形相同并且相切,故本题选择A选项。

二、材料分析题(参考答案)

30. 材料中杨老师的做法是正确的,符合教师观的要求,值得我们学习和借鉴。

(1)从教学与研究的关系看,教师是教育教学的研究者。教师即研究者,意味着教师在教学过程中要以研究者的心态置身于教学情境之中,以研究者的眼光审视和分析教学理论与教学实践中的各种问题,对自身的行为进行反思,对出现的问题进行探究,对积累的经验进行总结,最终形成规律性的认识。材料中,面对自己无法处理好幼儿冲突这一问题,杨老师主动向有经验的教师请教,查阅书籍,咨询幼儿教育专家,探寻冲突行为的诱因及解决办法。经过长时间的积淀,杨老师成为处理幼儿冲突问题的专家,并出版了相关著作,这体现了教育研究者这一角色。

(2)从教师行为转变看,新课程倡导在对待自我上,强调反思。教学反思有助于教师形成和培养自我反思的意识和自我监控的能力。材料中,面对教育中遇到的问题,杨老师主动、自觉地进行反思、研究,不仅有效解决了幼儿冲突问题,还成长为这方面的专家,这体现了反思的作用。

(3)从教师行为转变看,新课程倡导在对待与其他教育者的关系上,强调合作。在教育教学过程中,教师除了面对学生外,还要与周围其他教师发生联系,要与学生家长进行沟通与配合。教师必须处理好与家长的关系,加强与家长的联系与合作,共同促进学生的健康成长。材料中,杨老师在教育教学上遇到问题能积极向其他老师、专家请教,还会定期为家长做专题讲座,积极与家长沟通幼儿的情况,使幼儿之间的冲突、家长之间因孩子产生的冲突逐渐减少、消失,这表明杨老师具有很强的合作意识与能力。

(4)从教师行为转变看,新课程倡导在对待师生关系上,强调尊重、赞赏。教师必须尊重每一位幼儿做人的尊严和价值,不体罚幼儿,不大声训斥幼儿,不侮辱、嘲笑幼儿,不随意当众批评幼儿。材料中,杨老师发现小强被小斌打了,并没有训斥及体罚幼儿,反而是通过各种途径探寻幼儿冲突行为的诱因,寻求破解良策,体现了教师尊重幼儿。

(5)从学校与社区的关系看,教师是社区型开放的教师。教师不仅仅是学校的一员，还是社区的一员，是整个社区教育、科学、文化事业的共建者。材料中，杨老师为家长做专题讲座，和家长沟通幼儿的情况，并将自己的理论与实践经验总结成相关著作，指导家长解决幼儿冲突问题，体现了幼儿园与家庭和社区的合作。

综上，杨老师践行了新课程倡导的教师观，促进了自身专业发展，其行为值得广大教师学习。

（共14分。评价正确2分；答出“教师是教育教学的研究者”“强调反思”“强调合作”“强调尊重、赞赏”“社区型开放的教师”等关键点得2分；给出理论依据每点1分，结合材料具体分析每点1分）

31. 材料中，刘老师践行了“关爱学生”“教书育人”“爱岗敬业”的教师职业道德规范的要求，值得我们学习并实践。

（1）刘老师的教育行为符合“关爱学生”的教师职业道德规范的要求。“关爱学生”要求教师关心爱护全体学生，尊重学生人格，平等公正对待学生。对学生严慈相济，做学生良师益友。保护学生安全，关心学生健康，维护学生权益。不讽刺、挖苦、歧视学生，不体罚或变相体罚学生。材料中，刘老师看到幼儿扭打在一起，及时制止，这体现了刘老师保护学生安全，关心学生健康。

（2）刘老师的教育行为符合“教书育人”的教师职业道德规范的要求。“教书育人”要求教师遵循教育规律，实施素质教育。循循善诱，诲人不倦，因材施教。培养学生良好品行，激发学生创新精神，促进学生全面发展。不以分数作为评价学生的唯一标准。材料中，最初建构区的幼儿很多，刘老师循循善诱，引导幼儿自主商量解决办法，在此过程中培养了幼儿互相谦让的良好品质，也培养了幼儿的规则意识和人际交往能力。这体现了刘老师遵循教育规律，循循善诱，促进了学生发展。

（3）刘老师的教育行为符合“爱岗敬业”的教师职业道德规范的要求。“爱岗敬业”要求教师忠诚于人民教育事业，志存高远，勤恳敬业，甘为人梯，乐于奉献。对工作高度负责，认真备课上课，认真批改作业，认真辅导学生。不得敷衍塞责。材料中，下班后，其他老师都回家了，刘老师还在办公室回看在建构区拍摄的活动视频，分析幼儿在活动中的游戏行为和表现，并形成了观察报告。这体现了刘老师对工作高度负责。

综上所述，作为教师，我们应该严格遵循教师职业道德规范的要求，与学生共同进步、共同成长。

（共14分。评价正确给2分；答出“关爱学生”“教书育人”“爱岗敬业”等关键点每点4分，其中给出理论依据每点2分，结合材料合理阐述2分）

32.（1）大家在知识上要求真实，他们要知道事实，寻求真理。但是抽象的真理未必可知,具体的事实却总是可知部分的。日常生活里所要应付的事,理也包含在其中,在应付事的时候,理往往是不自觉的。因此强调就落到了事实上,要求说出事实的真相。

(共 4 分。从“在知识上”“具体的事实”“理”“强调落到事实上”四方面进行解答得 4 分,每个要点得 1 分)

(2)①“老实话”是不容易听到见到的。抽象的真理未必可知,具体的事实却总是可知部分的。因此强调就落到了事实上。说出事实的真相,就是“实话”。②利害的冲突导致人不肯说“老实话”。自己说出实话,让别人知道自己的虚实,容易制自己。就是不然,让别人知道底细,也容易比自己抢先一着。③人们在情感上要求真诚,要求真心真意,要求开诚相见或诚恳的态度,要听“真话”“真心话”。心坎儿上的,不是嘴边儿上的话,这也可以说是“老实话”。但是“心口如一”向来是难得的,“口是心非”恐怕大家有时都不免会有。④真话不一定关于事实,主要的是态度。但说真话也分人,交浅不能言深。

(共 10 分。答出“‘老实话’是不容易听到见到的。说出事实的真相,就是‘实话’”“利害的冲突导致人不肯说‘老实话’”“人们在情感上要求真诚”“真话不一定关于事实,主要的是态度”4 个要点得 10 分,每个要点得 2.5 分)

三、写作题

33.**【写作思路】**本题是一道漫画类作文题。漫画作文一般包括图画、文字、漫画题目以及要求等几部分,所以在审题时要注意各部分所包含的信息。本题由图画和文字构成。图画中有一条在水中行进的船,船的尾部进了水,船尾的两人满头大汗地奋力向外倒水,船头的两人却安闲地坐着观望,并且说:“还好破洞在他们那边!”从图画来看,当危机到来时,有人在努力解决,有人在观望,但处于同一条船上,任何人都不可能独善其身,幸灾乐祸只会付出惨重的代价。审题时应抓住两者利益的相关性,肯定行动者,批驳观望者,指出有难当头或面临危机时,只有互帮互助、同舟共济才能共渡难关。在危机到来时,同一条船上的任何人都不可能独善其身,必须同舟共济,任何作壁上观者最终都会为自己的短见付出惨重的代价。

考生在审题立意时,要紧扣这一主题,围绕“团结”进行写作。综上所述,本题可从以下几方面立意:(1)团结一心,同舟共济;(2)责任与担当;(3)唇亡齿寒;(4)顾全大局;(5)团结则存,分裂则亡;(6)人类命运共同体;等等。

【参考范文】

冷漠旁观终损己,互助和谐共休戚

鲁迅先生说:“无穷的远方,无数的人们,都和我有关。”生存于世,每个人都与周边、与远方紧密相关。当航行之舟漏洞进水，危急时刻，你会出手相救，患难与共？还是“事不关己，高高挂起”？不同的答案彰显不同的价值取向，但不可否认的是，社会的小舟需要每个人补漏补缺，才会推动和谐社会的巨轮破浪前行，扬帆致远。

冷漠旁观终损己。漫漫人生途中，我们总会看到一些人处于危难之中，拼尽全力自我解救。或许有人会抱着侥幸心理冷眼旁观，庆幸事情与自己无关。但你要知道“发生在别人身上的都是故事，发生在自己身上的全是事故”。你的消极冷漠终有一天会化作打脸的巴掌，给你一记响亮的耳光。危急时刻，我们应竭尽全力，奋勇相助，团结协作才是面对困难的正确态度。

冷漠旁观终损己，要互帮互助，助人助己。

纵观古今，多少人在帮助他人的同时开创了人生的新篇章，又有多少人在冷漠待人中丢失了命运的橄榄枝。在 2021 年 7 月 20 日，河南部分地市遭遇了持续性强降雨，郑州及周边市县群众受灾严重。一方有难，八方支援。国产运动品牌鸿星尔克在自身经营状况欠佳的情况下，仍宣布捐赠 5000 万物资驰援河南，帮助河南人民共克时艰。此事一经网络曝光，唤起了全国民众的感动之情，大家化感动为消费动力，纷纷抢购鸿星尔克的产品予以支持，鸿星尔克的诸多产品卖到脱销。可以说，鸿星尔克的这一举动，既帮助了受灾人民，也收获了广大群众的支持，使得公司的经营状况有了极大好转。而与鸿星尔克的善举相反的是，在特大暴雨当天，郑州一酒店借机涨价，一间房的住宿费最高涨到了两千多元。该酒店的举动不仅引起了民愤，诸多人表示此后不会再入住这家“无良”酒店，酒店也受到了政府惩治，被郑州市场监督管理局处以 50 万元罚款。由此可见，面对困难，互帮互助，助人才是助己。

互助协力，休戚与共，天下大同。

每个人都不是一座孤岛。互帮互助，小到个人，大到国家。人与人之间友爱互助，如左手拉右手理所当然。大家互助协力，我们的社会才会更加和谐，国家才会繁荣进步，新时代领路人提出的“人类命运共同体”理念才会被贯彻落实，人类发展的新篇章才会掀开崭新的一页。

云霞出海曙，梅柳渡江春。美好的新生活正在向我们招手，摒弃冷漠姿态，尽心尽力，互帮互助，共渡难关，和谐社会的巨轮才会劈波斩浪，驶向远方。

（共 50 分。作文切合题意，运用“总—分—总”的结构写出了“互助协力，休戚与共”的重要性。文章开头以名人名言引出文章观点，开门见山。文中运用正反对比论证，使文章更具有说服力。运用比喻等修辞手法，使文章文采斐然。语言流畅，情真意切。本篇作文拟给 47 分）

2021 年下半年中小学教师资格考试真题试卷(五)

一、单项选择题

1. C 【解析】本题考查“育人为本”的儿童观在保教实践中的应用。“育人为本”的儿童观强调教师应理解、体谅与宽容地对待幼儿的错误,尊重幼儿。题干中洋洋“溜出教室”“故意让老师追自己”是符合幼儿发展特点的表现,教师应正确地对待。A 选项,将教育责任归于家长的做法错误。B 选项,放任洋洋在户外活动,易发生意外事故。D 选项,关闭教室的门虽然直接解决了洋洋外跑的问题,但并没有理解洋洋的身心发展特点,可能会造成洋洋情绪的不稳定。故本题选择 C 选项。

2. D 【解析】本题考查教师专业发展的阶段。处于自我更新关注阶段的教师,其专业发展的动力转移到了专业发展自身,而不再受外部评价或职业升迁的牵制,直接以专业发展为指向。同时教师已经可以自觉依照自身发展的一般路线和目前的发展条件,有意识地自我规划,以谋求最大程度地自我发展。题干中窦老师有意识地自我规划、自我发展、关注学生整体发展,说明窦老师处于自我更新关注阶段。

A 选项,处于生存关注阶段的教师不仅面临着由教育专业的学生向正式教师角色的转换,也存在所学理论知识和具体教学实践的“磨合期”,其间需要教师在教学实践过程中对理论、实践及其关系进行反思,以克服对于教学实践的不适应。新任教师一般处于这一阶段。

B 选项,虚拟关注阶段专业发展主体的身份是学生,至多只是“准教师”。这使得他们所接触的中小学、幼儿园实践和教师生活带有某种虚拟性,他们会在虚拟的教学环境中获得某些经验,对教育理论及教师技能进行学习和训练,有了对自我专业发展反思的萌芽,从而为正式进入任职阶段打下良好的基础。

C 选项,处于任务关注阶段的教师随着基本“生存”知识、技能的掌握,自信心日益增强,由关注自我的生存转到更多地关注教学,由关注“我能行吗”转到关注“我怎样才能行”上来。教师在这一阶段开始尝试通过变更教学方式和方法对学生产生影响,开始着重发展自己的专业知识和一般教学知识,专业态度较为稳定,从心理上接纳了教学工作,决心为此做出自己的贡献。

A、B、C 选项均不符合题意,故本题选择 D 选项。

3. C 【解析】本题考查新课程倡导的教师观。教师不仅要对幼儿的行为给予赞赏,更要对幼儿的行为给予具体的指导,从而使幼儿学会某项技能。题干中梅老师对不会跳绳的超超给予口头的赞赏,并没有采取措施帮助超超领会跳绳的要点,给予针对性的指导。

A 选项,教育契机是指对幼儿进行某种教育或解决幼儿某个问题的最佳时机。题干中梅老师在户外活动时及时对超超进行教育,把握了教育契机。

B、D 选项,题干并没有涉及创设学习环境和改进教学策略。

A、B、D 选项均不符合题意,故本题选 C 选项。

4. D 【解析】本题考查新课程倡导的教师观。在对待教学关系上,新课程强调帮助、引导。题干中,针对幼儿发现金鱼死亡并讨论金鱼死亡的原因的情况,教师应创设引导幼儿积极讨论的环境,满足幼儿的好奇心,并带领幼儿观察金鱼死亡的环境,使幼儿明白爱护动物、爱护大自然的道理。A、B、C 选项的做法均不符合新课程倡导的教师观,也不利于幼儿身心健康发展,故本题选 D 选项。

5. B 【解析】本题考查《中华人民共和国宪法(2018 年修正)》。《中华人民共和国宪法》第十九条规定,国家发展社会主义的教育事业,提高全国人民的科学文化水平。国家举办各种学校,普及初等义务教育,发展中等教育、职业教育和高等教育,并且发展学前教育。B 选项,国家普及义务教育,而不是国家发展义务教育。本题为选非题,故选 B 选项。

6. B 【解析】本题考查《中华人民共和国教育法(2021 年修正)》。《中华人民共和国教育法》第七十二条规定,结伙斗殴、寻衅滋事,扰乱学校及其他教育机构教育教学秩序或者破坏校舍、场地及其他财产的,由公安机关给予治安管理处罚;构成犯罪的,依法追究刑事责任。第八十三条规定,违反本法规定,侵犯教师、受教育者、学校或者其他教育机构的合法权益,造成损失、损害的,应当依法承担民事责任。题干中因为田老师对毛毛的行为的错误对待,毛毛的父母采取将幼儿园教室里的东西砸得稀烂的方式,破坏了幼儿园的公共财产,因此,毛毛的父母需要赔偿幼儿园的损失,并根据损失大小由公安机关给予治安管理处罚或者给予刑事处罚。故毛毛的父母应当承担行政责任附带民事法律责任,如果损失数额较大,可能承担刑事责任附带民事责任。

7. A 【解析】本题考查《中华人民共和国教师法(2009 年修正)》。《中华人民共和国教师法》第十六条规定,国家实行教师职务制度,具体办法由国务院规定。

8. A 【解析】本题考查《中华人民共和国义务教育法(2018 年修正)》。A 选项,《中华人民共和国义务教育法》第五十九条规定,有下列情形之一的,依照有关法律、行政法规的规定予以处罚:(一)胁迫或者诱骗应当接受义务教育的适龄儿童、少年失学、辍学的;(二)非法招用应当接受义务教育的适龄儿童、少年的;(三)出版未经依法审定的教科书的。

B 选项,《中华人民共和国义务教育法》第五十七条规定,学校分设重点班和非重点班的，由县级人民政府教育行政部门责令限期改正；情节严重的，对直接负责的主管人员和其他直接责任人员依法给予处分。

C 选项，《中华人民共和国义务教育法》第五十四条规定，向学校非法收取或者摊派费用的，由上级人民政府或者上级人民政府教育行政部门、财政部门、价格行政部门和审计机关根据职责分工责令限期改正；情节严重的，对直接负责的主管人员和其他直接责任人员依法给予处分。

D 选项，《中华人民共和国义务教育法》第五十三条规定，县级以上人民政府或者其教育行政部门改变或者变相改变公办学校性质的，由上级人民政府或者其教育行政部门责令限期改正、通报批评；情节严重的，对直接负责的主管人员和其他直接责任人员依法给予行政处分。

B、C、D 选项均不符合题意，故本题选 A 选项。

9. B 【解析】本题考查《中华人民共和国未成年人保护法(2020 年修订)》。《中华人民共和国未成年人保护法》第十七条规定，未成年人的父母或者其他监护人不得实施“放任、唆使未成年人吸烟(含电子烟，下同)、饮酒、赌博、流浪乞讨或者欺凌他人”的行为。

10. C 【解析】本题考查《中华人民共和国教师法(2009 年修正)》。《中华人民共和国教师法》第十三条规定，取得教师资格的人员首次任教时，应当有试用期。题干中的小王属于取得教师资格首次任教人员，应当有试用期。故本题选 C 选项。

11. A 【解析】本题考查学生伤害事故责任认定。《中华人民共和国民法典》第一千一百九十九条规定，无民事行为能力人在幼儿园、学校或者其他教育机构学习、生活期间受到人身损害的，幼儿园、学校或者其他教育机构应当承担侵权责任；但是，能够证明尽到教育、管理职责的，不承担侵权责任。题干中丁丁属于无民事行为能力人，在幼儿园户外活动中受到人身损害，幼儿园应承担赔偿责任。故本题选 A 选项。

12. D 【解析】本题考查《中华人民共和国未成年人保护法(2020 年修订)》。《中华人民共和国未成年人保护法》第三十八条规定，学校、幼儿园不得安排未成年人参加商业性活动，不得向未成年人及其父母或者其他监护人推销或者要求其购买指定的商品和服务。学校、幼儿园不得与校外培训机构合作为未成年人提供有偿课程辅导。题干中公立幼儿园与培训机构围绕幼小衔接联合举办辅导活动，解决经费难题，违反了此项规定。故本题选择 D 选项。

13. B 【解析】本题考查《中小学教师职业道德规范(2008 年修订)》。教书育人要求教师遵循教育规律，实施素质教育。循循善诱，诲人不倦，因材施教。培养学生良好品行，激发学生创新精神，促进学生全面发展。题干中教师面对冬冬躲在柜子里不肯出来的情况,没有了解幼儿的具体情况就采取威胁、恐吓的方式解决问题,没有做到尊重幼儿的独特心理,循循善诱、因材施教。

14. A 【解析】本题考查教师职业道德的作用。教师职业道德在教育活动中的评价作用是指教师职业道德有助于教师合理评价教育活动并指导下一步教育活动。教师职业道德认识中关于"育人"的基本思想,即如何看待孩子、如何看待教育等的认识,可以帮助教师逐步认识幼儿园教育活动的价值和意义,即某一次教育活动对于幼儿发展的意义,并合理评估活动的效果,因此,教师职业道德认识,可以帮助教师科学评价教育活动,例如根据幼儿的年龄、心智发展程度、接受能力、理解能力等评价教育活动目标是否合适,围绕教学活动的目标评价教学活动的过程有没有偏离主题或者与主题表达无关,活动过程中是否能引起幼儿的兴趣,幼儿有无与教师互动并与教师配合主题完成相关的活动(如画画、唱歌、游戏等)等,并将教育活动的评价结果用来指导下一次的教育活动。故题干中关于李老师的表述体现的是教师职业道德的评价作用。

15. D 【解析】本题考查《中小学教师职业道德规范(2008 年修订)》。教书育人的教师职业道德规范要求教师遵循教育规律,实施素质教育。循循善诱,诲人不倦,因材施教。D 选项"圣贤施教,各因其材,小以小成,大以大成"的意思是圣人、贤人教育学生,能够因材施教,小材让他取得小成功,大材让他取得大成功。题干中陈老师针对小豆说话发音不清楚的问题,查找相关资料,采取一系列有针对性的措施,帮助小豆进步,表明陈老师做到了因材施教,与 D 选项的表述相符合。

A 选项的意思是"只一味地读书学习而不主动思考问题,就会迷惑而无所得;只空想却不去学习钻研、积累知识,也会陷入困境而无所获"。

B 选项的意思是"要引导学生,而不是牵着学生走;要鼓励学生而不要压抑他们;要指导学生学习门径,而不是代替学生作出结论",体现的是启发性教学原则。

C 选项的意思是"当政者本身言行端正,不用发号施令,大家自然效仿,政令将会畅行无阻;如果当政者本身言行不正,虽下命令,大家也不会服从遵守",强调的是以身作则。

16. C 【解析】本题考查师幼关系的特点。C 选项,师幼关系的互动性体现在相互性和双向性上。教师与幼儿真正的互动是一种双向的交流活动,在活动中进行沟通、交流、理解,彼此都表达自己的情感、体会、态度,并对对方产生一定的影响。教师不仅是问题的提出者、建议者、陈述者,也是接收者、倾听者;幼儿既是问题的接收者、回答者、执行者、倾听者,又是发问者、建议者、陈述者。题干中教师对幼儿的行为做到了尊重,并且耐心地询问、倾听幼儿的想法,幼儿对于教师的询问给予了回应,体现了师幼关系的互动性。

B 选项，师幼关系的教育性体现在师幼间互动的目的就是促进师幼双方特别是幼儿的学习、认知和社会性的发展。教师自觉或不自觉流露出来的对幼儿的情感、期望与评价，直接影响幼儿的自我认识、社会行为、师幼互动及其教育效果。

B 选项不符合题意，A、D 选项不是师幼关系的特征，为干扰项，故本题选择 C 选项。

17. C 【**解析**】本题考查力学。A 选项，重力是指由于地球的吸引而使物体受到的力。

B 选项，浮力是指物体在流体（包括液体和气体）中受到的向上的力。

C 选项，弹力亦称“弹性力”，是指物体由于发生弹性形变而产生的力。物体的弹性有一定的限度，超过这个限度就不能恢复到原来的形状。

D 选项，磁力是磁场对放入其中的磁体和电流的作用力。

撑竿跳高时，运动员带竿起跑，竿弯曲，运动员的动能转化为竿的弹性势能；竿恢复原状，竿的弹性势能转化为运动员的机械能。撑竿跳高应用的主要科学原理是弹力的原理。故本题选 C 选项。

18. A 【**解析**】本题考查罕见病。A 选项，瓷娃娃病又称成骨不全症或脆骨症，原发性骨脆症及骨膜发育不良等。其特征为骨质脆弱、蓝巩膜、耳聋、关节松弛，是一种由于间充质组织发育不全，胶原形成障碍而造成的先天性遗传性疾病，是一种先天性骨骼病。

B 选项，白化病是由于酪氨酸酶缺乏或功能减退引起的一种皮肤及附属器官黑色素缺乏或合成障碍所导致的遗传性白斑病。患者视网膜无色素，虹膜和瞳孔呈现淡粉色，怕光。皮肤、眉毛、头发及其他体毛都呈白色或黄白色。白化病属于家族遗传性疾病，患有白化病的幼儿被称为“月亮娃娃”。

C 选项，血友病为一组遗传性凝血功能障碍的出血性疾病，其共同的特征是活性凝血活酶生成障碍，凝血时间延长，终身具有轻微创伤后出血倾向，重症患者没有明显外伤也可发生“自发性”出血。

D 选项，戈谢病即葡萄糖脑苷脂病，是一种家族性糖脂代谢疾病，为常染色体隐性遗传疾病，是溶酶体沉积病中最常见的一种。由于葡萄糖脑苷脂酶的缺乏而引起葡萄糖脑苷脂在肝、脾、骨骼和中枢神经系统的单核—巨噬细胞内蓄积而发病，产生相应的临床表现。

B、C、D 选项均不符合题意，故本题选 A 选项。

19. A 【**解析**】本题考查安第斯山脉。安第斯山脉是世界上最长的山脉，山脉范围从巴拿马一直到智利，纵贯南美大陆西部，素有“南美洲脊梁”之称。

B 选项，落基山脉是北美洲科迪勒拉山系的主干，由许多小山脉组成，被称为“北美洲的脊骨”。

C 选项，布鲁克斯山脉位于美国阿拉斯加州北部，为落基山脉北端的延伸部分。

D 选项，海岸山脉是北美洲太平洋沿岸山脉。

B、C、D 选项均不符合题意，故本题选 A 选项。

20. B 【解析】本题考查中国近代革命起义。1927 年 9 月，毛泽东领导了湘赣边界秋收起义，起义失败，改向敌人统治力量薄弱的农村进军，创建井冈山革命根据地，将武装斗争的重心转向农村。

南昌起义发生于 1927 年 8 月 1 日，周恩来、贺龙、叶挺、朱德、刘伯承等人率领在中国共产党掌握或影响下的革命军于南昌发动武装起义，打响了武装反抗国民党反动统治的第一枪。

广州起义是 1927 年 12 月 11 日，由共产党人张太雷、叶挺、叶剑英等在广州率领工人、农民和革命士兵举行的武装起义，是对国民党反动派的屠杀政策进行的积极而英勇的反击，与同年举行的南昌起义、秋收起义并称为中国共产党和中国人民解放军历史上的三大起义。

百色起义，又称右江暴动，是 1929 年 12 月 11 日，由邓小平等老一辈革命家在广西百色组织领导的武装起义。

21. C 【解析】本题考查二十四节气。处暑，是二十四节气中的第十四个节气，标志着炎热暑天即将结束，逐渐进入气象意义的秋天，所在的季节是秋季。

方法技巧：考生可通过以下方法记忆二十四节气。

春——春雨惊春清谷天；

夏——夏满芒夏暑相连；

秋——秋处露秋寒霜降；

冬——冬雪雪冬小大寒。

22. A 【解析】本题考查农书。A 选项《氾胜之书》是西汉晚期氾胜之汇录的一部农学著作，一般被认为是中国现存最早的一部农书。《氾胜之书》与《齐民要术》《农书》《农政全书》合称为中国古代四大农书。

B 选项，《齐民要术》是北魏贾思勰所著，是我国现存最早的一部完整的农书，标志着中国传统农学的成熟。

C 选项，《四民月令》是东汉崔寔所著，是一部叙述一年例行农事活动的专著。

D 选项，《农政全书》是明朝徐光启所著，介绍了我国传统农业科学成就。

B、C、D 选项著作与作者均对应，本题为选非题，故选 A。

23. B 【解析】本题考查戏曲常识。京剧《贵妃醉酒》又名《百花亭》,取材于中国唐朝历史人物杨贵妃的故事,源自洪昇的《长生殿》。A 选项,《桃花扇》是清代戏曲作家孔尚任创作的传奇剧本,全剧以侯方域、李香君的悲欢离合为主线,展现了明末南京的社会现实。

C 选项,《牡丹亭》是明代剧作家汤显祖创作的传奇剧本,描写了官家千金杜丽娘对梦中书生柳梦梅倾心相爱,竟伤情而死,化为魂魄寻找现实中的爱人,人鬼相恋,最后起死回生,终于与柳梦梅永结同心的故事。

D 选项,《南柯梦》是明代剧作家汤显祖创作的传奇剧本,通过描写淳于棼的梦境对明代黑暗社会进行了揭露和批判。故本题选 B 选项。

24. B 【解析】本题考查文艺复兴时期的意大利艺术家。米开朗琪罗是意大利画家、雕刻家、诗人,文艺复兴时期雕塑艺术的代表人物之一。达·芬奇、米开朗琪罗与拉斐尔并称为“文艺复兴三杰”。A 选项委拉斯开兹是 17 世纪西班牙最伟大的画家。C 选项鲁本斯是 17 世纪佛兰德斯画家,是巴洛克画派早期的代表人物。D 选项伦勃朗是欧洲 17 世纪最伟大的画家之一,也是荷兰历史上最伟大的画家。

25. D 【解析】本题考查世界第一部长篇动画。《白雪公主和七个小矮人》是一部 1937 年的美国迪士尼动画电影,改编自格林兄弟的童话故事《白雪公主》,是世界第一部长篇动画。

26. C 【解析】本题考查 Word 的基本操作。选中文字后,连续单击两次工具条中的“I”按钮,操作结果是文字保持原有格式。故本题选择 C 选项。

27. D 【解析】本题考查 PowerPoint 的基本操作。在幻灯片浏览视图下,在多张幻灯片中选定一张并拖动,可以实现移动此张幻灯片的操作。

28. C 【解析】本题考查类比推理。学术著作和探险小说是全异关系,A、B、D 选项是包含关系,只有 C 选项是全异关系。

29. B 【解析】本题考查图形推理。题中图片的规律为:大图形与其包含的小图形形状一致,且三个图形都是独立完整的。故本题选择 B 选项。

二、材料分析题(参考答案)

30. 我们应该辩证看待李老师的行为。

(1)新课程倡导的教师观要求教师应是学生学习的促进者。教师是学生学习的激发者,各种能力和积极个性的培养者。材料中李老师为幼儿提供了球、跳绳等器械练习,促进了幼儿平衡能力的发展。但李老师对幼儿大胆尝试的行为给予制止,表明李老师并没有完全尊重幼儿的想法,没有了解幼儿的最近发展区,没有对幼儿的行为给予引导。

(2)新课程倡导的教师观要求教师应是教育教学的研究者。教师即研究者,意味着教师在教学过程中要以研究者的心态置身于教学情境之中,以研究者的眼光审视和分析教学理论与教学实践中的各种问题,对自身的行为进行反思,对出现的问题进行探究,对积累的经验进行总结,最终形成规律性的认识。材料中李老师在进行活动之前根据幼儿的发展特点,为幼儿提供不同的练习材料体现了这一点。但有五个孩子因为各种原因没有参与此次活动,李老师却并没有发现,在活动前也没有考虑到他们的情况,表明李老师对教学的研究还有很大的进步空间。

(3)新课程倡导的教师观要求教师在对待教学关系上,强调帮助、引导。教师应以各种方式引导学生发展,应给予学生启迪与激励。材料中李老师看到幼儿在活动中出现的行为,总是给予制止或帮助,而没有对幼儿进行引导,提供给幼儿安全的活动环境,说明李老师的教学方法应改进,应侧重于对幼儿的引导。

综上所述,对于该老师的做法我们应该辩证看待,李老师的出发点是为了幼儿的发展,但在实际教学过程中的方法和理念应适时更新,从而能更有效地促进幼儿的发展。

(共14分。评价正确给2分;答出“学生学习的促进者”“教育教学的研究者”“强调帮助、引导”等关键点每点4分,其中给出理论依据2分,结合材料合理阐述每点2分)

31. 材料中刘老师的教育行为是正确的,符合教师职业道德的相关要求。

(1)刘老师的教育行为体现了爱岗敬业的教师职业道德规范的要求。爱岗敬业要求教师要忠诚于人民教育事业,志存高远,勤恳敬业,甘为人梯,乐于奉献。不得敷衍塞责。材料中刘老师观察到瑞瑞的问题并能够及时解决,体现了爱岗敬业。

(2)刘老师的教育行为体现了关爱学生的教师职业道德规范的要求。关爱学生要求教师要关心爱护全体学生,尊重学生人格,平等公正对待学生。对学生严慈相济,做学生良师益友。保护学生安全,关心学生健康,维护学生权益。材料中刘老师面对经常咬人、言语交流和表达方面发展水平比较低的瑞瑞并没有歧视,而是平等地对待,体现了关爱学生。

(3)刘老师的教育行为体现了教书育人的教师职业道德规范的要求。教书育人要求教师要遵循教育规律,实施素质教育。循循善诱,诲人不倦,因材施教。培养学生良好品行,激发学生创新精神,促进学生全面发展。材料中刘老师针对瑞瑞的情况,专程到儿童医院向专业人士进行咨询,说明刘老师能够做到因材施教,体现了教书育人。

(4)刘老师的教育行为体现了为人师表的教师职业道德规范的要求。为人师表要求教师要关心集体,团结协作,尊重同事,尊重家长。材料中刘老师针对瑞瑞的情况进行家访，并且经常和瑞瑞妈妈进行沟通，给予瑞瑞的家长专业性的建议，体现了为人师表。

综上所述，刘老师的行为体现了爱岗敬业、关爱学生、教书育人和为人师表的教师职业道德规范，值得我们学习。

（共14分。评价正确给2分；答出“爱岗敬业”“关爱学生”“教书育人”“为人师表”等关键点每点3分，其中给出理论依据每点2分，结合材料合理阐述每点1分）

32.（1）文章中画线句子的“看”不是指感官即视觉意义上的“看”，而是伽利略在通过望远镜观察木星的结果上，通过类比、想象与思考，获得的认知上的飞跃，从而用以解释自己所观察到的现象。

（共4分。答出“通过望远镜观察”“通过类比、想象与思考，获得的认知上的飞跃”相关内容，每个要点2分）

（2）伽利略的发现与小孩子对玩具车和卡车所作的归类之间的相同之处在于：都是由小的物体想象大的物体，通过熟悉的物体去了解不熟悉的物体。

两者之间的不同之处在于：小孩子对玩具车和卡车所作的归类与联系是小型认知飞跃，而伽利略的发现是复杂认知飞跃。

（共10分。相同之处答出“由小见大，由熟悉了解不熟悉”的相关内容得4分；不同之处答出与“小型认知飞跃”“复杂认知飞跃”相关的2个要点得6分，每个要点3分）

三、写作题

33.【写作思路】通过材料，我们可以得到以下立意：从中国传统文化宝库中汲取营养，增强文化自信；传承中华文化；文化传播方式需要创新；文化自信对一个国家、一个民族的重要性；等等。考生可以从什么是文化自信，文化自信从何而来，为什么要有文化自信，如何培养文化自信等角度展开论述，论述要有深度，不可浮于表面夸夸其谈，要言之有理、言之有据，适当引用中国古典诗词能增加文章文化底蕴。

【参考范文】

以传统为基，融创新之精华

《中国诗词大会》以经典诗词为切入点，从诗经楚辞、唐诗宋词到近现代诗词、毛泽东诗词，汲取中华民族生生不息、发展壮大的丰厚滋养；以春风化雨、润物无声的方式，传承、弘扬了中华优秀传统文化、革命文化和社会主义先进文化。《中国诗词大会》之所以能得到广大观众的喜爱，就是因为其顺应了时代的需要，满足了人们的精神文化需要，并能够通过创新的形式让中国传统文化焕发新生命。

正如陶行知所说：“处处是创造之地，天天是创造之时，人人是创造之人。”优秀的传统文化需要我们代代相传，更需要我们创造性地传承。中国是诗的国度，传统文化的诗意滋养着我们的心灵，而《中国诗词大会》唤醒了深藏在每一个国人心中的诗情，让我们在这个快节奏的当代生活中有了寻找诗和远方的憧憬，有了一段温暖而惬意的闲暇时光。它以弘扬传统文化为宗旨，在众多参差不齐的综艺节目中脱颖而出，靠的不是噱头，而是对中国传统文化的创新与传承。

传统与创新两者密切相关、相辅相成，弃传统而盲目地追求时尚与创新，或一味地固守传统而缺乏创新都是极端错误的。只有以传统为基，融创新之精华，在继承传统的基础上进行创新，才会得到令人满意的效果。

在当前国际形势下，我们面临强烈的外来文化冲击，文化传承似乎进入瓶颈，人们在传统文化与外来文化间摇摆不定，在一片混沌中不知该何去何从。但正如齐白石先生所讲："学我者生，似我者死。"我们不能一味地继承，在继承优秀传统文化的同时，也应加以创新，这样才能有所进步。想当初，我们崇尚的是"学好数理化，走遍天下都不怕"，后来猛攻外语，再后来狂学经济学，MBA 泛滥成灾。我们做事太过一窝蜂，行事飘忽不定。这是因为我们缺乏文化根基的巩固，而盲目学习外来文化。因此，我们只有在吃透自身文化的同时，吸收外国先进文化，从而在新时期建立中国的新文化，才能创造出符合当今乃至以后的中国发展的先进文化。

甘地说过："我希望世界各地的文化之风都能尽情地吹到我的家园，但是我不能让它把我连根带走。"巩固本国文化之基，吸收外来先进文化，我们中国的文化之路才能越走越远！

（共 50 分。文章开头由材料切入，引出"创新的形式让中国传统文化焕发新生命"的论点。中间部分采用道理论证，使论述具有权威性，增强说服力；采用举例论证，列举多个典型事例，使得论证充分有力。文章结尾引用名人名言，照应标题，首尾圆合。本篇作文拟给 47 分）

2021 年上半年中小学教师资格考试真题试卷（六）

一、单项选择题

1. C 【解析】本题考查幼儿的主体性特征。幼儿的主体性特征一般表现为自主性、主动性和创造性三个基本特征。

A 选项，创造性是指幼儿产生新奇的、独特的想法并付诸实践的能力或特征。

B 选项，独立性是指幼儿依靠自己的力量实现自己合理选择的目标的愿望的能力。

C 选项，自主性是指幼儿以自己的能力独立地处理自己的事情，不依赖于他人，也不受他人的指使和控制的人格特征。

题干中教师在活动将结束时灵活调整,满足晨晨完成搭“游乐园”活动的请求,体现出教师尊重幼儿的自主性。

A、B 两项均不符合题意,D 选项不是幼儿主体性的特征,故本题选 C 选项。

2. B 【解析】本题考查素质教育的内涵。素质教育的内涵包括:素质教育是以提高国民素质为根本宗旨的教育;素质教育是面向全体学生的教育;素质教育是促进学生全面发展的教育;素质教育是促进学生个性发展的教育;素质教育是以培养创新精神和实践能力为重点的教育。

A 选项,促进学生全面发展是在教育中使每个学生都得到充分的、全面的发展。学校教育不仅要抓好智育,更要重视德育,还要加强体育、美育、劳动技术教育和社会实践,使诸方面的教育相互渗透、协调发展,促进学生的全面健康成长。

B 选项,素质教育倡导人人有受教育的权利,强调在教育中每个人都得到发展,而不是只注重一部分人,更不是只注重少数人的发展。

C 选项,每一位学生都有其个性,因此,教育要尊重并充分发展学生的个性。

D 选项,创新教育是素质教育的核心,它是教育对知识经济向人才培养提出的挑战的回应,是旨在激发学生创新意识、培养学生创新能力的教育。

题干中,王老师只关注到了班里的小林,在表演游戏时总让小林扮演主角,忽视了其他幼儿的需求与发展,违背了素质教育倡导的面向全体学生的要求。A、C、D 选项均不符合题意,故本题选 B 选项。

3. A 【解析】本题考查“育人为本”的儿童观在保教实践中的应用。题干中两名幼儿产生矛盾,作为教师,应帮助幼儿解决问题,并借此机会帮助幼儿形成良好的同伴关系。

4. D 【解析】本题考查“育人为本”的儿童观。幼儿不同于成人,处于发展之中,有自己独特的认知方式、成长特点。题干中,李老师没有理解幼儿的认知特点,对幼儿天马行空的想象给予否定,说明李老师没有认识到幼儿的发展特点,没有尊重幼儿,忽视了幼儿的天性,且忽视了幼儿作为权利主体所拥有的基本权利。A、B 选项对李老师的评价正确。幼儿是受教育的对象,但幼儿在受教育过程中并不是对教师的完全盲从。题干中的李老师忽视了幼儿在教育活动中的主观能动性,没有对幼儿进行正确引导,C 选项对李老师的评价正确。题干中并未提及对幼儿特长的培养,故本题选择 D。

5. A 【解析】本题考查《中华人民共和国教育法(2015 年修正)》。《中华人民共和国教育法》第七十七条规定,在招收学生工作中徇私舞弊的,由教育行政部门或者其他有关行政部门责令退回招收的人员;对直接负责的主管人员和其他直接责任人员,依法给予处分;构成犯罪的,依法追究刑事责任。题干中幼儿园园长的行为尚未构成犯罪,应依法给予其处分,故本题选择 A 选项。

6. B 【解析】本题考查《幼儿园工作规程》。《幼儿园工作规程》第十三条规定,入园幼儿应当由监护人或者其委托的成年人接送。题干中,王某受萌萌父亲的委托,可以代为接送,但老师应当向幼儿监护人核实。张老师核对了接送人的身份,做法正确。

7. D 【解析】本题考查《幼儿园工作规程》。《幼儿园工作规程》第十条规定,幼儿入园除进行健康检查外,禁止任何形式的考试或测查。故本题选择 D 选项。

8. B 【解析】本题考查《中华人民共和国教师法(2009 年修正)》。《中华人民共和国教师法》第三十七条规定,教师有下列情形之一的,由所在学校、其他教育机构或者教育行政部门给予行政处分或者解聘:(一)故意不完成教育教学任务给教育教学工作造成损失的;(二)体罚学生,经教育不改的;(三)品行不良、侮辱学生,影响恶劣的。题干中,黄某体罚幼儿被园长批评教育后,没有改正,反而再次体罚幼儿,其行为违反了我国《教师法》的规定,可由教育行政部门给予行政处分或解聘,本题选 B。

9. B 【解析】本题考查《幼儿园工作规程》。《幼儿园工作规程》第二十条规定,幼儿园应当建立患病幼儿用药的委托交接制度,未经监护人委托或者同意,幼儿园不得给幼儿用药。题干中,赵老师未经过平平监护人的同意,便给平平服下退烧药的行为不正确,违反了《幼儿园工作规程》的相关规定。

10. D 【解析】本题考查《学生伤害事故处理办法(2010 年修正)》。《学生伤害事故处理办法》第十三条规定,下列情形下发生的造成学生人身损害后果的事故,学校行为并无不当的,不承担事故责任;事故责任应当按有关法律法规或者其他有关规定认定:(一)在学生自行上学、放学、返校、离校途中发生的;(二)在学生自行外出或者擅自离校期间发生的;(三)在放学后、节假日或者假期等学校工作时间以外,学生自行滞留学校或者自行到校发生的;(四)其他在学校管理职责范围外发生的。题干中的事故发生在放学之后,且幼儿园的行为并无不当,因此幼儿园不承担责任。事故是在幼儿监护人的看护下发生的,责任应由幼儿的监护人承担。

11. C 【解析】本题考查《幼儿园工作规程》。《幼儿园工作规程》第三十三条规定,幼儿园和小学应当密切联系,互相配合,注意两个阶段教育的相互衔接。幼儿园不得提前教授小学教育内容,不得开展任何违背幼儿身心发展规律的活动。题干中张某的做法是不正确的,幼儿园不能提前教授小学教育内容。

12. A 【解析】本题考查《中华人民共和国宪法(2018 年修正)》。我国《宪法》第一百三十四条规定,中华人民共和国人民检察院是国家的法律监督机关。

方法技巧:考生注意识记和区分我国各个国家机构的地位。

国家机构	地位
全国人大	最高国家权力机关
国务院	最高国家行政机关
最高人民法院	最高审判机关
最高人民检察院	最高检察机关
国家监察委员会	最高监察机关

13. D 【**解析**】本题考查《中小学教师职业道德规范(2008 年修订)》。关爱学生的教师职业道德规范要求教师要关心爱护全体学生,尊重学生人格,平等公正对待学生。对学生严慈相济,做学生良师益友。不讽刺、挖苦、歧视学生,不体罚或变相体罚学生。题干中,孙老师面对乐乐的行为没有给予正确的引导和教育,而是直接呵斥乐乐,并把乐乐安排到角落,这说明孙老师没有做到尊重学生人格,平等公正对待学生,违背了教育的平等性。

A 选项,幼儿的自主性是指幼儿以自己的能力独立地处理自己的事情,不依赖于他人,也不受他人的指使和控制的人格特征。

B 选项,教师的权威性指教师凭借国家、社会赋予的教育权利和个人因素而产生的能够被学生自觉接受的、影响和改变学生心理、行为的一种支配力量。

C 选项,师幼的合作性表现为学习中教师应关注幼儿在活动中的反应,敏感地觉察他们的需要,及时以适当的方式回答,形成合作探究式的师幼互动,创建和谐、宽松、愉快的氛围。

A、B、C 选项均不符合题意,故本题选 D 选项。

14. C 【**解析**】本题考查教师职业行为规范在保教实践中的应用。教师要积极主动地与家长进行沟通和交流,在幼儿园和家庭间建立和谐、密切的联系,形成教育合力,共同促进幼儿的健康成长。题干中,蒋老师与明明的妈妈进行了沟通,纠正了明明妈妈的行为,体现了教师在家庭教育上的指导作用。A 选项,家长是幼儿园教师的重要合作伙伴。教师应本着尊重、平等的原则,引导家长主动参与幼儿园的教育工作。因此,家长并不是教师的帮手。B、D 选项均表述的是幼儿园教育与家庭教育之间的关系,题干中是教师与家庭教育。A、B、D 选项均不符合题意,故本题选 C 选项。

15. A 【**解析**】本题考查《中小学教师职业道德规范(2008 年修订)》。为人师表的教师职业道德规范要求教师作风正派,廉洁奉公。自觉抵制有偿家教,不利用职务之便谋取私利。题干中教师践行了为人师表的教师职业道德规范。

A 选项,“大厦之成,非一木之材也;大海之阔,非一流之归也”意为高大的房屋的建成,不是靠一棵树的木材原料就能做到的;大海的辽阔不是靠一条河流的水注入就能形成的。这句话强调的是团结与合作,与为人师表的教师职业道德规范不符。

B 选项,“谁云交际之常,廉耻实伤;倘非不义之财,此物何来”意为虽说交际是人之常情,来路不干净也伤廉耻。如果不是不义之财,这些礼物又是从哪里来的?

C 选项,“心不动于微利之诱,目不眩于五色之惑”意为心思不会被微小的利益所迷惑,目光也不会被五彩缤纷的诱惑所迷乱。

D 选项,“一丝一粒,我之名节”意为一丝一粒虽小,却牵涉我的名节。

B、C、D 选项均体现了为人师表的教师职业道德规范,与对王老师的评价相符,故本题选择 A。

16. C 【解析】本题考查教师职业行为规范在保教实践中的应用。教师应以理解、宽容的心态对待幼儿的错误,心平气和地帮助幼儿分析错误的原因,让幼儿心悦诚服地接受教师的教导,同时注意不要伤害幼儿的自尊心。题干中,针对丁丁和甜甜的争执,教师应以宽容、理解的心态对待,帮助幼儿解决问题,并以此为由培养幼儿分享的良好品行。A、B 两项均判定错误,邓老师的做法不恰当。D 选项的求知欲与题干无关,本题最佳选项是 C 项。

17. C 【解析】本题考查硅谷的相关知识。硅谷是最早研究和生产以硅为基础的半导体芯片的地方,并因此得名,A 项正确。硅谷以周边具有雄厚科研力量的斯坦福、伯克利和加州理工等世界知名大学为依托,以高技术的中小公司群为基础,B 项正确。硅谷是美国重要的电子工业基地,也是世界最为知名的电子工业集中地,主要发展高科技产业,C 项错误。硅谷如今已成为高科技聚集区的代名词,世界上很多国家都在发展自己的“硅谷”,如中国北京的中关村等,D 项正确。本题为选非题,故选 C。

18. D 【解析】本题考查郑和下西洋到达的最远的地方。明朝时期,郑和先后七次航海,访问了亚非 30 多个国家和地区,最远到达非洲东海岸和红海沿岸。

19. D 【解析】本题考查年号。永乐为明朝第三位皇帝明成祖朱棣的年号。明神宗朱翊钧年号万历,在位四十八年,是明朝在位时间最长的皇帝。

20. A 【解析】本题考查中国儿童文学作家。A 选项,严文井是我国现代作家、散文家、著名儿童文学家。他的作品以童话和寓言的影响力为最大,被誉为“一种献给儿童的特殊的诗体”。代表作有《南南和胡子伯伯》《丁丁的一次奇怪旅行》等。故本题选 A 选项。

B 选项,叶圣陶有“优秀的语言艺术家”之称,著有长篇小说《倪焕之》、小说集《隔膜》和童话集《稻草人》。

C 选项,袁鹰著有诗集《江湖集》《花环》,散文集《风帆》《悲欢》等。

D 选项,冰心是我国现代女作家、诗人、儿童文学家、翻译家,著有散文集《寄小读者》、小说《两个家庭》等。

21. B 【解析】本题考查外国儿童文学作品。《格列佛游记》是乔纳森·斯威夫特享誉世界的讽刺名著。作品假托主人公格列佛医生自述他数次航海遇险,漂流到小人国、大人国和智马国等几个童话式国家的遭遇和见闻,全面讽刺了英国的社会现实。

A 选项,《海的女儿》是丹麦作家安徒生的童话故事。

C 选项,《鲁滨孙漂流记》是英国作家丹尼尔·笛福的一部长篇小说。

D 选项,《汤姆·索亚历险记》是美国作家马克·吐温的一部长篇小说。

A、C、D 选项均不符合题意,故本题选 B 选项。

22. C 【解析】本题考查中国传统玩具。魔方又叫鲁比克方块,最早是由匈牙利布达佩斯建筑学院厄尔诺·鲁比克教授于 1974 年发明的机械益智玩具。七巧板、九连环、陀螺均是中国古代的儿童玩具,故本题选 C 选项。

23. B 【解析】本题考查中国同盟会成立的地点。1905 年,孙中山在日本东京建立统一的革命组织——中国同盟会,中国同盟会以“驱除鞑虏,恢复中华,建立民国,平均地权”为政治纲领。孙中山在《民报》发刊词中,将中国同盟会的政治纲领阐发为“民族”“民权”“民生”三大主义,即三民主义。

24. C 【解析】本题考查历史典故。“相煎何急”出自《七步诗》,该诗被认为是三国时期魏国诗人曹植所作。这首诗以萁豆相煎为比喻,控诉了曹丕对自己和其他众兄弟的残酷迫害。

A 选项,班固是东汉著名史学家、文学家。班超是东汉著名外交家、军事将领,班固之弟。与之相关的成语有“不入虎穴,焉得虎子”。

B 选项,廉颇是战国末期赵国名将,蔺相如是战国时期赵国上卿。与两人相关的故事有“负荆请罪”。

D 选项,周瑜是三国时期军事家,诸葛亮是三国时期蜀汉丞相。与两人相关的名言有“既生瑜,何生亮”。

A、B、D 选项均不符合题意,故本题选 C 选项。

25. D 【解析】本题考查中国绘画。图示画作为丰子恺的作品《儿童散学归来早,忙趁东风放纸鸢》。丰子恺是中国现代著名的书画家、文学家、美术音乐教育理论家。风筝是丰子恺非常喜欢的题材,他一生画有多幅风筝漫画。D 项正确。A 项,徐悲鸿是中国现代画家、美术教育家,擅画人物、走兽、花鸟,主张现实主义。B 项,黄宾虹是中国近现代国画家,擅画山水。C 项,齐白石是中国近现代绘画大师,擅画花鸟、虫鱼、山水、人物。

26. B 【解析】本题考查 Word 的操作。打印操作的最小单位是页，B 项说法正确。单击“文件”→“打印”命令，出现“打印”设置窗口，分为左侧的打印设置区域和右侧的打印预览区域，在打印设置区域中，默认“打印所有页”，单击右侧的下拉三角按钮，弹出的下拉列表，可打印文档（打印所有页、打印所选内容、打印当前页面、打印自定义范围）和文档属性（文档属性、标记列表、样式、自动图文集输入、键分配），A、C 项说法错误。当文档处于编辑状态时是可以打印的，D 项说法错误。

27. A 【解析】本题考查 Excel 的基本知识。在 Excel 中，单元格的名称是由列标和行号来表示的，列标在前，行号在后。大写英文字母是列标，“D”表示第四列；数字是行号，“5”表示第五行。

28. B 【解析】本题考查类比推理。题干中医生和护士是全异关系，且都属于同一行业。A 项军人和军医是包含关系；C 项校长和教师是交叉关系；D 项法警和警察是包含关系。B 项教授和助教是全异关系，且都属于同一行业。故选 B。

29. B 【解析】本题考查数字推理。由题干数列可知，$(2\times4)+4=12$，$(4\times12)+4=52$，$(12\times52)+4=628$，$(52\times628)+4=32660$，因此空缺处数字为 628。故选 B。

二、材料分析题（参考答案）

30. 材料中李老师的做法是错误的，违背了“育人为本”的儿童观的理念。

（1）幼儿是发展中的人，要用发展的观点认识幼儿。幼儿不同于成人，正处于发展之中，他们有自己独特的认知方式、成长特点，有巨大的发展潜能和被塑造与自我塑造的潜力。材料中，李老师采用死记硬背的方式教授幼儿数学知识，没有认识到幼儿的身心发展特点，在幼儿背错之后，李老师采用了责备的方式教育幼儿，没有认识到幼儿是发展中的人，没有看到幼儿的发展潜能。

（2）幼儿是独特的人。每个幼儿身心发展的速度都各不相同，身心素质的组合特征也不同。每个幼儿都有其优势领域和劣势领域，教师应当将幼儿看成独特的个体，因材施教，促进幼儿的全面发展。材料中，李老师因为涛涛背错数字 9 的分解责备他，说明李老师没有认识到幼儿之间存在个体差异，没有做到因材施教。

（3）幼儿是学习的主体，是具有能动性的教育对象。幼儿是受教育的对象，但幼儿在受教育过程中并不是对教师的完全盲从，而是具有在教育活动中的主观能动性和自我教育的可能性。材料中，李老师采用死记硬背的方式教授数字的分解，没有考虑到幼儿是否能够理解，只是一味地要求幼儿熟记和背诵，表明李老师没有认识到幼儿是教育的主体，教育应充分地发挥幼儿的主观能动性。

综上所述，李老师的做法是错误的，不符合“育人为本”的儿童观的要求。

(共 14 分。评价正确给 2 分;答出"幼儿是发展中的人""幼儿是独特的人""幼儿是学习的主体"等关键点每点 4 分,其中给出理论依据每点 2 分,结合材料合理阐述每点 2 分)

31. 材料中陈老师的做法是错误的,违背了教师职业道德规范的要求。

(1)陈老师违背了爱岗敬业的教师职业道德规范。爱岗敬业的教师职业道德规范要求教师对工作高度负责,认真备课上课,认真批改作业,认真辅导学生。不得敷衍塞责。材料中,陈老师对婉婉不记得歌词和跑调的情况,没有给予幼儿及时的帮助和引导,反而因婉婉表现差给了她一朵绿色的小花,没有做到爱岗敬业。

(2)陈老师违背了关爱学生的教师职业道德规范。关爱学生的教师职业道德规范要求教师关心爱护全体学生,尊重学生人格,平等公正对待学生。对学生严慈相济,做学生良师益友。不讽刺、挖苦、歧视学生,不体罚或变相体罚学生。材料中,陈老师的言语和行为伤害了婉婉,致使婉婉不愿来幼儿园,这表明陈老师没有做到关爱学生。

(3)陈老师违背了教书育人的教师职业道德规范。教书育人的教师职业道德规范要求教师遵循教育规律,实施素质教育。循循善诱,诲人不倦,因材施教。培养学生良好品行,激发学生创新精神,促进学生全面发展。材料中,婉婉因生病导致身心发育比他人迟缓,而陈老师在教学过程中,面对婉婉的身心发展和学习情况,没有及时地给予帮助,没有因材施教,反而讽刺幼儿,这表明陈老师没有做到教书育人。

(4)陈老师违背了为人师表的教师职业道德规范。为人师表的教师职业道德规范要求教师坚守高尚情操,知荣明耻,严于律己,以身作则。衣着得体,语言规范,举止文明。关心集体,团结协作,尊重同事,尊重家长。材料中,陈老师用错误的方式对待婉婉,给其他幼儿做了错误的示范,导致其他幼儿以同样的方式对待婉婉。并且在婉婉的妈妈与其沟通时,没有认识到自己的错误,当面说出婉婉比别人差的不当言论,没有做到尊重家长,以身作则。

综上所述,材料中陈老师的做法是错误的,不符合教师职业道德规范的要求,陈老师应反思并改正自己的行为。

(共 14 分。评价正确给 2 分;答出"违背爱岗敬业""违背关爱学生""违背教书育人""违背为人师表"等关键点每点 3 分,其中给出理论依据每点 2 分,结合材料合理阐述每点 1 分)

32. (1)①急功近利的心态是导致文化浮躁的重要原因。我国正处于社会大变革中,但相较于经济领域的影响,文化的进步却较为缓慢,在当下这个以"快"为不变节奏的社会生活中,当改革的现实进程与人们的心理预期形成反差时,焦虑、浮躁的文化心态便随之出现。

②信仰危机是社会浮躁的根源,而文化浮躁,实际上也是文化精神支柱缺失的“躁动而浮”。

③改革开放以来西方文化的强势影响加剧了我国的文化震荡,这种文化落差催生了国人的浮躁心态。

(共4分。答出“急功近利的心态是导致文化浮躁的重要原因”,并结合文章内容进行阐述得2分;答出与“信仰危机是社会浮躁的根源”“改革开放以来西方文化的强势影响”相关的2个要点得2分)

(2)①有助于保持文化生活的真善美,发挥文化对社会的积极推动力量。真正的文化应该对社会生活的基本价值和秩序有所坚持,作为世代累积沉淀下来的文化习惯和文化信念,理应渗透于百姓的生活实践中,成为社会发展进步的稳定性要素。

②有助于夯实全民族的信仰根基,强化民族凝聚力。信仰危机是社会浮躁的根源,而文化浮躁,实际上也是文化精神支柱缺失的“躁动而浮”。抑制文化浮躁,强化信仰,可以让人的心灵有所皈依,强化民族的奋发自强精神。

③有助于找到民族文化的“自我”,增强民族文化自信心。改革开放以来西方文化的强势影响挫伤了我们对民族文化的自信心,甚至出现了文化的价值迷失,现在,我国综合国力大幅度提升,抑制文化浮躁有助于涵养我们的文化元气,培养民族文化自信。

④全社会共同努力抑制文化浮躁,有利于营造良好的社会氛围,激发每个人的创造力和想象力,让整个社会面对中国社会发展凝聚共识,更加从容与自信地走向未来。

(共10分。答出“保持文化生活的真善美”“夯实全民族的信仰根基”“增强民族文化自信心”“营造良好社会氛围”4个要点,并结合文章内容进行分析得10分,每个要点得2.5分)

三、写作题

33.**【写作思路】**本道作文题目分为两则材料。第一则材料的意思是想要把荷花画好需要静坐在荷花旁欣赏,看荷花在风中、雨中的样子,看一年四季中荷的变化。长时间的观察之后,心里自然就有了完整的荷花,自己融入其中,画荷自然生动。第二则材料的意思是画竹必须心里有完整的竹子,提起笔能看到想要画的竹,快速地捕捉看到的形象,付诸实践,才能将竹子画好。综合分析两则材料,可以得出以下立意:打好基础,胸有成竹;循序渐进,静待花开;做事之前做好充分的准备;等等。

【参考范文】

打好基础,胸有成竹

画荷,把春夏秋冬四季的荷、风霜雨雪各时的荷看在眼里,记在心中,物我合一,铺开纸，自然满眼荷花；画竹，把从初生时的嫩芽到长出的竹笋，再到节叶俱全的竹子看在眼里，画成于心，提起笔，自然胸有成竹。做事也是如此，只有脚踏实地，打好了基础，做好了准备，每个环节都牢记于心，才能获得成功。

基础是根，根深才能叶茂。华罗庚曾经说过："科学的灵感，决不是坐等可以等来的。如果说，科学上的发现有什么偶然的机遇的话，那么这种'偶然的机遇'只能给那些学有素养的人，给那些善于独立思考的人，给那些具有锲而不舍精神的人，而不会给懒汉。"李时珍花了近三十年的功夫，以毕生精力，亲历实践，广收博采，才完成中国医药学的巨著《本草纲目》；左思花费了十多年的时间，在家门口、庭院里、厕所里都摆放着纸笔，偶尔想出一句，就马上记录下来，这才有了造成"洛阳纸贵"的《三都赋》；曹雪芹"批阅十载，增删五次"，不管自身处境如何艰难始终笔耕不辍，这才有了传世名著《红楼梦》。做好一件事，需要长期不懈的坚持，如果中途放弃，就不能夯实基础，中途出现的意外情况随时会将半途而废者击垮，只有持之以恒的人才能看到最后的美丽风景。

基础是水，水深才能载舟。庄子在《逍遥游》中曾说过"水之积也不厚，则其负大舟也无力"，"水浅"的结果就是连一个杯子都无法承载。牛顿和苹果的故事大家都知道，但在之前漫长的时光里难道只有牛顿看见苹果落地吗？当然不是。但只有牛顿发现了万有引力定律。如果他对物理一无所知，自然也就不会思考这件事背后的意义。马克思为了完成《资本论》，阅读了大量的书籍，留下了上百本读书笔记，他几乎掌握欧洲所有国家的语言，知识最大程度地积累让他发现了历史发展的密码。"杂交水稻之父"袁隆平先生一生都在农田里奋斗，做了成千上万次杂交水稻试验，对水稻的相关知识了如指掌，对每一个试验过程都了然于心，有这些作为基础，他才能在杂交水稻领域获得成功。打好基础，才能有万全的准备，才能发现知识的宝藏。

打好基础，就不会害怕试卷上以各种形式出现的难题；打好基础，就不会害怕工作上意外出现的各种情况。做好充足的准备，这些所谓的困难就会成为你前进路上的垫脚石，化为你知识的一部分。打好基础，胸有成竹，有了然于心的淡定，信手拈来的从容，自然不惧怕人生路上的任何挑战。

（共50分。开篇由材料切入，自然引出本文的中心论点，开门见山。文中列举两个分论点，再辅以古今中外的名人事例，章法谨严，论据充分。结尾照应文章标题，对文章进行了总结。文章多处采用排比的修辞手法，增强了文章的气势。本篇作文拟给48分）

2020年下半年中小学教师资格考试真题试卷(七)

一、单项选择题

1. B 【解析】本题考查"育人为本"的儿童观在保教实践中的应用。"育人为本"的儿童观要求教师给幼儿提供多样的发展机会,因材施教,促进幼儿的个性发展。教师在教学中要根据不同幼儿的认知水平、学习能力以及自身素质,选择适合每个幼儿特点的学习方法,有针对性地教学,发挥幼儿的长处,弥补幼儿的不足,激发幼儿学习的兴趣,树立幼儿学习的信心,从而促进幼儿全面发展。题干中李老师应对乐乐的想法给予赞赏和鼓励,在保障幼儿安全的前提下,让幼儿自我探索、大胆尝试是很有必要的。B选项的说法恰当。

A选项的说法过于强调动作的准确性,忽视了幼儿的感受。

C选项的说法否定了幼儿的探索行为,不利于培养幼儿的自信心。

D选项的说法容易引起其他幼儿的模仿行为,有一定的安全隐患。

2. A 【解析】本题考查素质教育的内涵。素质教育是面向全体幼儿的教育。题干中的老师在面对幼儿不愿参加游戏活动时,不能忽略幼儿,更不能强制幼儿参与活动。教师要密切关注幼儿的情况,询问幼儿不参与活动的原因,引导幼儿加入活动中,促进幼儿全面发展。故A选项的做法恰当。

B选项违背了面向全体学生的素质教育观。

C选项忽视了杰杰的交往需求。

D选项忽略了杰杰的意愿。

3. B 【解析】本题考查素质教育的内涵。《中国教育改革和发展纲要》中提出中小学要由"应试教育"转向全面提高国民素质的轨道。素质教育是促进学生全面发展的教育,素质教育倡导的是在教育中使每个学生都得到充分的、全面的发展。素质教育是面向所有学生开展的教育,而非只针对基础教育,因此本题选择B选项。

4. A 【解析】本题考查影响幼儿个体差异的原因。影响人的发展的因素有很多,概括起来有遗传、环境、教育和个体的主观能动性四方面。遗传素质是人的身心发展的生理前提,为人的身心发展提供了可能性。B选项正确。

人在自身的发展过程中也会表现出人所特有的能动性。在学生方面,这种能动性主要表现为他们在活动和交往的基础上能动地进行自我认识、自我建构和自我创造。C选项正确。

环境的给定性是指由自然、历史、他人为个体所创设的环境。环境对人的发展作用的效果取决于个人对环境的态度。给定的环境并不能确定人的发展,随着年龄的增长,人的能动性、自主性、选择性也逐步增长。D 选项正确,A 选项错误。因此本题选择 A。

5. D 【解析】本题考查《中华人民共和国教育法(2015 年修正)》。为了提高少数民族地区和边远贫困地区的教育发展水平,促进各民族、各地区共同繁荣,国家对少数民族地区给予特殊的扶持和帮助。与此同时,残疾人作为我国公民,与正常人一样享有学习权、发展权。因此,本条规定体现了教育法的公平性原则。

6. B 【解析】本题考查《中华人民共和国侵权责任法》。我国《侵权责任法》第三十八条规定,无民事行为能力人在幼儿园、学校或者其他教育机构学习、生活期间受到人身损害的,幼儿园、学校或者其他教育机构应当承担责任,但能够证明尽到教育、管理职责的,不承担责任。题干中教师王某在活动前提醒幼儿注意安全,尽到了教育的职责,因此幼儿园不承担责任。因为天天属于无民事行为能力人,因此应由天天的法定监护人承担主要的赔偿责任。需要注意的是《侵权责任法》于 2021 年 1 月 1 日废止,考生此后遇到此类考题时,可参考《中华人民共和国民法典》中的相关规定。

易错提示:本题答案仍根据《中华人民共和国侵权责任法》的规定为 B,但参加 2021 年 1 月 1 日之后的教师资格考试笔试的考生注意依照我国《民法典》做题。下文表格根据我国《民法典》相关条文整理。

受害人	无民事行为能力人(不满八周岁的未成年人)	限制民事行为能力人(八周岁以上的未成年人)
举证主体	学校,即学校需要提供证据	主张人(一般是受害人或其监护人),即“谁主张谁举证”
法律责任	学校若能证明已尽到教育、管理职责,可免除侵权责任;学校若无法证明,则承担侵权责任	主张人提供的证据若能证明学校未尽到教育、管理职责,学校须承担责任

7. C 【解析】本题考查幼儿的基本法律权利。身体权是自然人对其肢体、器官及其他组织的完整性所享有的人格权。题干中教师刘某并未经过圆圆的同意,剪掉圆圆的头发,侵犯了圆圆的身体权。

方法技巧:考生在做此类试题时,可根据以下方法进行区分和记忆。

生命权——生命安全和生命尊严;

身体权——身体完整和行动自由;

健康权——机体生理机能的正常运作和功能的完整发挥;

姓名权——依法决定、使用、变更或者许可他人使用;

肖像权——依法制作、使用、公开或者许可他人使用;

名誉权——不得侮辱、诽谤；

荣誉权——不得诋毁、贬损；

隐私权——不得刺探、侵扰、泄露、公开隐私。

8. A 【解析】本题考查《中华人民共和国未成年人保护法(2012 年修正)》。我国《未成年人保护法》第五十六条规定,讯问、审判未成年犯罪嫌疑人、被告人,询问未成年证人、被害人,应当依照刑事诉讼法的规定通知其法定代理人或者其他人员到场。题干中警察并未联系上君君的父母,园长张某有权拒绝警察的询问要求,是正确的,其做法保护了幼儿的合法权益。

9. C 【解析】本题考查《中华人民共和国宪法(2018 年修正)》。我国《宪法》第二十九条规定,中华人民共和国的武装力量属于人民。它的任务是巩固国防,抵抗侵略,保卫祖国,保卫人民的和平劳动,参加国家建设事业,努力为人民服务。国家加强武装力量的革命化、现代化、正规化的建设,增强国防力量。

10. D 【解析】本题考查隐私权。《中华人民共和国宪法》规定,中华人民共和国公民的通信自由和通信秘密受法律的保护。A 选项侵犯了隐私权。

《中华人民共和国未成年人保护法(2012 年修正)》规定,对未成年人犯罪案件,新闻报道、影视节目、公开出版物、网络等不得披露该未成年人的姓名、住所、照片、图像以及可能推断出该未成年人的资料。B 选项侵犯了隐私权。

对未成年人的信件、日记、电子邮件,任何组织或者个人不得开拆、查阅。C 选项侵犯了隐私权。

D 选项出版社出版了电视节目主持人的写真,并未侵犯隐私权,因此本题选择 D。

11. C 【解析】本题考查《中华人民共和国教育法(2015 年修正)》。我国《教育法》第七十二条规定,侵占学校及其他教育机构的校舍、场地及其他财产的,依法承担民事责任。

方法技巧:《中华人民共和国教育法》中关于某一行为应承担的法律责任,考生可通过以下方法进行区分和记忆。

(1)刑事责任。实施犯罪行为是刑事责任产生的前提,只有达到犯罪程度的违法行为才追究刑事责任。

(2)民事责任。教育法的民事责任是指教育法律关系主体违反教育法律、法规,破坏了平等民事主体之间正常的财产关系或人身关系,依照法律规定应承担的法律责任。

(3)行政责任。行政责任是指行政法律关系主体因违反行政法律规范所规定义务而引起的,依法应当承担的法律责任。根据我国的教育法律、法规的有关规定,承担违反教育法的行政法律责任的方式主要有两类:行政处罚和行政处分。

①行政处罚是国家行政机关依法对违反行政法律规范的组织或个人进行的行政制裁。教育行政处罚主要有申诫罚、行为罚和财产罚三大类。

②行政处分是由国家机关或企事业单位对其所属人员作出的惩戒措施,属于内部行政行为,处分对象是作为公民的个体,包括警告、记过、记大过、降级、降职、撤职、留用察看和开除。

12. A 【**解析**】本题考查《儿童权利公约》。《儿童权利公约》确立了一个重要理念,即涉及儿童的所有行为均应以“儿童的最大利益”为首要考虑,而且把这种考虑宣布为儿童的一项权利。

13. D 【**解析**】本题考查教师专业发展的途径。教师专业发展的途径,主要包括师范教育、新教师的入职培训、教师的在职培训、师徒结对、同伴互助和教师的自我教育。题干中王老师遇到问题去请教李老师,是自主与协作的结合。李老师对王老师说:“慢慢摸索吧,时间长了就知道了。我们都是这么过来的。”体现的是借鉴与探索、学习与反思的结合。题干的情境中并未体现理想与现实的结合,因此本题选择 D。

14. D 【**解析**】本题考查教师职业道德规范。教书育人的教师职业道德规范要求教师做到遵循教育规律,实施素质教育。循循善诱,诲人不倦,因材施教。题干中吴老师面对幼儿的不同想法时,应将幼儿看成独特的个体,因材施教,促进幼儿的全面发展。D 选项老师继续组织游戏,并根据幼儿的兴趣调整动作,体现了教育中的因材施教,是恰当的。

A、B 选项停止游戏的做法不能解决面临的问题,且批评幼儿会挫伤幼儿的积极性。

C 选项不理睬幼儿并不能解决问题,反而可能会引起其他幼儿的模仿。

15. C 【**解析**】本题考查教师的职业发展。职业认知是对职业、职员和团体的认识。职业定位是通过科学的方法,找到内心认定的职业发展方向,并长期为此不懈努力。职业目标是指个人在选定的职业领域内未来将要达到的具体目标。职业态度是指个人对所从事职业的看法及在行为举止方面反应的倾向。题干中小万很少参加教研,导致教学效果越来越差,是因为对教师职业的认知和定位出现了偏误,教学态度不端正,并且小万没有明确的职业目标,而不是职业目标过高,因此本题选择 C。

16. B 【**解析**】本题考查幼儿发展的阶段性特点。儿童身心发展的阶段性特点要求教育必须根据不同年龄阶段儿童的特点,提出不同要求,采用不同的内容和方法,因材施教。题干中小明和小朋友们对于瓢虫非常感兴趣,老师却让他们扔掉瓢虫,违背了幼儿发展的阶段性特点。故本题选 B。

A 选项,幼儿发展的渐近性是指个体心理素质的发展是一个循序渐进的、连续的发展过程,不可能一蹴而就。

C 选项,幼儿发展的个别差异性是指儿童发展在具有整体共同特征的前提下,每个儿童的身心发展,在表现形式、内容和水平方面,都有其独特之处。

D 选项,幼儿发展的可塑性是指幼儿在不同的生活环境的影响下能够发生变化,逐渐形成某些特性的过程。

A、C、D 选项均不符合题意。

17. A 【解析】本题考查黄帝的相关知识。题干中的诗句是孙中山于民国元年(公元 1912 年)撰写的歌颂黄帝的祭文。黄帝,名轩辕,黄帝和炎帝被后人尊崇为中华民族的人文初祖。相传黄帝已能建造宫室以避寒暑,制作衣裳,挖掘水井,制造船只,会炼铜,并发明了弓箭。

B 选项,炎帝,号神农氏。传说炎帝教民开垦耕种,制作生产工具,种植五谷和蔬菜;还制作陶器,发明纺织,煮盐,教人们通商交换。

C 选项,尧,又称陶唐氏。传说中尧鼓励人们开垦农田,发展历法,适时耕种。

D 选项,禹建立了中国历史上第一个王朝——夏王朝,后称夏禹。

18. C 【解析】本题考查洋务运动。题干中洋务派认为实现国家富强首先要训练军队,训练军队首先要制造武器。因此,制器的应该是军事工业。洋务派为了实现"自强",积极引进西方先进生产技术,制造枪炮轮船,先后创办了安庆内军械所、江南制造总局、福州船政局等一批近代军事工业。故本题选 C。

19. D 【解析】本题考查光现象常识。光从一种介质斜射入另一种介质时会发生折射。海市蜃楼是由阳光在大气中折射而产生的光学现象。它是远处景物反映在天空或地面而形成的幻景。在剧烈的温度梯度下,在海面或沙漠有时会出现。故本题选 D。

A 选项,光遇到桌面、水面以及其他许多物体的表面都会发生反射,如镜子。

B 选项,光的衍射是指光波在传播过程中遇到障碍物时,所发生的偏离直线传播的现象。如吹泡泡看到泡泡表面有很多彩色的条纹,就是光的衍射现象。

C 选项,光的直射是指从光源以直线形式直接照射物体,能形成明显的受光面、背光面和影子的光线。

A、B、C 选项均不符合题意。

20. C 【解析】本题考查遗传的相关概念。通过大量研究证明,对遗传起决定作用的是 DNA 而不是蛋白质。在不含 DNA 的生物中 RNA 是遗传物质。DNA 的特性，从遗传的观点看，一是有相对的稳定性；二是能产生变异，适应生物类型的多样性；三是能进行自我复制，代代延续。子代之所以像亲代，就是因为亲代能把自身的 DNA 分子准确地复制一份传给子代。故本题选 C。

21. B 【解析】本题考查外国儿童文学作品。图片中的人物是白雪公主。

A 选项，《拇指姑娘》是安徒生的童话作品，讲述了一个只有大拇指大小的姑娘的历险故事。

C 选项，《睡美人》讲述的是一位名叫爱洛的公主，一出生就受到了黑女巫的诅咒而被交给三位仙女抚养，后因中了诅咒沉睡而被王子用真爱之吻救醒的故事。

D 选项，《灰姑娘》讲述了一位被后母及姐妹虐待的姑娘，在仙女教母的帮助下参加舞会并与王子相识、相爱的故事。

22. A 【解析】本题考查乐府民歌。花木兰是中国古代巾帼英雄，代父从军击败入侵民族而流传千古。故本题选 A。

23. C 【解析】本题考查上古神话。夸父逐日是我国最早的著名神话之一，讲的是夸父奋力追赶太阳、长眠虞渊的故事，出自《山海经·海外北经》，故本题选 C。

A 项，盘古是中国传说中开天辟地创造人类世界的始祖，《三五历纪》中记载了“盘古开天地”的典故：天地混沌如鸡子，盘古生其中。万八千岁，天地开辟，阳清为天，阴浊为地。

B 项，共工是中国古代神话中的水神，《列子·汤问》中记载了“共工怒触不周山”的故事：共工氏与颛顼争为帝，怒而触不周之山，折天柱，绝地维。

D 项，后羿，本称羿，是中国古代神话传说中的人物，《淮南子·本经训》中记载了“羿射九日”的典故：尧乃使羿诛凿齿于畴华之野，杀九婴于凶水之上，缴大风于青丘之泽，上射九日而下杀猰貐，断修蛇于洞庭，擒封稀于桑林。

24. D 【解析】本题考查中国最早创办的出版机构。商务印书馆是中国现代出版业中历史最悠久的出版机构，1897 年创立于上海，是中国第一家现代出版机构，商务印书馆的创立标志着中国现代出版业的开始。

A 选项，中国书店成立于 1952 年 11 月，是新中国第一家国营古旧书店，也是全国最大的古旧书实体店。

B 选项，1912 年元旦，陆费逵在上海创建中华书局。创立之初，以出版中小学教科书为主。

C 选项，1937 年 4 月 24 日，党中央在延安成立新华书店，作为中共中央出版委员会发行部的对外机构，中央机关刊物《解放》的发行机构，承担着党的书、报刊出版发行任务。

25. B 【解析】本题考查秦始皇统一规范的文字。秦始皇统一的文字是小篆。秦始皇统一六国之后，提出“书同文”，文字统一，书体统一。小篆的制定是中国第一次有系统地将文字的书体标准化的过程。故本题选 B。

A 选项，大篆指笔画较繁复的篆书，是周朝的字体，秦朝创制小篆以后把它叫作大篆。

C 选项，隶书是由篆书简化演变而成，汉朝的隶书笔画比较简单，是汉朝通行的字体。

D 选项，楷书是由隶书演变来的，是现在通行的汉字手写正体字。

26. D 【解析】本题考查 Word 的基本操作。双击“格式刷”可以执行多次格式复制操作。故本题选 D。

27. B 【解析】本题考查 IP 地址的定义。Internet 为联网的每一台计算机或每一个网络设备都分配了唯一一个可以互相通信的地址，即 IP 地址。故本题选 B。

A 选项，TCP 是传输控制协议（Transmission Control Protocol）的简写，是 Internet 上的标准数据传输协议。

C 选项，WEB 是万维网（World Wide Web）的简写。

D 选项，HTML 是超文本标记语言（Hyper Text Markup Language）的简写，是一种建立网页文件的语言。

28. B 【解析】本题考查并列关系。军人和医生都是一种职业，B 项导演和演员也都是一种职业，和题干逻辑关系一致。A 项，青年和团员是交叉关系，排除。C 项，丈夫和妻子是矛盾关系，排除。D 项，岳父和丈人是同义关系，排除。故选 B。

29. C 【解析】本题考查数字推理。由题干“2 + 3 + 4→6820”可知，2 * 3 = 6，2 * 4 = 8，(2 + 3) * 4 = 20，结果对应 6820；由“3 + 3 + 2→9612”可知，3 * 3 = 9，3 * 2 = 6，(3 + 3) * 2 = 12，结果对应 9612；由“2 + 2 + 4→4816”可知，2 * 2 = 4，2 * 4 = 8，(2 + 2) * 4 = 16，结果对应 4816，因此“5 + 6 + 3”有：5 * 6 = 30，5 * 3 = 15，(5 + 6) * 3 = 33，结果对应 301533。故选 C。

二、材料分析题（参考答案）

30. 材料中程老师的做法是正确的，符合“育人为本”的儿童观的要求。

（1）幼儿是发展中的人，要用发展的观点认识幼儿。幼儿是处于发展初期的幼稚个体，具有巨大的发展潜能。材料中程老师面对萍萍刚入园时的情绪问题，没有简单粗暴指责了事，而是通过一系列措施，帮助她从性格内向到越来越自信，笑容越来越多，说明程老师认识到了儿童是发展中的人。

（2）幼儿是独特的人。每个儿童身心发展的速度各不相同，教师应将幼儿看作独特的个体,因材施教,促进幼儿的全面发展。材料中程老师面对萍萍的特殊现象,没有直接和她交谈而是叫来活泼开朗的小娜和萍萍一起玩,说明程老师认识到了幼儿是独特的个体,做到了因材施教。

(3)幼儿是学习的主体,是具有能动性的教育对象。幼儿具有在教育活动中的主观能动性和自我教育的可能性。材料中,程老师为了增强萍萍的自信心,让她一起发放和收拾餐具,并且不断地表扬,让她越来越自信,表明程老师将幼儿看作教育的主体,在教育过程中尊重幼儿的主体地位。

因此,程老师践行了"育人为本"的儿童观,值得我们学习。

(共 14 分。评价正确给 2 分;答出"幼儿是发展中的人""幼儿是独特的人""幼儿是学习的主体"等关键点每点 4 分,其中给出理论依据每点 3 分,结合材料合理阐述每点 1 分)

31. 根据教师职业道德规范李老师可以这样做:

(1)要做到爱岗敬业。教师职业道德规范要求教师对工作高度负责,认真辅导学生;不得敷衍塞责。材料中,李老师看到小钰跟其他小朋友不一样、不跟其他同学交往、不参加活动的现象后,不应该忽视小钰,而是针对小钰的问题,多方了解小钰的情况,践行爱岗敬业的职业道德规范去帮助她解决问题。

(2)要做到关爱学生。教师职业道德规范要求教师关心爱护全体学生,尊重学生人格,平等公正对待学生;对学生严慈相济,做学生良师益友。材料中,李老师在了解到小钰的情况后,应该平等公正地对待小钰,不戴有色眼镜区别对待;同时应该积极引导小钰与其他小朋友进行交往,教授其与同伴相处的技巧,促进小钰多方面发展。

(3)要做到教书育人。教师职业道德规范要求教师遵循教育规律,实施素质教育;循循善诱,诲人不倦,培养学生良好品行。材料中,李老师针对小钰害怕成年人,拒绝与人交往,语言表达能力差的情况,应该有耐心,针对具体情况对小钰开展针对性的教育,循循善诱,逐步引导小钰成长和进步。

(4)要做到为人师表。教师职业道德规范要求教师坚守高尚情操,知荣明耻,以身作则。尊重同事,尊重家长。材料中,李老师可以进行家访,与小钰的养父母平等地沟通交流,用自己的专业知识开展家庭教育,引导养父母多关注小钰的身心健康发展。

总之,李老师应该践行教师职业道德规范的要求,对小钰的情况进行针对性的教育。

(共 14 分。评价正确给 2 分;答出"爱岗敬业""关爱学生""教书育人""为人师表"等关键点每点 3 分,其中给出理论依据每点 2 分,结合材料合理阐述每点 1 分)

32.(1)“这个理想”指的西方自由主义教育的理想。西方自由主义教育理想要实现:学生能在大量的信息中,理解、判断哪些信息是重要的,哪些信息是不重要的,并且能结合点点滴滴的信息,形成一套完整的世界观。

(共4分。答出“这个理想”的指代内容得1分,结合文本具体分析“这个理想”要实现的目标得3分。如果答错“这个理想”的指代内容,则该题不得分)

(2)①和以前相比,现在的社会发展速度快,科技发达,人类的谋生方式、国家的运作方式、人的寿命和人体本身都有可能在几十年内发生很大的变化,现在孩子学的各种科目技能,到2050年绝大多数可能没有什么用了。所以教育也要改变,跟得上这种社会大环境的变化。

②过去信息量小,信息受到各种审查制度的阻隔,人们获取信息的方式落后并且相对单一;现在是信息大爆炸的时代,学生获取信息的方式智能多样并且快速,所有孩子都能学到读写技能,了解地理、历史和生物的基本事实。信息量和信息获取方式、传播速度的变化也要求教育在内容和方式上做出改变。过去的灌输式教育方式和内容已经不适应现在的学情,现在学生的信息量很大,教师需要教给学生理解和判断信息的能力,并让他们结合信息形成一套完整的世界观。

所以,文章以“教育:改变是唯一不变的事”为标题,紧扣文章主旨。

(共10分。答出“大环境的变化”,并结合文章内容具体阐述其变化得5分;答出在“信息大爆炸的时代”,现在学生学习方式的变化和学习需求,并结合具体内容进行分析得5分)

三、写作题

33.【写作思路】从题干可知这是一篇材料作文,考生要能从材料中提炼出自己的观点。本题的立意点可参考以下几个:(1)人际关系方面,白人母亲对儿子关于肤色问题的回答体现了她能平等、友好地尊重不同肤色、地位、学识的人,体现出了人际关系的平等、友好和至善至美,可以从“尊重、善待、关爱他人”入手。(2)教育方式方面,对比两个母亲的教育方式我们可以看出,不同的教育方式就会产生不同的教育效果,可以从“谈论教育方式”方面入手。(3)自我成长方面,材料中黑人司机的话启发我们,可以从“不要活在别人的眼光和评价中”入手;黑人母亲的话语里充满着自卑,可以从“超越自卑,走向自信、自立、自强”这个角度入手。

【参考范文】

看重自我,不妄自菲薄

在人生中,每个人都有一段花期,或色浓,或香盛。不必欣羡他人,你自有自己的特质。正如黑人司机所言，若他从小在心底里树立的便是看重自我的观念，那么他如今或许会有所成就，而不是仅仅挣扎于生活的最底层。不看轻自我，肯定自己的实力，才能绽放一段属于自己的温暖花期。

看重自我，用笔尖丈量世界。他不在意自己是否残缺，他相信自己会是遥遥星河最亮的那一颗。史铁生，这个文坛上屹立不倒的巨擘，面对伤痛病魔从未放弃，面对众人的嘲讽鄙夷也不甚在意。他相信自己的能力，从来不因他人的看不起而自轻自贱。史铁生可以用残破的身躯丈量世界的距离，他用平等的观念待人接物，用激昂的斗志在文学的历史上留下了自己的足迹。《我与地坛》一书见证了他的自尊自强，也将他推向了文学的巅峰。看重自己，是内心的坚守和执着，不妄自菲薄是自信观念的熏陶渐染。自尊自强如史铁生，虽然他的身躯并不伟岸，但他的灵魂却站在了生命不朽的高度上。

看重自我，用足尖跑出绚烂。博尔特坚信："人生而平等，白人可以做到的，我也可以，甚至能做得更好。"由于肤色，博尔特曾受尽了白眼与嘲讽，听惯了谩骂与侮辱，但他不改初衷，坚信人人生而平等，坚信自己奔跑的实力。他发奋练习，终于用无数的金牌将昔日的折辱踩在脚下。"看重自己"让博尔特不畏流言，秉持自信之心让博尔特拥有了敢于追梦的信念，并踏实地为之付出汗水。心怀自信的火光，而不妄自菲薄，终令博尔特完成了他人生的蜕变。

看重自我，用声音唱出精彩。在人生的舞台上一展歌喉是每个热爱歌唱的人的梦想，凯斯·黛莉，一个拥有天籁之音的美国女孩也拥有这样的梦想。她长着一张难看的阔嘴和一口奇怪的龅牙，每次开口唱歌时，她总想着极力掩饰住那口龅牙，但却因此受到更多的嘲笑。虽然自卑的杂草在心灵的田野上疯长，但她不曾忘却了想要唱歌的初心。终于她鼓起所有勇气，开口大声歌唱，唱出内心深处最真挚的声音。然后那些嘲笑变成了赞美，那些鄙夷变成了钦佩。她找到了真正的自己，收获了自己的成功。

没有人可以选择出身和家庭，每个人的未来都有着平等的可能，平等的机会。"我就是我，是颜色不一样的烟火。"看重自我，坚守自己的内心，坚信自己必将成功。

（共50分。作文开篇结合材料点明中心论点，结尾再次进行总结，首尾呼应，照应标题。文中运用三个分论点，列举中外名人事例，使论证充分有力，并证明了中心论点。语言流畅生动，情真意切。本篇作文拟给48分）

2019年下半年中小学教师资格考试真题试卷（八）

一、单项选择题

1. A 【解析】本题考查素质教育的内涵。素质教育是促进学生全面发展的教育。

学校教育不仅要抓好智育,更要重视德育,使诸方面的教育相互渗透、协调发展,促进学生的全面发展和健康成长。题干中秦晋妈妈对于环卫工这一职业存在偏见,容易对幼儿的认知产生不良影响,孙老师引导幼儿正确认识收垃圾的作用和意义,有利于发展幼儿良好的价值观念,引导幼儿正确认知。B、C、D 选项均与题意不符,故本题选 A。

2. B **【解析】**本题考查“育人为本”的儿童观在保教实践中的应用。“育人为本”的儿童观强调教育以服务幼儿为前提,促进每个人的全面发展,发掘每个人的潜能和创造力。题干中王老师通过自编通俗易懂的儿歌帮助幼儿学习正确的洗手方法,有利于幼儿积累相关经验,养成良好的卫生习惯。同时,王老师引导幼儿边唱边练,也关注到了幼儿的情境体验。故 A、C、D 三项正确。B 项,“注重幼儿气质养成”,题干中没有体现。

3. B **【解析】**本题考查“育人为本”的儿童观。幼儿是具有能动性的教育对象,具有自我教育的可能性。面对幼儿摔倒的情况,教师应引导幼儿发挥自己的主观能动性,主动站起来。如若幼儿确实需要帮助,再为其提供支持。故教师正确的说法为 B 项,既舒缓了幼儿的情绪,又体现了对幼儿的尊重。

A 选项,语言带有责备,不利于良好师幼关系的形成。

C 选项,忽视了幼儿的主动性,不利于幼儿养成良好的习惯。

D 选项,语气过于强硬,不利于安抚幼儿的情绪。

4. D **【解析】**本题考查“育人为本”的儿童观。幼儿是发展中的人,幼儿的发展具有个别差异性。题干中点点刚入园,对新环境有点不适应,作为老师应关注点点的个别需要及情感需求,降低对点点的要求,用恰当的方法引导点点入睡。故本题选 D。

A 选项,将责任推给家长,不利于良好家园关系的形成,且忽略了幼儿园的教育引导责任。

B 选项,忽视了幼儿的个体差异性。

C 选项,没有做到尊重幼儿。

5. C **【解析】**本题考查《中华人民共和国未成年人保护法(2012 年修正)》。该法规定,要“尊重未成年人的人格尊严”。图中爸爸的拳头和妈妈的责骂都是不尊重孩子人格尊严的行为,故本题选 C。

6. B **【解析】**本题考查《中华人民共和国宪法(2018 年修正)》。《中华人民共和国宪法》规定,任何组织或者个人的权利都不得超越宪法和法律。

7. C **【解析】**本题考查《幼儿园工作规程》。《幼儿园工作规程》第二十六条规定,幼儿一日活动的组织应当动静交替,注重幼儿的直接感知、实际操作和亲身体验，保证幼儿愉快的、有益的自由活动。C 项说法正确。

《幼儿园工作规程》第十一条规定，“幼儿园规模应当有利于幼儿身心健康，便于管理，一般不超过 360 人”，A 项说法错误。

第十三条规定，“入园幼儿应当由监护人或者其委托的成年人接送”，B 项说法错误。

第十条规定，“幼儿入园除进行健康检查外，禁止任何形式的考试或测查”，D 项说法错误。

8. A 【解析】本题考查《中华人民共和国教育法（2015 年修正）》。《中华人民共和国教育法》规定，“结伙斗殴、寻衅滋事，扰乱学校及其他教育机构教育教学秩序或者破坏校舍、场地及其他财产的，由公安机关给予治安管理处罚；构成犯罪的，依法追究刑事责任。”题干中孙某闯入幼儿园寻衅滋事，扰乱了幼儿园教育教学秩序，因此应由公安机关给予治安管理处罚。

9. D 【解析】本题考查《中华人民共和国未成年人保护法（2012 年修正）》。根据《中华人民共和国未成年人保护法》第六十四条规定，制作或者向未成年人出售、出租或者以其他方式传播淫秽、暴力、凶杀、恐怖、赌博等图书、报刊、音像制品、电子出版物以及网络信息等的，由主管部门责令改正，依法给予行政处罚。

10. D 【解析】本题考查《中华人民共和国宪法（2018 年修正）》。财产权是指以财产利益为内容的权利，我国《宪法》第十三条规定，公民的合法的私有财产不受侵犯。题干中张老师把表现不好的孩子名单在家长微信群里公布，同时要求这些孩子的家长在微信群里发红包，侵犯了家长的财产权，故做法不正确。

A、B 选项，题干中张老师将表现不好的孩子名单在家长微信群里公布，是不尊重幼儿人格权的表现，并不能督促幼儿养成良好习惯，也无法激发幼儿积极表现。

C 选项，荣誉权是指自然人、法人或其他组织享有的获得、保持和利用荣誉的权利，与题意不符。

11. A 【解析】本题考查《中华人民共和国未成年人保护法（2012 年修正）》。根据《中华人民共和国未成年人保护法》第五十三条规定，“父母或者其他监护人不履行监护职责或者侵害被监护的未成年人的合法权益，经教育不改的，人民法院可以根据有关人员或者有关单位的申请，撤销其监护人的资格，依法另行指定监护人。被撤销监护资格的父母应当依法继续负担抚养费用”。题干中林某虽然被撤销监护人资格，但仍需继续负担抚养费。

12. D 【解析】本题考查幼儿的基本法律权利。著作权是指作者和其他著作权人对文学、艺术和科学工程作品所享有的各项专有权利。题干中幼儿园未经兰兰及其家长的同意就将兰兰的画拿给出版社出版，侵犯了兰兰的著作权，故不合法。D 项正确，A、B 选项排除。

C 选项，财产权是指以财产利益为内容的权利，题干中幼儿园的做法并未侵犯兰兰的财产权。

13. A 【解析】本题考查教师职业行为规范在保教实践中的应用。教师心理调适主要是对不同环境中不良心理的调整。教师的心理调适的作用在于维护心理健康，沟通人际关系，提高工作效率。题干中江老师遇上烦恼时会调整好状态，把一切不愉快抛之云外，说明其具有心理调适能力。

B 选项，反思意识是指教师在职业活动中，把自我作为意识的对象，以及在教学过程中，将教学活动本身作为意识的对象，不断地对自我及教学进行积极、主动的计划、检查、评价、反馈、控制和调节的意识。与题意不符。

C 选项，教育心理干预是教育人员，包括教师、家长和有关人士人为的、有目的地设置或改变对儿童心理发生影响作用的条件或因素，以造成儿童在预期的目标上发生变化的行动。与题意不符。

D 选项，艺术造诣是指在艺术方面所达到的程度、境界、水平，以及取得的成就。与题意不符。

14. D 【解析】本题考查幼儿教师的职业特点。题干中提到教师不应只是"一桶水"，更要成为"源头活水"，强调的是教师要终身学习。这也意味着教师需要不断更新自己的教学方法，针对幼儿多方面的发展进行教育，即体现了教师劳动的创造性和复杂性。除此之外，教师职业需具备专业素养，因此又具有专业性。故 A、B、C 三项说法正确，本题选 D。

15. C 【解析】本题考查《中小学教师职业道德规范（2008 年修订）》。题干中李老师上示范课时并没有听取同事的建议，只挑选乖巧的小朋友参加，而是选择让全班小朋友都参加，说明李老师认为幼儿发展是平等的，做到了关爱学生、公正地对待所有学生。

A 选项，能动性是指认识世界和改造世界中有目的、有计划、积极主动的有意识的活动能力。与题意不符。

B 选项，幼儿的发展具有不平衡性，一方面是指同一个体身心发展在不同的年龄阶段是不平衡的；另一方面是个体身心发展的不同方面是不平衡的。与题意不符。

D 选项，儿童身心发展是持续不断进行的过程。与题意不符。

16. C 【解析】本题考查《中小学教师职业道德规范（2008 年修订）》。题干中张老师面对家长的“好意”能坚持自己的底线，体现了她为人师表、作风正派、廉洁奉公的良好品质。

A 项，“祸患常积于忽微，而智勇多困于所溺”意思是不良的嗜好、习惯一旦养成，久而久之就会成为你本性的一部分，日后也会成为你成功的绊脚石，强调要“防微杜渐”。

B 项，“不要人夸好颜色，只留清气满乾坤”意思是不需要别人夸奖颜色美好，只要留下充满乾坤的清香之气，表达了一种坚贞纯洁的品格，不重虚名。

C 项，“明者因时而变，知者随事而制”意思是聪明的人往往会根据时期的不同而改变自己的策略和方法，有大智慧的人会随着事物发展方向的不同而制定相应的管理方法，表示要灵活变通。

D 项，“善禁者，先禁其身而后人”的意思是善于用禁令治理社会的人，必然先按照禁令要求自身，而后才去要求别人，表明要求别人做到的自己会先做到。

A、B、D 三项与题意相符，C 项没有体现，故本题选 C。

17. C **【解析】**本题考查被誉为“党的好干部”的人物。雷锋是优秀的解放军战士，毛泽东同志曾发起“向雷锋同志学习”的号召；孟泰是鞍山钢铁厂工人，是新中国成立后第一代全国著名劳动模范；焦裕禄是河南省兰考县委书记，被誉为“党的好干部”；王进喜是大庆油田石油工人，人称“铁人”。

18. B **【解析】**本题考查代表古代纺织最高水平的织物。中国古代丝织品的分类主要有绮、锦、缎、绫、缣、纱、绢、罗等重要品种。其中，锦是用染好颜色的彩色经纬线，经提花、织造工艺织出图案的织物。锦的生产工艺要求高，织造难度大，所以它代表着古代纺织的最高水平。

A 选项，绣是我国特有的一种手工制作技术，用彩色丝、绒、棉线在绸、布等上面做成花纹、图像或文字，也指绣成的物品。

C 选项，绢是质地薄而坚韧的丝织品，也指用生丝织成的一种丝织品。

D 选项，纱是指棉花、麻等纺成的较松的细丝，可以捻成线或织成布，用纱织成的经纬线很稀的织品。

19. D **【解析】**本题考查《本草纲目》的相关知识。《本草纲目》虽为中药学专书，但涉及范围广，对植物学、动物学、矿物学、物理学、化学、农学等内容亦有很多记载，故本题选 D。

A 项，《黄帝内经》是我国现存较早的重要医学文献，被称为“医之始祖”。

B 项，《伤寒杂病论》集秦汉以来医药理论之大成，并广泛应用于医疗实践，是我国医学史上影响最大的古典医著之一，也是我国第一部临床治疗学方面的巨著。

C 项,《千金方》是中国古代综合性临床医学著作,被誉为中国最早的临床百科全书。

20. C 【**解析**】本题考查吐鲁番盆地。吐鲁番盆地是一个典型的地堑盆地,是世界上海拔最低的盆地,其南部山麓著名的艾丁湖湖面低于海平面 154 米,是我国陆地的最低点,故本题选 C。

A 项,柴达木盆地平均海拔 2600 ~ 3000 米,是我国海拔最高的盆地。

B 项,四川盆地平均海拔300 ~ 600 米,是我国第四大盆地,也是中国各大盆地中形态最典型、纬度最低的盆地。

D 项,塔里木盆地是我国面积最大的内陆盆地,海拔在 800 到 1300 米之间,地势西高东低。

易错提示:考生易混淆我国盆地的特征。考生在做题时,可根据以下特点进行区分和记忆。

塔里木盆地——位于新疆(天山以南),是中国第一大内陆盆地。

准噶尔盆地——位于新疆(天山以北),被誉为“塞北江南”。

吐鲁番盆地——位于新疆天山脚下,是中国也是世界上海拔最低的盆地。

柴达木盆地——位于青藏高原的东北部,是中国海拔最高的盆地。

四川盆地——位于四川省东部,岩石、土壤呈紫色,有“紫色盆地”之称。

21. B 【**解析**】本题考查我国第一艘航天测量船。“远望一号”测量船于 1977 年 8 月 31 日在江南造船厂建成下水,是我国自行设计建造的第一代综合性航天远洋测量船,并在 1978 年交付使用,成为中国航天远洋测控事业的先驱。

A 项,“大洋一号”是我国第一艘现代化的综合性远洋科学考察船,也是我国远洋科学调查的主力船舶。

C 项,“东方红一号”卫星,是我国发射的第一颗人造地球卫星。

D 项,“向阳红一号”是国家海洋局建造的第一艘水文气象船,也是我国第一艘吨位比较大的气象船。

22. A 【**解析**】本题考查光现象常识。白色衣服能反射所有色光,冬天穿白色的衣服,无法吸收更多的热量;黑色衣服能吸收所有色光,夏天穿黑色的衣服,会吸收更多的热量,使身体的温度升高,容易中暑。所以,“冬不穿白,夏不穿黑”体现的是太阳光的吸收和反射。

23. D 【**解析**】本题考查物理常识。共振是指当外力的振动节拍和物体本身的固有频率的节拍相同或相近的时候,物体产生的强烈振动。水龙头在放水时,水从水龙头冲出,水管会发生振动。当振动的频率接近邻近的自来水管的固有频率时,自来水管就会发生共振现象，致使水管发出阵阵响声。因此本题选 D。

24. A 【解析】本题考查《搜神记》。吴王小女、李寄斩蛇、干将莫邪等故事均出自《搜神记》。牛郎织女为中国古代著名的民间爱情故事。故本题选 A。

25. C 【解析】本题考查交通安全常识。A 项表示“禁止直行”，B 项表示“禁止停车”，C 项表示“禁止驶入”，D 项表示“禁止行人通行”。故本题选 C。

26. B 【解析】本题考查 Word 的基本操作。“首行缩进”缩进的是第一行，“悬挂缩进”缩进的是除第一行外的其他各行，“左缩进”是全部行一起向左缩进，“右缩进”是全部行一起向右缩进。题干中不缩进第一行而缩进其余行，应选“悬挂缩进”。

27. A 【解析】本题考查 PowerPoint 的工作界面。排练计时功能可模拟演示文稿的放映过程，自动记录每张幻灯片的放映时间。设置完成后，在幻灯片浏览视图下，每张幻灯片下方将显示录制时间。故排练计时功能可以帮助李老师在制作幻灯片时把握讲解时间。

B 选项，自动放映是通过设置每一个幻灯片的放映时间，使幻灯片自动进行演示。与题意不符。

C 选项，批注是一种备注，可附加到幻灯片上的某个字母或词语上，也可以附加到整个幻灯片上。与题意不符。

D 选项，母版幻灯片控制整个演示文稿的外观，包括颜色、字体、背景、效果和其他所有内容。与题意不符。

28. C 【解析】本题考查类比推理。题干中“橙子”和“橘子”是全异关系，是两种不同的水果。A 项，“土豆”和“马铃薯”是全同关系；B 项，“桃子”与“水蜜桃”是包含关系；D 项，“萝卜”和“红萝卜”是包含关系；C 项，“芒果”和“火龙果”是全异关系，与“橙子”和“橘子”的逻辑关系相同，故选 C。

方法技巧：概念间关系即集合关系，主要有全同关系、包含关系、交叉关系和全异关系四种，考生可通过下列方式进行区分和记忆。

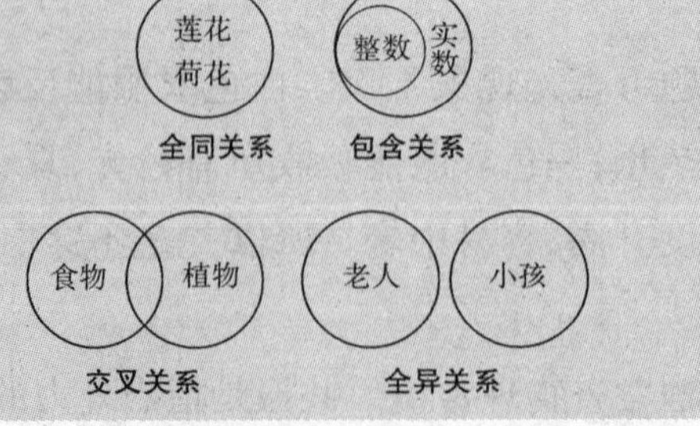

29. D 【解析】本题考查图形推理。题干给出的三个图形都由形状相同、大小不同的两个图形组成并且有两条边重合，故选项中只有 D 项符合。

方法技巧:图形推理的试题难度较低,考生做题时注意观察所给图形,可从图形的状态(如重叠、相切、相交、相离)、图形形状(如三角形、四边形)、公共边的条数、图形数量等方面考虑。

二、材料分析题(参考答案)

30. 王老师的教育行为符合素质教育背景下的教育观。

(1)素质教育是面向全体幼儿的教育。面向全体幼儿的教育要求教师要平等对待每一个孩子。材料中王老师并没有因为馨馨跳得不好而放弃她,而是坚持让馨馨参加舞蹈排练,说明王老师的教育是面向全体幼儿的,不愿意放弃任何一个孩子。

(2)素质教育是促进幼儿全面发展的教育。幼儿的全面发展教育是促进幼儿德智体美等的全面发展。材料中王老师不仅关注幼儿的舞蹈学习,还能够在排练时抓住教育契机,培养孩子们"互帮互助""善良""勇敢"等品质,说明王老师不仅关注活动的进行,还注重幼儿品德的教育。

(3)素质教育是促进幼儿个性发展的教育。素质教育观要求教师要针对每个幼儿因材施教,尊重每个幼儿的想法。材料中馨馨由于手臂发育不良,在舞蹈学习时跟不上其他小朋友,王老师因材施教,编排了相对简单的舞蹈,使之能加入舞蹈排练,说明王老师尊重幼儿的个体差异性,尊重馨馨的个性发展。

(4)素质教育是以培养创新精神和实践能力为重点的教育。教师要在活动中鼓励幼儿积极参与,激发幼儿的主动性和创造性。材料中王老师引导幼儿积极参与到艺术节活动中,有利于培养幼儿的实践能力。

综上所述,材料中王老师的做法践行了素质教育的具体要求,值得提倡和学习。

(共14分。评价正确给2分;答出"面向全体幼儿""促进全面发展""促进个性发展""以培养创新精神和实践能力为重点"等关键点每点3分,其中给出理论依据每点2分,结合材料合理阐述每点1分)

31. 材料中胡老师践行了教师职业道德规范的要求。

(1)胡老师的教育行为体现了爱岗敬业的师德规范要求。爱岗敬业要求教师要对工作高度负责。材料中胡老师针对欣欣的入园焦虑和不会吃饭的问题采用了各种各样的方法予以解决,帮助幼儿适应幼儿园生活,体现了这一点。

(2)胡老师的教育行为体现了关爱学生的师德规范要求。关爱学生要求教师要关心爱护全体学生,尊重学生人格,平等公正对待学生。对学生严慈相济,做学生良师益友。材料中,胡老师温柔地对待幼儿、耐心地教导幼儿,体现了这一点。

(3)胡老师的教育行为体现了教书育人的师德规范要求。教书育人要求教师要循循善诱，诲人不倦，因材施教。材料中胡老师针对欣欣不会吃饭的问题，积极地进行引导，帮助其养成良好的行为习惯，体现了这一点。

(4)胡老师的教育行为体现了为人师表的师德规范要求。为人师表要求教师要关心集体，团结协作，尊重同事，尊重家长。材料中胡老师针对欣欣的情况，能够主动地与欣欣家长进行沟通，并为家长提供育儿指导，体现了这一点。

综上所述，胡老师的行为符合教师职业道德规范的要求，做法恰当且合理，值得我们提倡和学习。

(共14分。评价正确给2分；答出“爱岗敬业”“关爱学生”“教书育人”“为人师表”等关键点每点3分，其中给出理论依据每点2分，结合材料合理阐述每点1分)

32.(1)哲学的根本特征在于它是思想的一种“元”思想，“元”的意思是思想观念后面所进行的“更进一步”的反思性思想或者奠基性思想；哲学怀着“平常心”，有着“异常思”。思考的虽然是一些很平常很普通的问题，但是思考角度和方式超凡脱俗、异乎寻常。

(共4分。答出与“元”思想和哲学的“思考”相关的2个要点得4分)

(2)哲学的用处如下：①哲学让人见到思想的世面，让人的思想变得大气而不小气；②人类思想总是自然而然地产生出哲学问题，当思想深入到一定的层次，哲学就成为必需的。哲学使人们的思想更健全；③哲学使我们对思想观念进行“更进一步的研究”，通过这些研究可判断思想观念的意义和价值，好知道该不该相信这些思想观念；④哲学是面向思想本身的，是思想对思想自身的解释，是一切思想的思想，哲学可为一切重要观念的合理性给出证明；⑤哲学的方法使人们获得超出知识范围的智慧，这些智慧改变着、塑造着人类的整个思想风格和结构；⑥哲学往往以某种与普通思想不同的方式重新思考问题，能开拓更多的思想可能性。

(共10分。答出与“哲学让人的思想变得大气”“哲学使人的思想更健全”“哲学使我们对思想观念进行‘更进一步的研究’”“哲学可为一切重要观念的合理性给出证明”“哲学的方法使人获得超出知识范围的智慧”“哲学能开拓更多的思想可能性”相关的6个要点得10分)

三、写作题

33.【写作思路】材料中老板每卖出一双鞋子就捐赠一双给贫困地区的孩子，这一善举感动了其他人，致使大家都来买他的鞋子，他的订单也越来越多。无论是材料中的老板，或是买鞋子的其他人，都是善良的化身，他们在满足自己需求的同时也在帮助别人。故考生可从“善良”“利人与利己”这些角度出发进行立意。

除此之外，材料中老板的事迹本来不为人知，但经过报社的报道众人才得知老板的善举，从而使老板的生意有所起色，可见正能量也需要社会宣传才能发挥应有的效用。作为教师，也应善于发现生活中的“美”，向学生传播社会正能量。考生也可从这一角度出发进行论述。总之，教育写作立意比较灵活，考生言之有理即可。

【参考范文】

利人与利己

中国古人说：“与人方便，就是与己方便。”这是非常朴素的道理。在浩瀚的海洋中，成群的小鱼和石斑鱼也懂得互利互助，小鱼因为跟在石斑鱼后面获得了保护，石斑鱼因为有小鱼替它刷牙，消除了身上的细菌；在夜间驾车时，将刺眼的远光灯换成柔和的近光灯，不仅为他人着想，也为自己消除了安全隐患。这些事例都在告诉我们一个道理：利己与利人并不矛盾。

布鞋品牌老板在做公益的同时，为自己赢得了发展的空间，让每一个买鞋的人都觉得自己买的并不仅仅是一双鞋，还送出了自己的一份爱心，利己的同时也在利人。生命就像是一种回声，你送出什么它就送回什么，你播种什么就收获什么，你给予什么就得到什么。只要你付出了，就会有收获。你对别人微笑，别人就会对你报以微笑；你帮助别人，别人也会帮助你。在生活中，我们要向布鞋品牌老板学习，做事既利人又利己。

智者懂得在利己的同时利人。在历史的长河中，有许多这样的事例，它们都生动诠释了利人与利己的概念。战国四君子之一的孟尝君用尽全部家财供养食客，在他危难之时，门客穷尽鸡鸣狗盗之术，帮助他脱困。汉朝开国皇帝刘邦礼贤下士，在众人的帮助下击败项羽，开创了大汉王朝数百年的基业。凡事以利人为先，方能达到人和，别人才会利己，自己才能成就人生大业。但小人利己却损人。秦桧为了私权，玩弄权术，以“莫须有”的罪名陷害岳飞，借皇帝之手拔掉了自己的眼中钉，小人只知利己损人，结果千百年来，他在岳飞的墓前，遭万人唾弃！为什么孟尝君能脱困，刘邦能开创大业，而秦桧却遭人唾弃？究其本质，区别在于他们以利己为先还是以利人为先。当今社会，凡事顾及别人，才有生存之道。在分工十分细化的社会，大家都是坐在同一条船上的人，只要任何一个环节出错，受损失的将是整船人。

除此之外，在与大自然共处时，我们人类也要做智者，在发展经济的同时保护好自然环境，实施可持续发展战略。这样才能和自然和谐共处，才能使人类得到长久发展。

利己与利人并不是对立的，它们可以统一起来，让我们学做智者，在利己的同时利人。让我们一起奔跑在绿茵场上，互利互助，携手同行，一起成长。

（共50分。文章开头借助自然界和现实生活中的事例，引出本文“利人与利己并不矛盾”的中心论点。文中列举典型事例，并运用正反对比的论证方法，使论据更具有说服力。文章立意深刻，论点清晰，内容充实；语言流畅，感情真挚。本篇作文拟给48分）

2019年上半年中小学教师资格考试真题试卷（九）

一、单项选择题

1. A 【解析】本题考查“育人为本”的儿童观。幼儿的发展具有连续性和阶段性。儿童心理时刻都在发生量的变化，随着量变的积累，到了一定程度，就会发生“质变”，从而使儿童心理发展呈现出“阶段性”。图1表明，儿童的感觉、语言、高级认知机能在不同的年龄阶段发展水平不一，说明儿童发展具有阶段性特征。

B选项，整体性是指儿童发展的各个领域都是密切相关的，它们共同促成了儿童的整体性发展，一个领域的发展会影响其他领域的发展，同时这个领域的发展也会受到其他领域的影响。

C选项，个别差异性是指儿童发展在具有整体共同特征的前提下，每个儿童的身心发展，在表现形式、内容和水平方面，都有其独特之处。

D选项，幼儿的独特性体现在每个幼儿都是独特的个体，都有自身独特的特点，有自身学习和认知方式的独特风格。

B、C、D选项均不符合题意。

方法技巧：学前儿童身心发展的一般规律作为常考点，现将关键内容以表格的形式呈现来帮助考生梳理，方便考生理解。

规律	表现	例子	教育启示
顺序性	发展由低级到高级、由简单到复杂、由量变到质变（由……到……）	记忆的发展由机械记忆到意义记忆	循序渐进
阶段性	不同年龄阶段有不同特征	小中大班年龄特征不同	针对年龄特点施教
不均衡性	个体内部，发展速度有快有慢（同一方面不同速；不同方面不同步）	身高的发展，在不同的年龄阶段，发展速度不相同	抓关键期
个别差异性	不同人之间存在差异	人心不同，各如其面	因材施教

2. D 【解析】本题考查“育人为本”的儿童观在保教实践中的应用。教育要以幼

儿的全面发展为本,用全面的眼光看待幼儿。这就要求教育教学活动的组织者要充分尊重幼儿的主体地位,尊重幼儿的感受,调动幼儿学习的积极性和能动性,鼓励幼儿的创造性。题干中幼儿园将 70% 的课程安排为音乐、美术、舞蹈等内容,忽视了幼儿其他方面的发展,故做法不正确,D 项说法正确,A、C 项说法错误。

B 选项,幼儿园应以游戏为基本活动,寓教育于各项活动之中,促进幼儿全面发展,并不只是知识学习。

3. A 【解析】本题考查"育人为本"的儿童观。幼儿是发展中的人,要用发展的观点认识幼儿。题干中李老师没有认识到幼儿动作发展的规律,没有准确把握小班幼儿动作发展的特点,并误认为欢欢把色彩涂到轮廓外面是由于她不认真,故李老师做法错误。A 项表述正确,C、D 选项表述错误。

B 选项,李老师的做法并没有讽刺、挖苦幼儿,表述错误。

4. D 【解析】本题考查"育人为本"的儿童观。幼儿是处于发展初期的幼稚个体,幼儿身心的各个方面都非常不完善,极易受到伤害,幼儿教师应努力地呵护、照料和关心他们。题干中辰辰坐在椅子上摇来摇去,东倒西歪,此时教师的正确做法应是给予提醒,耐心劝导。

A、B 选项,教师的语气强硬且充满责备,没有做到尊重幼儿,不利于良好师幼关系的建立。

C 选项,从椅子的角度出发劝导幼儿,可能无法引起幼儿的注意。

D 选项,既体现了教师对辰辰的关爱,也在一定程度上促进了辰辰良好行为习惯的培养。

5. D 【解析】本题考查《中华人民共和国宪法(2018 年修正)》。我国宪法规定,我国国民经济的主导力量是国有经济,本题选 D。

6. D 【解析】本题考查幼儿的基本法律权利。题干中教师在教育幼儿时,经常敲打、拖拽幼儿,造成幼儿身体多处瘀伤,危害了幼儿的生命健康,因此侵犯的是幼儿的生命健康权。

A 选项,受教育权是幼儿的一项基本权利,我国《宪法》规定,中华人民共和国公民有受教育的权利和义务。

B 选项,人格尊严是指个人人格获得他人、社会的肯定与尊重的权利。

C 选项,人身自由是指公民的人身(包括肉体和精神)不受非法限制、搜查、拘留和逮捕。

ABC 选项均不符合题意。

7. C 【解析】本题考查《中华人民共和国教育法(2015 年修正)》。根据《中华人民共和国教育法》的规定,“学校及其他教育机构中的管理人员,实行教育职员制度。学校及其他教育机构中的教学辅助人员和其他专业技术人员,实行专业技术职务聘任制度”。题干中梁某在幼儿园从事专职食品安全管理工作,属于管理人员,故对梁某应实行教育职员制度,本题选 C。

8. A 【**解析**】本题考查《中华人民共和国教师法(2009 年修正)》。《中华人民共和国教师法》规定,“教师认为当地人民政府有关行政部门侵犯其根据本法规定享有的权利的,可以向同级人民政府或者上一级人民政府有关部门提出申诉,同级人民政府或者上一级人民政府有关部门应当做出处理”。

9. B 【**解析**】本题考查《中华人民共和国未成年人保护法(2012 年修正)》。《中华人民共和国未成年人保护法》规定,“营业性歌舞娱乐场所、互联网上网服务营业场所等不适宜未成年人活动的场所允许未成年人进入,或者没有在显著位置设置未成年人禁入标志的,由主管部门责令改正,依法给予行政处罚”。

10. B 【**解析**】本题考查《幼儿园工作规程》。《幼儿园工作规程》规定,“幼儿园应当结合幼儿年龄特点和接受能力开展反家庭暴力教育,发现幼儿遭受或者疑似遭受家庭暴力的,应当依法及时向公安机关报案”。

11. C 【**解析**】本题考查《幼儿园工作规程》。《幼儿园工作规程》规定,“幼儿园应当建立患病幼儿用药的委托交接制度,未经监护人委托或者同意,幼儿园不得给幼儿用药”。故何老师做法不合法。

易错提示:幼儿园用药的委托交接制度在考试中的考查频率很高。考生在做此类题时,需要牢记《幼儿园工作规程》中的规定:未经监护人委托或者同意,幼儿园不得给幼儿用药。

12. C 【**解析**】本题考查《中华人民共和国义务教育法(2018 年修正)》。《中华人民共和国义务教育法》规定,“居民委员会和村民委员会协助政府做好工作,督促适龄儿童、少年入学”。因此对于雯雯的父母,当地居委会可做好协助工作,督促他们送雯雯接受义务教育。

13. B 【**解析**】本题考查教师职业行为规范在保教实践中的应用。老师面对家长的质疑,正确的做法首先是尊重家长的意见和看法,然后与家长积极地沟通和交流,从而在相互尊重和理解的基础上达成共识。故 B 选项的做法恰当。

A 选项,幼儿园不得提前教授小学教育内容,不得开展任何违背幼儿身心发展规律的活动。做法错误。

C 选项,教师应引导家长树立正确的教育观念,而不是向家长推荐辅导机构。做法错误。

D 选项,不理会家长是不尊重家长的表现,做法不正确。

14. B 【**解析**】本题考查《中小学教师职业道德规范(2008 年修订)》。关爱学生的教师职业道德规范要求教师关心爱护全体学生,平等公正对待学生。题干中赵老师对省政府工作人员的孩子给予特别关照,这样的做法是错误的,没有做到对幼儿一视同仁,故本题选 B。

15. C 【**解析**】本题考查教师职业行为规范在保教实践中的应用。题干中孩子们进入大班后会变得吵闹,主要是由于孩子们逐渐有了自己的想法和主见,并且语言表达能力渐趋完善。幼儿教师要正确看待幼儿的这一现象,对幼儿进行说服教育,引导幼儿自我约束,也可以引导幼儿参与其感兴趣的活动,转移幼儿的注意力。

C 项,让家长接吵闹的孩子回家安抚,是把教育责任推给了家长,是不负责任的表现,故做法不恰当。

16. A 【**解析**】本题考查《中小学教师职业道德规范(2008 年修订)》。题干中佳佳尿裤子了,当其他幼儿嘲笑佳佳时,刘老师能够及时地予以引导,挽回佳佳的形象,说明刘老师能够充分尊重幼儿人格,维护幼儿权益,有利于保护幼儿的自尊心,故本题选 A。BCD 选项题干均未体现。

17. D 【**解析**】本题考查外国著名建筑。帕特农神庙是供奉雅典娜女神的最大神殿,帕特农原意为贞女,是雅典娜的别名。在希腊神话中,阿波罗是太阳神;波塞冬掌管着一切的海域,是海洋之神;阿瑞斯是好战嗜杀的战神;雅典娜既是女战神又是智慧女神。

18. C 【**解析**】本题考查天文常识。小行星带是太阳系内介于火星和木星轨道之间的小行星密集区域,故本题选 C。

19. A 【**解析**】本题考查西方近代科学家及其成就。燃烧作用的氧化学说是由法国化学家拉瓦锡正式提出的。

B 项,波义耳是英国化学家、物理学家,用实验阐明气压升降的原理,并发现著名的气体定律——波义耳马略特定律。

C 项,普利斯特利是英国化学家、唯物主义哲学家,利用水槽、汞槽集气法研究各种气体,发现了氧气。

D 项,阿伏伽德罗是意大利化学家,主要贡献为 1811 年发表的“阿伏伽德罗假说”(后也称之为阿伏伽德罗定律),并提出分子概念及原子、分子区别等重要化学问题。

20. A 【**解析**】本题考查西方近代科学家及其成就。首先提出行星的运行轨道是椭圆形的天文学家是开普勒。

B 项，哥白尼著有《天体运行论》，确立“日心说”。

C 项，第谷发现了仙后星座中的一颗新星。

D 项，牛顿提出了牛顿运动三大定律，发现了万有引力定律，建立经典力学体系。

21. D 【解析】本题考查中国著名电影。《英雄儿女》是 1964 年由长春电影制片厂制作并出品的一部战争片。影片讲述了抗美援朝时期，志愿军战士王成阵亡后，他的妹妹王芳在政委王文清的帮助下坚持战斗，最终和养父王复标、亲生父亲王文清在朝鲜战场上团圆的故事。

A 选项，《闪闪的红星》是由八一电影制片厂摄制的中国儿童红色电影，该片讲述了在 1930 年至 1939 年艰难困苦的环境中成长起来的少年英雄潘冬子的故事。

B 选项，《渡江侦察记》是上海电影制片厂出品的战争片，该片改编自“先遣渡江英雄连”的事迹，讲述了渡江战役前夕，解放军某部李连长率侦察班探明敌人江防部署，协助大部队取得战役成功的故事。

C 选项，《南征北战》是上海电影制片厂摄制的战争片，该片改编自话剧《战线》，讲述了解放战争初期，在华东战场上，人民解放军在敌强我弱的形势下，正确运用毛泽东运动战的战略思想，消灭敌人取得胜利的故事。

22. D 【解析】本题考查西方著名音乐家及其作品。《胡桃夹子》是由柴可夫斯基作曲的一个芭蕾舞剧，根据霍夫曼的《胡桃夹子与老鼠王》的故事改编。

A 选项，舒曼是德国作曲家，代表作品有《维也纳狂欢节》《蝴蝶》等。

B 选项，贝多芬被誉为“乐圣”，代表作有《第三（英雄）交响曲》《第五（命运）交响曲》《致爱丽丝》等。

C 选项，勃拉姆斯是德国浪漫主义作曲家，代表作有《学院节庆序曲》《悲剧序曲》等。

23. A 【解析】本题考查历史典故与人物。中国象棋中的楚河汉界与刘邦和项羽有关。与曹操、袁绍有关的典故有官渡之战；与苻坚、谢安有关的典故有淝水之战、草木皆兵、风声鹤唳等；与孙膑、庞涓有关的典故有围魏救赵。

24. D 【解析】本题考查戏曲常识。京剧《贵妃醉酒》又名《百花亭》，取材于中国唐朝历史人物杨贵妃的故事，源自洪昇的《长生殿》。《桃花扇》是清朝作家孔尚任的代表作，《南柯梦》和《牡丹亭》是明代著名戏曲家汤显祖的代表作。

25. A 【解析】本题考查中国著名动画片。图片中的形象头顶葫芦，可判断是葫芦娃。葫芦娃是动画片《葫芦兄弟》中的主要人物，该片讲述了七个葫芦兄弟为救爷爷前仆后继，与妖精们周旋的故事。

B 选项，《铁臂阿童木》是日本漫画家手冢治虫创作的科幻漫画作品，讲述了在未来21世纪的少年机器人阿童木的故事。

C选项,《聪明的一休》是一部以日本室町时代初期的特立独行的禅宗僧人一休为主角的日本动画,一休是一个古灵精怪、聪明伶俐的小和尚。

D选项,《哪吒闹海》是我国的一部动画电影,是我国第一部大型彩色宽银幕动画长片。哪吒扎着两个丸子头发髻,身披混天绫,戴着乾坤圈,手持火尖枪,脚踏风火轮。

26. B 【**解析**】本题考查Word的基本操作。Word多文档窗口可以将一个窗口拆分为两个文档窗口,A项说法正确。

Word可以同时打开多个文档进行编辑,每个文档都会有一个窗口,C项说法正确。

剪切、粘贴和复制可以在多个文档间进行,D项说法正确。

B项,多文档窗口操作时,文档编辑工作结束后无需全部存盘再关闭,可直接单个存储、关闭。故B项错误。

27. C 【**解析**】本题考查PowerPoint的基本操作。在PowerPoint中,图表可以设置动画效果,故C项表述错误。

28. B 【**解析**】本题考查类比推理。题干中车票和票据是包含关系,戏票和入场券也是包含关系,故B项正确。

A选项,飞机票和船票是并列关系。

C选项,购水票和门票是全异关系。

D选项,餐券和优惠券是交叉关系。

29. C 【**解析**】本题考查数字推理。规律是$(1+2)\times3=9$;$(2+9)\times3=33$;$(9+33)\times3=126$,故选C项。

二、材料分析题(参考答案)

30. 材料中李老师的行为是恰当的,符合新课程倡导的教师观。

(1)从教师与学生的关系看,教师是学生学习的促进者。教师是学生学习能力的培养者。教师不仅传授知识,而且是学生学习的激发者,各种能力和积极个性的培养者。材料中,李老师在孩子们发现蜗牛后能够因势利导,提出和孩子们一起研究蜗牛,说明李老师能够有意识地促进、支持幼儿的学习。

(2)从教学与研究的关系看,教师是教育教学的研究者。教师即研究者,意味着教师在教学过程中要以研究者的心态置身于教学情境之中,以研究者的眼光审视和分析教学理论与教学实践中的各种问题,对自身的行为进行反思,对出现的问题进行探究,对积累的经验进行总结,最终形成规律性的认识。材料中,李老师课后研究查阅蜗牛的相关资料,并找来关于蜗牛的科普视频和孩子们一起观看,说明李老师能够积极探究教育教学问题。

（3）从教学与课程的关系看，教师是课程的开发者和建设者。新课程倡导民主、开放、科学的课程理念，同时确立了国家、地方、学校三级课程管理政策，这就要求课程与教学相互整合，教师必须在课程改革中发挥主体作用。材料中，李老师将蜗牛引入课堂，和孩子们一起观察、记录蜗牛的生活，通过查阅资料、分享资料、开展以“蜗牛”为主题的系列活动，说明李老师能够自主开发、建设幼儿感兴趣的课程。

（4）在对待师生关系上，新课程强调尊重、赞赏。“为了每一位学生的发展”是新课程的核心理念。为了实现这一理念，教师必须尊重每一位学生做人的尊严和价值。同时，还要学会发现学生的闪光点，学会赞赏每一位学生。材料中，当幼儿提出问题时，李老师能够采取积极的态度及时给予赞赏，说明李老师善于发现幼儿的闪光点。

（5）在对待教学关系上，新课程强调帮助、引导。教的本质在于引导。引导的特点是含而不露、开而不达、引而不发。材料中，针对幼儿发现的问题，李老师能够启发幼儿思考，并帮助幼儿寻找、搜集学习资源，找到解决问题的方法，说明李老师能够通过引导促进幼儿的发展。

总之，李老师的教育行为体现了新课程倡导的教师观，值得我们借鉴和学习。

（共14分。评价正确给4分；答出“学生学习的促进者”“教育教学的研究者”“课程的开发者和建设者”“强调尊重、赞赏”“强调帮助、引导”等关键点每点2分，其中给出理论依据每点1分，结合材料合理阐述每点1分）

31. 周老师的教育行为科学合理，符合教师职业道德规范的要求。

（1）周老师践行了爱岗敬业的教师职业道德规范。爱岗敬业要求教师要对工作高度负责，认真辅导学生，不得敷衍塞责。材料中，周老师给妮妮讲故事、念儿歌，和妮妮妈妈就妮妮的教育问题进行交流等都体现了这一点。

（2）周老师践行了关爱学生的教师职业道德规范。关爱学生要求教师要关心爱护全体学生，关心学生健康，维护学生权益。材料中，周老师在日常工作中能照顾到每一个幼儿，并在看到妮妮不洗手就拿东西吃时及时给予指导体现了这一点。

（3）周老师践行了教书育人的教师职业道德规范。教书育人要求教师要做到循循善诱，诲人不倦，因材施教。材料中，周老师针对妮妮不爱洗手的问题进行了积极引导，并能够针对妮妮不爱说话的特点及时与妮妮妈妈交流、给出合理建议，体现了这一点。

（4）周老师践行了为人师表的教师职业道德规范。为人师表要求教师要做到尊重家长。材料中，周老师能够积极了解幼儿的家庭情况，并积极和家长沟通，体现了这一点。

（5）周老师践行了终身学习的教师职业道德规范。终身学习要求教师要不断提高专业素养和教育教学水平。材料中，周老师认为自己对幼儿的心理特点了解不够、有些问题不能妥善处理，于是主动参加培训学习体现了这一点。

综上所述,材料中周老师的做法践行了教师职业道德规范中的要求,值得我们学习。

(共14分。评价正确给4分;答出“爱岗敬业”“关爱学生”“教书育人”“为人师表”“终身学习”等关键点每点2分,其中给出理论依据每点1分,结合材料合理阐述每点1分)

32. (1)因为“美术片”准确反映了中国动画特殊的创作观念,动画片就是借鉴中国传统美术如绘画、民间工艺等的造型观念、空间概念、绘画技法进行创作的影片。

(共4分。答出与“准确反映了中国动画特殊的创作观念”“借鉴中国传统美术如绘画、民间工艺等的造型观念、空间概念、绘画技法”相关的2个要点得4分)

(2)①中国动画对传统的继承不仅表现为形式,还有对其美学观念和哲学理念的继承。认为“中国风格”过时了的人,其实并不真正了解“中国风格”。②“中国风格”的动画一直在传承、发展、弘扬中华文化。③中国动画能够抓住机遇,打造既有传统“中国风格”、又符合时代需求的新的“中国学派”,创造新的动画精品,以迎接中国动漫产业发展高峰的到来。

综上所述,中国动画的“中国风格”没有过时。

(共10分。答出与“对传统的继承表现在形式、美学观念和哲学理念上”“传承、发展、弘扬中华文化”“抓住机遇,打造新的‘中国学派’”相关的3个要点得9分,3个要点阐述合理、语言连贯得1分)

三、写作题

33. 【写作思路】电影《荒野猎人》获得奥斯卡金像奖,引起了相关图书的热销,就如诺贝尔文学奖、茅盾文学奖所引发的阅读热潮一样,这说明获奖激发了人们阅读的兴趣。当今社会是一个信息化的社会,多种多样的图书已经混淆了人们的视线,让人们疲于选择,而获奖作品代表的是一种认同,能为人们的选择提供参考。同理,电影的得奖也是对作品中主流思想的一种认同。因此,我们可以分析该“阅读热”产生的原因,可提出“市场经济条件下不同文化形式的相互促进”“电影促进阅读”等观点。

当然,也可以从反面去论述,突出当下人们阅读的功利性,转而提出“阅读需要正确地引导”等主题。

这是一个开放性的话题,只要能自圆其说,言之有理即可。

【参考范文】

深度阅读,丰富自我

游戏娱乐时代的浮躁氛围使不少人丧失了对阅读的兴趣。莱昂纳多的《荒野猎人》火了,这又是电影带来的图书热。当下,观众阅读图书很多时候是在蹭热度,而不是因为图书本身的可读性。这就导致阅读是在一个很浅的层次上面,流于形式。对于读书,我们有许多种选择,或是仰之弥高,钻之弥坚;或是泛泛而读,略晓其义。我认为精读一遍胜过略读百遍。

天下熙熙,皆为利来;天下攘攘,皆为利往。然而,当一切归于沉寂,又有什么能带给我们一丝安慰呢?对,是书,书是炫目的先秦繁星,书是皎洁的汉宫秋月;书是珠落玉盘的琵琶,书是高山流水的琴瑟。书可以让我们诗意地栖息在天地之间,书可以让我们的灵魂找到归宿,书可以让我们穿越时空和古人促膝谈心。

每一本书,都有属于它的价值。读书不在多而在于精,在于细。只有反复揣摩,才能知其味、品其香。读书是一个由厚变薄,再由薄变厚的过程,也许我们会因为其中的一句话而被深深触动,反复理解,这也算是格物致知了。精读是"推""敲"不定的"月下门",精读是"吟安一个字"的"数茎须",精读是"来试人间第二泉"的"小团月"。书集聚了人类的智慧、知识,似一座宝塔在等待每一个人攀登。无限风光在险峰,读书越深入,才越能发现旖旎风光。

从孔子那里,我们可以读到"仁义礼智信"的真正含义;从雨果那里,我们可以读到"美就在丑陋旁边"的美丑对照原则;从曹雪芹那里,我们可以读到爱情的凄美和各色人性的原色。若是懂得读书,定会把它视为一种嗜好,若略晓其义即厌之,定是只了解皮毛,让其成为一辆空马车而已。马车越空,噪音越大。金玉其外,败絮其中。纸上谈兵者难道不是因为没有深入阅读领会而只知道简单背诵吗?邯郸学步、东施效颦的做法为人所笑,跟其未深入领会本质不无关联。

诸葛亮读书独观其大意的做法,我认为不是粗读,而是在无数精读积累的基础上,直入精髓的另一种深度阅读。而陶公好读书不求甚解,跟其大济苍生志向破灭后想麻醉自己的灵魂不无关联。若无韦编三绝的痴心醉读,哪来半部论语可治天下?哪来"天不生仲尼,万古如长夜"?哪来大成至圣先师?

书,可以启迪人生,只有全心投入,才能真正与作者心灵相呼,感受文化的气息。正如花蕾,沐浴着阳光的清香,含苞待放。真正热爱读书的人是最具智慧的人,因为他们吸收了书的精华,他们从书中体悟人生,感悟生命,他们从书中了解古今,丰富自我。

(共50分。文章中心明确,论据充足,具有说服力。大量运用排比,使文章读起来朗朗上口,铿锵有力。运用比喻,使文章更富有文采,生动形象,方便情感表达。全文感情充沛,深刻感人。本篇作文拟给48分)

2018 年下半年中小学教师资格考试真题试卷(十)

一、单项选择题

1. D 【解析】本题考查“育人为本”的儿童观。幼儿是学习的主体,是具有能动性的教育对象。题干中吴老师没有直接给出幼儿答案,而是让幼儿自己想办法找答案,说明教师看到了幼儿能动性的一面,有意识地引导幼儿主动探索,故本题选 D。ABC 选项题干均未体现。

2. C 【解析】本题考查“育人为本”的儿童观。幼儿是学习的主体,是具有能动性的教育对象。题干中蒋老师面对小朋友的问题,没有急于出手帮助,而是鼓励幼儿自己去尝试,说明蒋老师比较注重幼儿的亲身体验。故本题选 C,ABD 选项均未体现。

3. B 【解析】本题考查“育人为本”的儿童观在保教实践中的应用。题干中孩子们都在向杨老师“告状”,面对此类情景,教师正确的做法是先安抚幼儿的情绪,等幼儿平静下来,再倾听他们的问题并予以解决,故 B 项正确。

A、C 两项,不理会所有“告状”的孩子,甚至批评他们,都不能解决孩子的问题,同时也没有体现教师对幼儿的尊重。

D 项,选取部分孩子的“告状”予以解决,没有体现对幼儿的一视同仁。

4. A 【解析】本题考查《幼儿园教师专业标准(试行)》。《幼儿园教师专业标准(试行)》“幼儿发展知识”中提出,教师应掌握不同年龄幼儿身心发展特点、规律和促进幼儿全面发展的策略与方法。故本题选 A。

B 选项,通识性知识包括自然科学和人文社会科学知识、艺术欣赏与表现知识、现代信息技术知识等。

C 选项,幼儿保育和教育知识包括熟悉幼儿园教育的目标、任务、内容、要求和基本原则,掌握幼儿园各领域教育的学科特点与基本知识等。

D 选项,领域知识包括五大领域课程的知识。

BCD 选项均不符合题意。

5. D 【解析】本题考查《中华人民共和国宪法(2018 年修正)》。我国宪法规定,我国公民依法享有宗教信仰自由、人身自由、通信自由等。教育自由不属于宪法规定的公民基本权利,故本题选 D。

6. A 【解析】本题考查《儿童权利公约》。《儿童权利公约》规定,“儿童系指 18 岁以下的任何人,除非对其适用之法律规定成年年龄低于 18 岁”,故本题选 A。

7. C 【解析】本题考查《中华人民共和国教育法(2015 年修正)》。《中华人民共和国教育法》规定,“学校及其他教育机构的举办者按照国家有关规定,确定其所举办的学校或者其他教育机构的管理体制”。因此,某教育发展集团独资创办的幼儿园,该教育集团有权确定本园的管理体制。

8. C 【解析】本题考查教师的权利。题干中幼儿园从教师工资中扣除100元用于订阅专业刊物,属于变相克扣教师工资,侵犯了教师获取工资报酬的权利,故做法不合法。

方法技巧:按照我国《教师法》等相关法律法规的规定,我国教师享有教育教学权、科学研究权、管理学生权、获取报酬待遇权、民主管理权、进修培训权等六项权利。

教育教学权:进行教育教学活动,开展教育教学改革和实验;

科学研究权:从事科学研究、学术交流,参加专业的学术团体,在学术活动中充分发表意见;

管理学生权:指导学生的学习和发展,评定学生的品行和学业成绩;

获取报酬待遇权:按时获取工资报酬,享受国家规定的福利待遇以及寒暑假期的带薪休假;

民主管理权:对学校教育教学、管理工作和教育行政部门的工作提出意见和建议,通过教职工代表大会或者其他形式,参与学校的民主管理;

进修培训权:参加进修或者其他方式的培训。

9. B 【解析】本题考查《中华人民共和国宪法(2018年修正)》。人身自由是指公民的人身(包括肉体和精神)不受非法限制、搜查、拘留和逮捕。超市管理人员强制搜身属于非法搜查公民身体,侵犯了孔某的人身自由权。

A选项,名誉是对民事主体的品德、声望、才能、信用等的社会评价。任何组织或者个人不得以侮辱、诽谤等方式侵害他人的名誉权。

C选项,健康权是指幼儿以其机体生理机能的正常运作和功能的完善发挥,维持人体生命活动的利益为内容的具体人格权。幼儿的身心健康受法律保护。任何组织或者个人不得侵害他人的健康权。

D选项,隐私是自然人的私人生活安宁和不愿为他人知晓的私密空间、私密活动、私密信息。任何组织或者个人不得以刺探、侵扰、泄露、公开等方式侵害他人的隐私权。

A、C、D项均不符合题意,故本题选B。

10. D 【解析】本题考查《幼儿园工作规程》。题干中幼儿园为大班开设小学课程,属于提前教授小学教育内容,违背了幼儿身心发展规律。因此做法不正确,不利于幼儿身心发展。

11. A 【解析】本题考查《幼儿园工作规程》。题干中幼儿园让幼儿入园前先接受体检,方便幼儿园了解、掌握幼儿的健康状况,符合《幼儿园工作规程》中的要求。

方法技巧:幼儿入园前,应当按照卫生部门制定的卫生保健制度进行健康检查,合格者方可入园。幼儿入园除进行健康检查外,禁止任何形式的考试或测查。但幼儿教师会在新生幼儿入园前询问能否表达自己的需求,这是可以的,教师询问的目的在于因材施教,但不能以此理由拒绝幼儿入园。

12. D 【**解析**】本题考查《中华人民共和国义务教育法(2018 年修正)》。《中华人民共和国义务教育法》第十二条规定,"县级人民政府教育行政部门对本行政区域内的军人子女接受义务教育予以保障"。题干中亮亮为现役军人子女,因此对亮亮的义务教育负有保障义务的是县级人民政府教育行政部门。

13. C 【**解析**】本题考查《中小学教师职业道德规范(2008 年修订)》。为人师表的教师职业道德规范要求教师要严于律己,以身作则。题干中王老师一直在要求孩子们排队接水喝,而自己却直接走到队伍前面接了一杯水,说明王老师没有做到以身作则、为人师表。ABD 选项均未体现。

14. D 【**解析**】本题考查教师职业行为规范的基本要求。教师与学生之间要做到:热爱学生,关心学生,尊重学生;严格要求,耐心教导,循循善诱,不偏不袒。题干中教师因为方方不理解活动规则就剥夺了他参与活动的权利,并且扬言说让他以后都不要踢球了,这是对方方的不尊重,会打击方方参与活动的积极性,故做法不正确。D 选项表述正确,AB 选项表述错误。

C 选项,题干并未体现同事间的团结协作,故 D 项表述错误。

15. B 【**解析**】本题考查教师职业行为规范在保教实践中的应用。题干中"丢手绢"游戏活动结束了,还有一名幼儿没有参与过丢手绢,教师此时应当引导幼儿适时进入下一个活动,帮助幼儿树立良好的规则意识,故 B 项做法较恰当。

A、D 两项,教师语气过于生硬,没有考虑到幼儿的情感需要,是对幼儿的不尊重。

C 项,教师让其他小朋友在一旁等待,自己带幼儿去玩,会导致其他幼儿处于无人照管的状态,做法也不可取。故本题选 B。

16. A 【**解析**】本题考查教师职业行为规范在保教实践中的应用。教师在处理与幼儿家长的关系时,应做到尊重和信任家长,与家长真诚地交流。题干中金老师当众指责小齐爸爸的做法是不合适的,教师应尊重和信任家长,与家长真诚地交流,故金老师要注意与家长沟通的方式。

B、C、D 选项说法错误。

17. D 【**解析**】本题考查科学常识。雾是近地面空气中水汽凝结(或凝华)的产物,不是从天空降落到地面的。霾的核心物质是空气中悬浮的灰尘颗粒。排除 A、B

选项。

毛毛雨是指由直径小于0.5mm的雨滴组成的稠密、细小而十分均匀的液态降水现象。毛毛雨雨滴直径比小雨小，而数量却比小雨多，随气流飘浮在空中，徐徐落下。故答案选D项。

18. A 【**解析**】本题考查人类最早使用的工具。石器是人类最早使用的工具，盛行于人类历史的初期阶段。陶器是指用黏土为胎，经过手捏、轮制、模塑等方法加工成型后，在800～1000℃高温下烧制的器皿。

B选项，陶器的出现是人类社会进入到新石器时代的重要标志之一。

C选项，瓷器是指用高岭土、长石、石英等为原料，经过混合、制坯、加工、干燥再进行烧制成器。大约在公元前16世纪的商代中期，中国就出现了早期的瓷器。

D选项，铁器是指以铁矿石冶炼加工制成的器物。西周末年是中国的早期铁器时代，铁器的出现使人类历史产生了划时代的进步。

19. C 【**解析**】本题考查动画常识。图片中的人物衣服上有明显的蜘蛛网元素，由此可判断其为蜘蛛侠，故本题选C。

A选项，《闪电侠》是美国DC娱乐和华纳兄弟电视公司合作出品的科幻电视连续剧，闪电侠的衣服上有闪电标记。

B选项，蝙蝠侠是美国DC漫画旗下的超级英雄，头戴蝙蝠头盔，衣服上有蝙蝠标记。

D选项，钢铁侠是美国漫威漫画旗下的超级英雄，最被人熟知的装扮是红黄装甲战衣。

20. B 【**解析**】本题考查中国儿童文学作品。陈伯吹于1981年创立陈伯吹儿童文学园丁奖，鼓励国内作家参与儿童文学创作，1988年此奖改名为“陈伯吹儿童文学奖”。

A选项，严文井与陈伯吹并称为我国儿童文学界两大泰斗级人物。严文井创作了《南南和胡子伯伯》《唐小西在“下次开船港”》《小溪流的歌》等著名童话，他的作品以童话和寓言的影响力为最大，被誉为“一种献给儿童的特殊的诗体”。

C选项，张天翼是我国现代著名小说家、儿童文学作家，代表作有《宝葫芦的秘密》。

D选项，叶圣陶是中国现代童话创作的拓荒者，代表作《稻草人》童话集是中国第一本为儿童而写的童话集。

21. D 【**解析**】本题考查中国蒙学教材。《千字文》《百家姓》和《急就章》属于中国古代蒙学教材。《千字文》是由周兴嗣编纂的由一千个汉字组成的韵文；《百家姓》是一部记录姓氏的文集，通篇采用四言体例，句句押韵，与《三字经》《千字文》并称“三百千”，是中国古代幼儿的启蒙读物；《急就章》又名《急就篇》，由汉元帝时黄门令史游所作，该书是中国古代教学童识字、增长知识、开阔眼界的字书，在古代常被用作识字课本和常识课本；《山海经》是中国先秦重要古籍，是一部富于神话传说的最古老的奇书，但不属于中国古代蒙学教材。

22. D 【解析】本题考查科学素养。光年是长度单位，用来计量光在宇宙真空中沿直线传播一年时间的距离，一般被用于衡量天体间的时空距离；甲子是时间单位，中国传统纪年干支历的干支纪年中一个循环的第 1 年称“甲子年”。

23. C 【解析】本题考查天文常识。行星与卫星本身不发光，它们都是靠反射恒星的光而发亮，排除 B、D 选项。

彗星本身不发光，只有当它走近太阳，在太阳辐射和太阳风的作用下，表面蒸发出气体和尘埃，气体、尘埃反射太阳光才使彗星发亮，故 A 项错误。

流星是指运行在星际空间的流星体（通常包括宇宙尘粒和固体块等空间物质）在接近地球时由于受到地球引力的摄动而被地球吸引，进入地球大气层后与大气摩擦燃烧所产生的光迹，与太阳光无关。故答案是 C 选项。

24. D 【解析】本题考查地理常识。大气的作用主要表现为削弱太阳辐射，保护地球表层生物；对地面保温，防止温度剧变以及水分丧失；提供生物生长所需元素等，所以 A、B、C 选项均正确。厄尔尼诺现象是太平洋区域洋流模式周期性失衡而引发的一种极具破坏性的气候异常现象。它是由海洋和大气的相互作用大范围失衡造成的，与大气环流变化有关，不属于大气的作用。故本题选 D。

25. A 【解析】本题考查少数民族传统民居。傣族民居多为竹楼，竹楼外貌朴实无华，上面是轮廓丰富的歇山屋顶，下面是架空的柱列。图中所示即为傣族竹楼，本题选 A。

26. D 【解析】本题考查 Word 的基本操作。配色方案是用于用户界面而不是用于文档界面。故 D 项表述不正确。

27. C 【解析】本题考查 PowerPoint 的基本操作。“自定义动画”可以将对象设置为“单击时”“与上一动画同时”“上一动画之后”响应，也可以设置延迟时间，说明使用鼠标或时间等都可以控制动画，故本题选 C。

28. D 【解析】本题考查类比推理。题干中“家具”和“大衣柜”是包含关系。“炊具”和“煤气灶”也是包含关系，故本题选 D。

A 选项，电冰箱和空调是并列关系；B 选项，坐具和双人床是全异关系；C 选项，消毒柜和冰柜是全异关系。

29. A 【解析】本题考查数字推理。$50\times2-10=90$；$90\times2-10=170$；$170\times2-$

10 = 330；330 × 2 − 10 = 650。因此，空缺处填入的数字应为 330。

二、材料分析题（参考答案）

30. 韩老师的行为是正确的，遵从了“育人为本”的儿童观。

（1）幼儿是发展中的人。幼儿是连续不断发展的个体，其身心发展具有巨大的潜能。材料中韩老师并没有因为幼儿不喜欢洗手就放弃了对幼儿此方面的培养，而是结合自主探究的形式，引导幼儿理解洗手的重要性，说明韩老师看到了“幼儿是发展中的人”。

（2）幼儿是独特的人。幼儿不是单纯的抽象的学习者，而是有着丰富个性的人，体验着全部的教育生活。材料中韩老师将幼儿分成了两组，并且在活动中认真倾听孩子们的想法进而开展进一步的引导活动，说明韩老师看到了幼儿的独特性。

（3）幼儿是学习的主体，是具有能动性的教育对象。每个幼儿都是教育活动的主体，都有自己的思维和判断。材料中韩老师并没有直接讲解洗手的重要性，而是让幼儿通过实际操作感知洗手的重要性以及不洗手的危害，遵从了这一点。

综上所述，韩老师树立了正确的儿童观，促进了幼儿更好地发展，其行为值得我们学习。

（共 14 分。评价正确给 2 分；答出“幼儿是发展中的人”“幼儿是独特的人”“幼儿是学习的主体”等关键点每点 4 分，其中给出理论依据每点 3 分，结合材料合理阐述每点 1 分）

31. 余老师的行为是正确的，践行了教师职业道德的要求。

（1）余老师践行了关爱学生的职业道德。教师要关心爱护全体学生，尊重学生人格，平等公正对待学生。材料中余老师在对待平时较为费心的陈一航小朋友时，能够尊重学生的人格，正确看待其送回书的这一过程，并且能恰当地加以引导，这充分说明余老师尊重学生人格，关心爱护全体学生。

（2）余老师践行了教书育人的职业道德。教师要实施素质教育，循循善诱，诲人不倦，因材施教，不以分数作为评价学生的唯一标准。材料中陈一航小朋友虽然其他方面稍显调皮，但是能够主动为老师分担任务。余老师抓住了这一点，因材施教，任命其为“图书管理员”，促进了幼儿良好行为习惯的培养和社会性的发展。

（3）余老师践行了爱岗敬业的职业道德。教师要忠诚于人民教育事业，志存高远，勤恳敬业，甘为人梯，乐于奉献。对工作高度负责，不得敷衍塞责。材料中余老师通过各种方法巧妙、耐心地引导幼儿形成良好的习惯，促进幼儿各方面的发展，说明教师做到了爱岗敬业，勤恳负责。

综上所述，余老师践行了教师职业道德规范，为大家树立了榜样。

（共14分。评价正确给2分；答出“关爱学生”“教书育人”“爱岗敬业”等关键点每点4分，其中给出理论依据每点3分，结合材料合理阐述每点1分）

32.(1)矛盾双方之间的辩证运动是在时间中展开的，时间是参与事件的重要因素。

（共4分。答出与“矛盾双方之间的辩证运动”“参与事件的重要因素”相关的2个要点得4分）

(2)“时中”对个体而言有很大的价值和作用：

①在合适的时间做一件事，效果很好；在不合适的时间做同一件事，往往很糟。

②“时中”让个体有一种危机感，这种危机感让个体在行为中谨小慎微、如履薄冰，相时顺势，减少犯错。

（共10分。答出在合适和不合适的时间做事的效果得5分，每个要点2.5分，少答一点扣2.5分；答出“危机感”和其带来的结果得5分，其中“危机感”2分，带来的结果3分）

三、写作题

33.【写作思路】“老马识途”和北大老教授的“蒙眼识路”都是关于经验的问题。时代的发展已经让“老经验”失去了作用，因此，可以从适应时代发展的角度去立意。如“顺应时代，追求创新”“老马未必识途”“创新带来进步”等。

【参考范文】

老马未必识途

“老马识途”，出自《韩非子·说林上》，比喻有经验的人对事情比较熟悉。话说，春秋时期，齐国大军迷失在燕国的崇山峻岭之中，危急关头，管仲解开几匹老马的缰绳，让它们引领军队前行，终于走出困境，这就是“老马识途”的典故。展开想象的翅膀，如果茂密的树林变成密集的高楼，往来的车马变作疾驰的高档轿车，山野村妇变作摩登女郎，那老马们岂不是要晕头转向，不知所措，找不着东西南北了呢？当它们对周遭事物的嗅觉及灵敏度消失时，迷失方向的老马会如走失的孩童一般无助，可见，老马的“识途”对环境的依赖性还是很强的，是需要有一定条件的。

现实中，多少人“引经据典”，又有多少人因循守旧？人民艺术家老舍先生在《茶馆》里说过“谁敢改祖宗的章程，谁就掉脑袋！”，每次读到此处，我都会陷入思考当中。我们总会在自己固定的思维里兜圈子，画地为牢，被僵化的思维囚禁于陈规旧说之中，如此一来就如同一条条被定在模式框框里的咸鱼，很难翻身。

我喜欢逛早市，熙攘的人群中，会被路边小贩的吆喝吸引，然而他面前的一双双鞋子，样式老旧，价格低廉，很难被销售出去。缺乏创新，就意味着灵感的缺失，也就意味着失去了一把通往成功的钥匙。创新才能生存，它不仅仅折射出生产者的睿智，更隐藏着兴衰更替的规律。有创新的地方总会有新商机，这是商人们普遍的想法。成功来源于对现实世界的捕捉和习惯性思维以外的畅想，这便诠释了灵感与创新的真谛。

创新是一个民族进步的灵魂，是国家兴旺发达的不竭动力。如果自主创新能力较弱，一味靠技术引进，就永远难以摆脱技术落后的局面。一个没有创新能力的民族，难以屹立于世界先进民族之林。残酷的现实告诉我们：我们必须积极进取，勇于开拓，争当新世纪的创新人才。我们要学习“杂交水稻之父”袁隆平的创新之举，他的创新是基于长期从事杂交水稻育种理论研究和制种技术实践。我们要勇于打破僵化的、固有的思维方式，拒绝墨守成规。这并非对前人的亵渎，而是一种思维的延绵与创新。

原有的思维定势与前人的经验不会一直给我们指明正确的方向，我们需要的是一种创新思维，要敢于打破现实，走出困境。为了避免一生碌碌无为，让我们告别乏味，释放灵感，大胆创新，看吧，前方晨曦已现。

别迷信老马，老马未必识途。

（共50分。文章开头对“老马识途”的例子提出假设，引出中心论点，具有启发性。文中通过列举现实生活和名人事例，使得论据充分有力，突出中心论点。结尾再次照应标题，点明文章主旨。本篇作文拟给48分）

国家教师资格考试

历年真题详解及预测试卷

综合素质·幼儿园（预测答案本）

目　录

国家教师资格考试预测试卷(十一)

一、单项选择题

1. B 【解析】题干中孙老师大声斥责乐乐,并且让其他小朋友不要和乐乐玩,其言行损害了幼儿的人格尊严,没有做到尊重幼儿,故做法错误。

2. B 【解析】"育人为本"的儿童观提出,幼儿是学习的主体。幼儿在学习活动中是认识的主体、实践的主体和发展的主体,是学习的主人。题干中,东东在课堂上提问,马老师不但没有耐心解答,还说东东打岔、不礼貌,这表明马老师没有把东东当成学习的主人,忽视了幼儿的自主性。

3. A 【解析】小明由于性格原因不敢和老师说话、问问题,针对这种情况,教师首先应对小明进行鼓励,帮助他克服性格原因;在小明提问后,对其进行适当的表扬。故选A项。

4. A 【解析】福勒和布朗认为,处于关注生存阶段的一般是新教师,他们非常关注自己的生存适应性,最担心的问题是"学生喜欢我吗""同事们如何看我""领导是否觉得我干得不错"等。因此,题干中小张老师的表现说明她正处于关注生存阶段。

方法技巧:考生在做此类试题时,可根据以下关键语句进行区分和记忆。

(1)关注生存阶段——"学生喜欢我吗""同事们如何看我""领导是否觉得我干得不错"等;

(2)关注情境阶段——"内容是否充分得当""如何呈现教学信息""如何掌握教学时间"等;

(3)关注学生阶段——"学生的个别差异""不同发展水平的学生有不同的需要""根据学生的差异采取适当的教学"等。

5. B 【解析】《幼儿园工作规程》第二十七条规定,幼儿园日常生活组织,应当从实际出发,建立必要、合理的常规,坚持一贯性和灵活性相结合,培养幼儿的良好习惯和初步的生活自理能力。

6. C 【解析】《中华人民共和国义务教育法》第十一条规定,适龄儿童、少年因身体状况需要延缓入学或者休学的,其父母或者其他法定监护人应当提出申请,由当地乡镇人民政府或者县级人民政府教育行政部门批准。

7. D 【解析】我国《宪法》第三条规定,全国人民代表大会和地方各级人民代表大会都由民主选举产生,对人民负责,受人民监督。

8. A 【解析】根据《学生伤害事故处理办法》第二十一条规定,对经调解达成的协议,一方当事人不履行或者反悔的,双方可以依法提起诉讼。

9. A 【解析】根据《中华人民共和国教师法》第三十七条规定，教师有“品行不良、侮辱学生，影响恶劣的”情形，由所在学校、其他教育机构或者教育行政部门给予行政处分或者解聘。题干中老师对学生李某的谩骂侮辱了李某的人格尊严，因此可由学校给予行政处分。

10. C 【解析】受教育过程上的机会平等，是指幼儿进入幼儿园以后，幼儿园应该保障每个幼儿参加教育教学计划内安排的各种活动，使用各种教学设施、设备、图书资料等，每个幼儿都是平等的。题干中教师因为乐乐活泼顽皮而不让其参与各种娱乐活动，剥夺了幼儿参与活动的权利，说明教师没有保证幼儿受教育过程中的机会平等，故教师做法不正确。

11. C 【解析】教师依法享有参加进修或者其他方式的培训的权利。题干中园长以孙老师是研究生毕业为由拒绝孙老师的培训申请，侵犯了孙老师的进修培训权。

易错提示：考生容易混淆科学研究权和进修培训权，可从以下关键点进行区分。

科学研究权：教师作为平等的主体进行科学研究、学术交流，参加专业的学术团体，在学术活动中充分发表意见等；

进修培训权：教师作为学习者参加进修或者其他方式的培训，提升自己的能力。

12. C 【解析】《中华人民共和国未成年人保护法》第六十二条规定，密切接触未成年人的单位招聘工作人员时，应当向公安机关、人民检察院查询应聘者是否具有性侵害、虐待、拐卖、暴力伤害等违法犯罪记录；发现其具有前述行为记录的，不得录用。

13. A 【解析】团结协作的教师职业道德要求教师谦虚谨慎、尊重同志，相互学习、相互帮助，维护其他教师在学生中的威信。关心集体，维护学校荣誉，共创文明校风。题干中几位老师相互帮助，促进刘老师的成长与发展，体现了团结协作的精神。

14. C 【解析】教师职业道德规范要求教师应尊重幼儿，尊重幼儿作为独立的社会成员的人格和尊严，不能歧视、侮辱、体罚或者变相体罚任何一个幼儿，不能伤害幼儿的自尊心。题干中教师没有当众批评小刚，是对小刚人格和尊严的尊重。

15. C 【解析】教师劳动的示范性是指幼儿教师本身，如教师的言行举止、人品、才能等都会成为幼儿模仿学习的对象。教师劳动的示范性一方面是由幼儿的向师性、好模仿的心理特征决定的；另一方面教师劳动的主体性也要求教师劳动具有示范性的特点。尤其是在各方面都很不成熟的幼儿，他们对教师有一种特殊的信任和依恋的情感，不管教师是否意识到，其知识、才能、思想情感、道德风貌以及他们的一切言行举止都在对幼儿进行着示范。题干中对幼儿模仿的表述体现了教师劳动的示范性。

16. D 【解析】题干中老师在刚入园时认真备课、虚心请教，但随着工作的熟悉便有所懈怠，并认为备课不再重要，说明教师没有始终坚持学习和进步，没有树立起终身学习的意识。

17. A 【解析】郡县制是中国古代继宗法血缘分封制度之后出现的以郡统县的两级地方行政制度,是中央垂直管理下官员由中央直接任免的流官任期制,标志着官僚政治取代血缘政治。

18. D 【解析】《菜根谭》是明代还初道人洪应明收集编著的儒家经典,是一部论述修养、人生、处世、出世的语录集。《随园诗话》是清代袁枚创作的诗歌美学和诗歌理论著作。《镜花缘》是清代李汝珍所作的一部长篇小说。《儒林外史》是我国文学史上一部杰出的现实主义的章回体长篇讽刺小说,由清代吴敬梓所作。该书主要描写明清时期科举制度下读书人及官绅的活动和精神面貌,是我国古代讽刺文学的典范。故本题选 D。

19. D 【解析】可以直接从自然界获得的能源,称为一次能源。风能、水能、太阳能、地热能以及核能等均属于一次能源。无法从自然界直接获取,必须通过消耗一次能源才能得到,这样的能源称为二次能源。如汽油、柴油、焦炭、煤油、煤气、石油气等。

20. B 【解析】高铁线中陇海线、兰新线和包兰线交会的城市是兰州。京广线与陇海线交会的城市是郑州。京沪线和沪杭线交会的城市是上海。京沪线与陇海线交会的城市是徐州。故本题选 B。

21. B 【解析】舒克和贝塔是童话大王郑渊洁笔下最著名的童话形象,被上海美术电影制片厂拍摄成了动画片。题中的图片是 1986 年在中国大陆上映的动画片《舒克和贝塔历险记》。

22. A 【解析】十月革命是人类历史上第一次胜利的社会主义革命,建立了人类历史上第一个社会主义国家,推动了国际无产阶级革命运动,鼓舞了殖民地半殖民地人民的解放斗争。推翻了罗曼诺夫王朝统治的是二月革命,A 项说法错误。故本题选 A。

23. C 【解析】雨果的代表作有长篇小说《巴黎圣母院》《九三年》《悲惨世界》等。《双城记》是狄更斯的代表作。《茶花女》是法国作家小仲马的代表作。《三个火枪手》是法国作家大仲马的代表作。故选 C。

24. A 【解析】安源路矿工人大罢工是中国共产党第一次独立领导并取得完全胜利的工人斗争,A 项正确。

B 项,香港海员长期遭受英帝国主义的殖民统治和资本家的残酷剥削。为了反抗压迫与剥削,工人运动领袖苏兆征、林伟民等人于 1921 年 3 月在香港组建中华海员工业联合总会,并于 1922 年 1 月 12 日组织发动了香港海员大罢工。香港海员大罢工成为中国工人运动第一次高潮的起点,推动了全国工人运动的发展,B 项排除。

C 项,京汉铁路工人大罢工发生于 1923 年,是中国共产党领导的第一次工人运动高潮的顶点,罢工最终以失败告终,但它进一步显示了中国工人阶级的力量,扩大了党在全国人民心中的影响,C 项排除。

D 项,1922 年 10 月,在中国劳动组合书记部的发动和领导下,开滦五矿的工人举行大规模的同盟罢工,这次罢工虽然没有达到预期的目的,但显示了中国工人阶级的力量,它是继香港海员罢工之后,又一次规模很大的直接反对帝国主义的斗争,在国内国外都产生了重大影响,D 项排除。

25. B **【解析】**《高山》和《流水》是两首著名的古琴曲。我国著名的古筝曲有《渔舟唱晚》《出水莲》等,著名的琵琶曲有《十面埋伏》《塞上曲》等,著名的二胡曲有《二泉映月》《空山鸟语》等。

26. D **【解析】**页眉和页脚是在文档页面的顶端和底部显示的文本或图形。在 Word 中,选中"奇偶页不同",可以为奇偶页设置不同的页眉和页脚。A 项说法正确。

页眉和页脚中可以包含文字,还可以插入页码、日期和时间、文档信息、文档部件、图片等。B 项说法正确。

通过 Word 的页眉和页脚功能,可以在文档每页的顶部或底部添加相同的内容,如日期、图标、文档标题、文件名等。C 项说法正确。插入页码时,选择"插入—页码"可统一设置,无须每一页都输入页码。D 项说法错误。

27. B **【解析】**"幻灯片版式"命令可以用来改变某一幻灯片的布局。A、C、D 三项都只能改变其描述的特定格式。

28. B **【解析】**火车、汽车、飞机都是交通工具,三者之间是并列关系。A 项,冬瓜和南瓜是并列关系,但是"瓜子"是一种坚果,所以三者不是并列关系,与题干逻辑关系不一致;B 项,白菜、苋菜、空心菜都是蔬菜,三者为并列关系,与题干逻辑关系一致;C 项,中医和西药不是并列关系,而且西药和口服药为交叉关系,与题干逻辑关系不一致;D 项,空调和冰箱都属于家电,与题干逻辑关系不一致。故正确答案为 B。

29. B **【解析】**前两项的乘积加 1 得到后一项:$1\times7+1=8$、$7\times8+1=57$、$8\times57+1=457$、$57\times457+1=26050$。

二、材料分析题(参考答案)

30. 王老师的做法体现了"育人为本"的儿童观,值得我们借鉴。

(1)"育人为本"的儿童观认为幼儿是发展中的人,要用发展的观点认识幼儿。幼儿具有巨大的发展潜能。材料中王老师利用蝴蝶向大家提出问题,引导幼儿积极观察,各自分享自己的看法,不固定答案,引导幼儿充分发挥自己的想象力,促进幼儿的发展。

(2)"育人为本"的儿童观认为幼儿是学习的主体,是具有能动性的教育对象。幼儿在受教育过程中并不是对教师完全盲从,而是具有在教育活动中的主观能动性和自我教育的可能性。材料中王老师带大家在户外观察花,利用恰当的时机引导幼儿自己探索发现,鼓励幼儿表达自己的想法,发挥了幼儿的主体性。

因此,作为教师,我们要向王老师学习,尊重幼儿,发挥幼儿的主体性,以发展的眼光看待幼儿,充分践行"育人为本"的儿童观。

31. 李老师的行为符合教师职业道德中关爱学生、为人师表、教书育人的要求。

(1)关爱学生的教师职业道德要求教师关心爱护全体学生,尊重学生人格,平等公正对待学生。材料中,李老师不仅关注胆大的孩子,也关注胆小的孩子,并促使其不断进步的做法践行了关爱学生这一教师职业道德规范。

(2)为人师表的教师职业道德要求教师坚守高尚情操,知荣明耻,严于律己,以身作则。衣着得体,语言规范,举止文明。关心集体,团结协作,尊重同事,尊重家长。材料中,李老师经常与幼儿家长沟通,共同寻找适宜的培养方法。这种做法践行了尊重家长,团结协作这一教师职业道德规范。

(3)教书育人的教师职业道德要求教师遵循教育规律,实施素质教育。循循善诱,诲人不倦,因材施教。培养学生良好品行,激发学生创新精神,促进学生全面发展。材料中,李老师针对比较胆小、很少回答问题的幼儿的情况采取恰当的措施,循循善诱,因材施教,促进学生全面发展,这种做法符合教书育人的教师职业道德规范。

综上所述,李老师模范地践行了教师职业道德规范,值得每一位老师学习。

方法技巧:关于考查教师职业道德的材料分析题,考生阅读时要注意材料中的关键词句,找准教师行为所对应的师德规范。

师德规范	关键词或信息
爱国守法	正面:遵守学校规章制度、遵守法律法规
	负面:违反教育法律法规、侵犯学生的合法权益
爱岗敬业	正面:认真备课、上课、辅导学生,无私奉献
	负面:做事态度敷衍、应付了事、工作时不耐烦
关爱学生	正面:关注学生身心发展、关爱和帮助弱势学生、关注全体学生、对待学生公平公正
	负面:偏心,侵犯学生合法权益,体罚或讽刺、挖苦学生
教书育人	正面:因材施教、培养良好品行、不唯分数论
	负面:唯分数论、对"调皮生"不闻不问
为人师表	正面:以身作则、尊重同事家长、不收礼、言行举止文明
	负面:言行粗俗、着装邋遢、不尊重同事家长、有偿家教
终身学习	正面:积极学习新知识和新技能、钻研教学、参加培训
	负面:得过且过、不思进取、毫无反思

32.（1）①春尽夏初，梧桐生叶；②夏季时分，绿树成荫；③秋冬时节，梧桐叶落。

（2）邻居家虽然种植了梧桐树，占有了它们。但是，他们没能看见它们的容貌，没能看见梧桐的种种光景，没感受到梧桐生长的象征意义，因而没法“占有”它们。拥有的东西未必能理解和欣赏，自然和艺术都是这样。

三、写作题（参考范文）

33. **以发展的眼光看学生**

中国有句老话叫：“三岁看小，七岁看老。”这种说法其实是不对的。因为不管是人还是世间万物，总是在发展着的，总是在不停地变化着的，此时的样子肯定不同于彼时的模样。就像上山的人总会爬到山顶，下山的人总会从山顶下来；山上的人总会下到山脚，山下的人也总会爬到山顶。所以，我们不能用静止的眼光看人看事。而对于处在成长期的学生，他们可塑性强，潜力大，爆发力惊人，就更不能用静态的眼光来对待，而应秉持“发展才是硬道理”的观念。

以发展的眼光看学生，就要以一种动态的眼光看待他们。植物学先祖林奈在大学预科学习成绩极差，以致校长劝他及早退学；达尔文读初中时，因成绩不良而被教师、家长视为不务正业；德国诗人海涅是学校人人皆知的差生，教师骂他一窍不通；其他如轮船发明家富尔顿、哲学家休谟、科学家牛顿、数学家华罗庚等上学时成绩都不佳。但事实证明，这些小时候被判定为“差生”的人，在之后都有自己的一番作为。学生就像一颗种子，正在经历着成熟前的萌芽、生长和壮大。他们的身心发展是呈阶段性的、持续性的，中间必会存在不完美的因素。我们要正确看待这种不完美，给予他们完善的机会，而不要急于给他们戴上“坏学生”的帽子。要知道，“士别三日，即更刮目相待”。学生好比一个气球，你给他多大空间，他就会有多大体积。

以发展的眼光看学生，就要以一种独特的眼光看待他们。就像世界上不可能有完全相同的两片树叶，一个学生定有异于另一个学生的地方。每一个学生都是一块金子，他们的品质不同，闪光点自然也不同。所以，我们的教学中才会分文理科，才会有特长生，这是为了充分发挥每个学生身上的闪光点，让他们能在自己擅长的领域绽放光芒，做出贡献。现今社会，并不需要一成不变的模式化人才，因此，我们要尊重每个学生的个性差异，善于捕捉和发现每一个学生身上的亮点，并加以引导、开发，让他们充分地散发出属于自己的光芒，为多彩的社会添砖加瓦。

以发展的眼光看学生，就要以一种全面的眼光对待他们。学生一生发展的评价标准不仅有学习成绩，还有身心健康、品德修养、实践创新等众多因素，我们不能只看重学生的成绩，而忽视对他们其他方面的培养和提升。在当今社会，多的是利用自己高超的技术或出色的头脑进行犯罪的人，相比这些能力出色却用来做恶事的人，还是那些平平无奇却坚守道德底线的人为社会发展做出的贡献更大,也更为人尊敬。学生的发展也应是德智体美劳的全面发展,是知行合一的发展,不是纸上谈兵的发展,不要让学生成为“思想上的巨人,行动上的矮子”。

每一个学生都是一个含苞待放的花蕾,在它绽放之前,我们要用心浇灌、倾力引导,用发展的眼光看待每一个学生,不能因为一时的观念,让他们错失了开出属于自己的花朵的机会,我们要让学生拥有盛放五颜六色的可能,拥有香气满人间的机会。

国家教师资格考试预测试卷(十二)

一、单项选择题

1. B 【解析】幼儿犯错时,教师应该对幼儿进行疏导,循循善诱,不得实施体罚、侮辱幼儿等行为,也不能一味地将教育责任推给家长。故 B 项的处理方式最恰当。

2. C 【解析】对于幼儿之间的矛盾,教师要因势利导,帮助行为不当的幼儿改正错误并对其进行教育。题干中,教师应让小磊向小成道歉,教育小磊要尊重其他小朋友。同时,教师也要帮助小成学会悦纳自己,树立自信心。故 A、B、D 三项正确。

C 项,让小成远离小磊并不能解决他们之间的问题,也无法促进两个孩子的成长,做法不恰当,本题为选非题,故选 C 项。

3. A 【解析】题干中老师组织集体游戏时,并没有强制打断幼儿的活动,而是鼓励幼儿在游戏后接着观察,这样做有利于保护幼儿自主探索的兴趣。

4. B 【解析】题干中幼儿园组织老师相互观摩教学活动并展开研讨,体现了教师之间的交流学习,属于教师专业发展中的同伴互助,故本题选 B。

5. D 【解析】A 选项,幼儿享有名誉权。名誉是对民事主体的品德、声望、才能、信用等的社会评价。任何组织或者个人不得以侮辱、诽谤等方式侵害幼儿的名誉权。

B 选项,姓名权是幼儿对其姓名享有的权利。幼儿享有姓名权,有权依法决定、使用、变更或者许可他人使用自己的姓名,但是不得违背公序良俗。

C 选项,健康权是指幼儿以其机体生理机能的正常运作和功能的完善发挥,维持人体生命活动的利益为内容的具体人格权。幼儿的身心健康受法律保护。任何组织或者个人不得侵害幼儿的健康权。

D 选项,幼儿享有隐私权。隐私是自然人的私人生活安宁和不愿为他人知晓的私密空间、私密活动、私密信息。任何组织或者个人不得以刺探、侵扰、泄露、公开等方式侵害幼儿的隐私权。

题干中幼儿的健康状况属于个人隐私,幼儿园公然在宣传册上进行宣传,侵犯了幼儿的隐私权,故本题选 D。

6. A 【解析】依法纳税是义务而不是权利,B 错。

中华人民共和国年满十八周岁的公民,都有选举权和被选举权,但是依照法律被剥夺政治权利的人除外,C 错。

中华人民共和国公民在年老、疾病或者丧失劳动能力的情况下,有从国家和社会获得物质帮助的权利,并非遭受自然灾害时,D 错。

7. C 【解析】《中华人民共和国教师法》第三十七条指出,教师“品行不良、侮辱学生,影响恶劣的”,由所在学校、其他教育机构或教育行政部门给予行政处分或者解聘。C 项的行为侵犯了学生的人格尊严,会对学生以后的发展产生恶劣影响,因此学校可以对教师进行处分或者解聘。

方法技巧:当教师有以下行为时,学校、其他教育机构或教育行政部门可依法给予行政处分或解聘。

(1)故意不完成教育教学任务,造成损失;

(2)体罚学生,经教育不改;

(3)品行不良、侮辱学生,影响恶劣。

考生在记忆时,可通过“固(故)体乳(辱)”这一谐音法来记忆。

8. D 【解析】《中华人民共和国未成年人保护法》第九十二条规定,具有“未成年人流浪乞讨或者身份不明,暂时查找不到父母或者其他监护人”情形的,民政部门应当依法对未成年人进行临时监护。

9. D 【解析】《中华人民共和国教师法》规定,教师应当履行“贯彻国家的教育方针,遵守规章制度,执行学校的教学计划,履行教师聘约,完成教育教学工作任务”的义务。题干中教师小高老师上课机械应付、敷衍了事,没有切实履行自身职责,故做法不合法。

10. A 【解析】根据《学生伤害事故处理办法》的有关规定,学校事故的归责原则是过错责任原则和过错推定原则。《学生伤害事故处理办法》中的规定明确了教育机构依法负有对未成年人的教育、管理和保护的义务,如果因过错没有尽其相应的义务,致使发生学生伤害事故的,学校应当承担与其过错相应的民事责任。因此,教育机构对学生伤害事故的责任,在性质上是违反法定义务的过错责任。在使用过错责任原则的时候,应该注意在分配当事人举证责任时适当使用过错推定责任原则,以保护弱势一方当事人的利益。

11. D 【解析】幼儿依法享有财产权,包括财产所有权、继承权、受赠权、著作财产权以及知识产权中的财产权利等。因此,幼儿比赛获得的奖金归幼儿本人所有。

12. D 【解析】根据《中华人民共和国未成年人保护法》第二十二条规定,未成年人的父母或者其他监护人因外出务工等原因在一定期限内不能完全履行监护职责的，应当委托具有照护能力的完全民事行为能力人代为照护；无正当理由的，不得委托他人代为照护。未成年人的父母或者其他监护人在确定被委托人时，应当综合考虑其道德品质、家庭状况、身心健康状况、与未成年人生活情感上的联系等情况，并听取有表达意愿能力未成年人的意见。因此，关于题干中的描述，小杨父母应选择有照护能力的舅舅帮忙照顾小杨兄妹，本题选择 D。

13. D 【解析】教师职业道德规范具体包括爱国守法、爱岗敬业、关爱学生、教书育人、为人师表、终身学习六大内容。其中，为人师表是教师职业的内在要求。

14. B 【解析】针对题干中小然的问题，教师应该单独与家长交流，争取家长的配合，实现家园共育，同时也要注意不能伤害家长的感情。故本题选 B。

15. A 【解析】教师之间要做到：互相尊重，切忌嫉妒；相互学习，取长补短；平等相待，不卑不亢；乐于助人，关心同事。题干中的张老师愿意与同事分享自己的培训心得，这表明他富有团结协作精神。

16. B 【解析】B 项的意思是“知道自己不足之处，这样以后能够反省自己；知道自己困惑的地方，这样以后才能自我勉励”。题干中于老师遇到难题不能解答时，课后查资料、请教专家来拓展、丰富学识，以解答学生疑问，体现了于老师终身学习的职业道德，B 项与于老师的情况相符。

A 项的意思是：说话一定讲信用；做事一定有成效。

C 项的意思是：有道德修养的人教育他人，诱导他人而不是牵着他人学习，勉励他人而不是逼迫他人学习，启迪他人的思路而不是代替他人去做结论。

D 项的意思是：君子懂得求学有难有易，并懂得人的天资有高有低，然后能够因材施教，广泛地晓喻。能广泛地晓喻，然后才能当老师。

17. C 【解析】有氧运动和无氧运动，是按照运动时肌肉收缩的能量来自有氧代谢还是无氧代谢而划分的。有氧运动的特点是：强度低、有节奏、持续时间较长。常见的有氧运动项目有：步行、慢跑、滑冰、游泳、骑自行车、打羽毛球、打太极拳、跳健身舞、做韵律操等。无氧运动是指肌肉在“缺氧”的状态下高速剧烈运动，如赛跑、举重、投掷、跳高、跳远、拔河、肌力训练等。故选 C。

18. A 【解析】传奇小说是古代中国文言短篇小说的一种，流行于唐代，又称唐传奇。传奇小说是一种传录奇闻的文体，实际上是已具规模的小说。唐代传奇不仅数量很多，而且内容精彩，故事动人，文辞华丽，有些作品确实具有高度的文学价值。

19. C 【解析】《包法利夫人》是法国作家福楼拜的作品；《装在套子里的人》是俄国作家契诃夫的作品；《麦琪的礼物》是美国短篇小说家欧·亨利的作品，故本题选择 C 选项。

20. C 【解析】随便接收或安装插件和不文明程序、直接运行或直接打开不明电子邮件中的附件文件等可能会对计算机网络安全造成威胁，导致个人信息泄露。

21. A 【解析】六部的职能分别为：吏部负责全国文职官员的任免、考核、升降、调动，验封封爵、世职、恩荫，为官员办理丁忧守制手续，为新科举子、进士分配官职，为退休官员办理退休手续等；户部则掌管全国户籍管理、土地测量、流民管理以及赋税、钱粮等财政事宜；礼部掌管礼仪、祭祀等事，并负责管理全国学校事务及科举考试，另外还要负责和藩属、外国往来之事；兵部掌管全国武官任免以及招兵、武器、后勤、发布军令等事宜；刑部负责全国司法机构的运转以及法令的颁布，并经常直接审理大案要案；工部则负责各项工程、工匠、屯田、水利、交通等事。故本题选 A。

22. C 【解析】"元日"指农历正月初一，即春节。《元日》是一首除旧迎新的即景之作，全诗抓住放鞭炮、喝屠苏酒和新桃换旧符三种传统习俗，渲染了春节祥和、欢乐的氛围。

方法技巧：此题需要考生具有一定的文学素养或生活常识，再或者通过抓关键词的方法做题。诗句中的"爆竹"即鞭炮，在中国传统节日中，放鞭炮这一习俗最常见于春节。

(1)春节(农历正月初一)

习俗：放鞭炮、守岁、贴春联、贴窗花、倒贴"福"字、贴年画、拜年等。

相关诗词：

"千门万户曈曈日，总把新桃换旧符。"——王安石(北宋)《元日》

"半盏屠苏犹未举，灯前小草写桃符。"——陆游(南宋)《除夜雪》

(2)清明节(公历四月五日前后)

习俗：扫墓祭祖、踏青、插柳、禁火寒食等。

相关诗词：

"清明时节雨纷纷，路上行人欲断魂。"——杜牧(唐)《清明》

"梨花风起正清明，游子寻春半出城。"——吴惟信(宋)《苏堤清明即事》

(3)元宵节(农历正月十五)

习俗：闹花灯、猜灯谜、吃元宵等。

相关诗词：

"千门开锁万灯明，正月中旬动帝京。"——张祜(唐)《正月十五夜灯》

"东风夜放花千树。更吹落，星如雨。宝马雕车香满路。凤箫声动，玉壶光转，一夜鱼龙舞。"——辛弃疾(南宋)《青玉案·元夕》

(4)元旦(公历一月一日)

“元旦”一词由来:“元”字有开始、第一的意思,“旦”即太阳从地平线上冉冉升起,象征一天的开始。从汉武帝开始直至清末,正月的第一天被称为“元旦”。1949年9月,中国人民政治协商会议第一次全体会议决定采用公元纪年法。到现代,“元旦”指公历新年,“春节”指农历新年。

23. C 【解析】1949年3月召开的中共七届二中全会着重讨论了党的工作重心由乡村转移到城市的问题。这次会议的重大意义在于从理论上解决了由新民主主义革命向社会主义革命转变的重大问题,C项说法正确,B、D两项说法错误。

新中国的成立标志着我国新民主主义革命阶段的基本结束和社会主义革命阶段的开始,A项说法错误。故选C。

24. D 【解析】曾侯乙编钟一般指战国曾侯乙编钟。战国曾侯乙编钟是战国早期曾国国君的一套大型礼乐重器,国家一级文物,1978年在湖北随县(今随州)擂鼓墩曾侯乙墓出土,现藏于湖北省博物馆,为该馆“镇馆之宝”。

25. A 【解析】《资治通鉴·唐太宗贞观二年》:“上问魏徵曰:‘人主何为而明,何为而暗?’对曰:‘兼听则明,偏信则暗。’”意思是指要同时听取各方面的意见,才能正确认识事物。只相信单方面的话,必然会犯片面性的错误。

26. C 【解析】在Word中,在“插入”选项卡选择“形状”,使用“矩形”工具时,按住Shift键可绘制正方形。

27. D 【解析】通常在PowerPoint幻灯片中插入的表格是不能进行运算和排序操作的。故D项错误。

28. D 【解析】题干的前提是:张楠和林枫不是志愿者→杨梅是志愿者。题干的结论:林枫是志愿者。要得出“林枫是志愿者”的结论,需要满足“杨梅不是志愿者”,则根据充分条件假言命题“否定后件可以否定前件”的推理规则,可以得出“或者张楠是志愿者,或者林枫是志愿者”。要得出“林枫是志愿者”,就要肯定上面的相容选言命题中的一个选言肢,则需要否定另外的选言肢,即需要满足“张楠不是志愿者”。对比选项,可知D项是需要补充的前提。其他三项均不能确保题干结论必然成立。故本题选D。

29. A 【解析】$22-20=2$,$25-22=3$,$30-25=5$,$37-30=7$。2、3、5、7、11是一个质数数列。所以正确的数是$37+11=48$。

二、材料分析题(参考答案)

30. 材料中的胡老师在课堂中的教学体现了新课程倡导的教师观,值得我们学习。

(1)从教师与学生的关系看,教师是学生学习的促进者。教师不仅传授知识,检查学生对知识的掌握程度,而且教师是学生学习的激发者,各种能力和积极个性的培养者。材料中胡老师先讲解，接着让四位幼儿演示，再让全体幼儿动手，并进行指导，说明胡老师认识到幼儿是学习的主体，尊重幼儿“自主、合作、探究”的新型学习方式，真正做到了成为幼儿学习的促进者。

(2)从教学与研究的关系看，教师是教育教学的研究者。教师即研究者，意味着教师在教学过程中要以研究者的心态置身于教学情境之中，以研究者的眼光审视和分析教学理论与教学实践中的各种问题，对自身的行为进行反思，对出现的问题进行探究，对积累的经验进行总结，最终形成规律性的认识。材料中的胡老师具有先进的教育理念，善于应用启发性的教学原则和探究式的教学方法，不断进行研究。

(3)从教学与课程的关系看，教师是课程的开发者和建设者。新课程要求课程与教学相互整合，教师必须在课程改革中发挥主体作用。教师不仅是课程实施的执行者，更应成为课程的开发者和建设者。材料中胡老师并没有根据教材的安排单纯传授画公鸡的方法，而是根据幼儿及课堂的实际情况调整课程的安排，以幼儿自己动手为主，设计出了适宜的画公鸡的教学活动。

(4)在对待师生关系上，强调尊重、赞赏。教师必须尊重每一位学生做人的尊严和价值，不伤害学生的自尊心。材料中胡老师在观察幼儿画的过程中，没有批评任何一个幼儿画得不像，而是不时对幼儿进行指导，说明胡老师做到尊重每一位学生，赞赏每一位学生。

(5)在对待教学关系上，强调帮助、引导。教的本质在于引导。引导的特点是含而不露、开而不达、引而不发；引导的内容不仅包括方法和思维，同时也包括价值和做人。材料中胡老师利用铅笔画和纸篓做成了立体鸡，并在鸡背上开了个洞，让幼儿把剪下的碎纸片揉成颗粒作为饲料喂鸡，不仅增加了幼儿对画画的兴趣，而且培养了幼儿爱护环境、讲卫生的习惯。

总之，胡老师的教学行为符合新课程倡导的教师观，促进了幼儿全面发展。

31. 杨老师的行为是正确的，符合关爱学生、教书育人、为人师表的师德规范，值得借鉴。

(1)教师职业道德要求教师要关爱学生。教师要关心爱护全体学生，对学生严慈相济，做学生良师益友。保护学生安全，关心学生健康，维护学生权益。材料中杨老师的陪伴和关怀带给了聪聪母爱般的温暖，带给他心灵的抚慰，做到了关爱学生。

(2)教师职业道德要求教师做到教书育人。教师要循循善诱，诲人不倦，因材施教，培养学生良好品行。材料中杨老师关爱学生的事迹在潜移默化中也影响了班级其他小朋友，他们也从中学到了关心、爱护他人，培养了幼儿关心他人的良好品行，做到了教书育人。

(3)教师职业道德要求教师要为人师表。教师要坚守高尚情操,知荣明耻,严于律己,以身作则。材料中杨老师关心、爱护幼儿,教书育人,她关爱聪聪的行为也给班里其他幼儿树立了很好的榜样,很好地做到了为人师表。

总之,杨老师的行为很好地践行了教师职业道德的要求,有利于自身和幼儿的成长。

32.(1)①任老翻译的文学形象长袜子皮皮,个性鲜明,真实可爱,给儿童文学创作者很大的启发;②他通过对林格伦作品的翻译和介绍为中国儿童文学带来一股新风,儿童文学不再显得教训意义过重,而是充满儿童视角和游戏精神;③打开中国儿童文学作家的眼界,看到了中国儿童文学长期以来的缺失。

(2)可小:①满怀童心,直到耄耋之年依然如故,他可谓是个十足的小孩;②一生从事儿童文学的翻译与创作,与小孩结下不解之缘。

可大:①即便身处逆境也仍然乐观豁达,品格可谓高尚;②为中国的儿童文学做出了巨大贡献,构建起一个让人仰望的高度,成就堪称伟大。

三、写作题(参考范文)

33.

摆渡自己

天气的变化不会随着我们心情的改变而改变。只因心晴的时候雨也是晴,心雨的时候晴也是雨。人的一生中,有晴天,也会有阴天、雨天、雪天。人生的路上,有平川坦途,也会撞上没有舟的渡口,没有桥的河岸。但要永远谨记:命运将你推向任何一种,都别奇怪,别怨天尤人,它并没有剥夺你幸福的权利,在任何一种生活里,我们都能找到属于自己的幸福。

烦恼、苦闷常常像夏日里的雷雨,突然飘过来,将心淋湿;挫折、苦难常常猝不及防地扑过来,你甚至来不及一声叹息就轰然被击倒。倒在挫折的岸边,苦难的岸边,四周是无边的黑暗,没有灯火,没有星星,甚至没有人的气息。恐怖的绝望从黑暗里伸出手紧紧地钳住可怜的生命。有的人倒在岸边再也没有起来,有的人在黑暗里给自己折了一只船,将自己摆渡到对岸。

20岁忽然残了双腿的史铁生,为自己折了一只船,这是一只名为"写作"的船,他是在看穿了"死是一件无须着急的事,是一件无论怎样耽搁也不会错过的事"之后,才在轮椅里给自己折了这只船,将自己从死亡的诱惑里摆渡出来,"决定活下去试试"。

正攻读博士学位,却患上了运动神经细胞病,不能说、不能动的史蒂芬·霍金,做了一场自己被处死的梦,梦醒后,万念俱灰的他突然意识到,如果被赦免的话,他还能做许多有价值的事情。于是他给自己折了一只思想的船,驶进了神秘的宇宙,去探究星系、黑洞、夸克、"带味"的粒子、"自旋"的粒子、"时间"的箭头……

在苦难的岸边匆匆折成的船,成了不幸命运的救赎之路。也许一生中我们不会遭遇这样的大灾难,然而我们何曾摆脱过阴天、雨天、雪天,何曾摆脱过绝望的纠缠!折磨人生的情景常常突然间就横亘在我们面前。

当我们知道苦难是生命的常态,烦恼痛苦总相伴人生时,我们何必自怨自艾早早放弃,早早地绝望?

有的人将求生的本能折成一只船,将自己摆渡出绝望的深渊;有的人将新生的渴望折成一只船,渡过了挫折后的痛苦和沮丧;有的人将希望折成一只船,驶过了重重叠叠的黑暗。实在无船可渡的人,哪怕用幻想折成一只小船,也要奋力将自己摆渡到对岸。

也许我们不曾经历感情的剧痛,不曾经历失败的打击,不曾经历无路可走的绝望,可是晴朗的日子里也常会有阴风晦雨袭来,它像一只乌鸦扇动着翅膀在你周围聒噪着,足以将一个好心情蹂躏得乱七八糟。这时候,我们同样需要有一只船来摆渡自己。这只船也许是去听一场音乐会,也许是捧起一本书,也许是去给互联网上从未谋面的网友发一封电子邮件,也许是背上旅行包悄悄出门。

所以,无论命运多么晦暗,无论人生有多少次颠簸,都会有摆渡的船,这只船常常就在我们自己的手里。

国家教师资格考试预测试卷(十三)

一、单项选择题

1. A 【解析】科学的学前教育观要求教师要关爱幼儿,尊重幼儿人格。题干中,教师因为幼儿把鞋子穿反了就当着全班小朋友的面严厉批评他,教师的做法没有做到尊重幼儿人格,会伤害幼儿的自尊心。

2. D 【解析】题干的描述启示教师应该用发展的眼光去看待学生,说明学生是具有发展潜力的人。

3. B 【解析】"育人为本"的儿童观提出,儿童是发展中的人,具有巨大的发展潜能,要用发展的观点认识儿童。题干中苏霍姆林斯基的论述强调教师对学生的影响巨大,因此,教师在教育学生时要谨言慎行,以正面教育为主,多表扬、少批评。B项"不要批评学生"的说法错误,当选。

4. A 【解析】福勒和布朗根据教师的需要和不同时期所关注的焦点问题,把教师的成长划分为关注生存、关注情境和关注学生三个阶段。处于关注生存阶段的一般是新教师,他们非常关注自己的生存适应性,最担心的问题是"学生喜欢我吗""同事们如何看我""领导是否觉得我干得不错"等。故A项正确。

5. A 【解析】《中华人民共和国未成年人保护法》第二十七条规定,学校、幼儿园的教职员工应当尊重未成年人人格尊严,不得对未成年人实施体罚、变相体罚或者其他侮辱人格尊严的行为。玲玲在课上不停吵闹,老师应温和耐心地教育玲玲,而不能采取用胶带封嘴巴这种手段,这属于变相体罚,并且这种做法可能会对玲玲的身心健康造成伤害。故本题选A。

6. B 【解析】根据《中华人民共和国义务教育法》第十七条规定,县级人民政府根据需要设置寄宿制学校,保障居住分散的适龄儿童、少年入学接受义务教育。

7. A 【解析】根据《中华人民共和国教育法》第七十八条规定,学校及其他教育机构违反国家有关规定向受教育者收取费用的,由教育行政部门或者其他有关行政部门责令退还所收费用;对直接负责的主管人员和其他直接责任人员,依法给予处分。

8. C 【解析】《中华人民共和国教师法》第七条规定,教师享有下列权利:(一)进行教育教学活动,开展教育教学改革和实验;(二)从事科学研究、学术交流,参加专业的学术团体,在学术活动中充分发表意见;(三)指导学生的学习和发展,评定学生的品行和学业成绩;(四)按时获取工资报酬,享受国家规定的福利待遇以及寒暑假期的带薪休假;(五)对学校教育教学、管理工作和教育行政部门的工作提出意见和建议,通过教职工代表大会或者其他形式,参与学校的民主管理;(六)参加进修或者其他方式的培训。

9. B 【解析】根据我国《宪法》第八十九条规定,依照法律规定决定省、自治区、直辖市的范围内部分地区进入紧急状态是国务院的职权之一。A、C、D三项都是人民代表大会行使的职权。故本题选B。

10. D 【解析】《儿童权利公约》第三十一条指出:(1)缔约国确认儿童有权享有休息和闲暇,从事与儿童年龄相宜的游戏和娱乐活动,以及自由参加文化生活和艺术活动。(2)缔约国应尊重并促进儿童充分参加文化和艺术生活的权利,并应鼓励提供从事文化、艺术、娱乐和休闲活动的适当和均等的机会。

11. B 【解析】《学生伤害事故处理办法》第九条规定,因"学校的安全保卫、消防、设施设备管理等安全管理制度有明显疏漏,或者管理混乱,存在重大安全隐患,而未及时采取措施"造成的学生伤害事故,学校应当依法承担相应的责任。第二十八条规定,未成年学生对学生伤害事故负有责任的,由其监护人依法承担相应的赔偿责任。题干中学校教学楼门口有一条狗,说明学校安全保卫工作有明显疏漏,故学校应承担赔偿责任。小伟将狗从家里带来学校,导致小凡被咬伤,所以小伟也要承担相应的赔偿责任,由于小伟是未成年人,其赔偿责任由其监护人承担。综上所述,小伟的监护人和学校应该对小凡所受的伤害承担赔偿责任。

12. D 【解析】《幼儿园工作规程》第十九条规定,幼儿园应当建立幼儿健康检查制度和幼儿健康卡或档案。每年体检一次,每半年测身高、视力一次,每季度量体重一次；注意幼儿口腔卫生，保护幼儿视力。

13. C 【解析】针对题干中幼儿存在的问题，教师首先应该尊重家长，其次要通过与家长沟通、交流顺利解决幼儿的问题，共同帮助幼儿获得更好的发展。故本题选C。

14. B 【解析】A项中的陈老师在教学时不顾学生身心发展的规律，违反了教书育人的教师职业道德规范；C项中的马老师利用职务之便谋取私利，违反了为人师表的教师职业道德规范；D项中的杨老师不认真上课、对工作敷衍塞责，违反了爱岗敬业的教师职业道德规范。B选项，罗老师向家长推荐有关亲子关系的书籍，有利于帮助家长更好地处理亲子之间的问题，建立良好的亲子关系，并未违反教师职业道德。故本题选B。

15. A 【解析】依法执教要求教师在教育教学活动中，自觉遵守《中华人民共和国教师法》等法律法规，在教育教学中同党和国家的方针政策保持一致，不得有违背党和国家方针、政策的言行。故题干所述体现的是依法执教。

方法技巧：《中小学教师职业道德规范（1997年）》虽然考纲中不做要求，但是在以往考试中曾经考查过，考生需做了解，应重点注意依法执教和廉洁从教。

16. A 【解析】题干中小李老师因为在校外开设兴趣班耽误了本职工作，并且在教学过程中敷衍了事，说明小李老师对待工作没有做到认真负责，故违背了爱岗敬业的教师职业道德规范。

17. D 【解析】自从张骞开辟通往西域的道路后，汉朝和西域的使者开始相互往来，东西方的经济文化交流日趋频繁。通过这条道路，汉朝的丝绸、漆器等物品，以及开渠、凿井、铸铁等技术传到西域；西域的核桃、葡萄、石榴、苜蓿、良种马、香料、玻璃、宝石等，以及多种乐器和歌舞等传入中原。ABC三项排除。中国是世界公认的大豆起源地，具有五千年的悠久种植历史。古语中称“稻、黍、稷、麦、菽”为“五谷”，其中的菽即大豆。本题为选非题，故正确答案为D。

18. D 【解析】在中国共产党抗日民族统一战线政策的感召下，在西北“围剿”红军的国民党将领张学良、杨虎城与红军停战，要求蒋介石联共抗日。但蒋介石顽固坚持“攘外必先安内”的政策，亲赴西安威逼张、杨继续进攻红军。张学良、杨虎城在多次恳请无望的情况下，于1936年12月12日在西安扣押蒋介石，实行“兵谏”，并通电全国，要求停止内战，一致抗日。这就是震惊中外的“西安事变”。

19. A 【解析】1943年11月，为了加强反法西斯联合作战的力量，中、美、英三国首脑在开罗举行会议。会议商讨了联合对日作战的计划，并发表了《开罗宣言》。宣言明确规定：日本所窃取的中国领土，例如东北地区、台湾及其附属岛屿、澎湖群岛等，归还中国。

20. B 【解析】自动感应门的工作过程是:安装在门上的红外传感器的光源发射红外线,当有人接近时,红外线照射在人体并反射到传感器的接收元件上,产生的开门触点信号经输入装置传给计算机。计算机接收开关信号进行判断,通过输出装置发出控制信号驱动电动机正向运行,通过执行装置将门开启;当人离开后由计算机做出判断,通知电动机做反向运动,将门关闭。故本题选 B。

21. A 【解析】阿拉伯数字起源于印度人,后经阿拉伯人传播,成为国际通用数字,因此称之为"阿拉伯数字"。

22. A 【解析】中国最长的内流河是塔里木河,全长 2179 千米,位于新疆维吾尔自治区塔里木盆地北部。

B 选项,伊犁河是亚洲中部内陆河,全长 1236 千米,是跨越中国和哈萨克斯坦的国际河流。

C 选项,格尔木河,全长 215 千米,位于中国青海省柴达木盆地南部。

D 选项,疏勒河是甘肃省河西走廊内流水系的第二大河,全长 945 千米,是中国河西走廊三大内陆河流之一。

23. A 【解析】《基督山伯爵》是法国著名作家大仲马所作的长篇小说。小说通过青年水手被告密而遭迫害,越狱后化名基督山伯爵报恩复仇的故事,揭露了法国七月王朝时期一些上层人物的罪恶发迹史,暴露了复辟王朝时期法国司法制度的黑暗,同时宣扬了大仲马所主张的社会哲理:赏善罚恶。

24. B 【解析】"纸上谈兵"指的是在纸面上谈论打仗,比喻空谈理论,不能解决实际问题。这个成语出自《史记 · 廉颇蔺相如列传》:战国时期的赵国名将赵奢之子赵括,年轻时学兵法,谈起兵事来父亲也难不倒他。后来他接替廉颇为赵将,在长平之战中,只知道根据兵书办事,不知道变通,结果被秦军打败。

25. B 【解析】2015 年 10 月,屠呦呦以"从中医药古典文献中获取灵感,先驱性地发现青蒿素,开创疟疾治疗新方法",获得诺贝尔生理学或医学奖。

26. A 【解析】要将 Word 文档分成两栏,应选择"页面布局"下"页面设置"中的"分栏"选项。

27. A 【解析】幻灯片中的对象可以不进行动画设置。设置动画时可以改变对象出现的先后次序,也可以为幻灯片中各对象设置不同的动画效果,并且每一对象不仅能设置动画效果,还能设置声音效果。故 A 项表述正确。

28. C 【解析】由"甲不举红旗,也不从东面上山;举红旗的人从西面上山"推出,甲从南面上山;由"甲不举红旗,也不从东面上山;乙举着绿旗"可推出,甲举着黄旗。因此,甲举着黄旗从南面上山,丙举着红旗从西面上山,乙举着绿旗从东面上山。故选 C。

29. A 【解析】根据题干数字可得：$45-36=9=3^2$，$70-45=25=5^2$，$119-70=49=7^2$，$200-119=81=9^2$，由此可知，相邻两数字的差构成平方数底数是公差为 2 的等差数列。故 $11^2=121=?-200$，$?=321$，本题选择 A。

二、材料分析题（参考答案）

30. 刘老师的教育行为体现了素质教育的理念，促进了幼儿发展，是值得赞赏的。

（1）素质教育是促进学生全面发展的教育。实施素质教育要求教师在教育活动中促进幼儿各方面的全面发展，不可偏废其中任何一方。材料中，刘老师通过实验的方式引导幼儿认识饭后漱口的重要性，培养幼儿形成良好的卫生习惯，说明教师关注到了幼儿的全面发展。

（2）素质教育是以培养创新精神和实践能力为重点的教育。在教育活动中，教师要激发幼儿学习的积极性和主动性，促进幼儿实践能力的发展。材料中，刘老师为了让幼儿养成饭后漱口的好习惯，通过引导幼儿观察漱口水和干净的水的区别增加幼儿自主学习、自主活动的机会，有利于幼儿自主发现问题，培养其好奇、好问的良好品质。

（3）素质教育是促进学生个性发展的教育。教师要尊重并充分发展学生的个性。材料中，教师根据幼儿的年龄特点，采取适当的方式予以引导，摒弃了传统的“灌输式”教育，转而进行“启发式”教育。通过激发幼儿的学习兴趣，促使幼儿动脑、动手、动口，有利于推动幼儿的个性发展。

总之，刘老师通过直观形象的方式教会了幼儿漱口，促进了幼儿生动活泼、主动地发展，贯彻了素质教育的理念，值得提倡和学习。

31. 材料中，唐老师的教育行为是正确的，遵守了教师职业道德规范，值得提倡。

（1）关爱学生要求教师关心爱护全体学生，尊重学生人格，平等公正对待学生。对学生严慈相济，做学生良师益友。材料中，唐老师面对小樱的错误，没有直接批评她，而是仔细询问事件的缘由，在了解事情经过后进行合理引导，其行为做到了尊重学生、平等公正对待学生。

（2）爱岗敬业要求教师对工作高度负责，认真备课上课，认真批改作业，认真辅导学生。不得敷衍塞责。材料中，唐老师没有忽视小樱以及其他学生身上的问题，而是在课后耐心地进行辅导，这表明唐老师对工作认真负责，做到了爱岗敬业。

（3）教书育人要求教师遵循教育规律，实施素质教育。循循善诱，诲人不倦，因材施教。材料中，唐老师针对小樱“大闹天宫”一事，循循善诱，教育学生要做一个宽容公正的人，使双方都反思了自己的行为，取得了良好的教育效果。

（4）为人师表要求教师关心集体，团结协作。材料中，唐老师面对小樱与同学之间的矛盾，让他们各自反思，互相道歉，使小樱与同学握手言和，慢慢被同学们接纳，营造了良好的班级氛围,这体现了为人师表的职业道德规范。

综上所述,唐老师的做法是正确的,我们应该借鉴学习。

32.(1)①从传统中走来却不满并质疑一切;②在创造中融进并更新了其中有益的养分。

(2)相同:都有反抗和批判的性格;都是新时代、新潮流的推动者。

不同:陈独秀等人是狂飙突进的猛将,高举文化批判的旗帜,面对中国系统而顽固的旧文化和旧礼教,指出它阻碍前进的保守性,以惊电迅雷的气势进行扫荡;温情的和人性的本质则是隐藏着和潜伏着的。

冰心先生:建设精神以及温情的和人性的"五四"本质在她那里更明显;充满幻想和想象力,创造了崭新的抒情文体,是儿童文学的热情的支持者和实践者。

三、写作题(参考范文)

33. 适应之法贵如金

古往今来,适者生存,不适者淘汰。世间万物只有与它所处的环境相适应,才能立足于世。面对不同的环境,我们只有改变自身才能更好地生存,才能成为栋梁之材。

有人说:"面对人生的选择,要接受不能改变的。"这"接受"的潜台词即为适应。胡杨,因为适应了最恶劣、最残酷的环境,才能以铁铮铮的风骨于茫茫荒漠中昂首挺立,它"生千年不死,死千年不倒,倒千年不烂"的生命历程彰显着强大的适应能力。而对我们来说,变幻莫测的人生旅途中,更需要"适应"之法保驾护航。

当无数痛苦扑面而来,身处艰难困苦中时,要懂得适应这令人心痛的悲惨环境。人生如橘,有甜也有酸,有大也有小。当不幸降临,当厄运无法改变时,应以最好的姿态去适应它。霍金,一个轮椅上的伟人,向我们揭示了黑洞的奥秘。当记者采访他时,他说:"我还有手指可以动,还有脑袋能思考,还有爱我的亲人和朋友。"他说得那么坦然,仿佛他的生活平静得像一湖清水,从未起波澜。为什么他能从容地面对所处的环境呢?是适应,他已经适应了轮椅上的生活。病魔既然无可避免,为何不"兵来将挡,水来土掩",尽自己所能去适应呢?是的,"适应"之法就如同天边的一抹红霞,令身处悲痛深渊的人重新看到人生的美丽,再一次踏上追寻梦想之路。

当失败的结果相伴相随,身处一片迷雾中时,要懂得适应这短暂的悲伤。成功与失败,往往无可预料,当失败的阴影如影随形时,不要用焦虑的怒火燃烧它,以最平静的心去适应它吧,相信成功总在失败之后到来。张杰,一个超高人气的流行歌手,在失败的沼泽中挣扎了好长一段时间。当他发现没有一点创作灵感,无法写出自己想要的音乐时,他沮丧了,他封闭了自己。是身边的人劝导他去适应自己的生活,并从中取得灵感,他相信了,也尝试了,终于从沼泽中逃脱出来,再次站在镁光灯下。是的,学会适应失败，在阴影中保有自我，令张杰摆脱自暴自弃，重新出发。输了，败了，适应这些事情吧，它会令你重整旗鼓、重新出发。

当流言蜚语袭来时，以最纯粹的心去适应，在“适应”这把大伞的保护下坚守自我。奥巴马，一个黑人总统，他适应着充满污秽质疑的环境，用勤恳的工作态度与智慧在政治领域中大展拳脚；《钢铁是怎样炼成的》的主人公保尔，一个平凡穷人，他适应着充满冷嘲热讽的环境，用顽强的毅力和隐忍过着独特又充实的生活。生活于言论社会，我们更应该学会适应那由或真切或虚假的声音充斥的环境，做好真实的自己。

适应之法贵如金，当无法改变你生活的环境时，就淡然处之，适应它吧，于清清河流中悠然自乐，于茫茫蓝天中做一朵宁静的白云。

国家教师资格考试预测试卷（十四）

一、单项选择题

1. D 【**解析**】题干中王老师因朝朝的父母和爷爷的社会地位而给予她“特殊照顾”，没有考虑到其他幼儿，没有体现教育的公平公正，故王老师做法错误。

2. C 【**解析**】在教学中，教师应该做幼儿学习活动的支持者、合作者、引导者，视幼儿为平等的合作伙伴，应该以商量的口吻和讨论的方式指导幼儿的活动，支持幼儿的探索。C 选项中“你准备怎么玩呢”能够启发幼儿的活动，对幼儿的活动具有支持性作用。

3. A 【**解析**】教学反思被认为是教师专业发展和自我成长的核心因素。新课程非常强调教师的教学反思。教学反思有助于教师形成和培养自我反思的意识与自我监控的能力。邱老师在工作日志中总结教研会上的问题，并且决心把这个问题弄清楚，这说明邱老师有问题意识，能够自我反思。

4. D 【**解析**】教师要以幼儿的全面发展为本，在尊重幼儿个性的基础上促进幼儿多方面的进步与成长。题干中，陈老师一方面肯定小安的兴趣，另一方面也引导小安探索他不喜欢的科学活动，说明陈老师关注到了幼儿的全面发展，做法合理。

5. C 【**解析**】《幼儿园工作规程》第三十一条规定，“幼儿园的品德教育应当以情感教育和培养良好行为习惯为主，注重潜移默化的影响，并贯穿于幼儿生活以及各项活动之中”。

6. C 【**解析**】我国《宪法》第四十三条规定，中华人民共和国劳动者有休息的权利。国家发展劳动者休息和休养的设施，规定职工的工作时间和休假制度。A 项中“任意休息”的说法错误。

我国《宪法》第三十六条规定，中华人民共和国公民有宗教信仰自由。B 项中“公开传教的自由”错误。

第四十一条规定，中华人民共和国公民对于任何国家机关和国家工作人员，有提出批评和建议的权利；对于任何国家机关和国家工作人员的违法失职行为，有向有关国家机关提出申诉、控告或者检举的权利，但是不得捏造或者歪曲事实进行诬告陷害。C 项正确。

我国《宪法》第四十五条规定，中华人民共和国公民在年老、疾病或者丧失劳动能力的情况下，有从国家和社会获得物质帮助的权利。国家发展为公民享受这些权利所需要的社会保险、社会救济和医疗卫生事业。D 项中“遭受自然灾害”说法错误。故本题选 C。

7. D 【**解析**】根据《中华人民共和国教育法》第四十三条规定，受教育者享有“参加教育教学计划安排的各种活动，使用教育教学设施、设备、图书资料”的权利。《中华人民共和国教师法》第八条规定，教师有“贯彻国家的教育方针，遵守规章制度，执行学校的教学计划，履行教师聘约，完成教育教学工作任务”的义务。题干中教师的旷课行为不当，侵犯了学生的受教育权。

8. D 【**解析**】联合国《儿童权利公约》规定儿童拥有参与权，其第十二条规定，缔约国应确保有主见能力的儿童有权对影响到其本人的一切事项自由发表自己的意见，对儿童的意见应按照其年龄和成熟程度给以适当的看待。我国的《未成年人保护法》第三条规定，国家保障未成年人的生存权、发展权、受保护权、参与权等权利。这是对《儿童权利公约》有关规定的概括。根据题干所述，D 项最符合题意。

9. A 【**解析**】《幼儿园工作规程》第五十四条规定，幼儿园应当成立家长委员会。家长委员会的主要任务是：对幼儿园重要决策和事关幼儿切身利益的事项提出意见和建议；发挥家长的专业和资源优势，支持幼儿园保育教育工作；帮助家长了解幼儿园工作计划和要求，协助幼儿园开展家庭教育指导和交流。家长委员会在幼儿园园长指导下工作。

10. B 【**解析**】十三届全国人民代表大会常务委员会第二十二次会议对《中华人民共和国未成年人保护法》进行了修订，增加了“网络保护”和“政府保护”两章。

11. D 【**解析**】根据《中华人民共和国教师法》第三十二条规定，社会力量所办学校的教师的待遇，由举办者自行确定并予以保障。故本题选 D。

12. D 【**解析**】《中华人民共和国民法典》第一千二百零一条规定，“无民事行为能力人或者限制民事行为能力人在幼儿园、学校或者其他教育机构学习、生活期间，受到幼儿园、学校或者其他教育机构以外的第三人人身损害的，由第三人承担侵权责任；幼儿园、学校或者其他教育机构未尽到管理职责的，承担相应的补充责任”。题干中大货车突然冲进幼儿园造成幼儿和家长伤亡,应由货车司机承担主要责任。

13. A 【解析】教师职业行为规范要求教师要关心集体,团结协作,尊重同事。题干中王老师能与同事互相帮助、互相学习,表明她具有团结协作的精神,做法正确。

14. B 【解析】终身学习是教师专业发展的不竭动力。教师必须树立终身学习的观念,不断在读书学习中拓宽知识视野,更新知识结构。作为教师,王老师应该树立终身学习的意识,不断提高自身的专业水平,而不应该拒绝参加培训。

15. A 【解析】为人师表的教师职业道德规范要求教师要坚守高尚情操,知荣明耻,严于律己,以身作则。作风正派,廉洁奉公。自觉抵制有偿家教,不利用职务之便谋取私利。A 项所述做法既合适地拒绝了李校长,又表明了教师应遵循相应的职业道德和有关的规章制度。

16. B 【解析】题干中老师的做法是对学生的讽刺、挖苦和歧视,没有做到尊重学生,违背了关爱学生的教师职业道德规范。

17. C 【解析】中国旅游日(5 月 19 日)源自《徐霞客游记》的首篇《游天台山日记》开篇之日(公元 1613 年 5 月 19 日)。《徐霞客游记》是明代地理学家徐霞客创作的一部散文游记。

18. B 【解析】世界上最早的地铁是英国伦敦的大都会地铁,于 1863 年 1 月 10 日全线通车。故本题选 B。

19. B 【解析】华佗,东汉末著名医学家,与董奉、张仲景并称为"建安三神医"。华佗曾用他发明的"麻沸散"使病人麻醉后施行剖腹手术,是世界医学史上应用全身麻醉进行手术治疗的最早记载,比西方早 1600 多年。

方法技巧:华佗、扁鹊、张仲景、孙思邈和李时珍都是我国古代著名的医学家,他们的医学成就见下表。

医学家	成就
扁鹊	精通望、闻、问、切四诊,尤以望诊和切脉著称
华佗	精通内、外、妇、儿、针灸各科,尤以外科著称;发明麻沸散,并使用麻沸散施行腹部手术;创造"五禽戏",进行体育锻炼
张仲景	在前人医书的基础上,结合自己的医疗经验,写成了《伤寒杂病论》,奠定了理、法、方、药的理论基础,被尊称为"医圣"
孙思邈	精通内科,擅长外科、妇产科、儿科、五官科等;最早描述了下颌骨脱臼的手法复位,并一直沿用到现在;著有《千金方》;被尊称为"药王"
李时珍	历时 30 多年,写成《本草纲目》一书,对药物进行了分类,被尊称为"药圣"

20. A 【解析】汉武帝原名刘彻，是西汉的第七位皇帝，谥号“孝武皇帝”，史称汉武帝，庙号为世宗。

21. D 【解析】①选自杜牧的《清明》，描写的是清明节，公历的4月4日至6日。②选自王维的《九月九日忆山东兄弟》，描写的是重阳节，农历九月初九。③选自王安石的《元日》，描写的是春节，农历正月初一。④选自王建的《十五夜望月寄杜郎中》，描写的是中秋节，农历八月十五。故D项正确。

22. A 【解析】植物在有光照的情况下会发生光合作用，消耗二氧化碳，产生氧气；但是在没有光照的情况下，会发生呼吸作用，消耗氧气，产生二氧化碳。由于地窖是一个相对密闭的环境，空气不流通，消耗的氧气无法得到补充，所以二氧化碳的比重会越来越大。二氧化碳浓度过大，会使人发生窒息而晕倒。因此，人们在进入地窖之前，会通风一段时间。

23. C 【解析】17世纪，“台湾”沦为荷兰的殖民地。1662年2月，郑成功从荷兰殖民者手中收复了“台湾”。1884～1885年中法战争期间，法军进攻“台湾”，遭刘铭传率军重创，于1885年签订《中法新约》，法军被迫撤出“台湾”。1894年，日本发动甲午战争，翌年清政府战败，被迫签订丧权辱国的《马关条约》，把“台湾”割让给日本。第二次世界大战中，日本战败，于1944年被驱逐出台湾岛。

24. A 【解析】尼古拉·哥白尼，波兰天文学家，日心说的创立者，现代文学家创始人，他所写的不朽巨著《天体运行论》被后人誉为“自然科学的独立宣言”。

25. C 【解析】A项正旦俗称“青衣”，因所扮演的角色常穿青色褶子而得名，主要扮演庄重的青年、中年妇女；B项彩旦又称丑旦，常扮演滑稽风趣或奸刁的女子；C项花旦多扮演性格活泼爽朗、天真烂漫、轻盈伶俐的少女；D项刀马旦大多扮演擅长武艺的青壮年妇女。故答案选C项。

26. C 【解析】Delete键表示删除光标后面的一个字符，当光标在第一段落的段落末尾时，按Delete键表示删除了换行符，把两个段落合并为一个段落。

27. A 【解析】“隐藏幻灯片”命令可以使PPT文档里的部分幻灯片隐藏起来，这部分隐藏的幻灯片在放映的时候不会显现。该命令和幻灯片放映有关，故呈现在幻灯片放映下拉菜单中。

28. B 【解析】分析题干条件，“第3小组”出现频次较高，考虑使用最大信息法。根据“甲和属于第3小组的那位摘得的数量不一样”可知，甲不属于第3小组；根据“第3小组的那位比乙摘得多”可知，乙不属于第3小组，即丙属于第3小组，且丙>乙；根据“丙(第3小组)比第1小组的那位摘得少”可得，第1组>丙(第3组)>乙。综上可知，甲是第1组，乙是第2组，且三人摘得的草莓数量从多到少的顺序为：甲、丙、乙。故答案选 B。

29. D 【**解析**】题干数字的规律是:$4\times8=32$,$5\times9=45$,$7\times6=42$,$7\times9=63$,$8\times2=16$,故空缺处的数字应满足上述规律,只有 D 项满足上述规律,故本题选 D。

二、材料分析题(参考答案)

30. 材料中刘老师的做法是合理的,符合新课改倡导的教师观,值得其他老师借鉴。

(1)从教师与学生的关系看,教师是学生学习的促进者。教师是学生学习能力的培养者,教师不仅传授知识,而且重在检查学生对知识的掌握程度。教师应成为学生学习的激发者,各种能力和积极个性的培养者。材料中,刘老师为了让幼儿更好地体会自然,更好地理解故事的情感,想办法丰富幼儿的直接经验,亲自带领小朋友们实践体会,促进了幼儿的发展和成长。

(2)从教学与研究的关系看,教师是教育教学的研究者。教师即研究者,意味着教师在教学过程中要以研究者的心态置身于教学情境之中,以研究者的眼光审视和分析教学理论与教学实践中的各种问题,对自身的行为进行反思,对出现的问题进行探究,对积累的经验进行总结,最终形成规律性的认识。材料中,刘老师通过废寝忘食地钻研课程和教育学、心理学的知识,来研究如何完善自己的教学,更好地让幼儿理解,体现了这一点。

(3)从教学与课程的关系看,教师是课程的开发者和建设者。新课程倡导民主、开放、科学的课程理念,同时确立了国家、地方、学校三级课程管理政策,这就要求课程与教学相互整合,教师必须在课程改革中发挥主体作用。材料中,刘老师识别、挑选野花,带孩子们找蜡梅、看松树,是在为幼儿创设开放的课堂,创设良好的教学环境。

因此,作为老师,我们也应该像刘老师一样,不断提高自身能力,从幼儿实际出发,促进幼儿全面健康地发展。

31. 陈老师的行为符合教师职业道德中爱岗敬业、关爱学生、教书育人的要求。

(1)陈老师的行为符合"爱岗敬业"的教师职业道德要求。爱岗敬业是教师职业道德的本质要求,要求教师忠诚于人民教育事业,志存高远,勤恳敬业,甘为人梯,乐于奉献。材料中,陈老师发现娜娜入园时哭闹,就耐心地给娜娜讲道理,使家长放心;发现娜娜不肯吃饭时,又主动走过去引导娜娜吃饭。体现了对工作高度负责的职业道德。

(2)陈老师的行为符合"教书育人"的教师职业道德要求。教书育人是教师的天职,要求教师遵循教育规律,实施素质教育。循循善诱,诲人不倦,因材施教。材料中,陈老师用言语引导娜娜成功地与妈妈分离,又用言语和行为引导、鼓励娜娜自己吃饭,符合幼儿的心理特点和教育要求。这体现了教书育人的职业道德。

(3)陈老师的行为符合“关爱学生”的教师职业道德要求。关爱学生是教师职业道德的灵魂,要求教师关心爱护全体学生,尊重学生人格,平等公正对待学生。对学生严慈相济,做学生良师益友。材料中,陈老师安慰哭泣的娜娜,对娜娜不吃饭的行为没有不闻不问,而是耐心地教育、鼓励。这体现了关爱学生的职业道德。

总之,陈老师的行为是正确的,符合教师职业道德的要求,值得我们提倡和学习。

32.(1)首先指出中国国画囿于传统、模仿抄袭的毛病;接着举例论述时代对绘画艺术的影响;最后得出艺术的内容与技巧要随时代而变化的观点。

(2)①重视写形的基本练习;②尝试或创新区别于书法的绘画材料和工具;③遵循物象的本体特点,寻求最有表现力的写意。

三、写作题(参考范文)

33. 生于此岸,心无岸

洪荒宇宙之中,岁月长河之上,我们就降生在这一时代,不偏不倚,不快不慢,诞生在属于我们的时代。我们生长的这片土地,有林立高楼,灯红酒绿;我们停靠的这个海岸,有冷漠喧嚣,名利冲突。

于是我们埋怨此岸的风景,一心想跋涉到看似富饶的彼岸。恰如历史学家汤因比,他选择出生在公元一世纪的中国新疆,去感受众多文化交织迸发的绚烂景象。但正如狄更斯所说的:“这是最好的时代,也是最坏的时代。”每个时代都有其两面性,所以面对身处的时代要积极地投入其中,纵使身处喧嚣,只要在心中修篱种菊,也如身处净土。

还记得大唐时代的玄奘,那时只有烽火狼烟,鱼书雁帛,交通不便,但他乘危远迈,策杖孤征,穿越一百多个国家,心怀“宁可西行一步死,绝不东归半步生”的信念,最终到达印度,取经返回大唐。从此,让更多人在佛经中虔诚地洗涤自我的灵魂。玄奘没有生于这个科技发达的年代,但他凭借心中的信念,到达了心中的圣地。因此,环境的束缚并不重要,我们所要做的就是适应时代,尽自己所能为脚下的土地植树种花,涵养灵魂的源泉。

所以面对生活节奏快的今天,我们要在日常工作后为自己冲一杯净心之茶。世间本无事,庸人自扰之。面对道德缺失、人情冷漠的现状,更要坚守内心本真,尽自己所能为世界点亮一束光。

生于此岸,认真走好每一步,尽管岁月的跫音落在了此岸,灵魂却可以尽情地游荡,去感受过去的淳朴,揣摩未来的发展。著名作家熊召政便深刻地体会到这一点。独自行走在黄山的雨夜中,他不感到寂寞,因为黄山的每一山、每一水、每一木都是等待了他千年的酒友,陪他把酒言欢,与他在崇山峻岭间完成了一次心灵的对话,让他领略了千年间时光留下的箴言。恰如居里夫人所说的:“我以为,人们在每一个时期都可以过有趣而且有用的生活。”生活在这个钢筋水泥筑成的年代,我们也依旧能寻得自我的价值,同时也能在心灵清净中闻宫商角徵羽,行仁义礼智信。

我无法赶上李白的春夜桃李夜宴,也不想到未来在土星上居住,我需要的是好好爱护脚下的土地,欣赏此岸的风景,然后让心灵携取古今有益的思想,细描未来的美妙,且歌且行,足矣!

国家教师资格考试预测试卷(十五)

一、单项选择题

1. D **【解析】**教师要在以幼儿为本的基础上,给予幼儿充分的指导,有目的、有计划、有组织地培养幼儿,遵循幼儿的个性发展规律,用全面的眼光看待幼儿的发展。A、B、C 三项都带有责怪的语气,不利于良好师生关系的培养。D 项说法恰当,体现了对幼儿的鼓励和帮助。

2. B **【解析】**“育人为本”的儿童观认为,幼儿是独特的人,幼儿与成人之间存在着巨大的差别,幼儿的观察、思考、选择和体验,都和成人有明显不同。教师应当将幼儿看成独特的个体,因材施教,促进幼儿的全面发展。题干中,罗老师认为“应当把孩子看作孩子”,就是认识到幼儿有自己的独特性,与成人不同。本题选 B。

3. C **【解析】**处于关注幼儿阶段的教师将考虑幼儿的个别差异,认识到不同发展水平的幼儿有不同的需要,能根据幼儿的差异采取适当的教学,促进幼儿发展。题干中张老师在设计保教活动时能够考虑幼儿的个别差异,采取相应的教学模式,说明张老师处于关注幼儿阶段。

4. D **【解析】**素质教育倡导的是在教育中使每个学生都得到充分的、全面的发展。素质教育的理论依据是全面发展教育。针对题干中元元的情况,教师应该践行素质教育观的理念,分析元元问题形成的原因,寻找恰当的教育时机,引导元元养成良好的生活习惯和学习兴趣。D 选项“引导元元把精力都放在绘画上”的做法不恰当。

5. D **【解析】**《中华人民共和国教师法》第三十三条规定,教师在教育教学、培养人才、科学研究、教学改革、学校建设、社会服务、勤工俭学等方面成绩优异的,由所在学校予以表彰、奖励。国务院和地方各级人民政府及其有关部门对有突出贡献的教师,应当予以表彰、奖励。对有重大贡献的教师,依照国家有关规定授予荣誉称号。

6. A **【解析】**根据《中华人民共和国宪法》第二条规定,中华人民共和国的一切权力属于人民。人民行使国家权力的机关是全国人民代表大会和地方各级人民代表大会。

7. B **【解析】**《幼儿园工作规程》第二十七条规定,幼儿园日常生活组织,应当从实际出发，建立必要、合理的常规，坚持一贯性和灵活性相结合，培养幼儿的良好习惯和初步的生活自理能力。故题干中马老师的做法正确。

8. B 【解析】根据《学生伤害事故处理办法》第九条规定，因学校的校舍、场地、其他公共设施，以及学校提供给学生使用的学具、教育教学和生活设施、设备不符合国家规定的标准，或者有明显不安全因素而造成的学生伤害事故，学校应当依法承担相应的责任。园内树木枯死多年，具有明显的安全隐患，故幼儿园应依法承担相应责任。

易错提示：学生发生伤害事故时，学校是否应承担责任是易错点。考生在遇到此类试题时，应首先确定事故发生的时间、地点和性质，如假期或上、下学途中，因不可抗力因素造成的，学生自杀、自伤的，可根据《学生伤害事故处理办法》中第十二条、第十三条的规定，判定学校不承担责任。其次应确定事故的致害人，直接致害人承担相关法律责任。若直接致害人是教师，则还需判断教师的行为是否是职务行为。若教师的行为是职务行为，则应由学校承担责任；若教师的行为是非职务行为，则应由教师承担责任。最后需确定学校在管理过程中是否尽到了管理、教育职责，从而判断学校是否应承担相应的补充责任。

9. C 【解析】依据《中华人民共和国未成年人保护法》第二十二条规定，未成年人的父母或者其他监护人因外出务工等原因在一定期限内不能完全履行监护职责的，应当委托具有照护能力的完全民事行为能力人代为照护；无正当理由的，不得委托他人代为照护。第二十三条规定，未成年人的父母或者其他监护人应当及时将委托照护情况书面告知未成年人所在学校、幼儿园和实际居住地的居民委员会、村民委员会，加强和未成年人所在学校、幼儿园的沟通；与未成年人、被委托人至少每周联系和交流一次，了解未成年人的生活、学习、心理等情况，并给予未成年人亲情关爱。C 选项，丹丹父母应与丹丹和被委托人至少每周联系和交流一次，并非与学校交流。本题为选非题，故选 C。

10. A 【解析】根据《中华人民共和国未成年人保护法》第一百一十三条规定，对违法犯罪的未成年人，实行教育、感化、挽救的方针，坚持教育为主、惩罚为辅的原则。对违法犯罪的未成年人依法处罚后，在升学、就业等方面不得歧视。

11. A 【解析】根据《中华人民共和国教师法》第七条规定，教师享有“对学校教育教学、管理工作和教育行政部门的工作提出意见和建议，通过教职工代表大会或者其他形式，参与学校的民主管理”的权利。题干中的教师对学校管理提出意见，属于参与学校的民主管理，故题干中园长的做法侵犯了教师的民主管理权。

12. C 【解析】《幼儿园工作规程》第六条规定，幼儿园教职工应当尊重、爱护幼儿,严禁虐待、歧视、体罚和变相体罚、侮辱幼儿人格等损害幼儿身心健康的行为。题干中陈老师因为幼儿没有漱口和喝水,便用不准睡觉的方式惩罚,这属于体罚,严重损害了幼儿的身心健康,故做法不合法。A、B 两项排除,C 项说法正确。

D 选项,身体权是幼儿享有的维护其身体组成部分完整,并支配其肢体、器官和身体组织的具体人格权。身体权的基本内容是:(1)保护幼儿的身体完整性和完全性;(2)支配自己的肢体、器官和其他人体组织等身体组成部分。题干中陈老师采用不准睡觉的方式惩罚幼儿,但并未侵犯幼儿的身体权,D 项排除。

13. A 【**解析**】题干中,曹老师参加培训后,主动跟同事分享培训的资料,说明曹老师愿意与同事共同进步,具有团结协作的意识。

14. B 【**解析**】家长是幼儿园重要的合作伙伴。幼儿园教师要本着尊重、平等、合作的态度,与家长保持密切的联系,及时沟通幼儿在园和在家的表现。题干中付老师与家长一起交流育儿心得,帮助家长解决在教育子女上遇到的问题,这体现了付老师懂得尊重和团结家长,能为家长提供家庭教育指导。故 B 项正确,A 项、C 项说法错误。幼儿教师是幼儿学习的指导者,主要表现为幼儿教师必须依照明确的教育目标,对幼儿施加具体有效的学习指导,以促进其身心健康发展。幼儿教师是幼儿的第二任母亲,主要表现为幼儿教师满足幼儿的各种心理需求,给予幼儿以母亲般的热爱和照顾,消除幼儿离家后的各种焦虑和不安情绪。这两方面在题干中均未体现,故 D 项错误。

15. A 【**解析**】“教书育人”的教师职业道德规范要求教师循循善诱,诲人不倦,因材施教。题干中余老师能关注到幼儿的特点,激发幼儿的长处、保护幼儿的兴趣,说明余老师做到了因材施教,促进了幼儿个性的发展。

16. A 【**解析**】《中小学教师职业道德规范(2008 年修订)》要求教师坚守高尚情操,知荣明耻,严于律己,以身作则。关心集体,团结协作,尊重同事,尊重家长。题干中教师经常训斥家长的做法是不尊重家长的表现,是错误的。故本题选 A。

17. A 【**解析**】江南机器制造总局简称江南制造局或江南制造总局,是洋务运动中成立的近代军事工业生产机构,是晚清中国最重要的军工厂,是洋务派创办的规模最大的近代军事企业。

易错提示:洋务派以“自强”“求富”为目标创办了一批官办的军事工业和官督商办的民用企业,具体如下。

目的	性质	企业
自强	官办的军事工业	江南机器制造总局(规模最大)、福州船政局、天津机器局等
求富	官督商办的民用企业	上海轮船招商局、上海机器织布局、开平煤矿等

18. B 【解析】惯性定律是指在不受外力的作用下，物体会保持静止状态或匀速不变的运动状态，可进一步引申，在受外力作用下，物体会趋向于保持原有的运动状态不变，质量越大，惯性越大。题干中描述的急刹车时坐在车内的人身体前倾，就是受到了惯性的影响。A 选项中皮球的反弹和 D 选项中气球飞走是受到了作用力和反作用力的影响，C 选项是由于救生圈中气体的密度小于水的密度，所以人会上浮，这是浮力定律的体现。故本题答案为 B。

19. D 【解析】太阳辐射为地球提供光和热，维持着地表温度，是地球上水、大气运动和生命活动的主要动力。光照是绿色植物生长的必要条件。A 项与太阳辐射有关。太阳辐射使地球表面受热不均，引起大气层中压力分布不均，大气沿水平方向运动形成风。B 项与太阳辐射有关。人们大量使用的煤、石油等矿物燃料是地质历史时期生物固定并积累的太阳能。C 项与太阳辐射有关。火山活动的动力来自地球内部的能量，而非太阳辐射，故本题选 D。

20. A 【解析】中共二大于 1922 年 7 月 16 日至 23 日在上海举行，第一次提出明确的反帝反封建的民主革命纲领，A 项正确。国民党一大的召开标志着第一次国共合作的正式形成，B 项错误。瓦窑堡会议确定了建立抗日民族统一战线的政策，C 项错误。井冈山革命根据地的建立，点燃了“工农武装割据”的星星之火。从此，中国革命走上了建立农村革命根据地，以农村包围城市，武装夺取政权的道路，D 项错误。故选 A 项。

21. B 【解析】梅、兰、竹、菊被称为“四君子”，其品质分别是傲、幽、坚、淡。梅：探波傲雪，剪雪裁冰，一身傲骨，是为高洁志士。兰：空谷幽放，孤芳自赏，香雅怡情，是为世上贤达。竹：筛风弄月，潇洒一生，清雅淡泊，是为谦谦君子。菊：凌霜飘逸，特立独行，不趋炎附势，是为世外隐士。

22. B 【解析】“投笔从戎”出自《后汉书·班超传》，讲的是班超不甘于为官府抄写文书而弃笔从军的故事。与赵括有关的成语是“纸上谈兵”。本题为选非题，故选 B。

23. C 【解析】从生产力角度来看，三次工业革命分别使人类进入“蒸汽时代”“电气时代”和“信息时代”。其中，第二次工业革命主要表现为电力技术的广泛开发和应用，电力成为补充、取代蒸汽的新动力。这一时期的突出成果主要表现在四个方面，即发电机和电力的广泛应用、内燃机和新交通工具的创制、化学工业的兴起。汽车、飞机、电话、电报等都诞生于此时期。本题为选非题，故选 C。

24. C 【解析】三弦是中国传统的弹拨乐器。三弦音色粗犷、豪放，柄很长，音箱方形，两面蒙皮，弦三根，侧抱于怀演奏。

25. B 【解析】碘是合成甲状腺激素的主要元素，碘缺乏的典型症状为甲状腺肿大。铁是人体内含量最高的微量元素，是合成血红蛋白的原料，机体缺铁时，易患缺铁性贫血。钙是人体需要量最多的矿物质，幼儿钙缺乏会影响骨骼和牙齿发育，容易引发佝偻病，导致骨骼变形。锌是人体必需的微量元素之一，锌的缺乏会引起蛋白质合成障碍、细胞分裂减少，导致幼儿生长发育迟缓、停滞、性发育延迟、智能发育迟缓、伤口愈合不良、食欲减退，甚至发生异食癖。故本题选择 B。

26. B 【解析】显示器是输出设备，是将一定的电子文件通过特定的传输设备显示到屏幕上再反射到人眼的显示工具。扫描仪是输入设备，是利用光电技术和数字处理技术，以扫描方式将图形或图像信息转换为数字信号的装置。绘图仪是输出设备，能按照人们的要求自动绘制图形，将计算机的输出信息以图形的形式输出。音箱是输出设备，指可将音频信号变换为声音的一种设备。

27. B 【解析】在 Excel 中，单元格地址的绝对引用，是在列标和行号前加 $ 符号。故选 B。

28. A 【解析】由题干可知每个人不负责拿自己的东西，故“背着小兰背包的人拿的是小明的单反相机”，这个人是小强。由此可推出小兰只能背着小明的背包拿着小强的相机，而小明则拿着小兰的相机背着小强的背包。故 A 项正确。

29. C 【解析】每项都等于其前所有项的和，$1+3=4$，$1+3+4=8$，$1+3+4+8=16$，$1+3+4+8+16=32$。

二、材料分析题(参考答案)

30. 材料中老师的教育行为是正确的，符合素质教育观的理念，值得肯定。

(1)素质教育是促进学生全面发展的教育。素质教育倡导的是在教育中使每个学生都得到充分的、全面的发展。素质教育的理论依据是全面发展教育。材料中老师注意到静涵害羞、腼腆，不主动与小朋友交往，就有意识地通过一些实践活动培养她主动交往的性格，做到了促进幼儿的全面发展。

(2)素质教育是促进学生个性发展的教育。素质教育强调教育要尊重和发挥学生的主体意识和主动精神，培养和形成学生的健全个性，使学生活泼地成长。材料中老师为了培养静涵主动交往、活泼开朗的性格，通过做“小助手”“小老师”的形式增加幼儿表现自己和他人互动的机会，鼓励幼儿与人交往，激发幼儿的积极性与主动性，培养幼儿健全的个性。另外，老师不仅注意到要以幼儿为主体，还关注到了幼儿的个体差异性，从幼儿个性出发对其进行教育。材料中教师注意到静涵虽然性格内向，交往技巧欠佳，但热心、爱帮助人。教师抓住了这一点，以积极因素克服消极因素，让幼儿在自己喜欢的活动中锻炼了人际交往能力。

(3)素质教育是面向全体学生的教育。素质教育倡导人人有受教育的权利，强调在教育中每个人都得到发展,而不是只注重一部分人,更不是只注重少数人的发展。材料中教师没有因为静涵腼腆害羞就缺少对她的关注,反而采取各种措施、利用各种机会有意引导静涵主动表达,说明教师做到了面向全体学生。

总之,老师的行为促进了幼儿生动、活泼、主动地发展,通过实践活动提高了幼儿的人际交往能力,很好地贯彻了素质教育观。

31. 材料中钟老师的行为遵循了关爱学生、爱岗敬业的职业道德,但同时也违背了为人师表的职业道德。

(1)钟老师的做法体现了关爱幼儿的职业道德。关爱学生要求教师关心爱护全体学生,尊重学生人格,平等公正对待学生。对学生严慈相济,做学生良师益友。保护学生安全,关心学生健康,维护学生权益。不讽刺、挖苦、歧视学生,不体罚或变相体罚学生。材料中钟老师面对幼儿啼哭不止的情况,慢慢摸索出细心安抚的方法照顾幼儿,并时刻注意幼儿的安全,说明钟老师做到了关爱幼儿。

(2)钟老师的做法体现了爱岗敬业的职业道德。爱岗敬业要求教师忠诚于人民教育事业,志存高远,勤恳敬业,甘为人梯,乐于奉献。对工作高度负责,认真备课上课,认真批改作业,认真辅导学生。不得敷衍塞责。材料中,钟老师面对工作认真负责、不断探索,最终找到解决了幼儿啼哭不止的办法。

(3)钟老师的做法违背了为人师表的职业道德。为人师表要求教师坚守高尚情操,知荣明耻,严于律己,以身作则。衣着得体,语言规范,举止文明。关心集体,团结协作,尊重同事,尊重家长。作风正派,廉洁奉公。自觉抵制有偿家教,不利用职务之便谋取私利。材料中钟老师在教师节欣然接受家长的购物卡和礼品卡,违背了为人师表。

总之,作为一名人民教师,必须从工作的每个细节出发,既履行好自己的工作职责,以关爱之心对待学生,同时也要做到为人师表。

32. (1)“见解”指来自平时生活中人与人之间的交流,或者从各种小报、娱乐媒体上得到的“思想”。

后果:影响所谓的“思想”的形成;左右日常生活观念;看待事物的角度和高度,遵循的标准,不过是取自庸常的似是而非,对社会的判断,对文学艺术的判断,对人的判断,对时事的判断,对诸多问题的判断,不可能具备更高、更清晰的思维坐标。

(2)①需要最起码的阅读,这样可以知道世界之大、历史之长、思想之多。

②了解不同的文化,掌握知识与艺术理解能力,能真正提高认识能力,帮助深入理解文学作品。

③要学会反省,反省自己是否闭塞和懒惰,是否错过了一些了不起的思想与智慧。这样能够发现一些见解、主意、方法的真正内容,提高自己的精神水准。

三、写作题(参考范文)

33. 教师当严谨治学

曾读过这样一则材料:一位地理老师讲到中国四大海产墨鱼、带鱼、大黄鱼、小黄鱼时,一个学生问大小黄鱼的区别,这位教师虽教书多年,却从没有碰到过这类问题,只好回答“不知道”。“不知道”三个字使他如芒在背,查资料,问同事,终于在火车上巧遇一位做水产工作的旅伴,才解决了这个问题。读过这则材料,我感触最深的是这位老师严谨的治学态度。

这位地理老师,对于学生提出的超出地理学科范围的问题,本可以不予理睬,但他出于严谨的治学态度,并没有对这个问题等闲视之,而是“如芒在背”并通过各种渠道寻找答案,的确很值得称赞。作为一名教师,面对的是祖国的未来,教师的一个小小的行为,很可能对孩子产生巨大的影响。因此,教师应抱着严谨的态度治学。

放眼古今中外,能够获得成功的人,大多都有着严谨的态度。明朝的李时珍,一生致力于研究中医药,他既不盲从古代文献的记载,也不迷信,凡事都亲自观察、询问、实践。一次,他为研究“仙物”榔梅,冒着从悬崖上摔下来和被官府重罚的危险采到一颗。研究后发现那“仙物”只是很普通的东西,推翻了当时对榔梅的错误看法。他凭着严谨的研究态度,写出了举世闻名的药典《本草纲目》,在世界医学史上留下了灿烂的一页。

有些人,却因缺乏严谨的态度而与成功擦肩而过。大家都知道伦琴发现“X”射线,是因为他抓住阴极射线实验中的异常现象不放,从而荣获了诺贝尔物理学奖。而与他同时期的克鲁克斯和古德斯培德,在几年前曾分别发现过同样的异常现象,但他们并未继续深究,于是与成功失之交臂。此类事例不胜枚举,这些事例充分说明了严谨的态度在科研方面的重要性。

教师要想真正承担起作为思想道德和科学文化传播者的职责,就必须首先提高自己履行这一职责的业务水平,依靠严谨治学的科学态度严格执教。严谨治学要求每一位教师做到闻道在先,学业精湛,在教育教学过程中求真、求精、求实、求善、求美。

只有治学严谨的教师,才能教出处事严谨的学生。教师职业是神圣的,教师要为祖国培育人才,为社会的发展培养后备力量。因此,教师在教育过程中更应具备严谨的治学与处事态度。

国家教师资格考试预测试卷(十六)

一、单项选择题

1. B 【解析】个体身心发展的个别差异性是指,个体之间的身心发展以及个体身心发展的不同方面之间,存在着发展程度和速度的不同。个体身心发展的个别差异性的表现之一是不同儿童同一方面的发展速度和水平不同，如有些人“少年得志”，有些人则“大器晚成”。因此，题干中在掌握“坐”的动作要领上，乐乐和兰兰的差异是个别差异性的体现。

2. A 【解析】教师即研究者，意味着教师在教学过程中要以研究者的心态置身于教学情境之中，以研究者的眼光审视和分析教学理论与教学实践中的各种问题，对自身的行为进行反思，对出现的问题进行探究，对积累的经验进行总结，最终形成规律性的认识。题干中的李老师经常梳理工作中遇到的问题，并进行研究，从而找到问题的成因及解决策略，体现了教师的研究者角色。

3. D 【解析】教师面对幼儿的不良习惯应该耐心地予以引导，采取温和的方式进行教育。A、B、C 三项的说法都过于严厉，甚至带有讽刺和侮辱意味，故排除。D 项，既对幼儿的行为起到了指导作用，又不至于伤害幼儿的自尊心，故说法恰当。

4. B 【解析】幼儿教师劳动的复杂性主要体现在两个方面：(1)幼儿教育任务的全面性；(2)劳动对象的差异性。幼儿教师既要在同一时空条件下面向全体幼儿实施统一的保育教育活动，又要根据每个幼儿的实际情况因材施教。丁老师从其他老师那里学到的经验和方法，不一定适用本班学生，还要结合本班学生的实际情况施教。题干这种现象主要是因为丁老师无视教师劳动的复杂性。

5. A 【解析】根据《中华人民共和国教师法》第三十九条规定，教师对学校或者其他教育机构侵犯其合法权益的，或者对学校或者其他教育机构作出的处理不服的，可以向教育行政部门提出申诉，教育行政部门应当在接到申诉的三十日内，作出处理。题干中教师胡某认为学校侵犯了他的进修培训权，可以提出申诉，受理胡某申诉的机构为当地教育行政部门。

易错提示：教师申诉制度一般有两种考查形式：一是判断情境中的被申诉人，二是根据情境判断受理申诉的机关。这一知识点的试题，失分的原因通常是考生未理解教育申诉制度的内涵，或审题不严、看错问题，考生只要认真读题、透彻理解相关知识，一般不难作答。

申诉原因	申诉人	被申诉人	受理机关
教师认为学校或其他教育机构侵犯其合法权益	教师	学校或其他教育机构	当地人民政府的教育行政部门
教师对学校或其他教育机构做出的处理决定不服	教师	学校或其他教育机构	
教师认为当地人民政府的有关行政部门侵犯其合法权益	教师	当地人民政府的有关行政部门	同级人民政府或者上一级人民政府有关部门

6. C 【解析】根据《中华人民共和国教育法》第二十九条和第三十条规定可知，A、B、D 三项属于学校及其他教育机构可行使的权利，C 项属于学校及其他教育机构应当履行的义务。故答案选 C 项。

7. D 【解析】《幼儿园工作规程》第三十一条规定，幼儿园的品德教育应当以情感教育和培养良好行为习惯为主，注重潜移默化的影响，并贯穿于幼儿生活及各项活动之中。

8. A 【解析】根据《中华人民共和国教师法》第十条规定，国家实行教师资格制度。中国公民凡遵守宪法和法律，热爱教育事业，具有良好的思想品德，具备本法规定的学历或者经国家教师资格考试合格，有教育教学能力，经认定合格的，可以取得教师资格。

9. C 【解析】根据《中华人民共和国教育法》第三十六条规定，学校及其他教育机构中的管理人员，实行教育职员制度。学校及其他教育机构中的教学辅助人员和其他专业技术人员，实行专业技术职务聘任制度。李老师属于教学辅助人员，学校应该对其实行专业技术职务聘任制度。

10. A 【解析】著作权是指作者和其他著作权人对文学、艺术和科学工程作品所享有的各项专有权利。题干中幼儿园教师曹某未经允许就将阳阳的画作编入自己的绘本出版，侵犯了阳阳的著作权，行为不合法，故本题选 A。

易错提示：依据我国《著作权法》的规定，创作作品的公民就是该作品的作者。年龄的大小虽能影响人的行为能力但不能影响人的权利能力。由于幼儿为无民事行为能力人，故该权利由其监护人代为行使。若幼儿园在未经作者监护人许可的情况下，将作品提供给出版社，且没有给作品署名，他们共同侵犯了幼儿的著作权。

11. D 【解析】《中华人民共和国民法典》第一千二百零一条规定，无民事行为能力人或者限制民事行为能力人在幼儿园、学校或者其他教育机构学习、生活期间，受到幼儿园、学校或者其他教育机构以外的第三人人身损害的，由第三人承担侵权责任；幼儿园、学校或者其他教育机构未尽到管理职责的，承担相应的补充责任。在学生上课期间，学校和教师对其有一定的监管、保护职责。在本题中，由于老师及学校监管不力导致学生离开学校发生伤害事故，因此学校应承担一定的赔偿责任。电动车主对洋洋造成了伤害，也应承担赔偿责任。

12. C 【解析】《中华人民共和国未成年人保护法》第四章社会保护中第五十四条规定，禁止拐卖、绑架、虐待、非法收养未成年人，禁止对未成年人实施性侵害、性骚扰。禁止胁迫、引诱、教唆未成年人参加黑社会性质组织或者从事违法犯罪活动。禁止胁迫、诱骗、利用未成年人乞讨。因此题干所述内容属于社会保护。

13. B 【解析】题干中,方老师组织幼儿开展各种安全主题演练活动,让幼儿亲自参与到活动中去,这表明方老师重视幼儿的亲身体验。

D 项,幼儿属于未成年人,尚不具备成熟的施救意识与能力,教师组织的安全主题演练活动重在培养幼儿的自我防护意识和能力,D 项与题意不符。

A、C 项题干没有体现,综上所述,本题选 B。

14. A 【解析】爱岗敬业的教师职业道德规范要求教师忠诚于人民教育事业,志存高远,勤恳敬业,甘为人梯,乐于奉献。题干中李老师即便面临困难,依旧坚持给学生上好每一堂课,这表明李老师做到了爱岗敬业。

15. D 【解析】爱岗敬业的教师职业道德规范要求教师对工作高度负责,认真备课上课,认真批改作业,认真辅导学生。不得敷衍塞责。题干中张老师作为教师不备课,没有尽到教师应尽的职责,违背了爱岗敬业的师德规范。

16. B 【解析】关爱学生的教师职业道德规范要求教师关心爱护全体学生,尊重学生人格,平等公正对待学生。题干中李老师因为军军不听劝说,就命令全班小朋友不要理睬军军,说明李老师未做到关爱幼儿。

17. A 【解析】汤建立商朝,都城建在亳。受战乱、环境变化等因素的影响,商朝多次迁都,到商王盘庚时迁到殷,盘庚迁殷后,商朝的统治比较稳定,出现了“百姓由宁,殷道复兴”的局面。故答案为 A 项。

18. A 【解析】光电效应由德国物理学家赫兹于 1887 年发现。爱因斯坦提出光子假设、成功解释了光电效应,创立狭义相对论和广义相对论。爱迪生拥有超过 2000 项发明,他发明的留声机、电影摄影机和电灯对世界有极大影响。法拉第首次发现电磁感应现象,发明了圆盘发电机。

19. A 【解析】蛋白质主要由碳、氢、氧、氮四种元素组成,此外还含有少量的硫、磷等元素,A 项表述错误。由于碳水化合物和脂肪中仅含有碳、氢、氧,不含氮,所以蛋白质是人体氮的唯一来源,是碳水化合物和脂肪不能代替的,B 项表述正确。蛋白质的生理功能主要有:构成身体组织、调节生理功能、供给能量等,C 项表述正确。鱼肉是优质蛋白质的重要来源,D 项表述正确。故本题选 A。

20. B 【解析】十面埋伏是中国著名琵琶曲之一,其演奏方式为独奏,乐曲激烈,震撼人心,清楚地表现出了垓下之战中项羽被大军包围时走投无路的场景。

21. A 【解析】火把节是彝族地区的传统节日;《江格尔》是蒙古族英雄史诗,深刻地反映了蒙古族人民的生活理想和美学追求;手鼓舞是维吾尔族民间舞蹈;唐卡是藏族文化中一种独具特色的绘画艺术形式,题材内容涉及藏族的历史、政治、文化和社会生活等诸多领域。

22. C 【解析】2014 年 2 月 27 日，第十二届全国人大常委会第七次会议经表决通过，决定将 9 月 3 日确定为中国人民抗日战争胜利纪念日，将 12 月 13 日设立为南京大屠杀死难者国家公祭日。

23. D 【解析】欧·亨利善于描写美国社会尤其是纽约百姓的生活。他的作品构思新颖，语言诙谐，结局总使人"感到在情理之中，又在意料之外"，又因描写了众多的人物，富于生活情趣，被誉为"美国生活的幽默百科全书"。

24. C 【解析】孔尚任是清初诗人、戏曲家，传奇剧《桃花扇》是其代表作。孔尚任与洪昇并称为"南洪北孔"，被誉为康熙时期照耀文坛的双星。《长生殿》是洪昇创作的传奇戏剧，在我国戏曲史上占有极为重要的地位。《儒林外史》是清代吴敬梓创作的长篇讽刺小说，高超的讽刺手法使其成为中国古典讽刺文学的佳作。《二十年目睹之怪现状》是清代文学家吴沃尧创作的一部带有自传性质的长篇小说，是晚清四大谴责小说之一。故选 C 项。

25. C 【解析】吴哥窟位于柬埔寨，是一座保存完好的石窟庙宇，为供奉毗湿奴而建，以建筑宏伟与浮雕细致闻名于世，也是世界上最大的庙宇。吴哥窟是高棉古典建筑艺术的高峰。

26. B 【解析】在 Word 的编辑状态下，选择整个表格后，执行"删除行"命令，整个表格都会被删除。

27. C 【解析】演示文稿中的超链接目标可以是现有的文件或网页、同一演示文稿中的幻灯片、新建的文档、电子邮件地址等，但幻灯片中某一对象不能作为超链接的目标。

28. C 【解析】该题考查的是复合命题的推理。题干要求得出"只有本地人当经理，才能把企业搞好"的否命题，即否定"本地人当经理"，也可以得出"把企业搞好"。否定"本地人当经理"，也就是不由本地人当经理。故选 C。

29. A 【解析】该题属于图形相减问题，其规律为每套图形中的第一个图形减去第二个图形得到第三个图形。可知正确答案为 A。

二、材料分析题（参考答案）

30. "我"的教育行为体现了"育人为本"的儿童观，值得肯定和学习。

（1）"育人为本"的儿童观认为幼儿是发展中的人，具有巨大的发展潜能。幼儿不同于成人，正处于发展之中，他们有自己独特的认知方式、成长特点，有巨大的发展潜能和被塑造与自我塑造的潜力。材料中的"我"看到了小强同学身上的发展潜能，帮助他改正缺点，取得了进步。

（2）"育人为本"的儿童观认为，幼儿是独特的人，每个幼儿都有自身的独特性。

教师要根据幼儿各个方面的情况因材施教,做到“一把钥匙开一把锁”。材料中,面对“调皮大王”小强,“我”帮助他分析自身问题存在的原因,让他与其他同学组成了小组,因材施教,最终使其改正了缺点。

(3)“育人为本”的儿童观认为,幼儿是学习的主体,是具有能动性的教育对象。幼儿是受教育的对象,但幼儿在受教育过程中并不是对教师的完全盲从,而是具有在教育活动中的主观能动性和自我教育的可能性。材料中当“调皮大王”小强提出与其他同学不同的观点时,“我”并没有予以反驳,而是给予肯定,并从小强的回答加以延伸,从而引导、教育幼儿,尊重了幼儿的意见,调动了幼儿的积极性和主动性。

综上所述,作为教师,我们应该秉承“育人为本”的儿童观,尊重幼儿,因材施教,积极地促进幼儿全面发展。

31. 刘老师的行为体现了关爱学生、爱岗敬业和爱国守法的教师职业道德规范,值得我们借鉴与学习。

(1)材料的描述体现了刘老师关爱学生的教师职业道德规范。关爱学生要求教师关心爱护全体学生,保护学生安全,关心学生健康,维护学生权益。材料中的刘老师“为学生买棉鞋”“资助了26名学生”以及劝女孩家长的事情,都体现了刘老师关爱学生的师德规范。

(2)刘老师的做法符合爱岗敬业的教师职业道德要求。爱岗敬业要求教师忠诚于人民教育事业,志存高远,勤恳敬业,甘为人梯,乐于奉献。材料中的刘老师能够热爱自己的教育事业,无私资助学生,让每一个学生都能接受教育,甚至还去学生家里做思想工作,使学生能够完成自己的学业,这体现了刘老师的奉献精神和认真负责的精神,是爱岗敬业的表现。

(3)刘老师的做法符合爱国守法的教师职业道德要求。爱国守法要求教师全面贯彻国家教育方针,自觉遵守教育法律法规,依法履行教师职责权利。材料中的刘老师多次做学生家长的工作,让女孩也能接受教育,是自觉遵守《中华人民共和国教育法》、依法履行自己的教师职责的表现,她的行为符合爱国守法的教师职业道德要求。

综上所述,刘老师的教学行为符合教师职业道德规范的要求,值得提倡和学习。

32. (1)运用了拟人、比喻、排比、夸张等修辞方法,写出了呼伦贝尔草原无霜期的短暂,生动形象地描绘了植物生长的画面,赞美大草原旺盛、顽强的生命力。

(2)形象:老祖母是一位勤劳、坚强、慈爱、敬畏自然的传统牧民。

影响:老祖母传授给萨丽娃养羊的技能,在萨丽娃的心灵打上草原文化的烙印,召唤她回归草原。老祖母的优秀品质深深影响着萨丽娃的言行。

三、写作题（参考范文）

33. 藤蔓纠结，无须在意

常说人活了一辈子不容易，浮生一梦，洒脱者说人生如歌，豁达者说人生如梦，有的人越走越快乐，有的人越走越清醒。闭上眼睛思考人生，这世间的林林总总，不外是内心世界的随波逐影，拿起什么，放下什么，需要的是一种看破，这一路上的所有悲欢都会随风飘远，生命到底是什么？路过生活，不再迷茫。

年轻时我们常常惊喜生活的赠与，长大后反而越来越迷失，渐渐就会明白，我们还未能真正了解这个世界，更不曾完全了解自己。生活一直在勤勉地教导我们，承认自己的不足需要勇气，迷茫时不妨慢慢走，岁月无非是晴天和下雨，晴天里容易乐观，雨天也要学会处之坦然，走在人生的风雨，历练的就是学会面对的勇气。成熟并不是躲得开风雨，而是学会在风雨中咬牙坚持，风雨后的坚定向前才是生命的主旋律。

人生总会有烦心事，世态炎凉，人情冷暖，谁都知道生活不易，伤害与误解，烦恼并纠缠，挫败连着艰难，倘若凡事都紧紧抓住不放，留在心里，怎能不让人负重前行。看清烦恼的本身，该忘记的忘记，该坚强的坚强，灰暗的日子总会过去，只管活好生命的今天，只管鼓足勇气抬头向前。

都说生活需要简单，那么就需要去除那些复杂，不要在复杂中隐藏，不要让复杂蔓延，更不要让复杂使生活更疲惫，人活在这个世上，简单不容易，去化解那些纠结与成见，尤其不易，每天需要面对乱纷纷的生活，并不是生活本身多曲折，而更多的是人为给它增加的许多丝瓜藤与肉豆须，并且彼此纠缠，罗织成网，成为生活的负累。

生活里对错并没有分的那么明显，划分的界限很多是因个人的主观，去臆造好坏的那道线，其实，不论是顺风还是逆风，都是在磨砺自己的身心。磨难来临，不曾是特意为了毁灭什么，不过是坚定心志的老朋友，度过一次，也学习一次。人活在世上，很多事情纠缠不清，一次次是与非的造就，也难以分出个头和尾，很多人都说难得糊涂，可真正明了的又有几个。丝瓜藤与肉豆须，藤蔓纠结何须在意，正如过去的迷茫不清，与其纠结，倒不如想想当下如何让自己清明，对于未来的路，努力去做，结果自然不会差。

生活向前，注定还要面对更多的摩擦和矛盾，那么一样会有更多的突破和崭新，不为纠结恼人，不为小事抓狂。在那些盲目的固执里清醒，当然也要适应生活的苦辣酸甜，该坚持的坚持，该放弃的放弃，让生活成为一种轻松的前行，而不是苦苦纠结往日的创伤。既然在生活里伴随生活，记得一句忠告，不管生活什么脸色，不要和生活撕破脸，尝试着把生活活成一场友好。

国家教师资格考试预测试卷(十七)

一、单项选择题

1. B 【解析】教师对幼儿的想法要给予尊重和鼓励,保护幼儿的想象力。因此,题干中老师面对晨晨的回答,应该予以肯定,进一步激发幼儿学习的热情和动力,故B项回应恰当。

2. C 【解析】题干中,幼儿在不同年龄阶段学习的内容不同且深度、复杂程度不断递增,说明这一课程安排遵循了幼儿身心发展的阶段性特征。

方法技巧:考生注意辨别区分不同规律的教育要求。

规律	教育要求
顺序性	遵循身心发展的客观规律,循序渐进施教
阶段性	根据不同年龄阶段特点有针对性地施教
不平衡性	抓住发展的关键期,适时而教
互补性	长善救失,扬长避短
个别差异性	因材施教

3. C 【解析】从教师与学生的关系看,新课程倡导教师是学生学习的促进者,其内涵主要包括两个方面:(1)教师是学生学习能力的培养者;(2)教师是学生人生的引路人。故题干中的教师在课堂上积极引导学生自主思考,培养学生自主学习的能力,扮演了学生学习促进者的角色。

4. A 【解析】"育人为本"的儿童观强调幼儿是发展中的人,有着巨大的发展潜能。题干中李老师并没有因为小明不好的表现就放弃他,反而针对小明的情况采取相应的教育措施,说明李老师看到了小明是处于发展中的人,看到了幼儿所具有的极大的发展潜能。

5. A 【解析】《中华人民共和国义务教育法》第二十一条规定,"对未完成义务教育的未成年犯和被采取强制性教育措施的未成年人应当进行义务教育,所需经费由人民政府予以保障"。

6. B 【解析】根据《中华人民共和国宪法》第十四条规定,国家合理安排积累和消费,兼顾国家、集体和个人的利益,在发展生产的基础上,逐步改善人民的物质生活和文化生活。

7. A 【解析】《中华人民共和国教育法》第四十三条规定,受教育者享有参加教育教学计划安排的各种活动,使用教育教学设施、设备、图书资料的权利。题干中教师不让小明参与活动，侵犯了小明的这一权利。

易错提示：受教育权是幼儿最基本的权利。常见的侵权行为主要表现为以下几种。

(1)侵犯幼儿教育机会平等的权利。幼儿享有使用学校的教育教学资源、图书资料、实验设备等的权利，教师不能以任何理由歧视和区别对待幼儿。

(2)侵犯幼儿参加教育教学活动的权利。幼儿有权参加教学计划安排的授课、课堂讨论、观摩、实验、实习等活动，教师不得以任何理由拒绝幼儿参加教学活动。

(3)随意开除幼儿。教师或幼儿园不得随意开除幼儿或者勒令未成年学生退学。

8. A 【解析】《幼儿园工作规程》规定，幼儿园“以游戏为基本活动，寓教育于各项活动之中”。故题干中幼儿园做法正确。

9. A 【解析】根据《中华人民共和国教师法》第三十八条规定，地方人民政府对违反本法规定，拖欠教师工资或者侵犯教师其他合法权益的，应当责令其限期改正。

10. A 【解析】根据《中华人民共和国未成年人保护法》第五十六条规定，公共场所发生突发事件时，应当优先救护未成年人。A 选项正确。

第一百一十三条规定，对违法犯罪的未成年人，实行教育、感化、挽救的方针，坚持教育为主、惩罚为辅的原则。B 选项错误。

第四条规定，保护未成年人，应当坚持最有利于未成年人的原则。处理涉及未成年人事项，应当符合下列要求：(一)给予未成年人特殊、优先保护；(二)尊重未成年人人格尊严；(三)保护未成年人隐私权和个人信息；(四)适应未成年人身心健康发展的规律和特点；(五)听取未成年人的意见；(六)保护与教育相结合。C 选项错误。

第二十二条规定，未成年人的父母或者其他监护人因外出务工等原因在一定期限内不能完全履行监护职责的，应当委托具有照护能力的完全民事行为能力人代为照护。D 选项错误。

11. B 【解析】根据《学生伤害事故处理办法》第三十一条规定，学校有条件的，应当依据保险法的有关规定，参加学校责任保险。教育行政部门可以根据实际情况，鼓励中小学参加学校责任保险。提倡学生自愿参加意外伤害保险。这样一方面可以减轻学校的压力，另一方面可以较好地解决学生伤害事故的赔偿。

12. D 【解析】《中华人民共和国教育法》第十一条规定，“国家采取措施促进教育公平，推动教育均衡发展”。

13. D 【解析】《幼儿园工作规程》第十五条规定，幼儿园教职工必须具有安全意识，掌握基本急救常识和防范、避险、逃生、自救的基本方法，在紧急情况下应当优先保护幼儿的人身安全。题干中幼儿园老师没有及时维持秩序，导致多名儿童摔倒受伤，损害了幼儿的身体健康。

14. B 【解析】劳动对象的主动性,使幼儿教师的工作比较复杂,幼儿教师必须了解儿童,针对每个儿童的发展水平,激发儿童的活动兴趣,使之积极投入到活动中去。劳动对象的幼稚性体现在,幼儿教师工作的对象是出生至6岁前的儿童。他们正在慢慢长大,开始独立的行动,用语言表达自己的愿望和感情。他们的思维还处在具体形象的水平,知识经验还很少,许多事物还是第一次认识,许多行动还是第一次尝试。幼儿教师要了解儿童,尊重儿童的兴趣和愿望,从儿童的角度出发来考虑教育的内容和方法,才能很好地引导儿童在原有水平的基础上不断地向前发展。因此,龙应台的著作《孩子,你慢慢来》体现了幼儿园教师劳动对象的主动性和幼稚性。

15. A 【解析】邢老师在工作中,坚持认真备课并主动承担清洁工作,说明邢老师对待工作认真负责、勤勤恳恳,践行了爱岗敬业的职业道德。

16. C 【解析】教师要热爱、尊重幼儿,积极为幼儿创设良好的育人环境,坚持正面教育,严禁体罚和变相体罚幼儿。题干中姜老师仅仅因为没有得到一部分幼儿的喜爱,就斥责、体罚这些幼儿,这种做法是错误的。说明姜老师没有端正自己的思想态度,积极调整心态,正确认识和对待幼儿的评价。故本题选C。

17. C 【解析】成书于七、八世纪的唐代道教作品《真元妙道要略》中记载着"以硫磺、雄黄合硝石,并密烧之""焰起,烧手面及屋宇",这里的"密"应是蜜的误写,因为蜜在加热状态下会发生碳化反应。根据以上记载,我们可以看到火药的配方是硫黄、硝石和木炭。在历史上,雄黄也曾经被用作制作火药的原料。A项说法正确。

明代医药家李时珍的《本草纲目》中,明确记载着火药可用来治疗疮癣、杀虫以及辟湿气和瘟疫。B项说法正确。

火药在唐朝末年开始运用于军事,到宋代才出现突火枪、火箭、火炮等军事武器,C项说法错误。本题为选非题,故选C项。

东风夜放花千树。更吹落、星如雨。描述的是以火药为原料的烟花、鞭炮燃放时的情景。D项说法正确。

18. A 【解析】"庚"是十天干中的一个,以庚为开头的日期即为"庚日",相邻两个庚日之间间隔10天。"三伏"即头伏(初伏)、二伏(中伏)、三伏(末伏),就是指一年中最热时期的三个阶段,进入"三伏"叫作"入伏"。夏至日一般是每年的6月21、22日,三个庚日是30天,依据题干所述,夏至后的第三个庚日为初伏,即初伏约是在7月中下旬。夏至以后的节气的顺序为"小暑、大暑、立秋、处暑、白露、秋分、寒露、霜降、立冬、小雪、大雪、冬至、小寒、大寒"。"大暑"节气一般从公历7月下旬开始,立秋则通常在公历8月上旬,故距离初伏最近的是大暑。

19. C 【解析】牛顿的经典力学体系的建立,是人类认识自然及历史的第一次大飞跃和理论的大综合，它开辟了一个新时代，并对科学发展的进程以及人类生产生活和思维方式产生了极其深刻的影响，标志着近代理论自然科学的诞生。

20. D 【解析】《海国图志》是一部介绍西方国家的科学技术和世界地理历史知识的综合性图书。全书详细叙述了世界各地、各国历史政治、风土人情，主张学习西方国家的科学技术，提出"师夷长技以制夷"的中心思想，是一部具有划时代意义的巨著。

21. A 【解析】陈望道，浙江义乌人，曾任浙江第一师范学校教员，1920 年 8 月，陈望道翻译的《共产党宣言》出版，这是马克思主义经典著作在中国出版的第一个中文全译本。

22. B 【解析】雷达生命探测仪融合超宽频谱雷达技术、生物医学工程技术于一体，穿透能力强，能探测到被埋生命体的呼吸、体动等生命特征，并能精确测量被埋生命体的距离深度，具有较强的抗干扰能力。故本题答案为 B 项。

23. B 【解析】本题考查传统文化中的年龄称谓。孩提是指 2～3 岁的幼儿。15 岁之前的年龄称谓包括：襁褓，未满周岁的婴儿；孩提，2～3 岁的幼儿；垂髫，3～4 岁至 8～9 岁的儿童；总角，8、9～13、14 岁的儿童、少年；豆蔻，女子 13 岁；及笄，女子 15 岁；束发，男子 15 岁。

24. C 【解析】世界文学中的"四大吝啬鬼"指《威尼斯商人》中的夏洛克、《吝啬鬼》中的阿巴贡、《死魂灵》中的泼留希金、《欧也妮 · 葛朗台》中的葛朗台。

安东尼奥是莎士比亚喜剧《威尼斯商人》中的珍重友情的资产阶级商人、严监生是我国清代小说家吴敬梓所著古典讽刺小说《儒林外史》中经典的吝啬人物、李梅亭是钱钟书先生的小说《围城》中的人物、卢至是徐复祚的小说《一文钱》中财帛如山而又吝啬异常的富豪、监河侯是庄子《外物》中的人物。

25. D 【解析】瘦金体是宋徽宗赵佶自创的书体，是楷书的一种。其特点是瘦直挺拔，横画收笔带钩，竖划收笔带点，撇如匕首，捺如切刀，竖钩细长；有些连笔字游丝行空，已近行书。题干图片是宋徽宗的瘦金体书法作品，本题选 D。

A 选项，"柳体"是唐朝书法家柳公权自创的一种书体。

B 选项，馆阁体盛行于明清时期，科举考试皆以此体书写，其特点是乌黑、方正、大小如一。

C 选项，"颜体"是颜真卿自创的一种书体，与"柳体"并称为"颜筋柳骨"。

26. A 【解析】页面视图是一种"所见即所得"的视图方式，可以显示出文档的页眉、页脚、分栏等信息。

27. D 【解析】自定义动画能使幻灯片上的文本、形状、音频、图像等具有动画效果，可以突出重点，控制信息的流程，也能使幻灯片中的标题、图片、文字等按要求顺序呈现。

28. D 【解析】根据题干中的“小李、小王和小方都只猜对了一半”，将 A 项代入题干，小李的猜测为“错、错”，小王的猜测为“对、对”，小方的猜测为“错、错”，不符合题干要求，排除。

B 项代入题干，小李的猜测为“对、错”，小王的猜测为“错、错”，小方的猜测为“错、错”，不符合题干要求，排除。

C 项代入题干，小李的猜测为“错、错”，小王的猜测为“错、错”，小方的猜测为“对、对”，不符合题干要求，排除。

D 项代入题干，小李的猜测为“错、对”，小王的猜测为“错、对”，小方的猜测为“对、错”，符合题干要求。因此，答案选择 D 项。

29. B 【解析】前项的平方加后项等于第三项。$1^2+2=3$，$2^2+3=7$，$3^2+7=16$，$7^2+16=65$。

二、材料分析题（参考答案）

30. 材料中刘老师的教育行为体现了素质教育观，值得肯定和学习。

（1）素质教育是面向全体学生的教育。强调在教育中每个人都得到发展，而不是只注重一部分人，更不是只注重少数人的发展。材料中，小安令其他老师都很头疼，但刘老师并没有因此放弃对小安的教育，而是鼓励他，使其恢复了自信，最终小安的学习主动性提高了，还赢得了幼儿园绘画比赛的二等奖，说明刘老师做到了关注全体学生，平等公正地对待所有学生。

（2）素质教育是促进学生个性发展的教育。素质教育是全面发展的教育是从教育对所有学生的共同要求的角度来看的，但每一位学生都有其个性。因此，教育还要尊重并充分发展学生的个性。材料中，刘老师针对小安喜欢画画的特点，经常与他交流绘画心得，鼓励小安参加绘画比赛，最终赢得了幼儿园绘画比赛的二等奖，这表明刘老师尊重并充分发展了学生的个性。

（3）素质教育是促进学生全面发展的教育。素质教育倡导的是在教育中使每个学生都得到充分的、全面的发展。材料中，刘老师不仅关注小安的情绪体验，并且能够采取适宜的方法促进小安学习主动性的发挥和学习能力的提升，说明刘老师关注到了幼儿的全面发展。

作为教师，我们应当践行素质教育观，正确教育学生，促进学生发展。

31. 材料中，李老师的做法践行了教师职业道德规范，值得肯定。

（1）终身学习要求教师崇尚科学精神，树立终身学习理念，拓宽知识视野，更新知识结构。潜心钻研业务，勇于探索创新，不断提高专业素养和教育教学水平。材料中的李老师为了做好本职工作不断提高自己的理论素养，改进教学方法，是终身学习的师德规范的体现。

（2）爱岗敬业要求教师忠诚于人民教育事业，志存高远，勤恳敬业，甘为人梯，乐于奉献。对工作高度负责，认真备课上课，认真批改作业，认真辅导学生。不得敷衍塞责。材料中的李老师热爱自己的工作，在教学上因材施教，课外又主动联系家长，促使家校教育同步，共同促进学生发展，这是其敬业精神的体现。

（3）教书育人要求教师遵循教育规律，实施素质教育。循循善诱，诲人不倦，因材施教。培养学生良好品行，激发学生创新精神，促进学生全面发展。材料中的李老师关心每一位学生的成长，针对不同学生的发展特点因材施教。比如学生淘淘好奇心强但不愿上课，李老师就针对这一特点在课前与学生做游戏，吸引淘淘的注意力，激发了其学习兴趣。这些行为表明李老师能因材施教，促进学生发展。

总之，李老师的行为符合教师职业道德规范的要求，值得广大教师学习。

32.（1）画线部分运用了拟人的修辞手法，生动地描写了清华园优美的景致，反衬朱自清内心的寂寞，为下文写梦境作铺垫。

（2）①《背影》以朴实无华的文字，真挚强烈的感情，描写了家庭遭到变故，父亲到车站送别远行的儿子这一极富人情味的动人场景，成为朱自清的代表作品，长期被选入中学语文课本，人们提到朱自清的散文，往往就会想到《背影》。

②《背影》表面上简单朴素，实际上却能发出极大的感动力。作者写出的真挚、深沉、感人至深的父子之爱，引起人们强烈的情感共鸣。

③《背影》影响了一代代的中国人，人们从它身上看到朱自清对美的追求，那抒情的方法和技巧，是高超的、娴熟的，令很多的中学生想去学习。

④《背影》代表了作者的为人。所谓"我手写我心""文品即人品"。从朱自清的散文中，我们能看出他有着传统儒家知识分子的很多优点与特质。他是一个让人感佩的正义文人、慈爱父亲、体贴丈夫、孝顺儿子。

三、写作题（参考范文）

33. **师德潜入教，润生细无声**

有人说，师德像是一颗遥远北方的北极星，为暗夜中不辨方向的学生明确了人生的地理位置；有人说，师德像是一盏暖意融融的油灯，给茫然不知归路的学生照亮了回家的道路；也有人说，师德像是那个巨大而灿烂的太阳，让度过漫漫长夜的学生感受到爱的温度与希望的光芒。这些比喻都是如此准确地契合着教师这一职业，契合着师德在教学活动中的作用。然而，我仍觉得，师德更像是初春绵绵细细、柔和得像酥油般的新雨，虽柔细，却绵密，更深透，在无声之中让暖意随血液流淌过全身，浸润着学生的心灵，让学生的成长与发展在潜移默化中发生。

师德，首先是热爱学生。学生在老师的眼中，始终是一株需要呵护、施肥、修剪的幼苗。而教师在育苗过程中对这些幼苗的热爱，不仅仅体现为表面上的不侮辱、谩骂、歧视、体罚他们，更重要的是要发自内心地去关心他们，能够尊重他们的人格，平等、公正地对待他们，遇到突发事件时能舍身去保护他们；学生在向教师寻求帮助时，教师能够竭尽全力去开导、引导他们，激发并使之保持学习的热情。教师将对学生的爱融入教师教学与学生学习的点滴之中，学生目见耳闻、心明身行，必然能在感受到教师这份暖意积极奋发的同时，于无形之中学会尊重他人，关爱他人，帮助他人。

师德，其次是不断提高、完善个人素质。教师和学生一样，是不断发展中的人。教师作为学生学习的榜样，更应该在道德素质方面严格要求自己。工作中，兢兢业业，廉洁从教，对于自己负责的事情，绝不推诿；对于自己力所能及的事情，绝不回避；对于能够帮助学生的事情，绝不忽视。生活中，严于律己，宽以待人，为人师表，举止文明，以谦谦风度、文质彬彬对待学生，感染他人，为集体创造和谐的工作氛围与学习环境。教师将个人素质通过点滴小事体现出来，学生目观耳闻、心明身行，必然能在良好的学习环境中保持积极乐观的心态的同时，于无形之中学到淡然从容的气度、知礼有节的风度与积极向上的态度。

师德，再次是学无止境，终身学习。人，终其一生都无法彻底窥探清楚这个世界，只能无限向这个目标趋近而达到一个一个的阶段目标。教师虽然身为人师，但并非“万知万能”，只有不断更新知识内容，向纵深方向扩展知识储备，努力学习和掌握现代教育技术，谦虚听取学生、同事的意见，认真总结经验与方法，掌握实际的教育规律，才能提高自己的教学水平。教师将这份通过虚心学习进而达到的自身阶段目标的成果自然展现在课堂之中时，学生目观耳闻、心明身行，必然能在体会到知识的魅力与学习的重要性的同时，于无形之中调动起学习的积极性，形成良好的学习态度与学习意识。

师德是一场初春细雨，绵绵洒洒，于无声之中浸润至深，于无形之中影响着学生人生观、价值观与世界观的形成，影响着学生道德品质的发展，影响着学生学习之心的扎根发芽。它使学生不再是一个学习知识的工具，而使学生得以成长为一个全面发展、有血有肉、有理想有抱负、立志美好未来的“真人”。

国家教师资格考试预测试卷（十八）

一、单项选择题

1. C 【解析】素质教育强调要促进幼儿的全面发展。题干中赵老师利用户外活动时间讲授诗词，说明赵老师没有重视幼儿的体育锻炼和身体健康，没有关注幼儿的全面发展，因此赵老师的做法是错误的。

2. B 【解析】“育人为本”的儿童观认为，幼儿是独特的人，由于遗传、环境、教育等方面的影响，每个幼儿身心发展的速度都各不相同，身心素质的组合特征也不同。每个幼儿都有其优势领域和劣势领域，教师应当将幼儿看成独特的个体，因材施教，促进幼儿的全面发展。题干中，不同孩子具有不同的优缺点，教师在开展教学时应把幼儿看作独特的人，关注幼儿的个性化成长，因材施教。故本题选 B。

3. B 【解析】具有一定的研究能力是教师专业素养的要求之一，进行教育科学研究有利于教师的专业发展。题干中卢老师的抱怨是不正确的，没有认识到教学研究的重要性，忽视了自身的专业发展。

4. A 【解析】教师要关心爱护全体幼儿，公平公正地对待幼儿。题干中李老师把大多数活动的机会留给活泼开朗且长相漂亮的幼儿，却很少关注那些性格内向且长相普通的幼儿，说明李老师没有做到关爱全体幼儿，违背了公平施教的理念。

5. B 【解析】《幼儿园工作规程》第十五条规定，幼儿园教职工必须具有安全意识，掌握基本急救常识和防范、避险、逃生、自救的基本方法，在紧急情况下应当优先保护幼儿的人身安全。

6. A 【解析】根据《中华人民共和国义务教育法》第五十三条规定，县级以上人民政府或者其教育行政部门有下列情形之一的，由上级人民政府或者其教育行政部门责令限期改正、通报批评；情节严重的，对直接负责的主管人员和其他直接责任人员依法给予行政处分：(一)将学校分为重点学校和非重点学校的；(二)改变或者变相改变公办学校性质的。县级人民政府教育行政部门或者乡镇人民政府未采取措施组织适龄儿童、少年入学或者防止辍学的，依照前款规定追究法律责任。故答案选 A 项。

7. B 【解析】监督权包括对国家机关及其工作人员提出批评、建议、申诉、控告、检举并依法取得赔偿的权利。题干所述属于公民的监督权。

8. B 【解析】联合国大会通过的《儿童权利公约》的核心精神，是维护青少年儿童的社会权利主体地位。这一精神的基本原则有儿童最大利益原则、尊重儿童权利与尊严原则、尊重儿童观点与意见原则和无歧视原则。故本题选择 B。

方法技巧：《儿童权利公约》中提到了儿童最基本的四项权利和提倡的四项原则。

四项权利：生存权、受保护权、发展权、参与权；

四项原则：儿童最大利益原则、尊重儿童权利与尊严原则、无歧视原则、尊重儿童观点与意见原则。

9. B 【解析】《学生伤害事故处理办法》第九条规定，因学校教师或者其他工作人员体罚或者变相体罚学生，或者在履行职责过程中违反工作要求、操作规程、职业道德或者其他有关规定造成的学生伤害事故，学校应当依法承担相应的责任。题干中宁宁因为被老师罚站导致晕倒，造成手臂骨折，故应由幼儿园承担相应责任。

10. C 【解析】根据《中华人民共和国教育法》第二十九条规定，学校及其他教育机构行使"聘任教师及其他职工，实施奖励或者处分"的权利。题干中教师沈某因无正当理由拒不服从学校安排，但学校有权对其进行处分，学校无权对教师或学生做出行政处罚，本题选 C。

11. B 【解析】根据《学生伤害事故处理办法》第十条规定，学生或者其监护人知道学生有特异体质，或者患有特定疾病，但未告知学校，因此而造成的学生伤害事故，应当由学生或者未成年学生监护人承担相应责任。

12. D 【解析】《中华人民共和国教育法》第十四条规定，国务院和地方各级人民政府根据分级管理、分工负责的原则，领导和管理教育工作。

13. D 【解析】示范性是指幼儿教师本身，如教师的言行举止、人品、才能等都会成为幼儿模仿学习的对象。题干中多多在家里经常模仿老师的样子，体现了教师劳动的示范性特点。

A 项的意思是：学习好像追逐自己所渴求的东西那样，害怕追赶不上；即使追上了，又会担心再失去，要时时刻刻地记住它、领悟它、运用它。这句话强调了学习要有强烈的求知欲，必须全力以赴。

B 项出自《论语》，意思是：小孩子在父母跟前要孝顺，出外要敬爱师长，说话要谨慎，言而有信，和所有人都友爱相处，亲近那些具有仁爱之心的人。做到这些以后，如果还有剩余的精力，就用来学习文化知识。这句话强调学生应先致力于道德学习，其次才是知识学习。

C 项意思是：讲信用要合乎道义，合乎道义的诺言才能兑现。这句话强调要践行合乎道义的诺言。

D 项原意是：桃树、李树虽然不能说话，但是它们的花和果实，却吸引人走向它们，于是便在树下踏出了路来。这句话引申到教育领域中，强调广大教师要以身作则，才会收到上行下效的效果，体现了教师劳动的示范性，与题干所述一致。故本题答案选 D。

14. A 【解析】"关爱学生"的教师职业道德规范要求教师对学生严慈相济，做学生良师益友。保护学生安全，关心学生健康，维护学生权益。不讽刺、挖苦、歧视学生，不体罚或变相体罚学生。题干中李老师因为磊磊表现不好就当众责骂甚至侮辱他，做法不正确,违背了关爱学生的职业道德。

15. A 【解析】教师要尽量尊重家长的意见和看法,并把自己的看法向对方表达清楚,期待能够在相互尊重与理解的基础上达成共识。面对家长的抱怨,老师首先应该学会倾听,倾听是沟通交流的第一步。只有通过倾听,了解了家长抱怨的原因,才有可能针对这些诉求,化解矛盾。因此本题选 A。

16. C 【解析】爱岗敬业的教师职业道德规范要求教师忠诚于人民教育事业,志存高远,勤恳敬业,甘为人梯,乐于奉献。教书育人的教师职业道德规范要求教师遵循教育规律,实施素质教育。循循善诱,诲人不倦,因材施教。培养学生良好品行,激发学生创新精神,促进学生全面发展。题干中,叶海辉老师扎根海岛教育近 30 年,为教育默默奉献,并且多次参与乡村支教,助力西部地区教师发展。这说明叶海辉老师勤恳敬业,忠于人民教育事业,体现了爱岗敬业的教师职业道德规范。叶海辉老师创编体育游戏近 2000 例,制作 80 余种 4200 多件体育器材,让学生爱上体育课,这有助于学生的全面发展,体现了教书育人的教师职业道德规范。

17. D 【解析】东汉时期的《九章算术》是一部数学名著。这部书总结了春秋战国等时期的数学成就,标志着以计算为中心的中国古代数学体系的形成。

18. A 【解析】陈胜吴广起义发生在秦朝末年,①错误。“等贵贱,均田免赋”是明朝末年李自成起义的口号,南宋钟相、杨幺起义的口号是“等贵贱,均贫富”,③错误。“吾疾贫富不均,今为汝均之”是宋朝王小波、李顺起义的口号,④错误。②⑤对应正确,故选 A。

19. B 【解析】毛泽东在江西永新的三湾对部队进行改编,把原来的一个师缩编为一个团;建立党的各级组织,将党支部建立在连队上;实行民主管理,成立各级士兵委员会,坚持官兵一致的原则。三湾改编,从组织上确立了党对军队的绝对领导。

20. C 【解析】“稻、黍、稷、麦、菽”是我国古代“五谷”的说法之一,“稻”通常指水稻;“黍”去皮后叫黄米,比小米稍大;“稷”有谷子、高粱、不黏的黍三种说法;“麦”通称麦子;“菽”是豆类的总称。

21. B 【解析】热辐射是指物体由于具有温度而辐射电磁波的现象,是热量传递的三种方式之一。一切温度高于绝对零度的物体都能产生热辐射,温度越高,辐射出的总能量就越大,短波成分也越多。由于电磁波的传播无需任何介质,所以热辐射是在真空中唯一的传热方式。

22. C 【解析】A 项中戏班、剧团被称为“梨园”;B 项中京剧当中的“净”指男性角色,“旦”指女性角色;D 项中《梁山伯与祝英台》是越剧经典剧目之一。正确答案为 C 项。

易错提示：中国古代的一些特殊称谓，考生需要区分。

杏林——中医学界；杏坛——教育界；梨园——戏曲界。

23. A 【解析】塞纳河流经法国首都巴黎，故 A 项组合正确；流经匈牙利首都布达佩斯的是多瑙河，易北河流经捷克、波兰和德国，故 B 项组合错误；流经德国汉堡的是易北河，莱茵河是德国最长的河流，流经科隆、波恩等城市，故 C 项组合错误；流经埃及首都开罗的是尼罗河，尼日尔河是西非的主要河流，故 D 项组合错误。

24. B 【解析】A 项指的是诸葛亮，B 项指的是项羽，C 项指的是曹操，D 项指的是关羽。诸葛亮、曹操、关羽均属于三国时期的历史人物，项羽是秦末楚汉之际的历史人物。

25. C 【解析】《追求》是茅盾创作的中篇小说，收录在中篇小说集《蚀》中。《家》是巴金创作的“激流三部曲”中的第一部。《平凡的世界》是路遥创作的一部全景式地表现中国当代城乡社会生活的百万字长篇小说。《朝花夕拾》原名《旧事重提》，是现代文学家鲁迅的散文集。故答案选 C 项。

26. D 【解析】A 项是“打开”按钮，可以打开一个新的文档；B 项是“恢复”按钮，用于恢复最近一次已经撤消的操作；C 项是“保存”按钮，用于保存文档；D 项是“撤消”按钮，用于消除上一次的操作。如果误删某段文字内容，单击“撤消”图标即可将文档恢复到误删之前的状态。本题选 D。

27. B 【解析】幻灯片浏览视图是指按幻灯片序号顺序显示演示文稿中全部幻灯片的缩图。在幻灯片浏览视图下，可以复制、删除幻灯片，调整幻灯片的顺序，但不能对个别幻灯片的内容进行编辑、修改，它只适用于从整体上浏览和修改幻灯片效果。故本题选 B。

28. B 【解析】白醋的主要功能是烹调，次要功能是消毒；且白醋为液体。A 项，加热是热水器的主要功能，热水器不是液体，不符合题干逻辑关系，排除。B 项，汽油的主要功能是用作燃料，次要功能是去渍，而且汽油是液体，符合题干逻辑关系，当选。C 项，调味是白糖的主要功能，但白糖不是液体，不符合题干逻辑关系，排除。D 项，滋补是人参的主要功能，但人参不是液体，不符合题干逻辑关系，排除。故正确答案为 B。

29. B 【解析】$5+6+8=19$；$6+19+8=33$；$19+33+8=60$；$33+60+8=101$。

二、材料分析题（参考答案）

30. 马老师的教育行为很好地体现了素质教育观，值得我们借鉴和学习。

（1）素质教育是以培养创新精神和实践能力为重点的教育。教师在重视培养学生创新精神的同时，还要改变那种只重视教授书本知识、忽视实践能力培养的教学行为。材料中马老师尊重浩浩的想法，鼓励大家先观察再动手制作，说明马老师注重培养学生的实践能力。

(2)素质教育是促进学生个性发展的教育。素质教育强调教育要尊重和发挥学生的主体意识和主动精神，培养并能够使学生形成健全的个性，使学生活泼地成长。材料中马老师鼓励幼儿自主发现、自主创造，说明马老师注重学生个性的培养。

(3)素质教育是面向全体学生的教育。素质教育倡导人人有受教育的权利，强调在教育中每个人都得到发展，而不是只注重一部分人，更不是只注重少数人的发展。材料中马老师认真倾听孩子们的疑问，并且没有因为浩浩平时淘气就忽视对他的关注，夸赞浩浩爱思考、爱动手，说明马老师做到了面向全体学生进行教育。

总之，马老师的行为促进了幼儿的主动探究，在实践中锻炼了幼儿的能力，增强了幼儿的自信心，很好地贯彻了素质教育观。

31. 材料中关老师的行为践行了教师职业道德规范，值得我们学习。

(1)关老师的行为体现了教书育人的职业道德规范。教书育人要求教师遵循教育规律，实施素质教育。培养学生良好品行，激发学生创新精神，促进学生全面发展。材料中，面对幼儿关于老猴子抢小猴子东西吃的争论，关老师以此为契机组织幼儿展开讨论，教育幼儿要做文明人，与人和谐相处，与动物和谐相处，践行了教书育人的师德规范。

(2)关老师的行为体现了关爱学生的职业道德规范。关爱学生要求教师要关心爱护全体学生，尊重学生人格，平等公正对待学生。对学生严慈相济，做学生良师益友。材料中，面对幼儿议论纷纷的问题，关老师及时进行关注，引导幼儿正确思考，循循善诱，取得了良好的教育效果，体现了关老师对幼儿的重视和爱护。

(3)关老师的行为体现了爱岗敬业的职业道德规范。爱岗敬业要求教师忠诚于人民教育事业，志存高远，勤恳敬业，甘为人梯，乐于奉献。材料中，关老师在秋游时，积极观察孩子们的行为，并及时采取正确的教学方法，让幼儿独立思考，懂得与动物和谐相处。关老师对工作认真负责的态度实现了秋游的教育价值。

总之，作为一名教师，关老师积极践行了教师职业道德，促进了幼儿的发展。

32. (1)让苦难不再成为屈辱的前提是：坚强面对，不屈不挠，勇于奋斗，最终战胜苦难，并让它成为你人生中真正值得汲取的财富。因为只有当你战胜了苦难并远离苦难不再受苦时，别人才不会认为苦难是你的屈辱，而会觉得你意志坚强，值得敬重。

(2)之所以这么说是因为：苦难变成财富是有条件的，这个条件就是，你战胜了苦难并远离苦难不再受苦。只有这时，苦难才是你值得骄傲的一笔人生财富。如果还在苦难之中或没有摆脱苦难的纠缠，无论说什么，在别人听来，无异于是请求廉价的怜悯甚至乞讨。即使说正在享受苦难,在苦难中锻炼了品质、学会了坚韧,那么别人也只会觉得是在玩精神胜利、自我麻醉。

三、写作题(参考范文)

33. 正确面对人生得与失

以前经常听人说为了奋斗事业失去了很多,但是他在失去的同时也得到了很多,不是吗?人生就是这样,不可能十全十美,有得必有失。世上有些东西可以弥补,有些东西却永远弥补不了,这就需要人们能正确地面对人生得与失。

失去令人心痛,也令人悲哀,而人生最难能可贵的特质在于明知道会失去,却仍勇于追求。这一点也不矛盾,比失去更严重的是,人人都知道自己最后会死,但我们每个人不都仍设法好好地活?而且不停地做生涯规划,让自己活得更好。

在这个世界上,不是因为生命美丽我们才活着,而是因为我们活着生命才变得美丽。我们从小就知道雷锋是一个品德高尚的人,受众人敬仰。可能在许多人看来,雷锋总是热心地帮助他人,却让自己吃了亏,利人不利己,这是一种很傻的行为。然而雷锋本人却甘之如饴,并没有因为丢失个人利益而感到难过。虽然个人利益可能受损了,但雷锋得到的却是众多人的感激,收获的是大众的钦佩和敬仰。有失就有得,拥有和失去是人生常有的事,人应该学会习惯失去,并善于从失去中发现有所得。受挫一次,对生活的理解便加深一层。举得起,放得下,叫举重;举不起,放不下,叫负担。做你喜欢做的事,并把它当成是一种乐趣,这样并不一定意味着生活过得轻松,但绝对可以活得更精彩。所以不要把"失去"当成人生无限大的沮丧,也不要把"失去"当成人生中的大挫折和大失败。在适当的时候要懂得放手,失去这个,前面可能还有一个更好的正等着。世界永远无尽头,人生自然要永远往前看,"失去"也就变得微不足道了。

一切在变,不要执着于昨天的一切,应有从头再来的豪迈。好多时候人算不如天算,计算得太多,反而失去大于得到,正确的心态比什么都重要。人的心,只有自己最清楚。夜深人静时,问一下自己,如果得到的答案是你一直在努力,那么就不必为失去的难过。毕竟人生短短几十载,世事变幻无常,一切皆无定数,我们能做的,就是珍惜当前拥有的,坦然面对失去的。

国家教师资格考试预测试卷(十九)

一、单项选择题

1. D 【解析】科学的学前教育观要求教师关爱幼儿,尊重幼儿。题干中,面对其他幼儿对莉莉的嘲笑,教师应及时予以引导,并想办法保护莉莉的自尊心。D 项,教师的说法巧妙地化解了莉莉的尴尬,故做法正确。

2. B 【解析】终身学习的意识包括:(1)有不断学习的意愿,把学习看作是生活的一部分,成为生活的需要和习惯。(2)安排出一定的时间进行学习,无论是比较专门的时间,还是生活中的“边角料”,都尽可能用来学习。(3)把学习与工作改进、生活改进等联系起来,使学习有所运用,发挥学习的作用,不是为学习而学习,而是为变化和发展而学习,要有强烈的应用意识。(4)掌握学习的方法和技术,提高学习的效率。题干中殷老师喜欢看书,时常观摩老教师的课,并且会到大学修习研究生课程,说明殷老师能够坚持学习,具有终身学习的意识和理念。

3. D 【解析】教师面对幼儿的不良习惯应该耐心地予以引导,采取温和的方式进行教育。题干中教师因为帅帅不认真听故事就对其进行言语嘲讽,做法不正确,没有尊重幼儿。

4. B 【解析】教师应关爱学生。对于班里身体素质差的学生,应鼓励其适当锻炼身体,多吃富含营养的食物,从本质上提高其身体素质。

5. A 【解析】《中华人民共和国教育法》第六十一条规定,国家财政性教育经费、社会组织和个人对教育的捐赠,必须用于教育,不得挪用、克扣。故孙某做法不合法,本题选 A。

6. A 【解析】《学生伤害事故处理办法》第二十八条规定,未成年学生对学生伤害事故负有责任的,由其监护人依法承担相应的赔偿责任。题干中幼儿王某在玩耍时故意将幼儿赵某推倒在地,致其左腕骨折,因此王某的监护人应当依法承担相应责任。

7. C 【解析】《中华人民共和国教师法》第三十九条规定,教师对学校或者其他教育机构侵犯其合法权益的,或者对学校或者其他教育机构作出的处理不服的,可以向教育行政部门提出申诉,教育行政部门应当在接到申诉的三十日内,作出处理。

易错提示:对于教师申诉制度,考生需要明白无论学校是否依法依规作出处分决定,只要教师认为学校侵犯了自己的合法权益,就可以提出申诉。但教师的申诉请求是否合理,则由受理其申诉的机构依法予以定夺,并在规定时限内给出答复或决定。一般情况下,教师申诉的流程和处理时间,考生可通过下图简单了解。

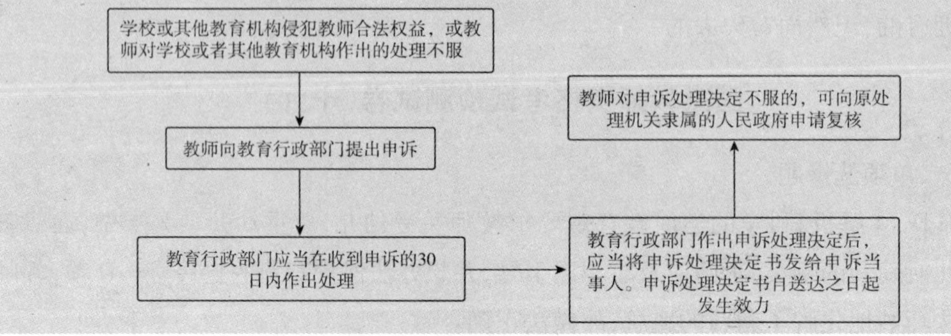

8. C 【解析】根据《中华人民共和国宪法》第三十四条规定，中华人民共和国年满十八周岁的公民，不分民族、种族、性别、职业、家庭出身、宗教信仰、教育程度、财产状况、居住期限，都有选举权和被选举权；但是依照法律被剥夺政治权利的人除外。C项，齐某是外籍华人，不是我国公民，因此无法享有选举权。故本题选C。

易错提示：考生容易混淆享有选举权和行使选举权。选举权是公民的基本政治权利之一。在我国，精神病患者享有选举权，但由于其患病而不具备行使政治权利的实际能力，可以暂停其选举权的行使。

9. A 【解析】根据《中华人民共和国教育法》第七十九条规定，考生在国家教育考试中，有“让他人代替自己参加考试的”行为，由组织考试的教育考试机构工作人员在考试现场采取必要措施予以制止并终止其继续参加考试；组织考试的教育考试机构可以取消其相关考试资格或者考试成绩；情节严重的，由教育行政部门责令其停止参加相关国家教育考试一年以上三年以下；构成违反治安管理行为的，由公安机关依法给予治安管理处罚；构成犯罪的，依法追究刑事责任。

10. B 【解析】《儿童权利公约》第三条规定，缔约国承担确保儿童享有其幸福所必需的保护和照料，考虑到其父母、法定监护人、或任何对其负有法律责任的个人的权利和义务，并为此采取一切适当的立法和行政措施。第六条规定，缔约国确认每个儿童均有固有的生命权。缔约国应最大限度地确保儿童的存活与发展。免受惩罚的权利不属于《儿童权利公约》对儿童权利保护的规定，故本题选B项。

11. C 【解析】根据《中华人民共和国义务教育法》第十二条规定，父母或者其他法定监护人在非户籍所在地工作或者居住的适龄儿童、少年，在其父母或者其他法定监护人工作或者居住地接受义务教育的，当地人民政府应当为其提供平等接受义务教育的条件。

12. A 【解析】根据《中华人民共和国未成年人保护法》第七条规定，未成年人的父母或者其他监护人依法对未成年人承担监护职责。第二十四条规定，未成年人的父母离婚后，不直接抚养未成年子女的一方应当依照协议、人民法院判决或者调解确定的时间和方式，在不影响未成年人学习、生活的情况下探望未成年子女，直接抚养的一方应当配合，但被人民法院依法中止探望权的除外。题干中，尽管小明的父母离异，但小明父亲仍对自己的未成年子女负有监护职责，故小明父亲对小明不闻不问的做法是错误的。

13. A 【解析】“爱岗敬业”要求教师对工作高度负责，认真备课上课，认真批改作业，认真辅导学生。题干中张老师上课从不备课，是对工作不负责任的表现。

14. C 【解析】题干中老师把顽皮的孩子安排在教室最后一排，并且对其不管不问，说明教师没有做到关心爱护全体学生，忽视了这些孩子的需求和发展，故教师做法不正确。

15. B 【解析】“爱岗敬业”要求教师对工作高度负责，认真备课上课，认真批改作业，认真辅导学生。不得敷衍塞责。题干中，闫桂珍老师全身心扑在教育工作中，不顾身体疾病坚守教学岗位，闫老师这种对工作高度负责的态度，是对爱岗敬业的生动诠释。

16. D 【解析】教书育人的教师职业道德规范要求教师遵循教育规律，实施素质教育。循循善诱，诲人不倦，因材施教。图中老师的意图是把每一位学生都“修剪”成同样的模式，忽视了学生的个性发展，没有做到因材施教。

17. B 【解析】云贵高原分布着广泛的喀斯特地貌，它是石灰岩在高温多雨的条件下，经过漫长的岁月，被水溶解和侵蚀而逐渐形成的。地下和地表分布着许多溶洞、暗河、石芽、石笋、峰林等喀斯特地貌。云贵高原是世界上喀斯特地貌发育最完美、最典型的地区之一。

18. B 【解析】云冈石窟位于山西大同；龙门石窟位于河南洛阳；莫高窟位于甘肃敦煌。山西、河南、甘肃均是黄河流经的省份。

19. A 【解析】太阳风爆发时释放大量带电粒子所形成的高速粒子流，严重影响地球的空间环境，破坏臭氧层，干扰无线通信，对人体健康也有一定的危害。因此，太阳风并不能促进臭氧的产生，而是会破坏臭氧层，A 项说法错误。

20. B 【解析】但丁是意大利中世纪诗人，代表作品有《神曲》等。但丁、莎士比亚与歌德并称为世界三大文学巨匠。但丁被恩格斯称为“中世纪的最后一位诗人，同时又是新时代的最初一位诗人”。

21. D 【解析】2021 年 11 月 3 日，北京隆重举行 2020 年度国家科学技术奖励大会，国家最高科学技术奖授予了新中国飞机设计大师、飞机空气动力设计的奠基人顾诵芬和国际核能领域著名学者、战略科学家、清华大学原校长王大中。

方法技巧：国家最高科学技术奖于 2000 年由中华人民共和国国务院设立，由国家科学技术奖励工作办公室负责，授予在当代科学技术前沿取得重大突破或者在科学技术发展中有卓越建树、在科学技术创新、科学技术成果转化和高技术产业化中创造巨大经济效益或者社会效益的科学技术工作者。截至 2021 年 11 月，共有 35 位杰出科学工作者获得该奖。下表为 2010 年后该奖项的获得者。

年度	获奖人
2010 年	师昌绪(材料科学家)
	王振义(内科血液学专家)
2011 年	吴良镛(建筑与城乡规划学家)
	谢家麟(粒子加速器物理学家)
2012 年	郑哲敏(著名力学家、爆炸力学专家)
	王小谟(雷达工程专家)
2013 年	张存浩(物理化学家,第三世界科学院院士)
	程开甲(核试验科学技术专家,两弹一星功勋)
2014 年	于敏(核物理学家,两弹一星功勋)
2015 年	空缺
2016 年	赵忠贤(高温超导物理学家)
	屠呦呦(药学家、2015 年获诺贝尔生理学或医学奖)
2017 年	王泽山(火炸药专家)
	侯云德(分子病毒学专家)
2018 年	刘永坦(雷达与信号处理技术专家)
	钱七虎(防护工程专家)
2019 年	黄旭华(核潜艇专家)
	曾庆存(大气科学专家)
2020 年	顾诵芬(飞机空气动力学家)
	王大中(核能科学家)

22. C 【解析】17 世纪下半叶,在前人工作的基础上,英国科学家牛顿和德国数学家莱布尼茨分别在自己的国家独自研究和完成了微积分的创立工作。到 19 世纪初,以柯西为首的法国科学家,对微积分的理论进行了认真研究,建立了极限理论,后来又经过德国数学家维尔斯特拉斯进一步的严格化,使极限理论成为微积分的坚定基础。C 项爱因斯坦与微积分理论的创立和发展没有重大关系。

23. B 【解析】“冬九九”又称“数九”,是我国冬季一种民间节气,反映了中国冬季气温变化的大概情况。“冬九九”一般从冬至那天开始,到惊蛰结束,每九天算成一段,一直到九九八十一天结束。

24. A 【解析】康德主要研究自然科学和哲学,他在 1755 年发表的《自然通史和天体论》中提出了太阳系起源的“星云”假说。

25. B 【解析】《兰亭集序》是东晋书法家王羲之在浙江绍兴兰渚山下以文会友，写出的“天下第一行书”，也称《兰亭序》《临河序》等。

26. B 【解析】在 Word 中，使用 Insert 键切换“插入”和“改写”编辑模式；使用 Home 键将光标移动至所在行开头；使用 End 键将光标移动至所在行结尾。

27. D 【解析】幻灯片母版是按照用户特定的需求对幻灯片设置的统一外观，设置完毕后返回到普通编辑状态下，即会应用于所有的幻灯片。

28. A 【解析】地球是行星，并且是一个具体存在的行星。A 项，英国是一个具体存在的国家，与题干逻辑关系一致，当选；B 项，陕西是中国的一个省，两者之间是组成关系，与题干逻辑关系不一致，排除；C 项，公路不是具体的某一条道路，与题干逻辑关系不一致，排除；D 项，岛屿和大陆两者之间是并列关系，与题干逻辑关系不一致，排除。故答案选 A。

29. D 【解析】数字 2 个一组，后一个数是前一个数的 3 倍。$2\times3=6$，$13\times3=39$，$15\times3=45$，$23\times3=69$。

二、材料分析题（参考答案）

30. 材料中张老师的教育行为是合理的，符合新课改背景下的教师观。

（1）教师是学生学习的促进者。教师不仅传授知识，检查学生对知识的掌握程度，而且教师是学生学习的激发者，各种能力和积极个性的培养者。材料中，张老师认真观察幼儿的行为，引导幼儿自主探究、观察讨论，体现了这一点。

（2）教师是教育教学的研究者。教师即研究者，意味着教师在教学过程中要以研究者的心态置身于教学情境之中，以研究者的眼光审视和分析教学理论与教学实践中的各种问题，对自身的行为进行反思，对出现的问题进行探究，对积累的经验进行总结，最终形成规律性的认识。材料中，张老师发现幼儿对蚂蚁感兴趣后，带幼儿出去观察周围的花花草草、小动物等，当发现周围有新奇的现象时，便和幼儿一起讨论、探索，体现了其研究者的角色。

（3）教师是课程的开发者和建设者。新课程倡导民主、开放、科学的课程理念，同时确立了国家、地方、学校三级课程管理政策，这就要求课程与教学相互整合，教师必须在课程改革中发挥主体作用。教师不仅是课程实施的执行者，更应成为课程的开发者和建设者。材料中，张老师每周选择一种常见植物或动物，带领幼儿去观察、学习，体现了其课程建设者、开发者的角色。

因此，张老师的教育行为遵循了新课改背景下教师观的要求，有效支持了幼儿的积极探索，值得提倡和学习。

31. 材料中毕老师的做法符合教师职业道德中爱岗敬业、关爱学生、为人师表、终身学习的要求。

(1)毕老师的行为符合“爱岗敬业”的教师职业道德要求。爱岗敬业的教师职业道德规范要求教师忠诚于人民教育事业,志存高远,勤恳敬业,甘为人梯,乐于奉献。材料中,毕老师工作热情高,并不断提升自己的业务水平,体现了爱岗敬业的职业道德。

(2)毕老师的行为符合“关爱学生”的教师职业道德要求。关爱学生的教师职业道德规范要求教师关心爱护全体学生,尊重学生人格,平等公正对待学生。保护学生安全,关心学生健康,维护学生权益。材料中毕老师尊重幼儿,对幼儿有爱心和耐心,用专业知识开导有自闭倾向的幼儿,体现了关爱学生的职业道德。

(3)毕老师的行为符合“为人师表”的教师职业道德要求。为人师表的教师职业道德规范要求教师坚守高尚情操,知荣明耻,严于律己,以身作则。作风正派,廉洁奉公。自觉抵制有偿家教,不利用职务之便谋取私利。材料中,毕老师在深思熟虑后拒绝了家长发来的金额不等的红包,体现了为人师表的职业道德。

(4)毕老师的行为符合“终身学习”的教师职业道德要求。终身学习的教师职业道德规范要求教师崇尚科学精神,树立终身学习理念,拓宽知识视野,更新知识结构。潜心钻研业务,勇于探索创新,不断提高专业素养和教育教学水平。材料中,毕老师不断学习,提升自己的业务水平及工作能力,赢得幼儿的喜爱和家长的认可,体现了终身学习的职业道德。

综上所述,毕老师的做法是正确的,符合教师职业道德规范的要求,值得我们学习。

32. (1)从结构上说,此句由写张继京城落榜转而写他枫桥夜泊,完成了行文上的自然过渡(承上启下)。从内容上说,此句烘托了张继落榜后希望尽快摆脱令他羞愧沮丧的残酷现实,寻求精神超脱的急切心情。

(2)含义:“不朽”原意是永不磨灭,永远存在下去。文中张继因落榜失眠而写就了千古不朽的诗篇,故作者用“不朽”来修饰“失眠”。

好处:①“不朽的失眠”体现了作者命题之妙,这样命题,易引起读者的思考,从而激发其阅读的兴趣。②借肯定“失眠”来肯定张继的《枫桥夜泊》千古不朽,并以此与他的考场失意相对照,有力地表达了作品的主题。如果没有失意的张继,也就没有了那次失眠之苦,没有了那次失眠,也便没有了千百年来被人们广为传诵的《枫桥夜泊》。

三、写作题(参考范文)

33. **活到老学到老**

师旷和晋平公的对话,突出了“人的一生都需要学习”的主题。从少年、壮年到老年，虽然每个阶段学习的效果不同，但是学习是始终不能放弃的事业。这是每个向上者的需要。作为一名合格的教师，终身学习无疑是教师自身素质提高的必要保证，更是能胜任教学任务的前提条件。

陶行知先生在《教师自动进修》中指出："有些人一做了教师，便专门教人，而忘记自己也是一个永久不会毕业的学生。因此很容易停止长进，甚至于未老先衰。只有好学，才是终身进步之保险，也是长青不老之保证。"现在提倡教师应"终身学习"，要经常性地"充电"，不断提升自己的素质。

华罗庚生于江苏，父亲以开杂货铺为生。他从小爱动脑筋，初中毕业后，曾入上海中华职业学校就读，但因家境不好，拿不出学费而中途退学，在父亲的杂货店里当店员，故一生只有初中毕业文凭。退学以后他开始顽强自学，每天学习 10 个小时以上，由于刻苦努力，终于在数学上初露锋芒，引起清华大学数学系主任熊庆来先生的高度重视，经过他的推荐，于 1931 年任清华大学数学系助理，负责管理图书、公文、打字等。从 1931 年起，华罗庚在清华大学边工作边学习，用一年半时间学完了数学系全部课程。他自学了英、法、德文，在国外杂志上也发表了自己的论文。华罗庚的勤奋好学感动了美国著名数学家维纳，便推荐他去剑桥学习深造，华罗庚后来成为世界著名的数学家。

从幼年、少年、青年、中年直至老年，学习将伴随人的整个生活历程并影响人一生的发展。古人说："书山有路勤为径，学海无涯苦作舟。"没有止境地学习，是每一个向上者所必要的。人要想不断地进步，就得活到老学到老，在学习上不能有厌烦之心。自人类诞生之日起，学习就成为整个人类及每一个个体的一项基本活动，之所以提出"终身学习"的观点，是因为人类几千年积累下来的知识文化，只用几十年是学不完的，故先贤庄子曾说："吾生也有涯而知也无涯。"何况现代社会的知识寿命大为缩短，个人用十几年所学习的知识，会很快过时。如果再不学习更新，马上就进入所谓的"知识半衰期"。

"生有涯，知无涯。活到老，学到老。"在这个竞争激烈的社会中，我们不仅要学习实践知识，还要不断充实理论知识。因为知识也在日新月异，旧的知识会让人追不上这个社会快速前进的车轮。如果你不努力学习，就会被社会淘汰，特别是作为一名教师。人们常说："要想给学生一杯水，自己要有长流水。"教师要学为人先，与时俱进，生命不息，学习不止，成为适应时代要求的学习型教师。

国家教师资格考试预测试卷(二十)

一、单项选择题

1. B 【解析】幼儿是独特的、完整的人，教师应尊重幼儿的人格。题干中王老师组织小朋友投票让亮亮离开合唱队的做法，损害了亮亮的人格，是不尊重幼儿的表现，故做法错误。

2.C 【解析】“育人为本”的儿童观强调教育以服务幼儿为前提，教育应该了解幼儿的心理变化和认知特点，为幼儿的成长提供最好的、最优质的条件。C 项是最合适的处理方式。“赞赏乐乐救助小猫的行为”有利于保护学生的爱心，也是尊重学生的体现；“将小猫暂时安置在办公室”有利于转移全班学生的注意力，使教学活动顺利进行。

3.C 【解析】在教育教学过程中，教师除了面对学生外，要与学生家长进行沟通与配合。教师必须处理好与家长的关系，加强与家长的联系与合作，共同促进学生的健康成长。题干中班主任在与家长沟通时经常被家长误解甚至发生口角，说明该班主任的沟通能力有待提高。

4.A 【解析】题干中罗老师让彤彤多参加一些其他活动，说明罗老师关注到了幼儿的全面发展和均衡发展；彤彤性格内向，基本不跟其他小朋友交往，罗老师让彤彤“多跟大家一起玩”，说明罗老师注重幼儿的主动发展。题干中未体现“注重幼儿个性发展”。

易错提示：素质教育的内涵是常考点也是易混易错点，考生要在理解各内涵的基础上，抓住题干关键词句，结合题干作答。

全面发展——强调德智体美等各方面都要发展，只重视某一方面的发展（如智育）即违背了该内涵的要求。

个性发展——幼儿是独特的人，要尊重幼儿个性、促进幼儿的特长发展等。

均衡发展——幼儿发展的各方面处于一种平衡和谐的状态，没有特别落后的。

主动发展——强调个体的主观能动性，即自觉、主动地发展。

5.B 【解析】《中华人民共和国宪法》第八十九条规定，国务院行使“根据宪法和法律，规定行政措施，制定行政法规，发布决定和命令”的职权。

6.C 【解析】根据《中华人民共和国教育法》第七十四条规定，违反国家有关规定，向学校或者其他教育机构收取费用的，由政府责令退还所收费用；对直接负责的主管人员和其他直接责任人员，依法给予处分。

7.B 【解析】《中华人民共和国民法典》第一千一百九十九条规定，无民事行为能力人在幼儿园、学校或者其他教育机构学习、生活期间受到人身损害的，幼儿园、学校或者其他教育机构应当承担侵权责任；但是，能够证明尽到教育、管理职责的，不承担侵权责任。根据题干可知，这一伤害事故是由于幼儿园的工作失误、管理不完善造成的，因此应该由幼儿园承担责任。

8.A 【解析】《中华人民共和国未成年人保护法》第八十条规定，网络服务提供者发现用户发布、传播可能影响未成年人身心健康的信息且未作显著提示的,应当作出提示或者通知用户予以提示;未作出提示的,不得传输相关信息。题干中某网站发现有用户发布了一条可能影响未成年人身心健康的信息,应当作出提示或者通知用户予以提示。故本题选 A。

9. D 【解析】《中华人民共和国教育法》第二十六条规定,以财政性经费、捐赠资产举办或者参与举办的学校及其他教育机构不得设立为营利性组织。题干中,周校长计划将捐资举办的学校转型为营利性民办学校的做法不合法,捐资举办的学校不得设立为营利性组织。

10. D 【解析】根据《学生伤害事故处理办法》第十二条规定,因下列情形之一造成的学生伤害事故,学校已履行了相应职责,行为并无不当的,无法律责任:(一)地震、雷击、台风、洪水等不可抗的自然因素造成的;(二)来自学校外部的突发性、偶发性侵害造成的;(三)学生有特异体质、特定疾病或者异常心理状态,学校不知道或者难于知道的;(四)学生自杀、自伤的;(五)在对抗性或者具有风险性的体育竞赛活动中发生意外伤害的;(六)其他意外因素造成的。第九条规定,学校教师或者其他工作人员体罚或者变相体罚学生,或者在履行职责过程中违反工作要求、操作规程、职业道德或者其他有关规定造成的学生伤害事故,学校应当依法承担相应的责任。

11. A 【解析】根据《中华人民共和国教师法》第二十七条规定,地方各级人民政府对教师以及具有中专以上学历的毕业生到少数民族地区和边远贫困地区从事教育教学工作的,应当予以补贴。

12. A 【解析】《幼儿园工作规程》第五条指出,幼儿园保育和教育的主要目标是:(1)促进幼儿身体正常发育和机能的协调发展,增强体质,促进心理健康,培养良好的生活习惯、卫生习惯和参加体育活动的兴趣;(2)发展幼儿智力,培养正确运用感官和运用语言交往的基本能力,增进对环境的认识,培养有益的兴趣和求知欲望,培养初步的动手探究能力;(3)萌发幼儿爱祖国、爱家乡、爱集体、爱劳动、爱科学的情感,培养诚实、自信、友爱、勇敢、勤学、好问、爱护公物、克服困难、讲礼貌、守纪律等良好的品德行为和习惯,以及活泼开朗的性格;(4)培养幼儿初步感受美和表现美的情趣和能力。故 A 项说法不正确。

13. C 【解析】为人师表的教师道德规范要求教师坚守高尚情操,知荣明耻,严于律己,以身作则。衣着得体,语言规范,举止文明。关心集体,团结协作,尊重同事,尊重家长。作风正派,廉洁奉公。自觉抵制有偿家教,不利用职务之便谋取私利。题干中王老师给孩子们补习舞蹈并收取一定的报酬,违背了为人师表中“作风正派,廉洁奉公。自觉抵制有偿家教,不利用职务之便谋取私利”的教师职业道德。

方法技巧:在教师资格考试中,为人师表的教师职业道德规范是常考点,考生在做题时,看到题干中有涉及钱财、礼物、有偿家教、言行、着装、与同事或家长的关系等行为时,可从为人师表的角度进行分析。

14. B 【**解析**】教师的人际行为规范要求教师之间要做到:互相尊重,切忌嫉妒;相互学习,取长补短;平等相待,不卑不亢;乐于助人,关心同事。题干中,李老师经常去听年轻老师的课并给予指导,体现了李老师甘为人梯,乐于助人;李老师发现孙老师的讲解存在偏差,当场打断教师教学的行为不妥当,李老师可在课下与孙老师沟通,给予指导。故本题选 B。

15. B 【**解析**】爱岗敬业的教师道德规范要求教师忠诚于人民教育事业,志存高远,勤恳敬业,甘为人梯,乐于奉献。对工作高度负责,认真备课上课,认真批改作业,认真辅导学生。不得敷衍塞责。题干中,陈老师工作兢兢业业、认真负责,体现了她爱岗敬业的职业道德。

16. D 【**解析**】为人师表的教师职业道德规范要求教师要作风正派,廉洁奉公。自觉抵制有偿家教,不利用职务之便谋取私利。题干中,李老师公然收受家长的贿赂,违背了为人师表的相关要求。

17. B 【**解析**】B 项,《嘎达梅林》是蒙古族长篇叙事民歌,讲述了内蒙古东部哲里木盟的一位蒙古英雄嘎达梅林率领人民反抗封建王爷和反动军阀的斗争故事。A 项,《玛纳斯》是柯尔克孜族的一部英雄史诗。C 项,《阿诗玛》是流传于彝族的叙事长诗。D 项,《格萨(斯)尔》是藏族人民集体创作的一部伟大的英雄史诗。

18. C 【**解析**】这是清朝秦瀛题于湖南三闾大夫祠的一副对联。《招魂》《九歌》均系屈原的作品;“香草”在楚辞中常喻忠臣贤士,这里指屈原;“三户”指屈原的祖国——楚,《史记》中有“楚虽三户,亡秦必楚”之说;“呵壁”是用典,指屈原被逐,彷徨山泽,书《天问》于壁,“呵而问之,以泄其愤”;“湘流”即指汨罗江。上联赞扬了屈原忠贞报国的一片赤诚之心,下联写屈原当时忠言直行,不容于楚国的当权者靳尚、郑袖之流,心怀怨恨,自沉湘流,唯有浩荡的江水理解屈原的忠贞之志。

19. C 【**解析**】欧·亨利是美国短篇小说家、美国现代短篇小说创始人,其主要作品有《麦琪的礼物》《警察与赞美诗》《二十年后》等。马克·吐温是美国现实主义文学的杰出代表,代表作有《竞选州长》等。毛姆是英国小说家、剧作家,代表作有戏剧《圈子》,长篇小说《人生的枷锁》《月亮和六便士》等。乔伊斯是爱尔兰作家、诗人,二十世纪最伟大的作家之一,后现代文学的奠基者之一,其作品及“意识流”思想对世界文坛影响巨大，代表作品是短篇小说集《都柏林人》、自传体小说《青年艺术家的自画像》等。

20. B 【解析】张仲景是东汉末年的名医，他虚心向名医求教，四处奔走，广泛收集民间药方，在总结前人经验的基础上，结合自己的临床实践，写成了《伤寒杂病论》一书。这部著作发展了中医学的理论和治疗方法，总结了各种疾病的症候，提出在诊断上要辨证分析病情，然后对症治疗。他还发展了“治未病”的思想，提倡预防疾病。

21. A 【解析】《福尔摩斯探案集》是英国作家柯南·道尔的成名代表作，全书包括4部长篇以及56个短篇小说，塑造了福尔摩斯这一栩栩如生、深得人心的形象，反映了维多利亚时代英国的社会生活。A项符合题意。德国作家歌德的《少年维特之烦恼》是德国启蒙运动中的一部重要作品，早于维多利亚时代，B项排除。海明威的《老人与海》出版于1952年，围绕一位老年古巴渔夫与一条巨大的马林鱼在离岸很远的湾流中搏斗而展开讲述，C项不符合题意，排除。薄伽丘的《十日谈》是欧洲文学史上第一部现实主义巨著，是文艺复兴运动的一部宣言书，早于维多利亚时代，D项排除。故本题选A。

22. B 【解析】利用海水晒盐，是人类利用海洋资源的重要方式。海盐主要是海水经自然蒸发而晒制出来的。我国东部沿海的一些地方，海滩宽广，风力强劲，晴天多，日照充足，蒸发旺盛，适合晒盐。

23. C 【解析】1937年7月7日发生在华北的卢沟桥事变（又称“七七事变”），标志着中国全民族抗战的开始。本题选C。

A项，九一八事变，又称柳条湖事变，是日本关东军炸毁柳条湖附近南满铁路的一段铁轨，并反诬中国军队破坏铁路，借此炮轰中国东北军驻地北大营和沈阳城的事件。九一八事变标志着中国局部抗战的开始。

B项，淞沪会战是中国抗日战争中的第一场重要战役，粉碎了日本侵略者快速灭亡中国的计划。

D项，华北事变是1935年日本帝国主义企图把华北从中国分离出去而制造的一系列侵略事件，华北事变使中国的民族危机空前加重。

24. B 【解析】北斗卫星导航系统是由我国自主建设、独立运行的重要空间基础设施，也是我国迄今为止规模最大、覆盖范围最广、服务性能要求最高的巨型复杂航天系统。

25. C 【解析】我国古代绘画常用朱红色、青色，故称画为“丹青”，C项正确。“临池”指练习书法。“丝竹”泛指各种乐器。“金石”是指古代镌刻着文字纪事的钟鼎碑碣等金属和石制器物，也是钟、磬等乐器的总称。

26. B 【解析】在修改Word文档时，如果遇到一些不能确定是否要改的地方，可以通过插入 Word 批注的方法暂时做记号;或者是在审阅 Word 文稿的过程中,审阅者对作者提出一些意见和建议时,也可以通过 Word 批注的形式表达自己的意思。

27. D 【解析】PowerPoint 课件支持多个对象的动画同时播放,故 D 项说法错误。

28. C 【解析】蝴蝶和蟋蟀都是昆虫,属于并列关系。A 选项,桑葚是一种果实,桑葚和鲜花是全异关系。B 选项,海棠和海参是全异关系。C 选项,鹦鹉和海鸥都是鸟类,属于并列关系。D 选项,太阳是银河系的恒星之一,两者属于包含关系。故本题选 C。

29. D 【解析】$1\times2=2$;$3\times4=12$;$5\times6=30$;$7\times8=56$;$9\times10=90$。

二、材料分析题(参考答案)

30. 材料中孟老师的做法是正确的,符合"育人为本"的儿童观的要求。

(1)幼儿是发展中的人,要用发展的观点认识幼儿。幼儿是处于发展初期的幼稚个体,具有巨大的发展潜能。材料中孟老师面对松松喜欢玩游戏,缺乏耐心的表现,没有简单粗暴的指责了事,而是通过与松松的谈话,帮助他安静地完成画画的任务,说明孟老师认识到了幼儿是发展中的人。

(2)幼儿是独特的人。每个幼儿身心发展的速度各不相同,教师应将幼儿看作独特的个体,因材施教,促进幼儿的全面发展。材料中孟老师面对松松的情况,没有直接指责他,而是通过松松能接受的方式让松松改正了不良习惯,说明孟老师认识到了幼儿是独特的个体,做到了因材施教。

(3)幼儿是学习的主体,是具有能动性的教育对象。幼儿具有在教育活动中的主观能动性和自我教育的可能性。材料中,孟老师为了改变松松缺乏耐心的问题,鼓励和表扬他,让他根据自己的表达,画一幅完整的画,表明孟老师将幼儿看作教育的主体,在教育过程中尊重幼儿的主体地位。

综上所述,孟老师践行了"育人为本"的儿童观,认识到了幼儿的主体地位,促进幼儿全面发展。

31. 李老师的做法有值得我们学习的地方,但有的行为需要反思与改进。

(1)李老师的做法符合教师职业道德规范中的爱岗敬业。爱岗敬业的职业道德规范要求教师对工作高度负责,认真备课上课,认真批改作业,认真辅导学生。不得敷衍塞责。材料中的李老师能够认真备课,认真讲课,体现了爱岗敬业的职业道德要求。

(2)李老师的做法符合教师职业道德规范中的终身学习。终身学习的职业道德规范要求教师崇尚科学精神,树立终身学习理念,拓宽知识视野,更新知识结构。潜心钻研业务,勇于探索创新,不断提高专业素养和教育教学水平。材料中李老师到岗后一直努力提高自己的教学水平,不断创新和发展自己的教学技能,符合终身学习的职业道德要求。

(3)李老师的做法不符合教师职业道德规范中的爱国守法。爱国守法的职业道德规范要求教师自觉遵守教育法律法规，依法履行教师职责权利。材料中李老师对不认真听课的学生罚站，这是体罚，侵犯了学生的人格权。另外，她不允许不守纪律的学生听课，这侵犯了学生的受教育权，违反了《中华人民共和国教育法》和《中华人民共和国未成年人保护法》的相关规定。

(4)李老师的做法不符合教师职业道德规范中的关爱学生。关爱学生的职业道德规范要求教师关心爱护全体学生，尊重学生人格，平等公正对待学生。对学生严慈相济，做学生良师益友。保护学生安全，关心学生健康，维护学生权益。不讽刺、挖苦、歧视学生，不体罚或变相体罚学生。材料中李老师体罚学生，并且不让学生听课的做法违背了这一职业道德规范的要求。

综上所述，李老师应该改进不符合教师职业道德规范的行为，做到以爱心和耐心教育幼儿。

32.(1)人生合理的生活，便是指敬业。人生在世是要天天劳作的，根据自己的才能、境地，认定一件事情去做，并忠于这件事，实实在在把全部精力集中到这事上，圆满的劳作。这便是人生合理的生活。

(2)佝偻丈人用竹竿粘蝉，可以百发百中，一个人能把职业或一件有价值的事做到这么娴熟圆满，可谓做到忠实，做到敬业了。文章引用《庄子》中佝偻丈人的故事是列举事例来论证人要有敬业精神。

三、写作题(参考范文)

33. **距离产生美**

“凌晨四点起来，发现海棠花未眠。”川端康成这样写道，而海棠本来便是日夜开放，为何凌晨四点起来便可以感受到它产生的别样的美感呢？

那便是因为白天里海棠花彻底融入了我们的生活；我们埋着头，或学习，或工作，那近在咫尺的美却悄然溜远。而当我们退一步，保留那与海棠花的距离，便会如川端康成一般领略到不一样的美丽。

距离为何产生美呢？大概是由于距离让人可以宏观地把握事物，更重要的是距离带来了未知的神秘，引发了人们的美好幻想。

在阿姆斯特朗登月之前，中国早已流传着嫦娥奔月等关于月亮的美丽传说。然而，当宇航员带回来几块冰冷的石头，发回几幅月球“满目疮痍”的图片时，童话、传说便不复存在了。从此，人们说起月亮，脑海中只会浮现出一个荒凉的大球，而不再有玉兔、广寒宫与吴刚了。

远观月亮，人们产生了美好的遐想；近观月球，人们得到的却只有几块冰冷的石头。这便是距离的奇妙作用吧。那么在我们的生活中又如何退出来去体会被忽略的美呢？

人是不可能突然集体移民月球，在月球远望家园，然后去感受不同的美丽的。此处距离便是心灵的距离。在物欲横流的社会，人们的心灵总被功名利禄紧紧裹住，以致无法体会身边的美。所以我们要与功利保持距离。当我们不再为考试的分数而学习时，我们会发现书本中的知识是如此有趣；当我们放慢上班、上学的脚步时，我们会发现街边苍翠的大树多么富有活力。

生活中处处皆诗意。人们缺乏的便是适宜的距离。当我们的心灵得以解放，保持与外物的距离，我们会发现：天空，是给了我翱翔的渴望的天空；大地，是承载着万物的大地；海洋，是孕育了最初生命的海洋。

“君子之交淡如水”，隔着距离，让人宏观地理解对方；隔着距离，才看不到那些可忽略不计的瑕疵，让彼此交往更融洽。正如席慕蓉所说：友谊像花香，还是淡一点才好，越淡才会越持久，越淡才会越使人留恋。保持适当的距离，两只刺猬也可以相互温暖对方又不伤害彼此。在适当的距离里，人们的友谊像酒一般，若有似无的酒香，愈加香醇。理性之美产生于适当的距离。

是从什么时候起，我们眼中再无“疏影横斜水清浅，暗香浮动月黄昏”的朦胧之美？一味地探究，有时也不一定是好事，探究月球，只还了我们一个满目疮痍的世俗。那些近在咫尺的美我们已同样观赏不到，可是，只要我们退后一步，保留一点距离，我们便能像川端康成一般感受“凌晨四点起来，发现海棠花未眠”的别样美丽。一如荷花，没有花的那些娇艳与魅态，但它有清新、绿意之美，远远地站在那池塘边，看那随风鼓动的荷叶，伴着莲的清香，意境何其美哉。

让我们退一步，保持适宜的距离，身边的美好就会纷纷呈现。

图书反馈

重磅！真题有奖征集！

「凡提供当年度考试真题者，根据真题完整度，可获得500元以内现金奖励。」

具体请联系QQ:1831595423

（温馨提示：所提供真题须是当年度考试真题，且真实有效。）

联系方式：400-600-3363　　研发部QQ：1831595423

招教网
招考资讯平台

山香官网
考编服务平台

山香网校
线上学习平台

图书订正链接
勘误更新平台